D1917937

Für Dietmar
Geburtstag 1989
Barbara und Bernt
4. 11. 1989

Jean Cocteau
Briefe an Jean Marais

Jean Cocteau

Briefe an Jean Marais

Aus dem Französischen von
Annette Meyer-Prien

Der Autor

Am 5. Juli 1889 in Maisons–Laffitte (bei Paris) geboren, schafft Jean Cocteau trotz mehrerer Versuche sein Abitur nicht. Nicht an mangelnder Intelligenz liegt es, sondern an seinem aufrührerischen Geist, an seinem Sinn für Skandalträchtiges. Dieses Talent ist es dann allerdings, das ihm seinen Weg an die Spitze des kulturellen Europas ebnet. Sind es zunächst Gedichte, mit denen er in den Pariser Salons debütiert, erweist sich Cocteau rasch als universelles Talent, dessen Schöpfungen von Romanen und Essays über Oratorien und Ballette bis hin zu Zeichnungen und Kirchenfresken reichen. Ausgezeichnet als Ritter der Ehrenlegion und Mitglied der Académie française, stirbt Cocteau am 11. Oktober 1963 an einem Herzanfall.

1. Auflage Juli 1989

Titel der Originalausgabe: ‹Lettres à Jean Marais›
© Editions Albin Michel S. A. – Paris 1987
Deutsche Ausgabe:
© 1989 Lambda Edition Verlags-, Druck- und Vertriebsges. mbH, Hamburg
Redaktion: Gunther Angerstein, Robert Forst
Titelgestaltung: Lambda Edition GmbH, Hamburg
Satz: PC-SATZ & LAYOUT Hartmut Bauer, Hamburg
Druck und Bindung: Clausen & Bosse, Leck
Printed in Germany, 1989

ISBN 3-925495-26-6

Vorwort

1963, am 11. Oktober, durchschritt Jean Cocteau nicht endgültig den Spiegel.

Sein Geist, sein Herz, seine Seele, sein Genie, sein Werk leben mit mehr Kraft als eine körperliche Hülle, die in gewisser Weise nichts weiter war als das Transportmittel für diese Verschmelzung von Gaben, von Tugenden und von Empfindsamkeit, die über das normale Maß hinausgehen.

Heute benutzt er ein anderes und unsichtbares Transportmittel. Ohne jeden Zweifel vergnügt er sich damit, durch meinen Mund zu sprechen, durch den Ihren, durch den der öffentlichen Medien. Ich höre ihn jeden Tag im Radio, im Fernsehen. Er für seinen Teil weiß genau, wie weit man zu weit gehen kann, und wird wohl schmunzeln, wenn ein Schriftsteller nicht bemerkt, daß er sich in dessen Schriften einschleicht.

Wie kann man von Tod reden, wenn der Geist lebt, jung, geschärft, kraftvoll, ungestüm und reich an Zärtlichkeit, an Liebe und Wahrheit.

Jean Cocteau hat einmal geschrieben: «Ich bin eine Lüge, die immer die Wahrheit sagt.» Was hatte er damit nicht alles gesagt! Die Böswilligen, die Übelgesonnenen, insbesondere der Surrealismus, alle schriehen sofort, der Dichter habe zugegeben, daß er eine Lüge sei. Ein unglaubliches Mißverständnis, das noch heute grassiert.

Weil seine Verleumder es sich so ausgedacht hatten, daß er ein Lügner sei, hat Jean Cocteau voller Ironie gesagt, er sei eine Lüge ... die immer die Wahrheit sagt.

Unsere Freundschaft hat fünfundzwanzig Jahre gedauert. Ich habe Jean Cocteau niemals beim Lügen erwischt. Doch wenn er eine Anekdote erzählte, die wir gemeinsam erlebt hatten, erzählte er auf so drollige, witzige, unerwartete Weise, daß die Zuhörer vor Lachen brüllten und meinten, er erfände. Ich war gezwungen einzugreifen und zu versichern, daß alles absolut der Wahrheit entsprach. Es war ohne jeden Zweifel sein Talent als Erzähler, als Dichter also, das diese Farben verlieh, die wirklicher waren als die Wirklichkeit selbst. (Ich spreche von diesen Begebenheiten in der Vergangenheit, weil sie vor Jahren stattgefunden haben, aber von Jean Cocteau spreche ich oft in der Gegenwart.)

Vor einigen Jahren habe ich das Leben des Dichters für das Theater realisiert. Ich legte besonderen Wert darauf, daß kein Wort darin vorkam, das nicht von Jean Cocteau stammte, und daß der ganze Text seinem Werk entnommen wurde. Meine Produzenten und Freunde wünschten sich *Cocteau–Marais* als Titel. Es erschien mir als Sakrileg, meinen Namen und den Jean Cocteaus nebeneinanderzustellen.

Ich träumte davon, den Grund dafür zu finden.

Besuch, ein Prosagedicht, in dem er einem Freund seinen Tod ankündigt, war die erste Anregung für alle Anstrengungen. Schon bald begann ich über die Reinkarnation Jean Cocteaus in Jean Marais nachzudenken.

Nach einer ersten Auswahl von Texten half mir ein wunderbarer Mann bei diesem Unterfangen: Jean–Luc Tardieu. Ich las also noch einmal das gesamte Werk Jean Cocteaus. Bisher hatte ich es nur stückweise gelesen, dem Verlauf seines und meines Lebens entsprechend. Es war das erste Mal, daß ich das Werk in einem Zug durchlas. Ich war geblendet, weil ich auf einmal einen Philosophen hinter dem Dichter entdeckte. Sagen wir einen Dichter–Philosophen.

Es ergibt sich eine bedeutende Moral, aber eine Moral außerhalb jeder Moral, oberhalb jeder Moral.

Ich habe auch die Briefe und Gedichte erneut gelesen, die er an mich gerichtet hatte.

Und wieder war ich tiefbewegt.

Ich erinnere mich, wie ein junger Schauspieler mir einmal die Briefe zeigte, die einer seiner Freunde, ein Schauspieler und Schriftsteller, ihm schrieb. Der junge Mann war stolz darauf und erzählte mir von seiner Bewunderung. Da ich ihm nicht wehtun wollte, sagte ich ihm nicht, was ich dachte. Die Briefe seines Freundes waren lauter literarische Texte. Die Personen, die sie geschrieben hatte, hörte sich beim Schreiben zu, dachte nur an sich, suchte zu verblüffen. Der Schriftsteller drängte sich in den Vordergrund, indem er sich um Stil bemühte. In seinen Briefen versucht Jean Cocteau zu keiner Zeit, einen schönen Satz zu schreiben.

Es gibt dort keinerlei Literatur. Er schreibt das Wesentliche, sich vom Herzen leiten lassend. Das Herz. Noch ein großes Mißverständnis ihm gegenüber. Während zahlreicher Jahre hat man in bezug auf ihn von Intelligenz gesprochen, List, Illusionismus, Magie, Ränkespiel und sogar von Machiavellismus. Falsch, falsch, falsch. Alles, absolut alles ist vom Herzen gelenkt. Er haßte nur den Haß, verabscheute Streit, vergaß das Unrecht, das man ihm tat.

Wenn ich heute die Briefe veröffentliche, die er an mich gerichtet hat, geschieht es, um das zu beweisen, was ich gerade geschrieben habe.

In gewissen Biographien ist so viel Falsches gesagt worden, selbst von Menschen, die sich seine Freunde nannten, und die dabei dem Dichter ihre eigenen Reaktionen unterstellten (und wenn ich sage "eigen", trifft das Wort hier in seiner doppelten Bedeutung zu), Jean Cocteau Verhaltensweisen und Motivationen unterstellten, die sie selbst wahrscheinlich gehabt hätten und die Jean Cocteau verurteilt oder sogar verachtet hätte.

Selbstverständlich habe ich mir die Frage gestellt: «Soll ich diese Briefe veröffentlichen?»

Ich habe mir geantwortet, daß alles gesagt werden muß, auch das, was unsagbar erscheint.

Jean Cocteau hat einmal geschrieben: «Seine Nacht dem hellichten Tag aussetzen, das Mysterium dem vollen Licht. Die Schamlosigkeit ist das uns eigene Heldentum, und das Werk eines Mannes muß stark genug sein, so, daß man den Vorhang vor seinen Kulissen heben kann.» Der Mut ist nicht allein eine körperliche Angelegenheit. Der geistige Mut ist meiner Ansicht nach schwieriger, wichtiger, notwendiger.

Was existiert hat, hat existiert.

Was gewesen ist, ist gewesen.

Ich ziehe es vor, daß diese Briefe zu meinen Lebzeiten veröffentlicht und bekannt werden. Bei einer Veröffentlichung nach meinem Tode könnten sie mit unzutreffenden Kommentaren versehen werden.

Diese Briefe sind auch die Geschichte einer Epoche, von 1938 bis 1963, fünfundzwanzig Jahre, ein Vierteljahrhundert, ein Drittel des Lebens Jean Cocteaus. Die Geschichte einer Freundschaft, die nichts gefährden konnte, nicht einmal der Spiegel.

Wenn ich meine Briefe, die denen Jean Cocteaus entsprechen, nicht veröffentliche, dann einfach darum, weil ich sie nicht alle wiedergefunden habe. Es braucht Ihnen um sie nicht leid zu tun, denn sie waren spontan, naiv und ohne Bedeutung. Ich versichere Ihnen, daß die Jean Cocteaus für sich allein genügen, unsere Geschichte zu erzählen und glaubhaft zu machen, daß der Empfänger ihrer würdig ist.

Der einzige Fehler, den ich an Jean Cocteau entdecken konnte, ist, daß er mich mit all jenen Vorzügen geschmückt sah, die ich nicht besaß.

JEAN MARAIS

1938

Mein Jeannot,
es ist Weihnachten, das wunderbarste Weihnachten meines ganzen Lebens. In meinem Weihnachtsstrumpf finden sich Dein Herz, Dein Körper, Deine Seele, die Lust zu leben und zusammen zu arbeiten. Ein Gegenstand wäre "das nützliche Geschenk", was ich ablehne. Etwas Überflüssiges. Ich würde nur die Hände betrachten, die es geben. Mein Jeannot, nie werde ich es Dir oft genug sagen: danke, danke für Deinen schöpferischen Geist, danke für unsere Liebe. Dein Jean

19, Place de la Madeleine

Dezember 1938

Madame,
Ihr Jean ist das, was ich auf Erden am meisten liebe und respektiere. Ich möchte Ihnen dies gern sagen und Sie beim Herannahen von Weihnachten um die Güte bitten, es mir nicht zu sehr übelzunehmen, wenn unsere Arbeit ihn Ihnen ein wenig entzieht. Seine Liebe zu Ihnen ist so anbetungswürdig, daß sie einen ersten Platz unter den Dingen einnimmt, die ihn mir so wunderbar machen.

Nehmen Sie meine guten Wünsche entgegen, und seien Sie nicht böse, wenn ich Ihnen, über Jean, meine tiefempfundene und respektvolle Zärtlichkeit zum Ausdruck bringe.

Jean Cocteau

LE PORTRAIT

Il le faut d'amour trait par trait
Il le faut plus vrai que ma vie
Te poser est ma seule envie:
Je veux devenir ton portrait.

Je saurai me tenir raide comme la rose
Comme elle armé, comme elle immobile et frisé
Et quand j'aurai fini la pose
Que le modèle soit brisé.

Je veux n'être de moi que ce qu'il imagine
Le peintre, l'acteur, le chœr, le pur, l'ange Michel
Et qu'on ne sache plus qu'un autre à l'origine
Était ce portrait d'astre et de romanichel.

LE SOLEIL NOIR

Le portrait sera ressemblant
Comme le blanc ressemble au blanc
Et comme la rose à la rose
C'est pareil et c'est autre chose.

Il est ressemblant ce portrait
Mais c'est à nos cœr qu'il ressemble
Lorsque tu dessines mes traits
Nos traits se tissent tous ensemble.

L'orage éclate après l'amour
(Il éclate après notre orage)
Et l'éclair illumine autour
Le soleil noir de ton visage.

Jeannot, laß mich diesen armseligen Gedichten hinzufügen, daß ich Dich mehr anbete, als ich es je für möglich gehalten hätte; daß ich Dich um Verzeihung bitte für meine schändliche Dummheit, Dich zu zwei Fehlern getrieben zu haben, die nur meine Fehler sind; daß Du mein einziges Meisterwerk bist, und daß ich nur noch für Dich arbeiten werde, Film oder Theater, damit Du erstrahlen und Deinem Ruhm entsprechend leben kannst.

Mache Dir ein Bild von mir, wie Du mich haben willst. Ich werde dem zu entsprechen wissen. Wenn nicht, wird das Porträt meinen Platz einnehmen in Deiner Seele und in Deinem Bett.

Ich leide unter Deinen Schmerzen. Ich bitte den Himmel darum, ein Tier zu sein, eine Pflanze, die Dein Leid auf sich nähme und es ertrüge, Deine Hand leckend oder sich vor Deiner Sonne verneigend.

19, Place de la Madeleine

Mein angebeteter Jeannot,
ich liebe Dich inzwischen so sehr (mehr als alles auf der Welt), daß ich mir selbst befohlen habe, Dich nur wie ein Papa zu lieben, und Du sollst wissen, ich liebe Dich deshalb nicht weniger, sondern mehr.

Ich hatte Angst – tödliche Angst – zuviel zu wollen, Dir nicht genug Freiheit zu lassen und Dich wie in dem Stück[1] zu sehr an mich zu ketten. Und dann hatte ich Angst, furchtbar zu leiden, wenn Du Dich verliebtest, mich aber nicht würdest verletzen wollen. Ich habe mir gesagt, Du würdest mir alles erzählen, wenn ich Dir nur Deine Freiheit ließe, und daß ich dann weniger traurig wäre, als wenn Du mir auch nur das geringste verschweigen müßtest. Ich kann nicht behaupten, daß mir dieser Entschluß besonders schwer gefallen wäre – weil meine Anbetung mit Achtung vermischt ist – sie hat religiösen, beinahe heiligen Charakter – und weil ich Dir alles gebe, was in mir ist. Aber ich fürchte, Du bildest Dir ein, es existiere zwischen uns noch eine gewisse Zurückhaltung, ein Unbehagen – und darum schreibe ich Dir, statt mit Dir zu sprechen, aus tiefster Seele.

Mein Jeannot, ich wiederhole es Dir, Du bedeutest mir alles. Der Gedanke, Dich einzuengen, Deiner herrlichen Jugend einen Zwang aufzuerlegen, wäre widerwärtig. Ich habe Dir Ruhm geben können, und das ist der einzige, wahre Erfolg dieses Stückes, der einzige Erfolg, der zählt und der mich beflügelt.

Bedenke – Du träfest jemanden Deines Alters, den Du mir verheimlichtest, oder den zu lieben Du Dir nicht erlaubtest aus Angst vor meiner Verzweiflung – ich würde es mir bis zu meinem Tod nicht verzeihen. Ohne Zweifel ist es besser, auf einen kleinen Teil meines Glückes zu verzichten, dafür aber Dein Vertrauen zu gewinnen und mich tapfer zu bescheiden, so daß Du Dich freier fühlen kannst als bei einem Papa oder einer Mama. Sicher hast Du meine Skrupel und Ängste längst erraten. Du bist mir ein gewitzter kleiner Jeannot, der vieles weiß. Nur mußte ich Dir meine Haltung erklären, damit Du nicht eine Sekunde lang glauben kannst, zwischen uns gäbe es auch nur den Schatten eines Schattens. Ich schwöre Dir, ich bin lauter und erhaben genug, keinerlei Eifersucht zu empfinden und mich zu zwingen, mit dem Himmel unserer Gebete im Einklang zu leben. Dieser Himmel hat uns so viel geschenkt, daß es verwerflich scheint, mehr zu verlangen. Ich glaube fest daran, daß Opfer ihre Belohnung finden, grolle mir nicht, mein schöner Engel. Du weißt, daß Dich niemand mehr liebt als ich, das sehe ich in Deinem Blick – und ich würde mich schämen, das kleinste Hindernis in Deinen sonnenbeschienenen Weg zu legen. Mein Jeannot, bete mich an, so wie ich Dich anbete, und tröste mich. Nimm mich an Dein Herz. Hilf mir, ein Heiliger zu sein, Deiner und meiner würdig zu sein. Ich lebe nur durch Dich.

1. *Les Parents terribles* (*Nein, diese Eltern*), 1938 uraufgeführt im Théâtre des Ambassadeurs.

Inniggeliebter Jeannot,
ich flehe Dich an, diesen Brief mit Deiner schönen Seele und unserer Liebe zu lesen, so wie er geschrieben worden ist, und darin nicht einen Schatten von Eifersucht, Einsamkeit, Altersbitterkeit usw. zu entdecken. Ich schwöre es Dir. Ich bin sehr, sehr traurig, mein Jeannot, weil das Glück mir geholfen hat, Dich auf den Gipfel zu führen, und alle Dich lieben ... Nur, die Welt lauert auch den kleinsten Fehlern auf und beglückwünscht sich noch dazu. Also, daß Du ständig mit Knaben Deines Alters ausgehst, ist völlig in Ordnung. Wären es Mercanton, Gilbert[1] usw., ich sähe darin nur Arglosigkeit, nur Arbeit, nur Freude. Was Deine Reinheit Dich zu erkennen hindert, ist, daß die kleine Schar, mit der Du ständig ausgehst, in den Augen der Leute eine Bande von Deiner nicht würdigen mondänen Schwindlern und ausgehaltenen Nichtsnutzen ist, die Deine Gegenwart erhebt, während sie Dich selbst erniedrigt. Ich sage Dir dies nicht, weil man es mir gesagt hat. Ich schreie jeden an, der mir davon spricht. Ich sage es Dir, weil ich meinen Kummer analysieren wollte, wissen wollte, woher er kommt und ob seine Motive vielleicht niedrig sind.

Nein. Ich bin sicher, daß ich recht habe. Wohlgemerkt, ich verlange nicht von Dir, Dich von diesen neuen Freunden ganz abzuwenden. Ich bitte Dich nur, Dir jene Zurückhaltung zum Vorbild zu nehmen, mit der ich selbst einst mit ihnen verkehrt habe. Wobei ich, um sie zu sehen, auf ein kleines Zeichen von Zeit zu Zeit wartete.

Die Gespräche mit D. sind nichts für Dich. Seine Neigungen sind nichts für Dich. Sein Lebensstil ist nichts für Dich. Du machst aus ihm einen Märchenprinzen. Aber in meinen Augen und in den Augen der anderen ist er ein armer Bengel, der es im Leben schlecht getroffen hat und der sich faul seinem Schicksal überläßt.

Sei tapfer. Öffne die Augen. Denke nach. Denk an meine Arbeit, an unsere Stücke, an unsere Pläne, an unsere Reinheit, an unsere gerade Linie – und wirf dagegen mein fürchterliches Unbehagen darüber in die Waagschale, zu wissen, daß Du ständig aus Deinem Zimmer zu diesen Orten ausgeflogen bist, die Dich herabsetzen, ohne daß Du Dir dessen bewußt wirst.

Nimm mir meine Offenheit nicht übel. Ich habe lange mit mir gekämpft, bevor ich diese Zeilen schrieb. Es wäre bequemer für mich, Deine Liebenswürdigkeit hinzunehmen und zu schweigen. Denke über diese Zeilen nach und finde die Antwort in Dir selbst. Gib sie mir nicht. Lebe sie.

Dein Jean

PS Jeannot, *die Dummheit der Verliebten ist unermeßlich*, pflanzlich, animalisch, astral. Was tun? Wie Dir verständlich machen, daß ich außer in Dir nicht mehr existiere.

19, Place de la Madeleine

5 Uhr morgens

Wie sehr Du lieben mußt! Wie glücklich Du Dich fühlen mußt! Selbst in unserer schönen Zeit des Glücks ertrugst Du es nicht, bis in die frühen Morgenstunden aufzubleiben!

Und nun?

Ich beraube Dich also des *Glücks*? Das ist ja mehr als schrecklich. Ich leide nicht. Ich bin wie betäubt vor Verzweiflung. Unsere arme, erhabene, wundervolle Geschichte! Ist es denn möglich?

1. Mercanton und Gilbert Gil, junge Schauspieler.

TON SILENCE

L'amour est une science
Et de toi j'ai tout appris
Et j'écoute ton silence
Que je n'avais pas compris.

T'ai–je mal aimé, cher ange!
Ange doux, ange brutal ...
Pur, limpide, sans mélange
Fermé comme le cristal.

Dans ce cristal je contemple
Le désespoir évité.
Mon bonheur élève un temple
A ta jeune antiquité.

Bei uns zu Hause

Juli 1939

Danke, mein Jeannot, daß Du mir diese Sache gestanden hast. Wenn ich sie durch die Aufschneiderei oder die Indiskretion dieser "jungen Herumtreiber" hätte erfahren müssen, ich glaube, ich wäre daran gestorben. So hat es nun keine Bedeutung, und Du bist in meinen Augen nur noch edler.

Ich habe einen Sonntag der Träume, der Arbeit und der Liebe verbracht. Verzeih mir, daß ich mich beklagt habe. Ich empfinde eine solche Liebe für Dich, ein solches Verlangen nach Dir, daß ich darüber die Umstände vergessen kann. Weißt Du, ganz wie damals, als Du Édouard auf seine starren Lippen küßtest. Das wird Dir helfen, mich zu verstehen.

Jean, ich habe Dich so schlecht geliebt, ich bin so selbstgefällig gewesen, so lächerlich. Ich würde verdienen, was mir nun nicht passiert, weil der Himmel die himmlischen Lieben beschützt.

Mein Jeannot, ich glaube Dir. Ich weiß, ich fühle, daß Du mich ebensosehr anbetest wie ich Dich, und daß niemand auf der Welt glücklicher ist als wir. Aber sieh: Ich liebe das Leben. Dieser Sonntag war Leben. Du befruchtetest mich, und ich befruchtete Dich. Wir lebten schnell und kilometerweit über den kleinlichen Klatschmäulern und den Paris–New Yorker Geschichten. Ich würde mir wünschen, daß unsere Liebe fortwährend jedes Maß überschreitet. So wie die Werke. Immer zugespitzt, skandalös, kraftvoll. Du hast es verstanden, obwohl ich mich so schlecht ausdrückte und Du mir gar nicht antworten kannst. Wir verstehen uns ohne Worte, über unsere

Schwingungen. Mein Jean, übe Nachsicht mit einem Liebestollen, der entschlossen ist, niemals von seiner Tollheit zu genesen, niemals vernünftig zu sein.

19, Place de la Madeleine

Mein inniggeliebter Jeannot,
ich drücke mich Dir gegenüber so ungeschickt aus, daß ich Dir meine Dummheiten besser erklären will. Ich möchte um nichts in der Welt den "anderen" gleichen und daß Du mich für "eifersüchtig" halten könntest. Mein Jeannot, ich habe nicht gewußt, daß man ein Wesen so anbeten kann, wie ich Dich anbete. Dem Schicksal nehme ich das übel, aber nicht Dir. Stell Dir diesen Traum einmal vor: sich anbeten ohne einen Schatten, ohne jede Zurückhaltung, ohne einen falschen Ton. Es ist, leider, unmöglich. Ich selbst glaubte, mich befreien zu können, und daß wir, da ja junge Männer und Frauen mich noch heftig begehren, jeder unsere kleinen Seitenwege gehen könnten. Aber für meine Seele und meinen Körper gibt es keinen kleinen Seitenweg mehr. Der Gedanke, einen anderen Menschen als Dich zu berühren, ihm zärtliche Worte zu sagen, widerstrebt mir. Ich lehne es ab. Glaube nicht, dies beinhalte einen Tadel für Dich. Du bist frei, und da wir unglücklicherweise unseren Traum nicht ausleben können, wäre ich verrückt, Dir in Deiner Jugend und Deinem Elan Fesseln anzulegen. Mein Aufbegehren, meine Leiden sind nur die Folgen eines armseligen animalischen Reflexes. Der Gedanke an Dich in den Armen eines anderen, oder einen anderen in Deinen Armen haltend, foltert mich. Ich will mich aber daran gewöhnen und wissen, daß Du mir in Deiner unendlichen Güte dankbar dafür bist.

Ich bitte Dich vor allem, keine Hemmungen zu haben, Dich zu nichts zu zwingen, was es auch sei, und weil Lügen, Geheimniskrämerei mich vollends umbringen würden, bitte ich Dich, meinen Schmerz zu ermessen und ihn erträglich zu machen. Eine Geste, ein Wort, ein Blick von Dir genügen. Ich bin nicht "eifersüchtig" auf denjenigen, den Du liebst, ich beneide ihn, und mein eigentlicher Schmerz ist, dieser unendlichen Freude nicht, nicht mehr würdig zu sein. Diese Erfahrung habe ich gestern gemacht. Ich war ebenso betrübt wie Du über Denhams[1] Schwierigkeiten. Ich hätte jeden gehaßt, der mir zugetraut hätte, daß ich mich daran ergötzen könnte.

Kurz, ich wünschte, denn da bin ich nun, der Liebe beraubt und beinahe der Luft zum Atmen, eine Art Heiliger zu werden. Denn was mir noch bliebe, wäre Sünde – und dem verweigere ich mich. Mein schöner Engel, ich sage es Dir noch einmal, ich bete Dich an. Ich habe nur Dein Glück im Sinn.

Dein Jean

19, Place de la Madeleine

Mein Jeannot,
ich liebe Dich. Alle Reaktionen beweisen Adel der Seele und des Herzens. Ich danke Dir für alles Glück, das Du mir schenkst und für das, welches Du Dir versagst.

Du bist mein Engel. Ohne Dich würde ich den Kopf verlieren inmitten all dieser Theater- und Filmgeschichten.

Ich hätte alles darum gegeben, daß Du Dich in mich verliebst, da aber der Himmel es nun mal nicht gewollt hat, bewahre mir den verborgenen Platz in Deinem Herzen und in den Sinnen Deines Herzens.

Liebe mich

1. Es handelt sich um den jungen Mann im himmelblauen Schlafanzug, den ich eines Abends in meiner Garderobe vorfand, und von dem ich in *Histoires de ma Vie* (*Spiegel meiner Erinnerung*) erzähle.

Mein Jeannot,
danke vom Grunde meiner Seele, daß Du mich gerettet hast. Ich ertrank, und Du hast Dich ohne Zögern und ohne einen Blick zurück ins Wasser gestürzt. Das Wunderbare daran ist, daß es Dich Überwindung gekostet hat und daß Du es nicht getan hättest, wärest Du nicht von aufrichtigen Gefühlen geleitet gewesen. Es ist also ein Beweis von Kraft, den Du mir gibst, ein Beweis, daß all die Lehren aus unserer Arbeit ihre Früchte tragen. In der Liebe gibt es keine Kompromisse, und Zwischenstufen der Liebe gibt es nicht. Du warst leicht geneigt, an Andrés[1] Denksystem zu glauben: «Man pflückt ein Gesicht», usw. Das ist falsch. Liebe, das sind Tristan und Isolde. Tristan betrügt Isolde und stirbt daran. Du hast in nur einer Minute verstanden, daß unsere Liebe sich nicht mit einer Art Bedauern, einer Art grundloser Traurigkeit aufwiegen läßt. Niemals werde ich diese zwei Tage und diesen furchtbaren 14. Juli vergessen, an denen ich mein Glück gären ließ und nicht mehr wußte wohin. Wir werden unsere Insel der Liebe und unsere Fabrik der schönen Werke wiederfinden. Ich bete Dich an.

Schreib mir zwei Zeilen. Deine Briefchen sind meine Fetische.

Jean

Da ist eine einzige, winzige Kleinigkeit, um die ich Dich bitte. Warten ist für mich eine ungesunde Sache. Wenn Du spät nach Hause kommst, ruf mich kurz an, damit ich Deine Stimme höre.

1. André Goudin, Jean Cocteaus Sekretär.

19, Place de la Madeleine

Mein Engel,
Dein Brief ist so wunderbar. Ich habe Dir Deine Freiheit gelassen, weil ich das habe, was man einen "Minderwertigkeitskomplex" nennt. Ich glaube immer nicht, daß man mich lieben könnte. Aber Du bist wie ich ein schüchterner Mensch, und ich wagte nicht gegen etwas anzugehen, was ich für Reserviertheit hielt. Fasse dieses Wort von gestern nicht falsch auf. Ich wollte von einem Moment "höchster Erfüllung" sprechen. Durch Dich, wegen Dir bin ich immer glücklich gewesen. Ich kenne durch Dich nichts anderes als Sonne.

Meine Kleinigkeit ist vielleicht gar keine Kleinigkeit: Sie ist "das Ideal", diese Sache, die uns alle neiden, weil sie in unserem Fall daran glauben. Wenn Du willst, daß wir diesem Glauben Inhalt geben, bin ich bereit, mich mit Leib und Seele für Dich aufzuopfern – um niemals von dieser Linie abzuweichen, nie–mals. Ich bin in einem Alter, in dem man diese Entscheidung ohne Furcht treffen kann. Ich habe so oft gehört, man solle gegen nichts Widerstand leisten, überhaupt sei nichts von Bedeutung, daß ich glaubte, Dich einzuengen, und ich wollte nicht Familie spielen, auch auf die Gefahr hin, darunter zu leiden. Aber ich habe dabei nicht vorausgesehen, daß mein Leiden so unerträglich sein, mich am Denken hindern würde, am Atmen, am schöpferischen Arbeiten, am Leben.

Verzeih mir.

19, Place de la Madeleine

Mein Jeannot,
ich lese Deinen lieben Brief immer wieder. Wie konntest Du nur an meine "Gleichgültigkeit" glauben? Ich war so töricht, eine Rolle zu spielen, weil ich glaubte, Dir dadurch Deine Freiheit zu geben und Dich glücklicher zu machen. Aber wenn mein Glück dem Deinen dienlich ist, so wisse, daß ich jede

À JEANNOT

Je t'amais mal, c'était un amour de paresse
Un soleil de cheveux qui réchauffe le cœr
J'amais ta loyauté, ton orgueil, ta jeunesse
Et quelque chose de moqueur.
Puis j'ai cru qu'un trésor était à tout le monde
Que je jouais l'avare et qu'il ne le fallait pas;
Que tu distribuerais ta force rouge et blonde
Que tes pas quitteraient mes pas.
Je me trompais. Et plus, je te trompais de même.
L'amour me couronnait d'un feuillage de feu
Ta rencontre c'était mon drame et mon poème.
Je n'avais donc aimé qu'un peu!
Je te donne mon âme et mon cœr et le reste.
Les fantômes de neige amassés sous mon toit.
Mon destin ne saurait obéir qu'à ton geste
Et ma mort ne vivre qu'en toi.

ILS

Ils peuvent te donner des corps durs et robustes
Des rendez-vous cruels joyeux et clandestins ...
Peuvent-ils te donner un palais de tes bustes?
Peuvent-ils te donner l'étoile des destins?

Je suis venu vers toi, malgré l'ombre et la vice,
Pur comme le très pur, naïf et glorieux;
Peuvent-ils, ces voleurs, te rendre le service
Du portrait idéal et du tien dans mes yeux?

Nacht weinte und darunter litt, Dich nicht in meinen Armen zu halten, und daß all mein Lachen und meine Possen gespielt waren. Ich gestehe Dir dies in der Freude, das Glück nach Hause zurückkehren zu sehen, und als ich Dich heute abend umarmte, habe ich wohl gesehen, daß es Dir ebenso naheging wie mir und daß wir im Begriff standen, das Wunder unseres Lebens, das dem der anderen nicht gleicht, zu vergeuden.

Mein schöner Engel, ich will nur Dein Glück, nur das unsere, und als Yvonne[1] mir sagte, daß Du an D. schriebest, denn Du triebst die Gutherzigkeit so weit, Dich unseren Freunden anzuvertrauen, glaubte ich, vor Dankbarkeit und zärtlicher Liebe zu vergehen. Ich werde mit tausendmal mehr Mut arbeiten, und ich werde gegen die bösen Menschen ankämpfen, die Dich fürchten wie der Teufel das Weihwasser. Mein Jean, ich bete Dich an.

Jean

Ich nehme es mir so übel, mich schlecht ausgedrückt zu haben. Ich wollte sagen, daß ich uns auf der Insel Samois so sehr als Liebende empfand, so einer dem anderen verbunden, daß es ein einzigartiger Augenblick des Glückes war.

19, Place de la Madeleine

Mein Jeannot,
Jeannot, Du wirst sagen, ich hätte die Briefschreiberitis. Aber es ist so wohltuend, des Nachts, Dir zu schreiben und meine Zärtlichkeit unter Deiner Tür hindurchzuschieben. Mein Jeannot, Du hast mir das Glück zurückgegeben. Niemals wirst Du erfahren, wie sehr ich gelitten habe. Und glaube nicht, daß ich

1. Yvonne de Bray, die größte Schauspielerin, der ich je begegnet bin, die mich als ihren Sohn betrachtete und in *Nein, diese Eltern* meine Mutter spielte.

Dich um Deine kleinen Abenteuer bringen werde. Du wirst sie mir erzählen, und wir werden uns in der Liebe wiedervereinigen, die stärker ist als alles andere.

Gib sie mir schnell wieder.

Ich bete Dich an.

19, Place de la Madeleine

Mein Jeannot,
an demselben Tisch, an dem ich Dir Gedichte schrieb, will ich Dir in dieser Nacht einen Brief der Hoffnung unter Dein Zelt gleiten lassen. Wir werden leben, wieder leben, wir werden arbeiten, ich werde doppelt und dreifach für Dich und Dein Glück arbeiten. Laß uns tapfer sein und unter unserem Himmel. Es war kein Leben, auf eine unbestimmte Katastrophe zu warten. Alles was kommen wird, ist immer noch besser als diese Ungewißheit. Und von Dir kann nichts anderes als Sonne ausgehen. Mein so guter, so tapferer Jeannot, ich segne Dich und weiß, daß wir Seite an Seite noch Wunderbares erleben werden. Schlaf gut.

Ich bin Du.

19, Place de la Madeleine

Sonntag

Um 5 Uhr[1] wird das Schlimmste eingetroffen sein. Ich küsse Dich von ganzem Herzen. Ich schwöre Dir, daß ich alles Menschenmögliche tun werde, um uns wieder zusammenzuführen. Ich segne Dich.

1. Infolge der Kriegserklärung muß ich um 5 Uhr aufbrechen, um mich bei dem Regiment einzufinden, dem ich zugeteilt worden bin.

Jean Cocteau et moi
Jean Marais

Hotel Ritz

Nach Deiner Abreise

Mein Jeannot,
habe ich geträumt? Ich habe gerade die zwei schönsten Tage meines Lebens hinter mir. Wie gut der Himmel es mit uns meint, und wie sehr er uns liebt! Niemals war ich so einsam, niemals ohne Dich – und plötzlich wird mir bewußt, daß diese innere Gewißheit eine Weissagung war. Neulich in Versailles sagte Fenosa[1] zu mir: «Man sagt immer wieder: Da bin ich glücklich gewesen. Man müßte sagen können: Da werde ich glücklich sein.» Und wir sahen auf das Hôtel Vatel.[2] Stell Dir vor, wenn ich das Zimmer Nr. 15 hätte sehen und diese wenigen Stunden mit der Entstehungszeit von *Die Schreibmaschine* hätte vergleichen können. Damals glaubte ich glücklich zu sein, ich fand mich glücklich. Ich hoffte nicht auf ein noch größeres Glück. Mein Jeannot, wie kann ich Dir für diese Wunder danken? Für jenen Stern, unter dem Du wandelst, und der ein richtiger Stern ist neben meinem nur geschriebenen. Vielleicht ist mein Stern ein Zeichen für Deinen, und diese beiden formen unseren gemeinsamen Stern. Vor Cocos[3] Haustür war ich dumm, erstarrt, unfähig zu einer Reaktion. Ich dachte: Jeannot geht um die Straßenecke und wird auf der anderen Seite wieder auftauchen. Du gingst, aber Du ließest mir Sonne und Kraft für viele Wochen. Ich werde nicht mehr wagen, wegzugehen, mich von einem Ort zu entfernen, an den das Glück Dich in nur zwei Stunden führen könnte. Laß mich dieses Glück versuchen, laß mich auf Dich warten und auf unser Schicksal. Noch ein Besuch, und ich werde wahre Wunder vollbringen. Ich werde mich einschließen. Ich werde schreiben. Ich werde Dein Stück schreiben. Voller Liebe werde ich Dich in meinen Armen halten. Wird dieser Brief ankommen? Von ganzer Seele werfe ich ihn Dir zu.

1. Fenosa, spanischer Bildhauer und Freund Picassos.

2. Das Hotel, in dem er sein Stück (*La Machine à écrire*) schrieb.

3. Coco Chanel.

19, Place de la Madeleine

Mein Jeannot, ich will Dich mir zum Beispiel nehmen. Bis zur letzten Minute werde ich hoffen und den Mut bewahren. Du kannst Dir denken, was dieser Tag mir bedeutete. Ich segne Violette.[1] Ihr ist es zu verdanken, daß ich Dich in der Umgebung gesehen habe, in der Du leben mußt. Deine Briefe sind die einzige Kraft, die einzige Freude. Ich werde Dir ausführlich schreiben, sowie ich schreiben darf. Seit heute morgen ist die Zensur in Kraft. Ich gehe zwischen Deinem und meinem Zimmer hin und her, ohne irgend etwas zu verstehen. Aber ich sage es Dir noch einmal: Ich habe Dir versprochen, unter allen Umständen tapfer und geduldig zu sein. Da außer Dir nichts existiert, werde ich dieses Versprechen halten.

Mein Sohn, ich drücke Dich an mein Herz. Das kleine Auto und der Rundfunk bleiben unser Stelldichein. Darauf kannst Du Dich verlassen.

19, Place de la Madeleine

Montag

Mein Jeannot,
wann wirst Du diesen Brief bekommen? Aber ich hatte heute morgen einen Brief von Dir, und ein Brief von Dir ist jetzt mein einziges Glück. Die heutige Nacht war die erste furchtbare. Nun war es aber doch eine sehr liebliche Nacht. Vielleicht hast Du an mich gedacht, oder Du hast geschlafen und den Weg des Wunders genommen. Ich fühlte Dich bei mir, sprach zu Dir, ich war ruhig, glücklich, denn ich verstand, daß vollendete Freundschaft trotz aller Widrigkeiten und Dramen besteht. Es war kein Traum, es war kein "Arrangement" mit mir selbst, es war eine Tatsache. Etwas Neues und Außergewöhnliches. Könnte der Himmel mir dies doch öfter gewähren. Ich verlasse unsere Zimmer nicht mehr.

1. Violette Morris, Rennfahrerin.

19, Place de la Madeleine

September 1939

Mein Jeannot,
soeben erhielt ich Dein Briefchen, das Du nach Deinem Besuch bei mir geschrieben hast. Du bittest mich, es aufzuheben! Mein Jeannot, ich bewahre auch noch die geringsten Deiner Zeilen in meiner Tasche, und auf sie zu warten ist mein Leben. André hat uns verlassen, um sich bei seiner Truppe zu melden. Ich werde Fenosa bei uns aufnehmen. Heute nacht schläft er schon dort. Das Leben ist schwer, aber ich habe Dir ein Versprechen gegeben, das ich halten werde. Nur wirst Du einen armen fadendünnen Jean vorfinden. Der Arzt bei Coco wird versuchen, mir ein wenig Kraft und Gewicht wiederzugeben. Ich glaube immer noch an einen bösen Traum, und daß Du mich vom Nebenzimmer aus aufwecken wirst. Denn Deine Tür bleibt geöffnet, und ich gehe von Gegenstand zu Gegenstand und von Zeichnung zu Zeichnung. Dein Bild in Blau, Du, aufrecht am Rande dieser Straße, hat sich mir tief eingeprägt. Ich mußte mich beherrschen, und die Minute nach Deinem Abschied vor Maxim's war die schlimmste meines Lebens. Meine Augen tun so weh, daß ich Dich jetzt verlasse. Du weißt ja, eigentlich verlasse ich Dich nicht eine Sekunde. Rosalie[1] hat den Abend bei uns verbracht. Was tun? Von unserem Sohn sprechen und auf ihn warten. Das ist mein einziges Ziel. Ich werde meinen Brief morgen früh beenden. Zwei Zeilen, um Dir guten Morgen zu sagen. Was den Wagen[2] angeht, so ist es wichtig, daß Du ihn behältst. Bitte also Deine Vorgesetzten, ihn zu beschlagnahmen, und schicke mir die Requisitionsbestätigung – denn die Automobilrequisition ist soeben per Aushang angekündigt worden.

Ich habe eine Unterredung über Dich gehabt. Aus ihr ergibt sich, daß Deine jetzige Stellung gut ist, und ich schreibe es Deinem guten Stern zu. Es ist also besser, nichts anderes zu versuchen. "Man" wird sich Mühe geben, Dich im Abschnitt zu empfehlen und Deine Stellung dort zu festigen. Es ist wichtig

1. Spitzname, den ich meiner Mutter gegeben hatte.

2. Jean Cocteaus Matford.

abzuwarten, bis dieses furchtbare Rätsel Form annimmt, und ich werde das Nötige veranlassen. Sage Dir unaufhörlich, daß mein Herz in Deiner Brust schlägt, Dein Blut in meinen Adern fließt, und daß ich sehr viel weniger allein bin als viele andere, weil wir trotz der Entfernung eins sind.

Mein Jeannot, ich habe Deine Mama von Dir geküßt und werde sie oft besuchen, mach Dir keine Gedanken. *Bete!* Ich bete und ändere nichts an meinem Gebet. Es ist dasselbe wie in Saint-Tropez.[1] Wenn dieses Warten und diese Ungewißheit meinen Organismus (gegen meinen Willen) ruinieren, so weiß ich doch, daß Du Deinen armen Dichter, den der Blitz getroffen hat und über den sich das Unheil langsam immer weiter niedersenkt, darum nur noch mehr lieben wirst. Zahlen wir dafür, daß wir zu glücklich waren? Es ist teuer, aber nicht teuer, wenn ich an unsere Ferien denke. Und das Größte, gerade von Dir erwarte ich Ermutigung. Du bist das Leben, die Kraft, die Freude. Nichts kann Dich umwerfen. Ich bringe es nicht fertig, diesen Brief zu beenden. Morgen früh werde ich weiterschreiben. Ich glaube, ich bin ein Schlafwandler, bilde mir das alles nur ein und werde Dich schlafend unter Deinem kleinen Stern finden.

Mein Jeannot, schnell stehe ich auf, damit F. meinen Brief zur Post bringt. Ich glaube immer noch an die Möglichkeit eines Wunders. Ich drücke Dich an mich.

19, Place de la Madeleine

Mein Jeannot,
mit jedem Tag wird meine Zärtlichkeit für Dich stärker, und ich kann Dir schreiben, als flösse die Tinte direkt aus meinem Herzen. Wie edel Du bist, einfach, ruhig, Deines Sterns wür-

1. In Saint-Tropez haben Jean Cocteau und ich von der Kriegserklärung erfahren.

dig! Jede Minute beweist mir den Unterschied, der zwischen Dir und den anderen besteht. Darauf gründen sich mein Mut und meine Hoffnung. Unsere Feen umgeben und lieben uns. Soll man ruhig unsere Briefe öffnen und lesen. Man wird in ihnen nur Beispiele der Aufrichtigkeit und Abscheu gegenüber Ränkespielen finden. Indem es uns trennte, hat das Schicksal dieses Wunder vollbracht, uns in einer Weise einander anzunähern, daß es uns nicht trennt. Bewahren wir dieses Wunder als Geheimnis unserer Seele. Ich verlasse nie unseren Wohnwagen.

19, Place de la Madeleine

Mein Jeannot,
ich muß Dir einfach noch ein paar Zeilen schreiben. Eben habe ich Deine Mama gesehen. Unnötig zu erwähnen, von wem und von was gesprochen wurde. Ich weigere mich, die Wohnung zu verlassen. Die Wohnung, das bist Du, das ist Dein geöffnetes Zimmer. Das ist die Tür, unter der ich die Gedichte hindurchschob. Mein Jeannot, laß uns tapfer und geduldig sein. Der Himmel wacht über uns und beschützt uns. Unser Himmel. Denn wir haben einen Himmel nur für uns beide, und dieser Himmel wird uns niemals im Stich lassen. Ich bete Dich an.

Inniggeliebter Jeannot. Ich komme gerade von Coco. Sie hatte einen Brief von Dir und bat mich aufgrund dieses Briefes, in ihre Nähe zu ziehen. Ich packe also einen Koffer und werde im Ritz schlafen. Du kannst mir dorthin schreiben. Obgleich ich in die Wohnung gehe, um meinen Gang durch die Zimmer zu machen. Dieses Glücks mag ich mich nicht berauben.

Gilbert ist bei mir. Er hat sich aus dem Staub gemacht. In einer Stunde bricht er wieder auf. Dieser Brief zählt nicht. Ich gebe Dir darin nur meine Adresse. Heute abend werde ich Dir aus dem Ritz schreiben. Dieser böse Traum ist nur durch Dich möglich, durch uns, Deine Truhe mit Gedichten. Wir müssen von Wundern leben und zu unserem Himmel beten.

Hôtel Ritz

Mein Jeannot,
ich bin der glücklichste Mann der Welt. Gibt es glückliche Menschen? Nicht einmal die Apokalypse kann uns noch trennen. Es ist ein großes Rätsel. Am Tage nach dem schrecklichen Datum habe ich eine ungeheure Ruhe verspürt; es war die wunderbare Gewißheit, daß unser beider Herzen dahinziehen und sich wie Wellen ineinander verschlingen. Es waren die Wellen unserer Liebe, die sich vermengten und in der Stille sangen. Der Ruhm ist wenig, verglichen mit der Liebe. Unser Ruhm ist, uns zu lieben. «Ich bin glücklich, daß ich Dich liebe» ... Dieser kleine Satz von Dir ist es wert, daß man sein Glück teuer bezahlt. Seinetwegen finde ich mich mit dieser Tragödie ab und mit dem Tunnel, in den wir hineingeraten sind. Ich bedaure diese Lauen, die nicht mit ganzer Kraft lieben.

19, Place de la Madeleine

Mein Jeannot,
gerade habe ich den zweiten Brief erhalten, in dem Du mir sagst, daß es Sonntag ist und daß Du traurig bist. Ich muß gestehen, daß ich nach dieser unendlichen Seligkeit auch einen Anfall von Traurigkeit hatte. Aber ich nehme es mir übel, weil unser Himmel so gut ist und ich niemals, auch nicht in den schönsten Momenten, ein solches Glück gekannt habe. Ich weiß noch nicht, ob ich im Ritz bleiben werde. Es ist zu teuer,

und ich muß unsere paar Sous für Dich zusammenhalten, und für mich, während ich auf Dich warte. Möglicherweise läßt Coco nicht locker und arrangiert sich mit dem Hotel. In dem Fall würde ich annehmen und bleiben, denn ich fühle mich hier weniger einsam. Jeden Tag gehe ich in die Wohnung, um Dein Zimmer zu lieben, Deine kleine Pendeluhr aufzuziehen und den Kopf des Antinous zu küssen. Wir sind Söhne des Schicksals. Das gibt mir Zuversicht. Es wird wohl alles unserem Stern dienen, auch wenn die Umstände einen schlimmen Anblick bieten. Meine Nacht in Versailles hätte ich gern mit einem Krieg bezahlt. Ich fühlte, wie Deine Seele sich mit meiner verband, und wie wir bis in den Schlaf hinein nur eins waren und uns nicht mehr voneinander entfernten. Mein Jeannot, bis zur letzten Minute werde ich die Hoffnung aufrechterhalten, und was Du liebst, werde ich bewachen. Laß ja den Wagen reparieren, er hilft Dir, und mach Dich so nützlich, daß man Dich nicht versetzen kann. Es gibt Leute in den Ministerien, die für Versetzungen zuständig sind, auf die Verlaß ist und die sich bedeckt halten. Das ist es, was wir brauchen. Es ist überwältigend für mich zu fühlen, daß Du nur einige Kilometer entfernt bist, und den Ort zu kennen, an dem Du wohnst. Wenn ich Dir sagen würde, daß ich dieses kleine Zimmer im Ritz liebgewinne, weil Du dort gewesen bist und es Dir gefallen hat. Nichts existiert auf der Welt als nur für Dich und durch Dich. Diese Kraft und diese umherschwebenden Wellen, die von unseren Nerven aufgenommen werden, sind unser Geheimnis. Ein Brief von Dir ist das Wunder aller Wunder. Aber ich weiß in jeder Sekunde, daß Du mit mir sprichst und mir zuhörst. Diese Trennung verleiht unserer Liebe einen noch größeren Wert. Ich habe nicht geglaubt, daß man noch mehr lieben könne, und liebe doch unaufhörlich immer mehr. Der Himmel ist gütig.

19, Place de la Madeleine

Mein Jeannot,
ich bedaure, daß ich auf Coco gehört habe und im Ritz bin. Hier lebte ich mehr in Dir, und da das das Einzige ist, was zählt – mußten Sicherheit und Alleinsein hintanstehen. Gestern traf ich Bébé,[1] der morgen aufbricht. Wir haben von Dir gesprochen, und ich lebte wieder. Da Du meine Briefe nicht erhalten hast, will ich Dich eines wissen lassen: Ich existiere nicht mehr. Ich existiere in Dir. Es ist beinahe wonnevoll, und auch das Schlimmste wäre erträglich, weil dies Wunder geschehen ist. Ich sage es Dir noch einmal, es handelt sich nicht um ein Gedankenspiel. Es ist unerklärlich. Es passierte in der Nacht nach dem schrecklichen Tag. Du bist in mich übergegangen, und ich spüre dieses zermürbende Unbehagen nicht mehr. Ich bin an Dir erkrankt, an uns beiden. Wenn es Dir ebenso geht, werden wir uns nie mehr trennen. Mein Jeannot, ich bete Dich mehr an als in Saint-Tropez, und dabei glaubte ich nicht, daß das überhaupt möglich wäre.

Dein Jean

19, Place de la Madeleine

Mein guter Engel,
welche Freude, einen Brief zu haben! Ich habe ein anderes Gesicht aufgesetzt und habe mich schnell aufgemacht, den Cinzano von Saint-Tropez zu trinken. Sechs Briefe von mir! Dreißig wirst Du bekommen, und jeden Tag werde ich Dir Briefe und Gedichte schreiben. *Ich bin glücklich*. Du hast mir für unzählige Tage Glück geschenkt, und hätte ich für dieses Glück den Preis zahlen müssen, den ich nun zahle, ich hätte nicht eine

1. Christian Bérard, großer Maler und Bühnenbildner.

Sekunde gezögert. Was für ein Jammer! Wäre das Hôtel Vatel des Stückes[1] das Hôtel Vatel von neulich nacht gewesen, mein Stück wäre ein Wunderwerk geworden! Durch Deine Briefe habe ich so viel Kraft, daß ich werde schreiben können, Tag für Tag für uns schreiben. Nein, niemals war ich näher bei Dir, mehr in Dir. Ich gebe auf meine Gesundheit acht, weil Du es verlangst. Ich existiere nur durch Deine Wünsche und Bitten. Alles andere spielt sich wie im Nebel ab. Jean-Pierre[2] ist Liftboy im Continental (*sic*). Ich ziehe es vor, Dich dort zu wissen, wo Du bist. Ich würde es hassen, Dich als Dienstboten zu sehen. Mir tun die Augen weh. Ich werde einen Augenarzt aufsuchen. Achte auf Deine Zähne, und auch darauf, Vorbereitungen zu treffen, damit Du handeln kannst, sowie auch nur das geringste geschieht. Du bist mein Alles, meine Seele, meine Sonne.

19, Place de la Madeleine

Hier will ich bleiben bis zum
Äußersten. Dein
Zimmer tut mir
gut.

Sonntag

Mein Jeannot,
ich schreibe Dir häufig, weil Du so, sollte durch Zufall ein Brief verloren gehen, eine größere Chance hast, einen zu erhalten. Jede Minute gehört Dir, nur Dir. Ich danke dem Himmel, daß er uns vor der Tragödie soviel Glück und Arbeit geschenkt hat. Wir werden diese überaus hohe Rechnung zu begleichen wissen. Denke in unserem Wagen immer an unsere erste Rückkehr aus Cannes. Der Himmel riet uns, jede einzelne Sekunde

1. *Die Schreibmaschine*, uraufgeführt 1941.
2. Jean-Pierre Aumont.

zu nutzen. Heute morgen regnete es, und ich habe mich gefragt, ob Ihr Euch wohl vor diesen nebensächlichen und doch so schwerwiegenden kleinen Dingen schützen könnt. Berichte mir, soweit das möglich ist, die Einzelheiten Deines neuen Lebens. Man hat Dich mir amputiert, und das kleinste Detail bringt mir Erleichterung. Daladiers[1] Rede ist perfekt. Wir stehen im Angesicht des Unvermeidbaren, und Schwäche hat uns die Zukunft unmöglich gemacht. Für Dich halte ich am Leben fest, und Du marschierst für mich, für mein Werk, für unser Werk. All das trägt – wenn das noch nötig war – zu unserer tiefen Übereinstimmung bei. Laß uns beten und versuchen, unseres Sterns würdig zu sein.

Marcel[2] ist heute morgen abmarschiert. André gestern. Fenosa hat sich freiwillig gemeldet und wartet hier auf seine Einberufung.

Hôtel Ritz

Vielgeliebter Jeannot,
schreib zum Place de la Madeleine. Ich gehe jeden Tag dort vorbei, und gerade bin ich hingelaufen – überzeugt, einen Brief von Dir vorzufinden. Du hast gut daran getan, die Benzinpumpe auszuwechseln. Pflege unseren kleinen Wagen gut. Er ist Dein Talisman. Im übrigen ist alles, was Du tust, richtig. Wenn man von der Leere, dem Warten und der Ungewißheit absieht, hast Du mich das Geheimnis des Glücks gelehrt, das man in sich trägt, und dem nichts etwas anhaben kann. Dieses Drama und unsere Zärtlichkeit sind mir lieber als das alte Leben und ein freies Herz. Das Wunder daran ist, doppelt

1. Französischer Ministerpräsident (d.Ü.).
2. Marcel Khill spielte 1934 den Boten in *La Machine infernale* (*Die Höllenmaschine*) und war ein sehr guter Freund Jean Cocteaus.

zu leben, bei Dir im Wagen zu sein, mit Dir über die Landstraßen zu fahren. Ich weiß, daß auch Du mein Zimmer bewohnst, daß Du am Place de la Madeleine von einem Raum zum anderen gehst. Jeder beeilt sich, im Radio zu sprechen, Artikel zu schreiben usw. Diesem großen Rätsel gegenüber und bis auf weiteres habe ich beschlossen, nur der Schatten Deiner Sonne zu sein. Je mehr Ruhe ich in mir habe, desto mehr nehme ich Deine schönen Schwingungen auf und desto mehr stärkt mich die Hoffnung. Ja, mein Engel, wir werden weiterleben und wir werden arbeiten und wir werden glücklich sein.

Fenosa[1] kommt herein und verkündet, daß er Ton (und Modellierböcke) hat in die Wohnung bringen lassen, es muß gearbeitet werden. Deine Gipsbüste ist unsagbar schön. Ich bete Dich an.

Hôtel Ritz

Montag

Jeannot,
das mit Coco ist beschlossene Sache. *Sie ist Patin Eurer Kompanie.* Erkläre dem Oberleutnant, daß das großartig ist. Denn sie wird eine Sekretärin einstellen, und niemandem bei Euch wird es je an etwas mangeln. Aber sie will jede Woche eine genaue Wunschliste. Trage dem Oberleutnant ihren Brief zu. Er soll ihr danken, so gut er es vermag. Sie ist die einzige Frau in Frankreich, die fähig ist, eine Sache dieser Art gut zu organisieren. Schreib Du ihr auch, um ihr im Namen der Gruppe zu danken.

Dein Jean

Bitte sie um ein Foto für Euren Aufenthaltsraum.

1. 1939 hat Fenosa von Jean Cocteau und mir eine Büste gemacht.

19, Place da la Madeleine

Geliebter Jeannot,
noch einmal und immer wieder Entschuldigung, daß ich Dir dieses Bild der Schwäche hinterlassen habe in diesem Zimmer, wo ich mich verloren fühlte wie im Traum. Du darfst es mir nicht übelnehmen. Die Neuigkeit von Rosalie hat mir *wehgetan*. Ich liebe, was mit Dir im Zusammenhang steht, und nichts anderes. Dein Bruder ist sehr gut zu mir gewesen, sehr zartfühlend, und er hat mir Mut gemacht. Das versichere ich Dir. Nie wieder werde ich mich gegenüber Deiner edlen Ruhe bis zu solcher Lächerlichkeit gehen lassen. Was auch passiert, wir sind glücklicher als die anderen, und unser Stern beschützt uns. Heute morgen, als ich Coco zusagen hörte, Eure Kompanie unter ihre Fittiche zu nehmen, schien es mir, als hätte ich damit meinen Tränenausbruch wieder gutgemacht. Versuchen wir, im Schlimmsten das Beste zu stehen. Du hast recht. Nachher werde ich zu Jean Fraysse gehen, weil ich annehme, daß für die Freude am Sonntag ein Erlaubnisschein notwendig ist. Es wäre furchtbar, wenn man mich hindern würde. Nun, da Girod einberufen worden ist, verweigert sein Vater den Licorne[1] (*sic*). Wenn ich den Licorne nicht habe, werde ich mich hinbringen und am nächsten Tag wieder abholen lassen. Ich werde mich schon irgendwie einrichten. Die Hauptsache ist, einen Passierschein sowohl für mich als auch für den Fahrer zu bekommen – denn ab morgen sind die Straßen nicht mehr frei. Halte mich auf dem laufenden. Dieser Brief ist ein Nachtrag zu dem von heute morgen, damit Du mir verzeihst, Dich entmutigt zu haben, Dich, den ich auf meinen Armen über Abgründe tragen möchte. Ich küsse Dich aufs Herz.

Jean

1. Der Oberst hatte verlangt, daß der Matford von Jean Cocteau nach Paris zurückgebracht würde. Um einen eigenen Wagen zu haben und heimlich nach Paris fahren zu können, hatte ich mein kleines Auto, einen Licorne mitgebracht.

19, Place de la Madeleine

Dienstag

Dir schreiben, schreiben, schreiben, egal was. Das ist mein einziges Glück. Ich stehe auf und werde Dir schreiben. Dabei weißt Du doch, daß ich mit Dir rede und Dich an mich drücke. Aber ich kann es nicht lassen, Dir zu schreiben. Es scheint mir, als stünde ich noch immer aufrecht im großen Zimmer, durch mein Zimmer getrennt von Dir, daß Du schläfst und ich wache, und daß ich über Dich wache und Dir Gedichte schreibe, die ich Dir unter der Tür hindurchschieben werde. Es ist wunderbar zu lieben, Dich zu lieben und von Dir geliebt zu werden. Heute abend sind wir Arm in Arm mit Coco in ein kleines Bistro am Place des Victoires gegangen. Du warst bei uns. Ich komme mit Dir nach Hause. Ich schlafe mit Dir ein. Nicht eine Sekunde verlasse ich Dich. Und Du ahnst das, und das gibt mir Kraft. Mein geliebtes Kind, bewahre meine Briefe an Deinem Herzen. Die Deinen sind immer bei mir und halten die Verzweiflung von mir fern, so wie ein Schild das Geschoß abwehrt.

19, Place de la Madeleine

Dienstag nacht

Mein Jeannot,
heute abend haben wir *La Charrete fantôme* von Duvivier gesehen. Es ist wertloser Kitsch, und wenn Valentine[1] das eine große Rolle nennt, "dann ist mir alles klar". Hitler hat gesprochen. Von 5 bis 6 Uhr 30. Er kündigt an, daß er gegen die Zivilisten kämpft. Wir wissen also, woran wir sind. Wie Dein Alarm hat es mir mein Gleichgewicht wiedergegeben und mich geläutert. Gestern in Sartrouville habe ich Maisons–Laffitte, meine Kindheit und Rosalies Tragödie miteinander vermengt.

1. Valentine Tessier.

Daher mein Zusammenbruch. Aber sobald sich die Dinge komplizieren, finde ich zu meiner wahren Seele zurück, jener, die Dich anbetet, und ich trockne meine Tränen. Wenn er unser kleines Haus zerstört, werde ich sehr wütend sein. Davon abgesehen soll er doch tun, was er will. Soweit es im Bereich des Möglichen liegt, werde ich mich heraushalten, so wie Du es mir auch versprochen hast, und ich unterstelle mich unserem 

Jean Fraysse behauptet, daß ich nicht nach Montdidier kommen kann. Ich werde trotzdem gehen. Ich habe eine Notiz vom Ministerium. Wenn man mich nicht durchläßt (neue Verordnung), werde ich verärgert wieder umkehren. Wenn nicht – und es lebe unser Stern – stell Dir nur einmal diesen Sonntag vor!

Diesmal werde ich nichts vergessen.

Mein Engel, laß uns einer über den anderen wachen.

19, Place de la Madeleine

Freitag

Was auch immer geschieht, mein Jeannot, heute nacht bin ich *glücklich*. Mir scheint, Du bist bei mir. Man kann mir ruhig verbieten, Dich am Sonntag zu besuchen und mir im Ministerium sagen, daß das verboten ist, ich werde das Unmögliche möglich machen, um zu Dir zu kommen. Denn ich glaube Dir und nicht den anderen. Du hast mir gesagt, es sei möglich, also ist es möglich. Es stimmt allerdings, daß es seit vorgestern neue Verordnungen gibt. Wir werden ja sehen. Ich werde Dir die geliebte Person bringen, und diese Person, die Dich anbetet, vergißt *nichts* von dem, was benötigt wird, das kann ich Dir versichern. Wenn Bleiben unmöglich ist, werde ich Dich immer noch für fünf Minuten flüchtig gesehen haben. Sollte ich nicht kommen, war die Straße voller Absperrungen. Ich habe einen Brief vom Ministerium in der Tasche, der im Notfall die Rolle eines Passierscheins übernehmen kann. Ich werde Violette und Yvonne bitten, mich zu fahren, weil der Licorne gründlich weggeschlossen ist und man ihn mir nicht geben will. Ganz egal, NICHTS kann uns trennen, und wenn Du mir die Schwäche von Sartrouville verzeihst, werde ich der glücklichste aller Menschen sein. Ich habe seither noch keinen Brief von Dir bekommen. Jeden Tag gehe ich in der Hoffnung zum Place de la Madeleine, daß dieser Brief beim Concierge sein wird. Und ich weiß, morgen oder übermorgen werde ich ihn vorfinden, und ich zittere vor Ungeduld. Heute morgen hat man mit Cap[1] darüber gesprochen, die Theater wieder zu öffnen. Ist es ein Traum? Wenn es stimmt, gehen wir tatsächlich dem Wunder entgegen, das Dein Instinkt Dich hat vorausahnen lassen. Mein Engel, ich bete Dich an und bin in jeder Sekunde bei Dir.

Da ich meine Tage damit verbringe, mir zu überlegen, was uns näher zueinander bringen könnte, habe ich Coco mit Cap zusammengebracht, nachdem ich sie (innerhalb von fünf Minuten) überzeugt hatte, die Patenschaft für Eure Kompanie zu übernehmen. Er hat ihr gefallen, und es ist ihr klar geworden, daß er uns liebt und daß er Durchsetzungsvermögen besitzt. Sie möchte ihm alle ihre Geschäfte anvertrauen und ihn zu ihrem Manager machen. Unglücklicherweise hat er sofort Alice mit angeschleppt. Aber Coco, die ja schlau ist, hat nicht mit der Wimper gezuckt und Alice sogar noch ein Kleid geschenkt. Cap muß nach London und Rom fahren. Danach kommt er nach Paris zurück, und sie werden zusammenarbeiten. Für mich bedeutet das: Hilfe für Jeannot. Was die "Avancen" des Theaters angeht, die Sache hat sich erledigt. Nebenbei glaube ich, daß es durch den Dreh mit der Patenschaft ohnehin kaum mehr nötig ist, weil Coco Dich niemals auch nur in der kleinsten Verlegenheit lassen wird. Ich werde morgen Yvonne bitten, "Deine" Patin zu sein, weil sie und Violette Dich verwöhnen werden und die Weihnachtsgeschenke dann nur so auf Dich niederregnen, niederschneien. Mein Jeannot, Du sollst wissen, daß meine Liebe ihre Wirkung nicht verfehlt und daß unser

1. Roger Capgras, gemeinsam mit Alice Cocéa Direktor des Théâtre des Ambassadeurs.

Stern an unserem Himmel der Gebete und Wunder hell erstrahlt. Du hast recht. Wir haben Glück im schlimmsten Unglück, und ich war ein Ungeheuer, den Mut zu verlieren. Meine einzige Entschuldigung ist, daß ich mein Heilmittel nicht genommen hatte und mir nach einem winzig kleinen nächtlichen Mißgeschick ganz verloren vorkam. Ich überschütte Dich mit Segenswünschen.

Hôtel Ritz

Mein Jeannot,
vor dem Schlafen muß ich Dich schnell noch einmal aus tiefster Seele küssen. Ich habe all meine Stärke, meinen Mut, meine Hoffnung wiedergefunden. Ich werde mich nicht unterkriegen lassen, wo unser Himmel es doch so gut mit uns meint und uns hilft. Das wäre eine geringe Gegenleistung. Streiche das Bild meiner Schwäche in Sartrouville[1] aus Deinem Herzen und Deinen Augen. Wenn man mich Sonntag nur passieren läßt!

Bewahre Dir nur unsere langen, doch so kurzen und wunderbaren Minuten. Bébé war heute nachmittag im Hotel, und wir haben gemeinsam zu Abend gegessen. Ich schicke Dir die Zeichnungen, die er für Dich gemacht hat. Ich warte ungeduldig auf die Antwort Deines Oberleutnants an die Patin,[2] denn, Du kennst sie ja, sie verbeißt sich in die Sache und wird für Euch alle und für Dich auch das Unmögliche tun.

Madame Mollet hat mir Deinen Brief bringen lassen. All das umgibt mich mit Dir, Deiner goldenen Sonne und unserem Glück. Mein Jeannot, Du machst mich zum glücklichsten Menschen der Welt. Das ist das Wunder dieser Katastrophe. Unser Geheimnis.

1. Aus Angst vor den Gefahren, von denen er mich umgeben glaubte, hat Jean Cocteau sich so weit gehen lassen zu weinen.

2. Coco Chanel

Hôtel Ritz

Mein Engel,
kaum habe ich einen Brief geschrieben, stehe ich schon wieder auf, um Dir noch einen zu schreiben. Das ist mein einzig wirkliches Leben, der Rest ist ein unverständlicher Traum. Es gibt Augenblicke, vor allem Nächte – da *glaube* ich, mit Dir zusammenzusein, und unser beider Glück erfüllt meine Seele und meinen Körper. Gestern habe ich es gewagt, dieses Wesen "anzusehen", das Du liebst, und das ich noch immer Deiner strahlenden, von Sonne und Mond erhellten Schönheit für unwürdig halte. Ich wagte es, und ich sah, daß dieses Wesen Deiner und Deiner Verehrung beinahe würdig war, und daß das Wunder Deines Herzens und Deines Körpers es verschönte und ihm eine Art Nimbus verlieh. Kurz, ich schämte mich nicht mehr so sehr, nicht einer jener Hindus aus den Weihetempeln zu sein, von deren Festen ich Dir erzählt habe. Oh! Mein Jeannot, erhöre mich, erhebe mich, vollbringe ein Wunder an mir. Ich werde diesen Mangel an Selbstvertrauen abwerfen, der mir die Hälfte meiner Kräfte raubt. Sprich zu mir, sage mir tröstliche Dinge, gib mir den entscheidenden Mut. Heute nacht dachte ich an gewisse Züge Deines Gesichtes, manche Deiner Blicke, gewisse Vorbereitungen unseres Kultes, und ich wurde verrückt vor Dankbarkeit unserem Himmel gegenüber, der uns so überglücklich macht. Ich bete Dich an.

Hôtel Ritz

Mein Jeannot,
ich habe soeben diese so überwältigende und gleichzeitig so schlichte Tatsache entdeckt: ich bin der glücklichste Mensch der Welt. Mein Glück übersteigt alle Verhältnisse, und es ist nur angemessen, daß ich es teuer bezahle. Ich bin sicher, daß es Dir ebenso geht, und daß Du Deine strahlende Kraft aus jenem Stern gewinnst. Darum sage ich es Dir noch einmal, für

den Fall, daß nicht jeder meiner Briefe Dich erreicht – daß Deine Zähne ernstgenommen werden müssen. Zeige dem Feldarzt den Brief von Brille[1] und Deine Röntgenaufnahmen. Erkläre ihm Deinen Fall und beweise es durch Deine Zahnprothese. Er *muß* verstehen, daß es, falls Dich auch nur die geringste Kleinigkeit bedroht, unmöglich ist, Dich da draußen zu behandeln, und muß Dich entweder ins Val-de-Grâce einliefern lassen, wo Moreau[2] arbeitet, oder ins englische Krankenhaus, wo Cocos Zahnarzt[3] praktizieren wird – englisch oder amerikanisch, übermorgen werde ich es wissen und Dir schreiben. Gehe nicht leichtfertig mit unseren Glücksaussichten um. Diese Zahngeschichte rangiert unterhalb unseres Sterns und darf um keinen Preis vernachlässigt werden. Ich bitte Dich inständig, die Sache voranzutreiben.

PS Ich wiederhole mich ständig – aber ich gleiche den Erfindern, die gerade eine Welt entdeckt haben. Sie sprechen nur noch von ihrer Entdeckung.

19, Place de la Madeleine

Mein Engel,
weil ich immer wieder an Dich und nur an Dich denke, stehe ich heute nacht auf und bitte Dich um Folgendes: Wenn Deine Zähne sich irgendwie unangenehm bemerkbar machen, gehe nicht zum Arzt. Gehe zu Deinem Vorgesetzten, erkläre ihm mit den Röntgenaufnahmen Deinen Fall, und ich versichere Dir, daß er so gut sein wird, einen Auftrag für Dich zu finden, der es Dir erlaubt, nach Paris zu kommen. Wir werden entweder zum Val-de-Grâce eilen, um M. aufzusuchen, oder zu

1. Brille: Jean Cocteaus Zahnarzt, der mich behandelte.
2. Moreau: ein junger Zahnarzt, der meine Behandlung übernommen hatte.
3. Dr. Hargreaves.

Cocos Zahnarzt, der gerade hier ist. Falls es nötig wird, daß er Dich für den nächsten Tag dabehält, wird er eine Bescheinigung ausstellen, die eine schwerwiegendere Gefahr attestiert als simple Zahnschmerzen. Du mußt mich wohl ein bißchen verrückt und väterlich finden, aber der Gedanke, daß Du Dir so etwas Unangenehmes wie Mittelohrentzündung oder eine Flechte holen könntest, *macht es mir unmöglich zu leben.* Ich kenne Deine Schüchternheit und Deine Angst, um etwas zu bitten. Aber ich beschwöre Dich, vernünftig zu sein und diese Zähne nicht auf die leichte Schulter zu nehmen. Du wirst dich *mir zuliebe* über Deine soldatischen Skrupel hinwegsetzen und es riskieren. Gib mir diese Gewißheit. Nachts wache ich auf und mache mir die fürchterlichsten Vorstellungen von der geringsten Kleinigkeit, die Dir zustoßen könnte. Dafür schwöre ich Dir, auf mich aufzupassen und, wenn nötig, Paris zu verlassen, was ein großes Opfer wäre, denn hier verbleibt nur die geringe Möglichkeit, daß Du kommen könntest. Verzeih mir diesen Brief. Der Himmel führt mir die Feder.

19, Place de la Madeleine

Mein Jeannot,
zieh Dich in eine einsame Ecke zurück, um meinen Brief zu lesen. Denn er könnte schreien und Strahlen verbreiten und Deinen Kameraden Angst machen. Ich, der ich es doch gewöhnt bin, mich schriftlich auszudrücken, kann für Dich nicht mehr die richtigen Worte finden. Ich möchte Dich immerfort an mich pressen und in diesem Licht unseres Traumes leben – diese erloschenen Straßen – dieser märchenhafte Wagen – dieser Gare de l'Est usw.

Dieses ganze Drama kommt aus meinem Glücksgefühl – und bildet keinerlei Unterschied zum wirklichen Traum des Schlafes. Coco hat recht, wenn sie sagt: Er ist vollkommen. Ja, vollkommen, mein Jeannot, an Natürlichkeit, an Grazie, und die geringsten Deiner Gesten sind die Poesie selbst – das, was ich als Poesie ansehe. Gestern war unser kleines Heim ein herrliches Weihnachten mit den Kerzen und dem Herz voller Hoffnung.

Ich umarme den Stern. Umarme Du ihn auch.

19, Place de la Madeleine

Montag morgen

Mein Jeannot,
in dieser Minute komme ich nach Hause. Ich habe die kleine Frau die Hälfte der Fahrt getröstet und während der anderen geschlafen. Da ihre Karte wertlos war, sogar für diese Fahrt, habe ich ihr einen schönen Ersterklasseplatz bezahlt, was sie ein wenig aufgemuntert hat. Mein Jeannot, dieser Besuch war noch schöner als die anderen, weil ich an Ort und Stelle gesehen habe, was es bedeutet, Dein Herz, Deine Güte zu besitzen. Die Vorgesetzten, die Mannschaft verehren Dich. Sie haben sich nie ausgemalt, daß es ein solches Sondermodell von einem Kerl überhaupt gibt, und da dieses Modell das unsere ist, dieser Stil der unsere, war ich sehr stolz. Natürlich kann ich Dir nicht das Wasser reichen, und meine Güte ist ein Nichts gegen die Deine, so stark, ruhig und tatkräftig. Ich weiß, was für eine liebenswürdige Rolle Du in meinen Augen spielst. Es hat mir genügt, getrennt durch das Abteilfenster Dein jammervolles, kleines Gesicht und Deinen wunderbaren Blick zu sehen. Dieses Mal bin ich nicht feige gewesen, und ich werde es nie mehr sein, so wahr mir Gott helfe. Und er hilft mir. Er hilft uns. Wir haben unseren Himmel, der uns behütet und der im geheimen wirkt. Gleich nach meiner Rückkehr habe ich Coco gesehen. Die hundertfünfzig Decken, fünfzig Pudelmützen werden umgehend in Angriff genommen. Mit den zwei Fässern Rotwein ist das einfacher. Sowie alles fertig ist, sage ich Dir Bescheid, und Du wirst eine Möglichkeit finden, unsere erste Lieferung abzuholen. Ich bin glücklich, das kleine Zimmer mit Erinnerungen be-

völkert zu haben. Mein Zimmer hier ist nicht mehr dasselbe seit Du da warst. Ganz zu schweigen von der Madeleine, meinem wahren Refugium. Mein guter Engel, sei immer, was Du bist. Mein wahrer Ruhm ist es, Dich zu kennen und das Wertvollste zu sein, was Du besitzt. Mein Ziel ist es, das zu verdienen. Nichts wird mir etwas anhaben können, solange ich Deine Wärme um mich habe, und das Schlimmste wird süß für mich sein, wenn es Dir nur hilft. Ich küsse Dir Seele und Herz.

19, Place de la Madeleine

Dienstag

Jeannot,

ist es nicht herrlich, sich inmitten dieses großen fürchterlichen Rätsels aus innigster Überzeugung sagen zu können: Ich bin vollkommen glücklich. Es läßt mich fest daran glauben, daß unser lieber Gott in diesem Durcheinander, aus diesem Durcheinander dieses Vollkommene geschaffen hat: unsere Freundschaft. Alles, das Zimmer oben, das Zimmer unten, die blaue Lampe, die gepflasterte Straße mit ihrem Gefälle, der Heuschober, die Rosen, die Morgendämmerung erscheinen mir wie ein Meisterwerk, ein makelloses Wunder. Deine Kameraden, ihre Gesichter prägen sich ein wie Medaillen, denn im Lächeln ihrer Gesichter drückte sich Deine Güte aus, Deine Freundlichkeit, Deine Anmut. Mein Jeannot, ich bin stolz auf Dich, auf mich, auf uns. Das ist unser Geheimnis. Man wagt kaum, sich inmitten dieses in Tränen aufgelösten Universums zu soviel Glück zu bekennen. Und hinter dem Abteilfenster war Dein liebes, mir zugewandtes Gesicht das schönste Portrait der Welt. Wenn man diesen Brief liest, wird man darin ein beispielhaft zartes und herrliches Frankreich finden, das Frankreich des Herzens und der ernsthaftesten Freude. Ich bete Dich an.

Da es keine guten Decken mehr gibt, läßt Coco sie anfertigen und Mützen stricken, wie sie die Ritter hatten. Was den Wein betrifft, das geht von alleine. Die Bestellung ist aufgegeben.

19, Place de la Madeleine

Mein Jeannot,
in jeder Minute denke ich daran, daß ich in Deinem Alter in der Kälte und im Dreck des Nordens das gleiche Abenteuer erlebt habe – mit der gleichen blauen Uniform, der gleichen Mütze und dem gleichen Helm. Und ich kann mir noch so oft wiederholen, daß ich es ertragen habe – es für Dich zu ertragen, will mir nicht gelingen. Ja – mein Kleiner – ich werde Dir einen Daunenschlafsack kaufen. Ich hatte damals einen, und sowas schützt gegen alles. Ich weiß, daß Du Deine Beine bewegen mußt, aber er ist so schmiegsam, daß man zu einem Teil des Schlafsacks wird, und er die Bewegungen nicht mehr behindert. Die kleine Sonia ist diejenige, die den idealen Schlafsack entdeckt hat. Du wirst ihn also gleichzeitig mit den anderen Decken mitnehmen. Heute abend zwinge ich mich, zu Sachas Vorstellung zu gehen. Ich will mich in den Rhythmus einfügen und mich nicht besiegen lassen. Ich wärme Dich an meinem Herzen.

19, Place de la Madeleine

Mein Jeannot,
ich komme gerade von Sacha Guitrys Stück zurück. Es gehörte in die Kategorie: schlechter Traum. Alles: der Saal, das Bühnenbild, und dazu kam noch das Drama um den armen Victor Boucher, der gestern, während er mit seinen Kollegen probte, von einer Lähmung befallen wurde. Brulé las seine Rolle. Mir scheint, der Fehler lag darin, mit kurzen Possen "zerstreuen" zu wollen. Man hätte den Mut haben müssen, ein Stück zu spielen, und zwar ein schönes Stück. Von so viel unterhaltsamer Oberflächlichkeit ging ein Staub aus, ein "Ende", eine Retrospektive des Nutzlosen – die mir ein Beispiel zu vermeidender und lebloser Dinge gegeben hat. Jetzt bin ich sicher, daß ich, wenn ich fern von Dir die Kraft dazu aufbringe, hoch hin-

auswollen und hart bleiben und arbeiten muß, auf den großen Augenblick wartend, an dem wir unsere Arbeit wieder aufnehmen, gemeinsam. Wenn die Wartezeit sich verlängert, werde ich das Stück für Yvonne machen und mich an dem Akt mit den Phantomen üben. Was mich behindert, ist, daß ich gerne ein "Versailles" finden würde, das aber nicht mehr Versailles sein darf. In Paris kann ich nicht gut arbeiten. Man stört mich. Und fern von Paris wage ich nicht zu sein: Ich fürchte, fern von Dir zu sein, wenn der Zufall Dich dorthin führt. Also werde ich morgen Deinen Bruder bitten, mich im Wagen zu begleiten, um eine Zufluchtsstätte zu finden. Vielleicht in Barbizon. Ich werde Dir jeden Tag schreiben – aber nach der Arbeit – also nachdem ich mich würdig erwiesen habe, Dir zu schreiben.

Es lebe Frankreich, mein Jeannot, und Frankreich lebe, damit wir bald verwirklichen können, worum ich in meinen Gebeten bitte und was mir die Karten voraussagen. Ohne Dich existiert nichts Reales. Ich bete Dich an.

19, Place de la Madeleine

Geliebter Jeannot,
wirst Du diesen Brief rechtzeitig erhalten? Ich empfehle ihn unserem schnellen und strahlenden Stern. Welches Glück, ein Telegramm von Dir zu erhalten. Ich werde also am Sonntag fahren. Ich werde den Wagen nehmen und ein Zusammentreffen mit der Polizei riskieren. Wenn ich Unannehmlichkeiten bekomme, mach Dir nicht die geringsten Sorgen. Schlimmstenfalls müßte ich umkehren. Ich werde die Decken mitbringen. Was die Thermosflaschen betrifft, außer den kleinen gibt es keine (man kriegt keine) Thermosflaschen mehr. Coco läßt fragen, ob die kleinen (eine pro Zwei–Mann–Tasche) nicht nützlicher wären als die großen, die empfindlich sind und die Wärme nicht gut halten, wenn man sie aufmacht. Es ist möglich, daß ich Dir die herrlichste aller Westen mitbringe. Was das Theater angeht, habe ich nachgedacht. Ich will mich nicht

mit Sacha und den Alicen[1] einlassen. Der gestrige Abend hat mir eine gute Lehre erteilt. Ich werde all meine Mühe auf Yvonne und Trébor[2] konzentrieren. Das ist meiner, unserer würdig. Alles andere würde mich nötigen, ein wenig hinabzusteigen. Und man darf niemals auch nur um einen Zoll hinabsteigen. Da rede ich nun wieder von mir, ich, der ich nur an Dich denke. Es ist wahr, was mich interessiert, interessiert auch Dich, und das Theater, es ist unsere gemeinsame Seele.

Mein schöner Engel, gebe unser Himmel, daß ich am Sonntag bis zu Dir vordringen kann. Gebe unser Himmel, daß ich Dich heiter und weniger frierend antreffe. Ich leide. Ich kranke an Dir.

19, Place de la Madeleine

Mein Jeannot, wir dürfen wegen des Alarms Paris nicht verlassen. Was für ein Jammer! Unmöglich, auch nur das Zollhaus zu passieren. Wenn mein Brief Dich rechtzeitig erreicht, werde ich versuchen, Sonntag um 1 Uhr mit Coula[3] zu kommen, die Passierscheine besitzt. Wenn keine nötig sind, und das Ganze verzögert sich um zwei Wochen, werde ich sehen. Auf jeden Fall kann sie mich mitnehmen, auch später noch. Ich war schon unterwegs, den ganzen Wagen voll mit Süßigkeiten, Zigaretten und Überraschungen von Coco. Möglicherweise bringe ich Sonntag schon die ersten Decken mit und alle Pudelmützen, die ein Meisterwerk sind. Ich schreibe Dir in Eile, damit der Brief noch wegkommt. Es ist kein richtiger Brief. Bis Sonntag, mein guter Engel, ich bete Dich an.

1. Alice Cocéa, Darstellerin der Rolle der Madeleine in *Nein diese Eltern* und Direktorin des Théâtre des Ambassadeurs.
2. Trébor, Leiter des Théâtre Michel.
3. Coula Roppa, griechische Bühnenbildnerin, Freundin Jean Cocteaus.

19, Place de la Madeleine

Sonnabend

Mein Jeannot,
ich habe diese Woche zwei große Enttäuschungen erlebt. Freitag war dieser Alarm, durch den Coula (Bereitschaft) Paris nicht verlassen durfte. Und heute ist es ein Passierschein (für sie als Ausländerin), ohne den sie sich trotz all meiner flehentlichen Bitten nicht auf die Straße wagen will. Ich weiß, daß Du nicht viel Wert darauf legst, sie zu sehen, aber nur sie hatte Benzin, über den schwedischen Minister. Der Gedanke, daß meine Briefe Dich erreichen, mich Dir ankündigen, und daß Du vielleicht auf mich wartest und Dich fragst, warum ich nicht zur Verabredung erscheine, macht mich rasend. Nächsten Sonntag, denn ich meine verstanden zu haben, daß Du Dich sonntags freimachen kannst, werde ich kommen, koste es, was es wolle, entweder mit ihr und Erlaubnis, oder mit Cap, wenn er den Wagen hat. Du kannst Dir von dortaus die Schwierigkeiten nicht vorstellen, die sich ergeben; es ist unglaublich! Die einzige Kleinigkeit, die mich tröstet, ist, daß ich Sonntag in acht Tagen, wenn die Lage sich nicht zuspitzt, die Pudelmützen, die ersten Decken und die Überraschungen mitbringen werde. Der Wein ist am Dienstag direkt losgeschickt worden. Mein Engel, ich möchte eine Taube von der Place de la Madeleine sein und schnell zum Hôtel du Commerce[1] hinüberfliegen. Wenn ich durchkomme, erwarte mich Sonntag in acht Tagen um 1 Uhr, gleiches Programm. Sollte ich bis 1 Uhr 30 nicht an Deiner Tür sein, ist ein außerhalb meines Einflusses liegendes Hindernis aufgetreten. In dem Fall tue das Unmögliche, um einen Marschbefehl zu erhalten, und unter dem Vorwand, Deine Sachen holen zu kommen, werde ich Dich sehen, aber bis zum jetzigen Sonntag kann ich handeln. Die Leute sind Idioten und glauben nicht, daß die Straßen frei sind. Sie behaupten, daß sie es nicht mehr sind. Ich bleibe vom Gegenteil überzeugt.

Kurz, Sonntag in acht Tagen, wenn ich den Wagen habe, den Fahrer und das Benzin, werde ich wie an dem anderen Sonntag mit irgendeinem Zug wieder zurückfahren, zu dem Du mich in

1. Hôtel du Commerce in Montdidier.

ein paar Minuten fahren kannst. Dieses Versteckspiel wird langsam so gräßlich, daß ich es vorziehen würde, wenn man mich abweist.

Glaube nicht, daß ich entmutigt bin. Du hast recht, am Zug war ich tapfer, und ich werde tapfer bleiben. Ich fühle, daß das Unerklärliche für Frankreich arbeitet und für uns. Dich nicht zu sehen, nicht zu berühren, ist genauso, als ob ich Dich sähe und in meine Arme schlösse. Wenn ich halsstarrig an die Türen all jener klopfe, die einen Wagen besitzen und die Sache riskieren wollen, geschieht das ein wenig aus Kinderei.

Es erscheint mir unmöglich, daß Roger[1] mir Sonntag seine Hilfe verweigert. Andernfalls wird Coula einen Passierschein für sich erwirken (sollte sich der geringste Zwischenfall ereignen). Vielleicht wird Marion[2] so freundlich sein zu kommen, wenn die anderen nicht können. Was fehlt, ist Benzin, das nur tröpfchenweise ausgegeben wird. Wenn ich Sonntag nächster Woche nicht im Commerce bin, bedeutet das, daß das Schicksal sich dem entgegenstellt. Ich muß Dir nahelegen, mir das nicht übelzunehmen und zu verstehen, daß wir in der Stadt ganz anders sind als da, wo Ihr seid. Jeder erfindet Schwierigkeiten und weigert sich, mir zu glauben. Violette würde mich ja fahren, aber sie hat kein Benzin und beaufsichtigt Yvonne in der Klinik. Mein guter Engel, meine Gebete beschützen Dich, und mein Geist in Fleisch und Blut bewohnt den Wagen. Nicht schnell mal schreiben und Antwort erhalten zu können, ist das Einzige, was Beklemmung hervorruft. Du wirst mich am Freitag erwartet haben, und Du wirst mich morgen früh erwarten. Diese falschen Freuden zerreißen mir das Herz. Freitag wirst Du verstanden haben wegen der Sirenen. Ich lebe nur für Dich und durch Dich.

2. Roger Capgras.

3. Marion Janson, Ehefrau von Henri Janson.

Lieber Jeannot,
ich esse mit Marion zu Mittag, und Freitag werden wir mit Dir im Hôtel du Commerce zu Mittag essen.

Donnerstag abend werde ich bei ihr schlafen, und dann werden wir losfahren, um Dich zu treffen. Ich hoffe, daß diese Zeilen Dich rechtzeitig erreichen, damit Du Dich zum Mittagessen freimachst.

Dein Jean

19, Place de la Madeleine

Jeannot, mein Liebling,
ich habe mir gerade die ersten fünfundzwanzig Decken angesehen. Mit den anderen wird angefangen. Decken gehören zum Besten, was es auf Erden gibt, selbst in Friedenszeiten. Die Pudelmützen – dito – werden Mittwoch fertig sein. Und es gibt einige Überraschungen für Dich und die Oberleutnants. Wenn ich Sonntag los kann, würde Rosine[1] mich fahren. Sollte man uns anhalten, mach Dir nichts daraus und sage Dir, daß es das Schicksal ist, das uns vorübergehend voneinander trennt. Ich existiere, ich arbeite, ich atme nur für Dich. Ich habe ja die kleinen Fotos, die Wunderwerke sind. Und Deine Briefe! Ich lese sie immer wieder, in mein Zimmer verkrochen. Heute morgen lag es mir wie eine unermeßlich große Last auf der Seele, und ich versuchte, wieder Mut zu gewinnen, denn ich habe nicht das Recht, ein eigenes Leben zu führen. Ich muß stark sein, damit Du Dich von einem festen Fundament gestützt fühlst. Es ist ein zu großes Abenteuer, als daß man es zu begreifen versuchen sollte. Jeder muß in seinem Bereich das Beste tun. Du weißt, daß alles mein Bereich ist, was von Dir ausstrahlt, alles, was ich bewirken kann, um Dir diese Prüfung zu versüßen. Schone den Wagen, unseren Talisman, und nimm

1. Rosine Dérian, Gattin Claude Dauphins.

den anderen, um, wenn möglich in dienstlichem Auftrag, die Wollsachen holen zu kommen. Im Luftfahrtministerium versichert man mir, daß nichts unkomplizierter ist als Dienstbefehle für Wagen, die hin- und herpendeln. Jedes Klingeln des Telefons läßt mich aufschrecken. Ich frage mich, ob es wohl Deine Stimme ist, die ich hören werde, und ob ich Dich werde sehen können.

Sonntag werde ich mich, wenn das nicht möglich ist, in das Unabänderliche fügen. Vorher will ich noch hoffen, daß ich an der Pforte des Hôtel du Commerce ankommen werde. Mein Jeannot, ich esse mit Boudot-Lamotte zu Abend. Sie wollen mein Buch[1] veröffentlichen, Du siehst, daß ich mich nicht unterkriegen lasse und daß ich auf Dich höre. Ich küsse Dich aus tiefstem Herzen.

19, Place de la Madeleine

Montag abend

Mein Jeannot,
bevor ich zu Bett gehe, küsse ich Dich und wiege Dich in Deinen ersten Schlaf. Solange das Schicksal uns erlaubt, Briefe zu schreiben, werde ich glücklich sein, weil etwas Neues und Unvorhergesehenes sich zwischen uns schmiedet und unsere Zärtlichkeit zementiert. Heute nachmittag habe ich einen Termin beim Augenarzt und einen beim Zahnarzt ausgemacht. Ich selbst würde mich ja gehenlassen, aber ich habe an Dich gedacht, an Deine Bitten, an meine Versprechen und zwinge mich nun, die Dinge zu tun, die ich noch nicht einmal in Friedenszeiten fertiggebracht habe. Heute abend aß ich mit Boudot-Lamotte, der so freundschaftlich von Dir sprach, daß es mir die Seele erwärmte, und nun kehre ich heim, um zu schlafen und Dir zu schreiben. Wirst Du kommen? Werde ich Sonntag fahren? Alles ist ein Rätsel. Am Wichtigsten ist, daß die Decken im Entstehen sind und daß die Pudelmützen Mittwoch (über-

1. *La Fin du Potomak* (*Potomaks Ende*).

morgen) fertig sein werden. Und Coco hat viele Überraschungen für Dich.

Wenn ich kann, werde ich Deinen Bruder mit dem Zug losschicken. Ich werde unseren Wagen mit zurücknehmen und Dich mit seiner Hilfe besuchen können. Wenn Du es natürlich vorziehst, ihn zu behalten, und Du ihn möglicherweise selbst brauchst, kann davon keine Rede sein.

Tausend Sterne

PS Mein Jeannot. Ich kann nicht schlafen. Ich zähle meine Decken – ich sorge mich, weil ich sie natürlich alle auf einmal nähen würde usw. Dein kleines Radio. Bébé gibt Dir seins (das berühmte von Maxim's), aber es müssen Batterien hineingetan werden. Wenn ich keine amerikanischen Batterien finde, werde ich Dir ein französisches Radio kaufen und es Dir morgen schicken. Es ist ärgerlich, daß das Schicken so lange dauert! Hast Du die Taschentücher von Yvonne erhalten?

Du willst, daß ich mit Dir schimpfe. Warum um Himmels willen! Nichts ist schön genug für Dich, und Du bist ein solcher Engel, daß Du Dich nie beklagst. Ich gebe zu, daß Coco diesmal zwei sehr schöne, ganz einfach *wunderschöne* Überraschungen für Dich bereithält (sie sind einfach. Mach Dir keine falschen Vorstellungen). Ich weigere mich, sie zu schicken. Ich werde sie selbst bringen, oder Du wirst vorbeikommen, sie zu holen. Bestehe auf den Dienstbefehlen. Ich bin sicher, daß man Dich nur nicht schickt, weil Du Angst hast, Ansprüche zu stellen. Vergiß nicht, daß Du sie mit Wolle versorgst, und daß sie Dir diesen kleinen Gefallen schuldig sind. Bébé war entzückt von den ersten Decken. Er wollte eine davon stehlen. Ich habe ihn daran gehindert, und Coco hat ihm eine andere gegeben, weil er Sonnabend nach X abfährt!

Hier beschäftigt sich alles nur mit Dir und Euch. Ich bete Dich an.

19, Place de la Madeleine

Freitag morgen

Jeannot, lieber Engel,
wenn ich mir vorstelle, daß ich Dich morgen vielleicht sehen werde! Auf gut Glück gehe ich hin, und weil Marion mich nicht fahren konnte, erklärt sich R., der Freund von Fenosa, bereit, ihren Platz einzunehmen. Ich werde mit irgendeinem Zug zurückfahren, aber was erzähle ich Dir da eigentlich? Man muß schon in der Welt der Hellseherinnen und Kartenleger leben, damit ich Dir in einem Brief von morgen erzähle, den Du erst danach erhalten wirst. Ich beende also diesen Unsinn, um Dir jene Dinge zu sagen, die unabhängig sind von der Zeit, die ewigen Dinge unseres Herzens und unseres Sterns. In meinen letzten Briefen habe ich Deine Güte bewundert; ich habe vergessen, mit welchem Genie sie verbunden ist, und daß Du so bescheiden bist, daß man nie daran denkt, es Dir zu sagen. Nun, es wäre nicht viel, wärest Du nicht ein großer Schauspieler und ein großer Maler und ein Mund, der sich nur für die vollkommene Weisheit öffnet. Ich bin glücklich zu hören, daß Rosalie in Kontakt mit Euch steht, mir fällt ein Stein vom Herzen. Ich habe einen Brief von Marcel,[1] auf erobertem Gebiet. Er läßt Dir tausend zärtliche Grüße ausrichten. Jeder liebt Dich, und das ist nicht schwer zu verstehen. Ich habe großes Glück, Dein Freund zu sein.

Ich küsse Dein Herz.

19, Place de la Madeleine

Samstag, 1 Uhr 30 morgens

Stell Dir vor, mein Jeannot, daß ich Zahnschmerzen habe und darüber fast glücklich (*sic*) bin, weil ich Dich gesehen habe, als

1. Marcel Khill

Du so große Schmerzen hattest, und mich nun nicht mehr schäme, daß es mir auf einem Gebiet zu gut geht, wo Du kneifst. Ach, kein Brille mehr, nicht mehr genug Geld usw. Ich werde also versuchen, Moreau im Val–de–Grâce zu erreichen, um mich gleichzeitig für Dich zu erkundigen. Sonst werde ich Capgras bitten, mich zu seinem Zahnarzt zu schicken und Dich gleich mit, wenn das, was ich befürchte, tatsächlich eintritt.

Der deutsch–russische Pakt bringt Ordnung in die Dinge, so schrecklich sie auch sein mögen. Es ging um einen Krieg, es wird um einen heiligen Krieg gehen. Wir werden alle arbeiten, damit Frankreich keine unmenschliche und unbewohnbare Welt wird – im Stil Berlins oder Moskaus. Sie vertreiben und vernichten auch noch die geringsten Kleinigkeiten, die wir lieben und die uns leben lassen. Ich rede niemals über Politik mit Dir, und ich habe in einem Brief nicht das Recht dazu. Nur ändern sich die Umstände und vereinigen uns mit dem Zeitgeschehen, uns arme Unzeitgemäße. Halte Dir dies gut vor Augen: daß unsere Trennung und die Unterbrechung unserer Arbeit dazu dienen, Europa lebenswert und unseres Sterns würdig zu machen. Diese Aussicht wird Dich ein bißchen weniger traurig machen und Dich ein wenig aus unserem Winterschlaf wecken. Verzeih mir diesen Brief, der aus unserem üblichen Rahmen fällt, aber es war mir wichtig, ihn heute nacht zu schreiben, weil Du ein großer Junge bist und weil ich nicht denken kann, ohne Dich an meinen Gedanken teilhaben zu lassen. Vielleicht sollte ich schweigen, Dir nicht sagen: Ich habe Zahnschmerzen oder "Es lebe Frankreich". Aber das ist nicht meine Art, und wenn ich meine Gedanken und diese Widerwärtigkeiten, die mich wahnsinnig machen, für mich behielte, würde ich mich um einen Millimeter von Deiner Seele entfernen. Ich habe unsere Yvonne gesehen. Sie sieht sehr gesund aus, sehr sogar, und es verheilt schnell. Violette fürchtet die Folgen. Ich werde Dir noch darüber berichten. Ich presse Dich an mein Herz und lasse mich von Dir zärtlich verwöhnen.

19, Place de la Madeleine

Mein Jeannot,
da ich einfach nicht einschlafen kann, stehe ich auf und berichte Dir von meinem Tag. Zunächst einmal hat Bébé eine Doppelseite für *Vogue* gemacht, die Coco zeigt, wie sie Eure Pudelmützen stricken läßt und ihre Signatur auf die Wollsachen setzt. Es war meine Idee, für Dein Prestige in der Kompanie. Sicher ein großer Erfolg! Danach hat Coco mich zu ihrem vielbesprochenen Zahnarzt Hargreaves begleitet, der jeden neuen Patienten ablehnt, mich aber angenommen hat. Nach einer Stunde Arbeit hatte er die Wurzel des Übels entdeckt. Brille, der mich umsonst behandelt hat, hatte mir so ungeschickte Füllungen gemacht, daß sie sich in den Kiefern bewegten (vorne) und Karies sich dahinter festgesetzt hatte. Es war so schlimm, daß ich nur einen Monat später Krebs davon hätte bekommen können (*sic*)! Hargreaves, der sich gar nicht darüber beruhigen konnte, wird versuchen, den Rest zu retten. Ich habe vor, mich sehr gut mit ihm zu stellen, um Dich zu ihm zu schleppen, wenn Du das Geringste hast, und damit man Dir einen dienstlichen Befehl erteilt unter Fürsprache des Onkel Doktors bei Euch. Ich werde es schaffen. Um 4 Uhr war ich beim Augenarzt. Er wiederum fand, daß ich sehr gute Augen habe, und hat mir eine neue Brille verschrieben. Du siehst, ich gebe auf meine Gesundheit acht, wie ich es Dir versprochen habe. Und um mich nicht zuviel mit mir selbst zu beschäftigen, bin ich zwischen dem Augenarzt und dem Zahnarzt zu Innovation aufgelaufen, wo ich ein hervorragendes Radio für Dich gefunden habe, das mit Batterien funktioniert. *Bei Innovation behaupten sie, daß diese Art von Paketen nur sehr schlecht ankommt.* Ich behalte das Radio[1] im Hotel, und Sonntag wird der Weihnachtsmann es ins Auto legen (Claude[2] beteuert, daß wir Schwierigkeiten haben werden. Da kann man nichts machen, ich bleibe hartnäckig, und Rosine hat Angst vor gar nichts). Wenn wir nicht bis zu Dir durchkommen können,

1. Erster aus Amerika stammender batteriebetriebener Radioapparat.

2. Claude Dauphin.

wird Margat[1] sich vielleicht weigern, all die Geschenke von Coco abzuholen, und bei der Gelegenheit wirst Du sie dann mitnehmen.

Mache Margat verständlich, daß es das mindeste ist, daß er die Art von Freundlichkeit Eurer Patin richtig versteht und ihr hilft, indem er nach und nach abholt, was sie verschenkt, so wie er an dem Tag von Sartrouville die beschlagnahmten Sachen abgeholt hat. Es ist mein einziges Glück, für Dich zu leben, und daß Du dies fühlst. Auf diese Weise gelingt es mir, sehr glücklich zu sein und dem Schicksal dafür zu danken, daß es uns in dieser allumfassenden Katastrophe hilft. Mein Gott, wie langwierig Briefe doch sind! Ich träume davon, Dir schnell zuzurufen, was ich mir für meinen angebeteten Sohn alles einfallen lasse.

Mein Jeannot,
gebe unser Stern, daß ich am Sonntag wie ein Weihnachtsmann erscheinen kann. Wenn er mich daran hindert, wird mir das Herz bluten, aber Du wirst wissen, daß es nicht mein Fehler ist, und ein Wunder vollbringen, um zu kommen und die Geschenke abzuholen. Coco ist *einfach großartig*. Alles ist begeistert von den Decken, die sie für Euch hergestellt hat und die ganz anders sind als die, die gewöhnlich verschickt werden. Für Euch alle will sie Decken und Pudelmützen, wie sie sie auch selber tragen würde, die gefüttert sind, nicht kratzen und selbst wenn sie durchnäßt sind, noch wärmen. Ich glaube, die Oberleutnants werden staunen, was sie ihnen zugedacht hat.

Ich küsse Dich aufs Herz.

Jean

1. Margat: einer meiner Oberleutnants, Kommandeur der Kompanie.

19, Place de la Madeleine

Mein Jeannot,
wie sehr Dein Leid mir wehgetan hat. Ich sollte niemals sagen «ich werde gehen», wegen derjenigen, die mir das Herz zerreißen und Dir das Deine, ich sollte überraschend eintreffen, wenn das überhaupt noch möglich ist. Sonntag (vielleicht wirst Du diesen Brief noch vorher erhalten) versuche ich es mit Rosine, den Decken, den Pudelmützen und Deinem Radio. Ich habe zuviel Angst, daß Pakete nicht ankommen könnten.

Wenn wir also um 1 Uhr 30 nicht im Commerce sind, hat uns ein Streckenposten zur Umkehr genötigt. In dem Fall wäre es um jeden Preis notwendig, daß Du nach Paris kommen kannst, um die ersten vierzig Decken, die Überraschungen für die Oberleutnants, die Pudelmützen und das Radio zu holen. Wein zu schicken geht noch – wird er ankommen? (er geht morgen ab) – der Rest ist zu herrlich, um das Risiko einzugehen, ich behalte ihn bis zu einer Dienstfahrt. *Ich habe Dir ein großartiges Radio gekauft.* Später müssen einfach nur die Batterien ausgewechselt werden. *Sei mir nicht böse.* Es ist mein einziges Glück, Dir eine kleine Freude zu bereiten, Dir einen kleinen Schmerz zuzufügen, mein einziger Kummer. Die Vorstellung, daß Du Dir extra frei nimmst bei dem ganzen Durcheinander von Briefen, die mich ankündigen und anderen, in denen ich wieder absage, macht mich krank. Darum muß klar sein, daß mich ein über meinen Kräften stehender Grund vom Kommen abgehalten hat, wenn ich bis 1 Uhr 30 nicht vor der Tür stehe. Danach werden Passierscheine nötig sein und triftige Gründe. Überdies wäre ein persönlicher Passierschein für mich nicht ausreichend. Es ist auch einer für den Wagen nötig, der mich begleitet, und ich weiß nie, welcher das sein wird. Es ist teuflisch! Dich so nah zu fühlen und doch so fern, mein Jeannot, tröste mich mit Deinen süßen Briefen. Schenke mir Deinen Mut und Deinen Glauben.

19, Place de la Madeleine

Donnerstag abend

Mein Jeannot,
der kleine 107[1] kann sich glücklich schätzen! Ich stelle ihn mir vor, wie er gegen Deinen Nacken und Deine Schulter geschmiegt daliegt und lauthals protestiert, wenn Du weggehst. Ich denke nur noch an unseren Versuch am Sonntag und an Deinen Zeitplan für den nächsten Sonntag. Wenn nur Rosine keinen Rückzieher macht! Wenn nur die Straßen frei sind! Wenn nur Hitlers Ansprache die momentane Befehlsordnung nicht verändert! Auf jeden Fall, auch wenn ich es diesen Sonntag nicht schaffe, den Sonntag darauf, mit dem Zug, wird es mir gelingen. Vergiß also nicht den Bahnhof, die Uhrzeit usw. Coco war sehr glücklich zu sehen, wie dankbar der Oberleutnant war und wie gut er ihre Arbeit verstand. Berichte mir schnell von dem Eindruck, den die Decken und die Fotos gemacht haben, und ob das Radio funktioniert. Hier dauert mein Glück an und läßt dem Trübsinn einfach keinen Platz. Ich schließe die Augen; ich sehe Dich mit Deiner schönen Mütze und Deinen fröhlichen Augen und unseren kleinen Schlupfwinkel unter der Toreinfahrt in der Rue Cambon. Im selben Moment ist die Trübseligkeit verschwunden, mein Herz öffnet sich, und ich finde dieses grausame Schicksal herrlich. Dieses Schicksal wird uns zweifellos helfen, noch mehr zusammenzuarbeiten und uns auch der kleinsten Augenblicke zu freuen. Wir waren zu sehr ans Glück gewöhnt und an die Süße des Lebens (ich spreche dabei nicht von Deiner Mittelohrentzündung,[2] an der ich beinahe krepiert wäre wie ein jämmerlicher 107, an der Tür Deines Zimmers). Mein Jeannot, ich gehe zu Bett, und ich verwöhne Dich mit Zärtlichkeiten, und ich umschließe Dich. Natürlich schläfst Du schon, und so stelle ich mir Dein Profil vor und Deine nach allen Seiten hin ausgestreckten Glieder. Ich bete Dich an und bewahre Dich in mir.

1. 107: eine kleine Promenadenmischung, die ich gefunden und nach meiner Kompanie benannt hatte.
2. Ich hatte mir eine Ohrenentzündung zugezogen, während ich in *Nein, diese Eltern* spielte.

19. Place de la Madeleine

Mein blauer Engel,
wie ich am Place de la Madeleine vorbeigehe, finde ich Deine Briefe, und ich werde mich in Dein Zimmer verkriechen, um sie zu lesen. Ja, Jeannot, es ist seltsam: statt unsere Zärtlichkeit zu erschüttern, gibt jedes Ereignis, welches auch immer – und auch das Schlimmste von allen –, ihr mehr Gewicht, verstärkt sie noch. Ich liebe Dich auch mit jedem Tag mehr und – da ich Dich zu kennen glaube – entdecke, daß der Schatz einen doppelten Boden hat. Niemand auf der Welt könnte an diesen realen Traum glauben, den wir leben, der die Entfernungen auslöscht, die Belastungen, die Dramen, und der es uns möglich macht, heiter ein furchtbares Leben zu leben. Wie ein roter Teppich entrollt sich meine Woche bis zum Sonntag, wo der Zug mich Deiner Silhouette mit dem Wauwau auf dem Arm entgegenführen wird. Morgen, Samstag, esse ich mit Sacha Guitry zu Mittag. Ich werde versuchen herauszubekommen, was er ausbrütet und inwiefern er meine Arbeit braucht. Solange ich auf Dich warte, wäre es ein Traum, wenn Trébor mit Yvonne das Michel[1] öffnen wollte und mir ein Stück in Auftrag gäbe (ohne die Capgrassens). Das wäre ein hervorragender Auftakt für *Die Schreibmaschine*. Ich habe Yvonne empfohlen, ihn heimlich zu treffen und ihn in die richtige Richtung zu lenken. Wir müßten den Krieg nutzen, um uns von der Rue Nungesser-et-Coli[2] zu befreien. Coco war sehr dankbar und gerührt, weil Du ihr geraten hast, sich vor ihnen in acht nehmen. Sie schätzt Dich sehr hoch ein, und ihrer Meinung nach ist das ein weiteres Zeichen Deines Edelmutes und Deines seelischen Gleichgewichts. Mein Engel, ich küsse Dich aus tiefstem Herzen.

1. Théâtre Michel.

2. Alice Cocéa und Roger Capgras wohnen in dieser Straße.

19, Place de la Madeleine

Freitag abend

Mein Jeannot
welch ein Glück ist es doch, in dieser Welt des Grauens und der tragischen Knalleffekte, in dieser sich in Frage stellenden und durcheinanderwimmelnden Welt, unseren so süßen und so starken Stern zu fühlen und aus ihm all seinen Mut zu schöpfen. Sogar heute morgen, nach der Enttäuschung und der Rückkehr ins Hotel wegen des Alarms, war ich nicht traurig. Sicher hätte ich Dich gerne auch nur für fünf Minuten gesehen. Aber da ich ja immer bei Dir bin, fühlte ich mich nicht wirklich beraubt und bestraft. Ich ging ins Hotel zurück, mit Dir und Dir sehr nahe. Aber wegen meiner Überraschungen, des Zuckers und meiner Zigaretten für Deine Kameraden habe ich mich wirklich geärgert. Wahrscheinlich kommt dieser Brief zu spät bei Dir an, und Du wirst mich bereits gesehen haben, wenn ich das Glück habe, daß nichts dazwischenkommt und Coula das Benzin bekommt (denn das ist eine Welt für sich). Das hindert mich nicht, wie es unserer Gewohnheit entspricht, und in der uns gehörenden Zeit, mit Dir zu plaudern, als hätte ich Dich gesehen, als würde ich Dich sehen und, ja, als hörte ich nicht eine Minute auf, Dich zu sehen und mit Dir zu reden.

Dein sternenübersäter Brief war einer der süßesten, die man überhaupt bekommen kann, der, in dem Du erzählst, daß mein hellblauer Seidenschal noch immer an Deiner Tür hängt. Ich werde den Brief heute nacht wieder lesen, eingeschlossen mit uns beiden.

19, Place de la Madeleine

Jeannot, ich habe das Glück in Deinem Gesicht gesehen und Du das Glück in meinem. Es bedeutet, daß wir zusammen waren. Es gibt nichts Schöneres als unseren Himmel und unseren Stern. Nichts Reineres, nichts Außergewöhnlicheres. Ich denke, der Teufel wird es nicht wagen, sich am Sonntag zwischen uns zu stellen und mir den Weg zu versperren. Wenn es aber so wäre, würde ich mich einem erneuten himmlischen Ratschluß beugen, der uns zu Hilfe käme. Mein Jeannot, ich gehe schlafen, um von uns zu träumen, und ich presse Dich an mein Herz.

19, Place de la Madeleine

Mein Jeannot, lieber netter 107!
Jeder Sonntag ist der schönste Sonntag und jede Woche die häßlichste Woche außer im Traum und in der Erinnerung. Ich bewohne ein Zimmer halb Ritz, halb Hôtel du Commerce, und in den Fluren hier spukt eine Gestalt im braunen Pullover, die einen Wauwau auf dem linken Arm trägt und einen Musikkasten in der Rechten. Coco war traurig über den Unfall, der einem ihrer Patenkinder zugestoßen ist. Sie würde sich gerne darum kümmern und bittet Dich um Einzelheiten. Sie wird den Pullover für Margat machen und bereitet heimlich eine Überraschung mit hundertvierzig weihnachtlichen Glücksbringern vor. Ich meinerseits werde Dir einen wahren Glücksbringer suchen anstelle des Pferdes und des blauen Gottes. Einen Glücksbringer, der sich bewährt hat, und den Du an Deiner Erkennungsmarke um den Hals tragen kannst. Mein guter Engel, ich habe heute abend mit Jean-Pierre[1] und Jef Revel[2] diniert. Wir sprachen von Dir, und Dir müssen die Ohren geklungen haben. Wenn 107 hineinbeißen würde, wären es recht bedauernswerte Ohren. Gerne hätte ich Deine Stärke und würde mich an die Arbeit machen, um zu leben, und damit Du ruhig leben kannst in Erwartung unserer *Schreibmaschine*. Mein Jeannot, ich gehe schlafen und treffe Dich in unserem Himmel.

Sonntag werden zwei Pakete mit Decken ankommen. Bereite Oberleutnant Moineau darauf vor. Coco darf nicht auf die Idee kommen, daß sie vernachlässigt wird.

1. Jean-Pierre Haguenauer, Antiquitätenhändler.
2. Jef Revel, Besitzer des Restaurants in der Rue Montpensier.

★ ★ ★ ★ ★ ★ ★ ★

Mon Jeannot, gâtié 107

Chaque Dimanche est le plus beau dimanche et la semaine et la plus laide semaine, sauf dans le rêve et le souvenir. J'habite une chambre moitié Ritz - moitié Hôtel du Commerce et les couloirs etc. sont hantés par un personnage en chandail marron qui porte un tonton sur le bras gauche et une valise à musique à la main droite. Coco était triste de l'accident arrivé à l'un de ses filleuls. Elle voudrait s'en occuper et te demande des détails. Elle va faire le chandail Margot et mijote la surprise de 140 porte-chance de Noël. Moi je vais te chercher un vrai porte-chance à la place du cheval et du Dieu bleu - Un porte-chance ayant servi et que tu puisses attacher à ton cou, à ton bracelet matricule. Mon bon ange, j'ai dîné ce soir avec Jean-Pierre et Jef Kessel - on a parlé de toi et tes oreilles ont dû bourdonner - si 107 te les mordait voilà de bien pauvres oreilles. Je voudrais avoir ta force et me remettre au travail pour vivre et que tu vives

Il y aura Dimanche 2 paquets de couvertures. Prières moineau. Il ne faudrait pas que Coco croie qu'on la néglige.

celui qui attendait notre machine à Évreux. Mon Jeannot [illegible]

~~12 PLACE DE LA MADELEINE 12~~ ANJou 06-80

Ritz

Mon Jeannot, mon fils, mon ange, mon papa 107. Je t'ai écrit cette nuit et ce matin — mais je reste encore triste parceque Dimanche et Lundi matin cassent le rythme des lettres et que le vaguemestre risque de rester 2 jours sans enveloppe de moi. Je viens de déjeuner avec Pierre Philippe et avec Pat chez Cazenave — nous avons fait semblant de revenir de la plage et de prendre place chez Kismet — inutile de te dire que j'ai raconté tout ce qui t'arrive et que je ne me trouve à mon aise que si je parle avec des personnes qui t'aiment. Mon Jeannot je voudrais montrer les essais de Manon — que faire ? Lulu Vatier ne répond pas — Donne moi son numéro particulier et l'autre — Je forme le rêve d'un film et d'obtenir que tu retournes. A force de rêves opiniâtres, il faudra bien que la réalité leur ressemble. Je me refuse à me laisser vaincre par une fausse paresse déguisée en découragement. Je lutterai pour la France, pour toi, pour moi, pour nous et pour que l'Amérique ne se vante plus de nos déconcerts. Dis à 107 de te lécher l'oreille. ✡

Ritz

Mein Jeannot, mein Sohn, mein Engel, mein Papa 107, ich habe Dir heute nacht und heute morgen geschrieben, aber ich bleibe dennoch traurig, weil Sonntag und Montag morgen den Rhythmus der Briefe unterbrechen und der für die Post zuständige Unteroffizier vielleicht zwei Tage lang kein Kuvert von mir erhält. Gerade habe ich mit Pierre Philippe und Pat bei Cazenave zu Mittag gegessen. Wir taten so, als kämen wir vom Strand zurück und wollten bei Kismet Platz nehmen. Unnötig, Dir zu sagen, daß ich alles berichtet habe, was Dir so zustößt, und daß ich mich nur wohl fühle, wenn ich mit Menschen rede, die Dich lieben. Mein Jeannot, ich würde gern die Probeaufnahmen für *Manon*[1] vorführen. Was kann ich machen? Lulu Wattier[2] antwortet nicht. Gib mir ihre Privatnummer und die andere. Ich bin dabei, mir einen Film zu erträumen und dafür zu sorgen, daß Du ihn drehst. Wenn Träume nur hartnäckig genug sind, wird die Realität sich ihnen schon anpassen müssen. Ich weigere mich, mich von einer falschen, als Mutlosigkeit verkleideten Trägheit besiegen zu lassen. Ich werde für Frankreich kämpfen, für Dich, für mich, für uns und dafür, daß Amerika sich nicht mehr unserer Entdeckungen rühmt. Sag 107, daß er Dir das Ohr ablecken soll.

Jeannot,
ich habe auf der Welt nur Dich. Ich selbst existiere nur durch Dich. Diese Rückkehr war doch sehr traurig. Am liebsten hätte ich heimlich Deinen Platz im Schatten und im Dreck eingenommen und gewußt, daß Deine Sonne dort scheint, wo mein unnützer Platz ist. Du kannst Dir vorstellen, was ich empfand

1. Probeaufnahmen, die ich für die Rolle des Des Grieux gemacht hatte. Ohne Erfolg, denn die Produktionsleitung fand, ich hätte das äußere Erscheinungsbild Dantons.

2. Lulu Wattier, meine Agentin und Freundin.

und warum ich darauf bestand, daß das Hündchen bei Dir bleibt. Du brauchst diese kleine anbetungswürdige Wärme und diese kleine Zärtlichkeit und diese kleinen freundschaftlichen Klagen. Wie soll ich arbeiten und an Stücke denken können, wenn ich durch ein Band mit Dir verknüpft bleibe, das mich quält und ängstigt. Meine einzige Arbeit wird die sein, von der ich Dir erzählt habe und die mit Dir zu tun hat. Dieser Morgen roch nach Schule, und meine Erinnerungen als Vierzehnjähriger überlagerten diesen schmutzigen Geruch nach Benzin und menschlichem Sumpf. Wie ich Deinen Mut und Deine Sauberkeit bewundere, Deinen Kampf gegen die unsichtbaren Elemente. Du hast recht, und ich sollte mir ein Beispiel an Dir nehmen. Du müßtest mich zwingen, diesen Kreislauf von Verschwommenheit und Schlaf zu besiegen. Mein Jeannot, mach Dir nicht die Mühe zu schreiben. Eine kurze Zeile hier und da. In einem Nest dieser Art kann man nicht schreiben. Denke daran, wiederhole es Dir, daß Dein Herz zu mir spricht und ich auf den geringsten Satz lausche, den es mir zuflüstert. Versuche, das Unvollkommene sinnvoll zu gestalten, dem Chaos Deine Form zu geben und einen Dreh zu finden, damit wir zu Dir gelangen. Man hat uns auf dem Weg nicht angehalten. Das ist schon allerhand. Ich wärme Dich an meinem Herzen.

Sonntag nacht

Mein Jeannot,
Du hast mich für einen Monat und mehr mit neuer Stärke und neuem Glück erfüllt. Es war ein Krieg notwendig, damit unser Vatel in Versailles ein Wunder wird, und zur Zeit des Stückes waren wir nicht so glücklich. Mit welcher Intelligenz des Herzens Du mir das Leben lebenswert gemacht hast. Ich denke immer wieder daran, und ich weiß, daß Du wie ich daran denkst.

Heute morgen war ich zum Frühstück in Sartrouville bei der Frau Deines Vorgesetzten. Sie freute sich, etwas Neues zu erfahren, weil die Briefe schlecht oder gar nicht ankommen. In der Nähe von Maisons-Laffitte war ich meiner Kindheit nahe, die das Glück erhoffte, und bei der Frau Deines Vorgesetzten war ich nahe bei Dir und Deinem Abenteuer. Deine Sonne hat mir Hoffnung und Mut gegeben. Wir werden wieder in der Sonne Gottes leben, und wir werden arbeiten. Indem Du das Stück[1] mitgenommen hast, bist Du mir ein weiteres Mal zum Beispiel geworden. Das Ritz ist zu teuer und zu fein. Ich werde in unser kleines Königreich bei der Madeleine zurückkehren. Unser Stern wird das Haus bewachen. Ich würde mich schämen, gefahrlos zu leben. Wir müssen uns den gleichen Gefahren aussetzen und an unser Glück glauben. Anbei die Karte aus Sartrouville.

Gib sie Deinem Vorgesetzten.

Ich bete Dich an

Schreib mir zur Place de la Madeleine.

19, Place de la Madeleine

Mein Jeannot, ich habe Dich gesehen. Ich bin also in der Sonne und im andauernden Schlaf, wo ich träume, wo ich glücklich bin, wo es keinen Krieg gibt.

Wird die Zensur die Wiedereröffnung dulden? Ich bezweifle es. Wahrscheinlich wird die Bernstein-Falle[1] noch lange Zeit wirksam sein und mir Knüppel zwischen die Beine werfen. Wenn die Zensur mitmacht, werde ich die Feuerprobe des Stückes ohne Dich durchstehen, damit Du eines Abends darin auftreten kannst. Capgras würde es gern sehen, wenn dieser Abend mit einer Gala zur Wiederaufnahme zusammenfiele. Wir werden versuchen, die Dinge in diesem Sinne zu arrangieren. Aber es gibt allerlei Hindernisse, und es ist nun mal meine

1. *Die Schreibmaschine*

Art, ständig und überall anzuecken. Darum würde mich ein Veto weniger überraschen als wenn man uns das Theater eröffnen ließe.

Dieser Brief wird Dich über einen langsameren Weg als den unseren erreichen. Wenn Du ihn liest, werde ich Dich in Deinem Hôtel du Commerce gesehen haben, und ich werde auf Sonntag warten. Coco fand Dich verjüngt und strahlend. Ich selbst sehe nicht besonders wohl aus, und ich schäme mich, Deines Blickes unwürdig zu sein. Sieh mich nicht so viel an, und laß uns uns in Gedanken ans Meer versetzen, aufs Land, zum Tanzvergnügen und uns einbilden, ich hätte mein gesundes Aussehen von Saint-Tropez.

Wenn Coco mich ein bißchen aufs Land mitnimmt (sie hätte dann den Wagen, der mich zu Dir führen könnte), werde ich versuchen, an die Arbeit zu gehen. Hier ist es unmöglich. Ich habe den Eindruck zu warten, und das Warten schneidet mir die Lebensader ab. Ich möchte wenigstens die Fahnen meines Buches[2] korrigieren können und wissen, ob es durch die Zensur kommen wird. Wenn die Zensur mich sperrt, soll sie doch. Dann werde ich mich eben fügen und auf bessere und freiere Tage warten. Mein schöner Engel, gib mir die Kraft, zu leben und zu arbeiten. Fern von Dir zu arbeiten ist wie Zuchthaus mit Zwangsarbeit. Natürlich bin ich fern von Dir Dir doch nahe, und ich werde unseren Traum zu leben wissen bis er Wirklichkeit geworden sein wird. Ich presse Dich an mein Herz.

1. Um das Théâtre des Ambassadeurs zu übernehmen, hatte Henri Bernstein unter Zutun der Gemeinderäte einen Skandal provoziert, der uns aus dem Theater vertrieben hatte.

2. *Potomaks Ende*

19, Place de la Madeleine

Mein guter Engel!
Heute morgen hat Huysman (Zensur) beschlossen, mein Stück zu verbieten. Im Grunde bin ich glücklich darüber, weil ich an eine Wiederaufnahme ohne Dich gar nicht denken mochte. Ich habe mich dem nur aus Vernunft gebeugt. So kehrt alles zur alten Ordnung zurück. Zu Hause habe ich einen Brief von Dir gefunden, der so schön war, so wunderbar, so wärmend für das arme Dichterherz, daß der Beschluß von H., selbst wenn er mich für fünf Minuten schmerzlich berührt hätte, durch diesen Brief und Deine Liebe wie weggewischt gewesen wäre. Warum sollte das Schicksal der Dichter sich auch ändern? Ich wäre traurig, nicht den gleichen Hindernissen wie die anderen gegenüberzustehen; ich verdiente Deine wunderbare Freundschaft nicht, wenn die Dinge mir leichtgemacht würden und das Schicksal nicht quälende und geheimnisvolle Wege beschritte. Letzten Endes beschützt es uns, und auf Dauer siegt unser Stern. Ohne Zweifel ist es tausendmal besser, das Stück nicht unter so unvorteilhaften Bedingungen zu spielen. Das einzig Gute daran war, daß Du eines Abends zum Spielen gekommen wärest, aber das war nur eine vage Möglichkeit. Trösten wir uns, und bereiten wir uns auf ein besseres Leben vor. Ich werde Dir die Einzelheiten Sonntag erzählen. Ich bringe Dir einen Glücksbringer und zwei Mondsteine (Dein Stein) in einem Säckchen mit, die ich Dir von Coco übergeben soll. Mein guter Engel, beschütze mich, beschütze uns!

Fels[1] bittet um den Filmstreifen zu dem Foto, auf dem Du Bäume beschneidest. Finde ihn für mich.

1. Florent Fels, der Vater von Valentine Tessiers Tochter, die in Jean Cocteaus Fahrstuhl empfangen wurde.

19, Place de la Madeleine

Mein Jeannot,
ich komme in dieser Minute nach Hause. Es ist 8 Uhr morgens. *Ich bitte Dich auf Knien um Verzeihung,* daß ich mich so habe gehenlassen. Die Geschichte mit Deiner Mutter hat meine gräßlichen und jämmerlichen Nerven überwältigt, die ich nur dank Deiner Briefe in einiger Ordnung halten kann. Ich finde Dein Telegramm. Ich danke dem Himmel, daß ich Dich bei einem so gütigen und verständnisvollen Vorgesetzten untergebracht weiß. Es ist überwältigend. Auch diese Güte hatte mein Herz bewegt.

Ich werde mutig sein, ich versichere es Dir. Ich werde alles Menschenmögliche für diese Reise am Sonntag tun, und das hilft mir durchzuhalten. Wenn ich an Deine geliebte, immer strahlende Sonne denke und an meinen Regen von heute morgen, bin ich mir selbst zuwider. Aber ich bin sicher, daß Du es mir nicht nachtragen wirst und daß Du es besser verstehst als ich selbst.

Jeannot, Du bist alles in mir.

19, Place de la Madeleine

Mein Jeannot!
Zweifellos wirst Du diesen Brief nach meinem Besuch am Freitag erhalten, aber im Moment ist die Zeit für uns nicht gegenwärtiger als für Hellseherinnen, und ich muß Dir einfach schreiben, als handelte es sich um ein "davor". Von Coco werde ich eine Überraschung für Dich und eine für Margat mitbringen. Und bestimmt die ersten fünfzehn Decken. Denn es ist unmöglich, irgend etwas zu bekommen, und sie werden extra hergestellt. Ich werde sie also zu je fünfzehn beziehungsweise je zwölf mitbringen oder schicken. Mit dem Wein ist das etwas anderes. Du kannst ihn abholen, wann Du willst. Marions Auto ist nicht groß genug für zwei kleine Fässer. In unseres

würden sie passen, und wenn Du willst, fügen wir noch einige Flaschen Schnaps hinzu. Coco nimmt ihre Rolle als Patin sehr ernst und wird Euch trotz der zahllosen und idiotischen Schwierigkeiten versorgen. Ich meinerseits kann Dir nur helfen, indem ich unablässig an Dich denke. Ich stelle mir vor, daß solche Schwingungen große Kraft besitzen und nützlich sein können. Ich habe nicht gewußt, was es heißt zu lieben. Hätte ich nicht Werke geschrieben, die Du liebst, wollte ich mein Leben bevor ich Dich kannte vergessen und auslöschen. Ich finde es leer und unnütz. Ich beginne mit Dir. Ich beschränke mich auf Dich. Ich atme nur durch Dich, und nichts anderes, niemand anders kann mich von Deinem Bild ablenken. Fenosa hat die kleine tragbare Büste[1] begonnen. Ich würde sie gerne am Freitag mitnehmen, aber ich fürchte, daß er so schnell den Gipsabguß nicht ausführen lassen kann. Mein Engel, Du hast mich gelehrt, was lieben heißt und daß ich ein Schlafwandler war, ein wandelnder Toter. Ich schulde Dir alles.

19, Place de la Madeleine

Jeannot,
die Sonne scheint, und ich ziehe mich an, um Dich zu besuchen. Es ist wunderbar. Ich werde Dir – heute morgen – alle meine Theatergeschichten erzählen, und ich werde Dir einen Glücksbringer mitbringen.

Noch ein Brief, der spät eintrifft, und der sich in einer anderen Zeit bewegt als wir.

Es lebe Frankreich!

1. Kleine Büste Jean Cocteaus aus schwarzer Bronze, die ich während des Krieges immer bei mir trug.

19, Place de la Madeleine

Mein Kleiner,
dies ist der einzige gute Augenblick des Tages, wenn ich mich niedersetze, um Dir zu schreiben. Vielleicht wird mir die übergroße Freude zuteil werden, am Sonntag zu kommen, aber Du wirst diesen Brief nach meinem Besuch erhalten, und es ist sinnlos, daß ich Dir davon erzähle. Ich sollte eher von diesem Besuch sprechen, als käme ich aus dem Hôtel du Commerce. Du errätst, was ich sagen würde. Aber ich hätte Angst, dem Glück vorzugreifen und dann unterwegs durch einen seiner Kartentricks zurückgehalten zu werden. Coco hat mir heute morgen die Karten gelegt. Ich hatte gefragt, ob das neue Stück[1] bald gespielt würde, und die Antwortkarten lagen so gut und Ruhm versprechend, daß ich immer noch beeindruckt bin. Ich war in Form des Herzkönigs vertreten, und der Herzbube warst Du, und das Kreuz–As thronte zwischen Herz– und Karo–As, was außerordentlich selten ist. Der Zahnarzt, dem ich jedesmal von Dir erzählt habe, wenn ich nur den Mund bewegen konnte, hat mich gebeten, ihm Deine Röntgenbilder mitzubringen. Und schon irre ich mich und rede von Dingen, die ich am Vortag mündlich mit Dir besprochen haben werde – vielleicht! Mein guter Engel, Du weißt ja, daß ich über zweitausend Seiten wiederholen könnte, daß Du mein Grund zu leben bist, zu glauben, zu hoffen, daß ich ohne Dich ein jammervoller Dummkopf wäre, der Sinnlosigkeit ausgeliefert, und daß ich mein dichterisches Können gegen die Möglichkeit eintauschen würde, der kleine 107 zu werden und mich an Deine Schulter zu schmiegen. Mein Jeannot, ich presse Dich an mich von ganzer Seele.

1. *Die Schreibmaschine.*

19, Place de la Madeleine

Montag

Mein Jeannot!
Dies ist kein Brief; dies ist ein Schrei der Freude und der Dankbarkeit nach unserem Sonntag. Wie kostbar und wundervoll doch alles ist, wenn es schwierig wird, sich zu sehen! Deine Tannen, das klare Wasser, Dein Zimmer, mein himmelblauer Schal, Dein Bauernhof sind tief in mein Herz geprägt, und der liebe Cabot knabbert auch daran. Nichts war reizender als Cabots nächtliche Bewegungsübungen. Er hinderte am Schlafen und daran, das Glück zu vergessen, daß man da war. Ich schlief im Zug. Ich schlief an der Place de la Madeleine. Aber diesmal, um zu träumen, ich sei noch mit Dir zusammen.

Und ich habe noch eine gute Nachricht. Als der Zahnarzt Deine Röntgenbilder sah, sagte er, daß Moreau ein Meisterwerk vollbracht habe und daß er ein außerordentlich guter Zahnarzt sei. Er hatte in ganz Frankreich nie eine vergleichbare Arbeit gesehen. Ich glaube sogar, daß sich dies auf Moreaus Zukunft auswirken wird.

19, Place de la Madeleine

Mein Jeannot,
ich hatte einen Brief von Yvonne in der Tasche und habe in meiner egoistischen Freude ganz vergessen, ihn herauszunehmen. Ich werde ihn Dir am Donnerstag geben. Noch ein Brief, den Du erhalten wirst, nachdem ich Dich glücklich gesehen haben werde. Also: unnütz es zu erzählen. Was ich auch erzählte, Du würdest es schon wissen. Du kannst Dir nicht vorstellen, wie glücklich ich über Deine Arbeit mit dem Stück war und darüber, daß Dir Deine Rolle als Pascal[1] gefällt. Wenn

1. Pascal und Maxime sind die beiden Rollen, die ich in *Die Schreibmaschine* hatte, dem Stück, das ich mit in den Krieg genommen hatte und das ich einstudierte.

Yvonne nach ihrem Wunder von Operation keinen Rückfall erleidet – und Violette paßt auf –, werden wir eine beinahe schlanke und prima Schloßherrin haben. Sowie ich Dich sehe, sind alle Hoffnungen erlaubt. Du verbreitest Wärme und bringst meinen schmutzigen Schnee zum Schmelzen. Vielleicht hast Du recht und wirst nach dieser Erfahrung noch tausendmal besser spielen. Im Moment werden alle Stücke abgelehnt, die sich nicht unbedingt mit der Lage befassen – aber ich bin ruhig. Unser Publikum "führt Krieg", und dieses Publikum wird auch das Recht haben, über ihn zu sprechen und die Kriegsliteratur zu verurteilen. Das Publikum wird sich das nicht entgehen lassen. Es wird anderes hören wollen. Mein Jeannot, Dein Mut, Deine Ruhe und Deine Hoffnung sind ein Beispiel, das mir die Kraft zu leben gibt. Ich habe die Fotos als Holzfäller, sehr hübsch. Ich werde versuchen, Fels zu treffen, und ihn bitten, eins davon zu veröffentlichen – für Dein Prestige und das von Cabot! Küsse Cabots liebe kleine Seidenwangen und beiße ihn von mir in die Öhrchen. Ich lebe nur für den Sonntag und, dieses Mal, um Euch, Dich und Cabot, hinter der Scheibe auf dem Bahnsteig zu sehen. Dieses Warten ist so intensiv, daß es mich zusätzlich am Arbeiten hindert. Sacha Guitry bittet mich um ein kurzes Stück für seine Tournee (Gaby[1]). Ich denke an *Bel Indifférent*,[2] aber ich bin zu zerstreut, weil ich immer an Dich denke. Du wirst erst böse werden und mich zum Arbeiten zwingen müssen. In dieser Sekunde unterbricht mich das Telefon. Es war Fels. Morgen mittag essen wir gemeinsam, und ich werde ihm die Fotos geben.

Mein Engel, beschütze mich. Beschütze uns.

1. Gaby Morlay.

2. *Bel Indifférent* (*Der schöne Teilnahmslose*)

19. Place de la Madeleine

Mein Jeannot,
ich habe Dir vorhin einen Brief geschrieben, und nun muß ich Dir heute abend schon wieder einen schreiben. Dir schreiben, Dir schreiben und Dich ein wenig zerstreuen in diesem Schmutz und an dieser Front, die eine Beleidigung für Dich sind und die mich krank machen. Mein Jeannot, ziehe Dich in irgendeine Ecke zurück und versuche, diesen Brief in meinem Zimmer zu lesen, Deinen Arm auf meiner Schulter, wie die Briefe, die Dich wie durch ein Wunder dann erreichen, wenn ich bei Dir bin. Lese sie, während das Hundchen gähnt und herumknabbert, und sei Dir bewußt, daß ich nichts zu sagen habe, nichts außer dem Wesentlichen: zu wissen, daß Du mir so viel Kraft gibst, daß ich es, weil Du mich darum bittest, selbst wenn Einsamkeit und Kummer mich übermannen, noch fertigbringe, an die Arbeit zu denken. Ich habe an einen Einakter[1] gedacht, der von Gespenstern handeln würde, die nicht mehr wissen, wer sie sind, die sich gegenseitig imponieren wollen (wie Gespenster eben) und die sich darüber, durch endlose Streitigkeiten, wieder in genau die Szene hineinmanövrieren, an deren Ende sie sich einstmals gegenseitig getötet haben. Erst in dem Moment, wo sie die tödliche Gebärde erneut ausführen wollen, erkennen sie sich wieder und begreifen die Sinnlosigkeit des Ganzen. Nur durch ein Stück dieser Art – wenn es mir gelingt – wenn ich ein wenig Ruhe finde – werde ich Ernst und Komik erreichen, ohne in irgend etwas Aktuelles oder Banales zu geraten. Was hältst Du davon? Ich erzähle schlecht, aber ich kann "mir" nichts sagen, ohne es "Dir" zu sagen. Wir sind fern von jener Zeit, wo mich törichte Schamhaftigkeit davon abhielt, mich Dir anzuvertrauen, und in der Du diese Schamhaftigkeit für Mißtrauen Deiner Intelligenz gegenüber hieltest! Ich, mein Jeannot, der ich Dich bewunderte und mich nicht traute aus Scham über mich selbst. Heute würde ich verzweifeln, auch nur den flüchtigsten Gedanken zu

1. Dieses Stück hat er nie geschrieben, hat daraus aber einen Sprechgesang für mich gemacht.

haben, ohne ihn mit Dir zu teilen und Deine Zustimmung oder Mißbilligung einzuholen. Ich bete Dich an und ich segne Dich.

Mein Jeannot,
heute hatte ich einen schlechten Tag, denn ich wollte arbeiten und fühle nun genau das ungeheure Hindernis, das es zu überwinden gilt. Vorne ist alles leicht, alles treffsicher. Hinten schwimmt alles. Es ist traurig, und es nützt mir nichts, das Beispiel derer zu kennen, die ich bewundere und die unter denselben Schwierigkeiten gelitten haben, es liegt mir nicht aufzugeben. Außerdem fällt es mir eben schwer, ohne Deine Gegenwart zu arbeiten. Ich werde im Schutz Deiner Fittiche arbeiten müssen, selbst wenn diese Fittiche weit entfernt sind. Ich fühle mich von Dir amputiert. Ich lungere herum und ich träume. Aber ich schaffe es nicht, zu leben und zu gehen, und ich werde Dich um Rat bitten. Wenn Du mir befiehlst zu arbeiten, bin ich vielleicht wie diese Schlafwandler, die ihrem Hypnotiseur gehorchen.

Mein Jeannot, wann werden wir wieder an der Place de la Madeleine sein, wann werden wir das Portrait[1] beenden (*sic*), wann wird unser Kopf des Antinous[2] uns frei und glücklich sehen? Gestern, in der Wohnung, habe ich *gespürt,* daß all das bald wiederkehren wird. Gebe der Himmel, daß ich mich nicht irre, und Gott schenke mir Geduld.

Ich presse Dich an mein Herz.

1. Vor dem Krieg begonnen, war das Portrait Jean Cocteaus, an dem ich arbeitete, erst 1946 fertiggestellt.
2. Geschenk, das Jean Cocteau mir 1939 gemacht hatte.

Hôtel Ritz

8 Uhr abends

Jeannot, mein Engel, Dein Besuch hat mich über mich selbst hinausgetragen, und ich durchschaue nun beinahe die Geheimnisse von 1939. Du bist eine stärkere Kraft als die Kraft selbst. Du bist eine Sonne der Seele und das Herzens. Einfach weil es Dich gibt, und ganz mühelos kannst Du die Ordnung der Dinge umwerfen. Wir haben dafür alle Beweise, oder etwa nicht? Ich lege mich nahe zu Dir, an Dich, sicher und gewiß (wie ich es in meinem Stück ausdrücke), daß ich recht habe. Ich glaube an Dich und vereinige mich mit allem, was Du bist. Du bist ich. Ich bete Dich an.

Jean

19, Place de la Madeleine

Mein kleiner Jeannot,
ich wünschte, man würde unsere Briefe öffnen! Die Geheimnisse der nationalen Verteidigung würde man darin nicht finden. Man fände darin das Beispiel einer Freundschaft, "wie es derer keine zweite gibt". Heute abend hat Charles Trenet (den man totgesagt hatte – man tötet schnell mit Worten) mir ein bezauberndes Chanson vorgesungen. Er hat sich eingehend nach Dir erkundigt, und als ich ihm erzählte, wie Du in Saint-Tropez zu "*Vous oubliez votre cheval*" getanzt hast, hat er mir ein Exemplar für Dich signiert. Ich werde es Dir morgen geben, wenn das Glück uns hold ist und der Militärwagen uns bis zum Reis auf spanische Art durchbringt.[1]

1. Jean Cocteau war mit dem spanischen Maler Chresham befreundet, der den großartigsten Reis auf spanische Art zubereitete, den ich je gegessen habe.

Natürlich halte ich an meinem Rhythmus fest, Dir Dinge zu schreiben, die überholt sein werden, wenn Du sie liest. Aber das ist mir egal – wir haben soviel Freude daran, uns zu sehen, daß man nicht müde wird, diese Dinge in den Briefen immer wieder aufleben zu sehen. Coco hat Deinen Brief und den des Oberleutnants erhalten. Sie war sehr angetan und hat sie von vorne bis hinten vorgelesen. Besser hätte man ihr nicht danken können. Übrigens gibt es neue Decken abzuholen, und von diesen neuen Decken hält sie noch mehr als von denen, die Ihr schon auf dem Bauernhof habt. Wenn nur der Wein schnell ankommt, und Ihr alle auf unsere Gesundheit trinken könnt. Sonntag komme ich mit Deinem Bruder. Ich bin mir über seinen Charakter klargeworden bis hin zu dem Detail, daß er am Tag mit dem Reis glaubte, Du wärest ihm aus dem Weg gegangen, wo Du doch gerade eben genug Zeit hattest, zum Zahnarzt zu gehen. Man erklärt ihm alles, und er stellt sich stur.

Denk Dir, ein Wunder: Moreau hat mit einem Schüler Hargreaves' studiert, der folglich sein Lehrer ist. Darum war Hargreaves so begeistert von den Röntgenaufnahmen. Ich habe Moreau zu ihm geschickt, und Moreau, ganz gerührt, ruft an, um mir zu sagen, daß Hargreaves, der mit Arbeit überlastet ist, seine Klientel an ihn weitergibt, im alleinigen Vertrauen auf die Arbeit hin, die er an Dir geleistet hat. Unnötig, Dir zu sagen, daß Moreau, für den diese Klientel durch unsere Vermittlung wie vom Himmel fällt, nicht weiß, wie er Dir danken soll, und daß er, wenn es sein muß und unter Zurückstellung jedes anderen, einen ganzen Tag arbeiten würde, um Deine Zähne endgültig zu behandeln.

Dein Stern ist einzigartig: Erst gerätst Du an dieses Ungeheuer Brille, dann an einen phänomenalen Zahnarzt, der ein Schüler von H. ist /Coco bringt mich zu H./ H. erkennt in den Röntgenbildern einen Meister und rettet ihn vor dem Elend und der Katastrophe. Da zeigt sich, was Deine Sonne fortwährend denen bringt, die sie erwärmt und mit ihren Strahlen umgibt.

Ich kenne wenige schönere Geschichten als diese von Deinem Zahnarzt. Darum erzähle ich sie Dir in voller Länge.

Mein Jeannot – unser Jeannot – morgen
morgen
morgen
morgen
morgen
vielleicht!
und wenn nicht morgen
Sonntag

Es lebe Cabot – Es lebe Frankreich

Dein

19, Place de la Madeleine

Mittwoch abend

Mein Jeannot,
Dich zu sehen hat mich leidenschaftlich erregt, mich stark und fähig gemacht, meiner Herr zu werden und meinem Sumpf zu entsteigen. Wieder einmal hat Deine Sonne meine Schatten vertrieben, und so bin ich nach Deiner Abreise weniger einsam. Ich möchte schreiben, wichtige Dinge sagen, die ich von Grund auf kenne, und die andere nicht sagen können, weil sie nicht über meine Erfahrungen mit den geheimnisvollen Ressourcen unseres Landes verfügen. Deine Freude war so schön, so frisch, so ermutigend – mit Deinem Radio, Deinen Decken, Deinen Plaids und Deinem alten Vehikel, das man mit der Kurbel anläßt wie eine Jahrmarktsorgel! Es hat mich gefreut, daß Dein Oberleutnant versteht, mit welcher Liebe wir Euch umgeben, und daß es sich eben nicht nur um höfliche und freundlich gemeinte Phrasen handelte. Coco ist redselig und schroff, aber ihr Herz ist treu, und sie hat nichts mit diesen Menschen gemein, die unsere Epoche durch Klatsch und falsche Hilfen schwererträglich machen. Ich habe immer gegen den Ästheti-

zismus gekämpft – diese verdeckten rechten Haken, die die wahre Stärke verabscheuen und nur kritisieren, weil sie zu Verehrung und Bewunderung nicht fähig sind. Mein Jeannot, Du wiederholst gerne, daß Du nicht intelligent seist. Das kommt, weil Du diese oberflächliche und lärmende Torheit einer harten und weichlichen (*sic*) Gesellschaft für Intelligenz hältst. Du bist die Intelligenz selbst, die Intelligenz des Herzens, jene Intelligenz, die Körper wie Röntgenstrahlen durchdringt und die Kranke heilt, jene Intelligenz, vor der ich mich verneige, und die ich stolz bin, selbst ein wenig zu besitzen. Denn ich bin *dumm*, und Du weißt genau, daß ich das verabscheue, was die Leute Intelligenz nennen. Du strahlst, Du versetzt mich in Entzücken, und jede Minute vollbringt das Wunder, meine Liebe zu vergrößern, wo ich doch glaubte, daß sie durch nichts mehr zu vergrößern wäre und daß sie ihren höchsten Punkt erreicht hätte. Beinahe läßt es mich diese Katastrophe verstehen und dieses versteckte Räderwerk segnen, das zwischen uns und allen Werten der Welt ein unsichtbares Werk vollbringt. Alles, was geschieht, ist gut, ist schön, wenn man sich nicht darauf beschränkt, Hand in Hand über den Schnee zu gleiten, sondern noch das Schlimmste nutzt, um etwas Besseres daraus zu machen. Mein Jeannot, Du allein kannst mich verstehen, sowohl in diesem Punkt als auch in allen anderen.

Ich bete Dich an.

Ich küsse 107 auf seine kleine Nase und beauftrage ihn, an Deinem Ohr zu nagen. Es lebe Frankreich! Es lebe 107! Es lebe Jeannot!

Es lebe das Leben!

19, Place de la Madeleine

Jeannot, mein Engel,
es regnet – es regnet auf Dich, auf uns, es ist unheimlich. Morgen werde ich im Regen dahineilen, und die Sonne wird kommen. Ich bringe Dir Taschentücher und Thermosflaschen mit. Coco ist sehr nett und liebt Euch alle um Deinetwillen. Noch ein Brief, der überholt – aus der Ferne – bei Dir ankommt, aber er bringt Dir etwas, was sich niemals überholt und was keine Entfernungen kennt. Ein treues und makelloses Herz. Mein Jeannot, nächste Woche werde ich mich auf *Le Scarabée*,[1] Violettes Boot, einnisten, um mein Stück zu schreiben. Ich schließe mich auf dem Wasser ein und werde mein schönes Gefängnis erst mit drei Akten wieder verlassen. Man bedrängt mich vom amerikanischen Radiosender, nachts zu sprechen. Am liebsten würde ich diese Art von Arbeit auf den Mond schießen, die nur dem Augenblick dient, und eine nützliche Arbeit tun in unserer Zeit, unserer Zeit, die Landkarten und Grenzen überfliegt.

Mein Jeannot, bis morgen und, wenn Du diesen Brief liest, bis nächsten Sonntag. Dein Papa, Dein Sohn, Dein Freund.

19, Place de la Madeleine

Mein guter Engel,
nach dieser wundervollen Reise erreicht mich Dein süßester und schönster Brief. Es ist ein solches Glück, Dich zu lieben und Dich zu respektieren! Gestern, nach Tilloloy,[2] sind wir von Polizisten angehalten worden, und der Brief von Fraysse konnte auch nur so gerade eben eine ernsthafte Geschichte ver-

1. Kleine, an Violette Morris' Hausboot festgemachte Yacht.
2. Schloß aus der Zeit Ludwig XIII., das Thérèse d'Hinnisdaël gehörte. Dies Schloß war 1914 zerstört worden. Sie hatte es mit den Ziegeln und Steinen der Parkmauern wieder aufbauen lassen.

hindern. Sie haben mir verboten, ohne den Papierkram zurückzukommen. Ich mache mich morgen früh auf den Weg, um nächsten Sonntag den Vorschriften zu genügen. Bis heute hat uns der Himmel geholfen. Er wird uns auch weiterhin helfen. Freitag oder Sonnabend gehe ich aufs Boot. Das Ritz bringt mich um. Das liegt am törichten Luxus, der den Empfang der Schwingungen stört. Du weißt ja, mein Jeannot, alles was mir die oberflächlichen Dinge erleichtert, verdrängt mir die tiefgründigen. Darum kann ich dieses Drama nicht hassen, das uns einander näherbringt und uns auf ewig aneinander bindet. Mein Jeannot, wenn ich Dich sehe, bin ich so dankerfüllt, daß ich gehemmt und unbeholfen wirke. Ich suche mich und finde dann Dich, wenn ich mein Glück überdenke und Deine Briefe immer wieder lese. Diese Polizisten sind ein wahrer Alptraum. Morgen früh um 11 habe ich einen Termin beim Innenministerium, und ich werde versuchen, diese Fahrten zu erleichtern. Ich zittere davor, fünf Minuten vor unserem Zusammentreffen angehalten zu werden. Ich würde das nicht ertragen.

Mein Jeannot, ich küsse Dich aus tiefstem Herzen.

19, Place de la Madeleine

Mein Jeannot,
morgen früh gehe ich ins Ministerium, um meine Angelegenheiten in Ordnung zu bringen, und Sonntag hoffe ich, alles zu haben. Wenn eine kleine Verspätung eintritt, wird mir das nichts ausmachen. Danach werde ich frei sein und Dich unbeschwert von Ängsten sehen, und das ist für mich das Wesentliche (Angst umzukehren, versteht sich). Heute nacht habe ich gearbeitet. Es handelt sich um eine Ansprache an dreizehn Millionen Amerikaner (*sic*). Ich habe Fraysse versprochen, am Samstag zu sprechen und werde erst wieder sprechen, nachdem ich das Stück beendet habe. Ich werde die Kajüte mit Dir bewohnen, nahe bei Dir, in Dir, und jede Zeile wird für Dich geschrieben und durch Dich inspiriert sein.

Mein Jeannot, ich beeile mich, Dich vom Grund meiner Seele zu küssen und meinen Brief zu beenden, damit er schnell abgeht. Ich werde Dir heute abend einen richtigen Brief schreiben. Du bist mein Schutzengel.

19, Place de la Madeleine

Jeannot–Soldat,
ich bin der glücklichste aller Menschen (wenn ich auch noch nicht daran zu glauben wage). Ich war bei D.[1] im Ministerium, weil man mich für Amerika um eine Arbeit über den Wiederaufbau von Schlössern gebeten hat. Ich beginne natürlich mit Tilloloy, und Du kannst Dir vorstellen, daß diese Aufgabe mich mit Freude erfüllt. *Ich werde – sagt er – in vierundzwanzig Stunden die Papiere für den Wagen, den Fahrer und mich haben.* Gebe der Himmel, daß er das bewerkstelligen kann und daß er sie mir vor *vor Sonntag* beschafft. Wenn nicht, komme ich am Sonntag drauf. Wenn Du uns bis 1 Uhr 30 nicht eintreffen siehst (2 Uhr, falls ein Reifen platzt), sei nicht traurig und denke daran, daß ich mich in Zukunft mit den Vorschriften im Einklang befinden werde. Heute morgen habe ich mit Trébor meine Schiffsklause besichtigt. Ich habe vor, mich nächste Woche dorthin zurückzuziehen und an die Arbeit zu gehen. Du kannst Dir vorstellen, was für Ängste ich durchmache. Es ist jedesmal dasselbe, und diesmal macht mir die Tatsache, daß ich für Dich und durch Dich schreibe, mein Unterfangen ein wenig schwer. Aber Dein lieber Brief gibt mir Kraft, und ich habe beschlossen, diese mich lähmende, düstere Trägheit zu besiegen. Ja, ich kann Deiner würdig sein und des Bildes, das Du Dir von Deinem Dichter–Dramatiker machst. Zu wissen, daß es Dich freut, wenn ich schreibe, wird sehr hilfreich für mich sein. Ich werde mir einbilden, daß Du in der anderen Koje Alexandre Dumas liest und mir zusiehst, wie ich meine fürch-

1. André Dubois.

19, PLACE DE LA MADELEINE (8e) ANJou 06-60

Jeannot-soldat

Je suis le plus heureux des hommes (bien que je n'ose encore y croire) j'ai vu D. au ministère car on me demande pour l'Amérique un travail sur la reconstruction des châteaux – Je commence naturellement par Millerolag(?) et tu devines que ce travail me comble de plaisir. J'aurai – dit-il – en 24 heures les papiers pour la voiture, le chauffeur et moi – Fasse le ciel qu'il puisse et qu'il me les obtienne avant Dimanche. Sinon je viendrai l'autre Dimanche. Si tu ne nous vois pas à 12h½ (2 heures – en cas de pneu qui crève) ne t'attriste pas et pense que je serai désormais en règle. Ce matin j'ai visité ma cellule-péniche avec Tastor(?) – Je compte m'enfermer la semaine prochaine et me mettre à l'oeuvre. Tu devines les angoisses que je traverse – C'est chaque fois la même chose et cette fois le fait d'écrire pour toi et pas pour toi me rend l'entreprise un peu lourde – Mais ta chère lettre me donne des forces et j'ai décidé de vaincre la paresse sombre qui me paralyse. Oui je veux être digne de toi et de l'image que tu te formes de ton poète-dramaturge. Savoir que je te fais plaisir en écrivant m'aidera beaucoup – J'imaginerai que tu lis Alexandre Dumas sur l'autre couchette et que tes [illegible] font une affreuse grimace. J'étais effondré Lundi et je

Notre ciel nous protège et j'ai confiance. Les articles américains ne sont pas une mauvaise idée. J'ai peur. Tu [illegible] n'en parle pas à Thésée et son cœur. Je t'adore A

comprendras(?) Dieu – Sache(?) etc... il était impossible de me remettre à écrire comme les fois précédentes. Fais des pièces afin que Dubois ne se laisse pas contre quelque [illegible] mystérieux

LA FRANCE

terlichen Grimassen schneide. Am Montag war ich völlig am Boden zerstört und habe Coco, Bébé usw. ganz betroffen gemacht. Es war unmöglich, wieder in Gang zu kommen wie sonst, wenn mir das passiert ist. Bete, damit Dubois nicht auf noch unbekannte, unüberwindliche Hindernisse stößt. Unser Himmel beschützt uns, und ich habe Vertrauen. Die amerikanischen Artikel sind keine schlechte Idee. Was hältst Du davon? Sprich aus gutem Grund nicht mit Thérèse[1] darüber. Ich bete Dich an.

19, Place de la Madeleine

Mein Jeannot,
endlich habe ich die Pässe oder "Fahrterlaubnisscheine". Und wenn Du diesen Brief eines glücklichen Mannes erhältst, wird er bereits noch viel glücklicher gewesen sein, weil er sich ihrer bedient hat. Da werden wir also morgen früh (Du mußt gestern lesen) auf dem Weg sein. Wenn man Euch nur nicht ständig versetzt! Aber ich würde natürlich auch einen Weg finden, ans Ende der Welt zu kommen, um Dich zu sehen. Nach meiner kleinen Fahrt vom Sonntag ziehe ich um und gehe an die Arbeit. All dies gleicht einem Traum, einem schlechten Traum, den ich noch beim Erwachen unverändert vorfinde! Denn in der Nacht träume ich nicht vom Krieg. Ich träume Absurdes und vom Theater. Mein Jeannot, sie haben Euch schon wieder umquartiert! Warum versetzt man Euch wie Steine aus einem Dame–Spiel? Wie schade, daß das Schicksal Dich nicht an die Stelle von André[2] nach Issy–les–Moulineaux entsendet. Andrée M. (die gerade ihren Cousin (*sic*) geheiratet hat) teilt mir diese Neuigkeit mit und spricht des weiteren von Andrés Klagen, der sich einbildet, wir würden ihn verabscheuen.

1. Thérèse d' Hinnisdaël.

2. André Goudin.

Ich werde Dir erzählen, wie die Touloner Geldbuße[1] über mich hereingebrochen ist. Aber unwichtig. Solange ich Dich sehen kann, bin ich bereit, die Schläge des Schicksals zu ertragen. Ich lebe nur von Dir, und Deine kleine mit Bleistift geschriebene Briefnachricht «Ich ziehe um» von heute hat mich zu Tränen gerührt.

19, Place de la Madeleine

Mein Jeannot,
diesen ganzen Abend, mit unserem Bébé, sprechen wir mit Dir in dem kleinen Zimmer des Ritz und bringen Dich zum Lachen. Dienstag niste ich mich in meiner Kajüte ein und arbeite. Außer für meine Ansprache an die amerikanischen Universitäten (um 2 Uhr 30 nachts!) – am Montag – werde ich nicht mehr ausgehen. Von unserem Sonntag spreche ich dabei nicht.

Die Caprassens haben die Friedens- und Kriegsoffensive eröffnet: Yvonne wird wieder rückfällig werden, nie wieder spielen usw. usw. Ich pfeife drauf. Yvonne ist großartig, und ich möchte für sie schreiben. Abgesehen vom Schreiben für Dich, ist es das einzige, was mich interessiert. Mein Jeannot, ich warte voll Bangen auf die Passierscheine am Samstag. Ich hatte Angst, erfahren zu müssen, daß Du wieder die Stellung wechselst. Mein Gott! Wenn Du das Gebiet wechseln würdest, hätte ich die Papiere für die Somme. Und wenn, ich würde die Papiere ändern lassen. Aber mein Herz wird überall zu Dir finden.

2. Es handelt sich um eine bedeutende Geldstrafe, die Jean Cocteau nach einer Razzia im Haus Coula Roppas erhielt, wo er Opium geraucht hatte.

Souvenir de notre cher travail
L'Oeuvre Paris 1937 ☆
Un secret environne ma naissance
Jean ☆

19. Place de la Madeleine

Mein schöner Engel!
Endlich finde ich die Ruhe, Dir zu schreiben. Ich war völlig erschöpft von dieser Rede für die amerikanischen Universitäten. Erst brachte mich der Gedanke um, sie schreiben zu müssen, und nun, da sie fertig ist, der Gedanke, sie auf Englisch zu lernen und ins Mikrophon zu sprechen. Ich träume nur davon, mich auf meinem Boot einzuschließen und wieder eine Arbeit fürs Theater aufzunehmen, die mich, selbst ohne Dich, Dir noch näher bringt. Aber was könnte mich Dir schon näher bringen oder mich Dir entfremden, mein Engel? Ich existiere nur durch Dich, und es kommt mir nicht für eine Minute in den Sinn zu leben, ohne daß Dein Bild mich umgibt. Mein ganzes früheres Leben erscheint mir als ein sinnloser Traum, und ich beginne erst in der Zeit von *Œdipe*[1] zu leben. Ich werfe mir die Tage von Excideuil vor, wo ich der Glücklichste auf der Welt hätte sein können, und wo ich aus diesem mich regelrecht amputierenden, schrecklichen Minderwertigkeitsgefühl heraus dem Glück aus dem Weg gegangen bin. Auf Dir, Deiner Liebe beruht mein Vertrauen ins Leben, und nicht einmal dieser Krieg kann dies Vertrauen und diese Stärke, die ich Dir verdanke, in mir vernichten. Wenn ich von nun an ein neues Werk erschaffen kann, so liegt das an Deiner Sonne über meiner armseligen Erde, die ausgedörrt war und zu sterben drohte. Ich fange an – das habe ich Dir zu verdanken. Ich atme – ich habe es Dir zu verdanken. Dir habe ich es zu verdanken, wenn ich mich frage, wie alle diese Menschen leben, die keine Legende wie die unsere kennen. Danke, danke, danke, mein Jeannot. Du hast mich zum Leben erweckt.

1. *Œdipe–Roi* (*König Ödipus*); bei diesem Stück habe ich Jean Cocteau kennengelernt.

19, Place de la Madeleine

Mein Jeannot,
welch schöner Sonntag! Mit siegreichem Fußball und unserer süßen Freude. Wie immer hast Du mir Mut und Kraft zur Arbeit gegeben. Das grauenvolle kleine Zimmer wurde so schön und zum Gipfel des Luxus und des Komforts. Auf dem Rückweg sind wir angehalten worden und haben die Polizisten mit unseren Literaten–Passierscheinen zermalmt. Mein Jeannot, Du fürchtetest, daß dieser Sonntag mein Stück stören könnte, aber Du mußt wissen, daß ich aus ihm all das schöpfe, was mir dieses Unterfangen überhaupt ermöglicht, und wenn ich es zu Ende schreibe, wird auch dies diesen traumhaften Sonntagen zu verdanken sein. Heute nacht muß ich meine Rede an die Neue Welt halten, und ich habe Bammel vor meinem Englisch und vor den höchst schwer zu bekommenden Fahrzeugen und vor dem Sturm. Aber Deine Schwingen bedecken mich ja mit ihrem Schatten aus Licht, und in ihrem Schutz brauche ich vor nichts Angst zu haben. Ich verlasse Dich nun und werde Dich doch nie verlassen.

19, Place de la Madeleine

Mein Jeannot!
Noch einige Zeilen, bevor ich mich in dieses schreckliche englische Abenteuer stürze. Ich bin in meinem Zimmer, allein, und warte auf Fraysse, der mich abholt, um mich zur Hinrichtung zu führen. Da drüben – Rue de Grenelle – wird man mir meine englische Übersetzung zeigen, gerade eine Stunde vor der Übertragung. Nun weißt Du, wie krank ich bin vor lauter Lampenfieber. Glücklicherweise reise ich nicht ohne meinen Jeannot und seine Ruhe, die höchste Ruhe schenkt. Ich habe nicht einmal Baldriansalz oder Véronidia geschluckt. Ich verlasse mich nur auf Deinen lieben Blick, der mich bewacht und mir vertraut. Der Rest ist mir egal. Ich weiß, daß Du mir

19, PLACE DE LA MADELEINE (8e) ANJOU 06-80

Encore quelques lignes avant de me lancer dans cette
terrible aventure anglaise. Je suis dans ma
chambre, seul, en train d'attendre Fraysse qui passe
me prendre pour me conduire au supplice. Le
bas - rue de Grenelle - on me montrera ma traduction
anglaise, juste une heure avant la performance. C'est
te dire le trac dont je suis malade. Heureusement
je ne voyage pas sans mon Jeannot et son
calme qui donne le calme suprême. Je n'ai même
pas avalé de Valérianate ni de Véronidia - je ne
compte que sur ton cher regard qui me surveille
et qui a confiance. Le reste m'est égal.
Je sais que même endormi tu m'aideras de tes
prières et de ton amour attentif - A demain mon
Jeannot et fais notre ciel que je n'aie
pas à confesser ma honte. ✡

selbst im Schlaf mit Deinen Gebeten und Deiner wachsamen Liebe helfen wirst. Bis morgen, mein Jeannot, und gebe der Himmel, daß ich Dir nicht meine Schande gestehen muß.

Hôtel Ritz

Geliebter Jeannot,
heute nacht habe ich meine ziemlich merkwürdige Sendung gemacht. Zunächst habe ich mich, weil – wie üblich – wieder alles in letzter Minute passierte, geweigert, mich kopfüber in einen englischen und zudem unbekannten Text zu stürzen. Ich habe also einen Abschnitt in Englisch gelesen (ein seltsames Englisch) und den Schluß. Der Rest wurde von der Übersetzerin gelesen. Philippe Holmes wollte mich mit Gewalt vorstellen. Aber leider war er völlig betrunken, und seine Lobrede war nicht nur maßlos übertrieben, sondern auch ganz und gar überspannt und wirr. Kurz, ich mache es nächsten Montag nochmal. Aber diesmal wird mehr Ordnung im Äther herrschen. Morgen richte ich mich auf dem Wasser ein. Ich habe schon die bei jedem Neubeginn eines Stückes üblichen Bauchschmerzen. Drei Akte! Ein Akt ist schon schwierig, aber drei; mir ist angst und bange, daß ich dazu nicht fähig sein könnte. Mir bleibt als Hilfe nur die Angst, von Dir verachtet zu werden.

Dieses Ritz ist ein Alptraum. Ich liebe Coco, aber ich verlasse es ohne Bedauern. Trotz der relativen Unbequemlichkeit des Bootes, werde ich dort den wahren Komfort einer einfachen und der Arbeit günstigen Freundschaft finden. Hier ist Arbeit unmöglich. Mein Jeannot, wir werden morgen umziehen. "Wir" werden "uns" morgen an die Arbeit machen. Wir werden glücklich sein.

Le Scarabée

Mein Jeannot,
da bin ich nun in meiner Kajüte (*sic*) und sehe aus, als würde ich mein Logbuch führen. Es ist himmlisch, und ich bin glücklich, daß Du mit mir dort bist. Trotz des "Mindestlebensraums", müßtest Du hier leben, wenn du auf Urlaub kommst. Natürlich habe ich noch einen neuen Anzug an – ein Seemanns-
und Cowboykostüm. Es behindert mich ein wenig und gibt mir ein Flair von Leihhaus. Es ist zu heiß und zu kalt usw. Ich habe eine Duschwanne aus Plastik und eine prächtige Lampe gekauft. Kurz, ich statte mich aus und verzögere die Arbeit durch abertausend Kniffe. Du kennst mich. Deine kleinen Fotos sehen mich an, vor allem aber herrscht und regiert Deine reale Gegenwart. Yvonne und Violette sind Engel, die nicht wissen, was sie noch alles tun können, um mir den Aufenthalt angenehmer zu machen. Ich sehe voraus, daß ich mich sehr schnell eingewöhnen werde, und dann werde ich überhaupt nirgends anders mehr hingehen. Welche Ruhe und welche Luft! Ich glaube, Du wärest sehr, sehr zufrieden, wenn Du mich durch die Bullaugen meiner Kajüte sehen könntest. Es ist nicht einmal mehr ein anderes Land, es ist eine andere Welt. Man betrachtet die Erde mit erstaunten Augen. Man lebt eben auf dem Wasser. Man ist ein Teil des Stromes. Bis Sonntag, mein schöner Schutzengel. Ich bete Dich an.

Mein Jeannot,
hör nur, was mir passiert ist – wie die Trompeten Deines Galahad[1]. Ich stelle das Radio in meiner Kajüte an, und ich höre – na was wohl? "*Les Sombreros et les mantilles*"! Ich habe

1. Jean Marais spielte in *Les Chevaliers de la table ronde* (*Die Ritter von der Tafelrunde*), uraufgeführt am 14. Okt. 1937, die Hauptrolle als Galahad – Blanchamure (d.Ü.).

gerufen: Mein Jeannot! Mein Jeannot ist überall in meiner Piratenkabine. Ich habe Deine Fotos noch auf das kleinste Stück Holz geheftet. Ich habe noch nicht gearbeitet, aber die Arbeit arbeitet in mir. Hauptsache, mich zwingt Scham über meine Faulheit zu dieser gefürchteten und unüberwindlich scheinenden Arbeit. Aber nun, wo sonst würde ich arbeiten, wenn nicht auf diesem Fluß, in diesem erstaunlichen Gefängnis voll des sanften Lichtes und Deiner Sonne? Ich werde ganz ungeduldig, es Dir zu zeigen. Mir scheint, als würde es, nachdem Du da warst, wundertätig sein und mir mein Stück diktieren. Yvonne ist bezaubernd und Violette die Rücksichtnahme selbst. Ich habe das Ritz mit Freuden verlassen, trotz Coco, die ich vermisse. Das Hotel war abscheulich. Hier besitze ich fünf Zimmer in einem – Schlafzimmer – Arbeitszimmer – Küche – Abstellraum – Badezimmer. Und ich habe einen Traum von einer Plastik–Duschwanne. Was fehlt? Du, Du, mein Engel, ohne den alles Traurigkeit und Warten ist.

Le Scarabée

Mein Jeannot,
morgen früh mache ich mich auf! Welche Worte. Morgen, ja, morgen werde ich Dir von meiner Kajüte erzählen, und daß ich heute nachmittag und heute abend die Probeabzüge meines Buches[1] korrigiert haben. Du siehst mich also frei, mein Stück zu schreiben: *Prima Donna*.

Das ist der jetzige Titel. Vielleicht wird er sich zwischendurch noch ändern. Die Kajüte ist großartig und mit Dir tapeziert, mit Aufnahmen von Dir aus allen Blickrichtungen, und Deine Seele bewohnt sie und überhäuft sie mit Gold und Wundern. Mein guter Engel, morgen werde ich mir Arbeits– und Lebenskraft holen. Ohne Dich ließe ich mich vom Teufel be-

1. *Potomaks Ende.*

siegen, der nur auf einen günstigen Augenblick wartet. Yvonne und Violette verwöhnen mich, ebenso wie das Personal und die Hunde und die Seine, die mir zuflüstert.

Ich beeile mich, Dich zu küssen, damit morgen früh trotz meiner Reise ein Brief abgeht, und er seinen Weg nimmt in dieser uns eigenen Zeit, die nicht existiert und die existenter ist als die Zeit selbst.

Mein Jeannot,
ich kehre zurück und finde in meiner Kajüte Dein schönes Gedicht auf dem Umschlag. Ich habe den Umschlag an mein Bett geheftet, und er vergrößert meinen persönlichen Schatz. Es war ein wunderbarer Sonntag, aber *ich schäme mich, mich nicht richtig von Dir verabschiedet zu haben*. Ich war in einem seltsamen Dämmerzustand, und Henri[1] hatte Mühe, mich dem zu entreißen. Heute abend erwarte ich Yvonne und Violette, die im Theater sind und mich zum Radio fahren sollen. Ich habe gerade Josephine Baker gehört, die von ihrem Besuch an der Front sprach und die sehr bewegend war. Es ist wunderlich, was der Starkult ausmacht, so daß er selbst einem fast animalischen Wesen Geheimnis verleiht. Mein Jeannot, ich liebe diese Kajüte auf dem Fluß, aber ich leide dort an Deiner Abwesenheit und an der Last dieses Stückes, das ich schreiben muß. Ich wage es nicht, die erste Zeile zu schreiben, und doch werden mich diese Angst, diese Unfähigkeit zu lesen, Musik zu hören zu dieser Arbeit zwingen. Beschütze mich mit Deinen Flügeln, Du, der Du auch Dichter bist und Wunder wirkst. Gib mir ein schönes und gutes, unser würdiges Stück ein. Vielleicht hätte ich mehr Willenskraft, wenn es ein Stück für Dich wäre. Dabei ist natürlich alles für Dich.

Mein Jeannot, ich bete Dich an.

1. Vorname meines Bruders.

Le Scarabée

Mein schöner Engel!
Noch ein Tag mit Dir. Bébé aß mit uns zu Abend, und eben ist er gegangen, nachdem er tausend Zeichnungen von meinem Bühnenbild gemacht und sich Yvonnes Kostüme ausgedacht hat. Er geht schneller voran als ich, aber er vermittelt mir den Stil des Werks, das ich gerne in der Art von "Réjane" [1] durchführen würde – Garderoben und Villen aus dieser Zeit. Ohne die Handlung festzulegen – das versteht sich von selbst – aber der Titel *Prima Donna* soll mich zwingen, über den üblichen Begriff einer Schauspielerin hinauszugehen. Morgen stürze ich mich hinein. Ich hätte mich auch schon heute hineingestürzt, wenn Bébé nicht gekommen wäre. Ich bedaure diese kleine Verzögerung nicht, weil Bébé einen auf eine Unzahl von Fährten ansetzt und in Verwirrung bringt – was eine exzellente Arbeitsmethode ist. Aber, mein Gott, wie unschuldig muß man sein, um mit einem solchen Thema umzugehen und mit einer dieser berühmten kindlichen Damen des Theaters, so wie wir es verstehen.

Mein Jeannot, ich rede von mir und denke nur an Dich, an Deine armen, schmutzigen Stiefel und an Deine schönen, goldenen Haarsträhnen und an unseren 107. Küsse ihn, und er soll Dir die Ohren für mich ablecken. Ich bete Dich an.

Le Scarabée

Mein Jeannot,
ich habe Dein liebes Gedicht an der Wand meiner Kajüte, Dein Gedicht und einen schönen, süßen Brief. Ich lebe ausschließlich in Deiner Umgebung. Der Wagen wickelt einen Faden ab, dessen Spule mein Herz ist. Nun ist sie leer – bis der Faden, Deiner, sich in der anderen Richtung aufwickelt.

1. Réjane, berühmte Schauspielerin (d.Ü.).

Heute morgen habe ich herumgetrödelt. Ich konnte Élianes[1] Zimmer, unser Zimmer, nicht verlassen. Ja, unser Himmel ist gut und liefert mir jeden erdenklichen Beweis, daß man Entschlossenheit, Geduld und Hoffnung haben muß. Vor diesem kleinen Brief habe ich Dir ein Gedicht geschickt. Der Sohn des Königs, das bist Du, verkleidet als Gardist. Mein Engel, höre nicht auf meine Klagen und Befürchtungen. Ich werde immer irgendwie zu Geld kommen, was auch passiert. Bestelle eine Uniform. Ich möchte um nichts in der Welt, daß Du eine falsche Uniform trägst unter dem Vorwand, wir wären arm. Das ist verrückt! Wir sind reich! Die reichsten Menschen dieser Welt. Also: Ich *befehle* Dir, nach Amiens zum Militärschneider zu eilen, schnell, schnell, schnell.

Ich bete Dich an.

Le Scarabée

Donnerstag, den 16.

Mein Jeannot,
Sieg! Ich habe meinen ersten Akt beendet, vor fünf Minuten. Die Damen sind draußen. Also verkünde ich es Dir. Sonntag werde ich ihn Dir vorlesen. Ich habe Yvonne einige Szenen vorgelesen. Ich finde sie schlecht. Aber sie findet sie wundervoll. Also frage ich mich, ob es nicht wie in Montargis[2] ist, mein Teufel, der mir zu schaffen macht.

Yvonnes Rolle wird großartig sein (durch sie natürlich), weil sie den ersten Akt spielt, indem sie sich in ihrer Garderobe abschminkt und wieder ankleidet, was sie besser darstellt als irgend jemand. Ich habe versucht, einen sehr kurzen Akt zu schreiben, aber ich halte ihn für zu lang. Ich werde kürzen.

1. Éliane, Schwester von Thérèse d'Hinnisdaël.

2. In Montargis hatte ich Cocteau zum ersten Mal schreiben sehen. In acht Tagen und acht Nächten hatte er in einem Zug, ohne Pause, *Nein, diese Eltern* geschrieben.

Der zweite Akt erscheint mir unüberwindlich. Ich muß ihn völlig aus der Luft greifen. Der erste Akt war ziemlich einfach. Ich "sah" ihn. Mit den anderen schwimme ich. Hilf mir, mein Engel; breite Deine Flügel von 107 aus. Fliege zu meiner Kajüte und gieße Deine Mondsonne über mir aus – das einzige, was mich antreibt. Deine zwei Briefe von heute morgen waren unendlich süße Wunder. Ich glaube, ihretwegen habe ich den Akt beendet. Die Kanone donnert. Ich nehme an, sie üben auf dem Mont-Valérien, denn die Sirene still bleibt. Mein Engel, hauche über den zweiten Akt. Ich bete Dich an.

Schreib an Coco. Sie hat Grippe und vergeht anscheinend vor Eifersucht über meine Abreise. Bébé dixit.

Le Scarabée

Mein Jeannot!
Noch einige Zeilen, bevor ich mich morgen früh auf den Weg mache. Heute abend werde ich Trébor und Brûlé[1] den ersten Akt vorlesen. Ich zittere – wie immer –, aber Yvonne ist zufrieden und schreibt ihre Rolle (und das Stück) auf der Maschine. Das ist das Wichtigste. Unnötig, Dir zu sagen, daß das Stück Dir gewidmet sein wird und daß die Widmung bereits geschrieben ist.

Ich lasse meinen Brief geöffnet, um Dir nachher zu erzählen, wie meine Lesung ausgefallen ist. Meiner Gewohnheit entsprechend habe ich den Akt bisher noch nicht in einem Zug gelesen. Es ist also vor allem eine Lesung für mich.

Violette bleibt ihrerseits nicht untätig. Sie organisiert das Boxen in Frankreich neu und hat sich vorgenommen, alle Säle, vom Central bis zum Palais des Sports, wieder zu öffnen.

Ich habe von vier bis sechs eine ausgedehnte Radtour gemacht. Ich bin sogar von einem jungen Radfahrer aufgegabelt worden, was mich, bei meinem Alter, erstaunt. Ich werde Dir diese Episode morgen erzählen, und es ist schon ziemlich dumm, Dir Dinge zu erzählen, die ich Dir bereits mündlich ge-

Le Scarabée ★ ★ ★

Mon Jeannot

Encore quelques lignes avant de me mettre en route demain matin. Ce soir je lirai le premier acte à Hébertot et à Bulé. Je tremble – comme toujours – mais Yvonne est contente et tape son rôle (et la pièce) à la machine. C'est l'essentiel. Inutile de te dire que la pièce te sera dédiée et que la dédicace est écrite.

Je laisse ma lettre ouverte pour te raconter tout à l'heure le résultat de ma lecture. Selon mon habitude, je n'ai pas encore lu le 3e acte d'une traite – c'est donc, surtout une lecture pour moi.

Violette, elle, ne reste pas inactive. Elle réorganise la boxe en France et se propose de réunir toutes les salles, du Central au Palais des Sports.

J'ai fait une bonne promenade en bécane de 4 à 6. J'ai même été lâché par un jeune cycliste. ce qui m'étonne à mon âge. Je te raconterai cet épisode demain et c'est assez bête de te raconter des choses que je t'aurai déjà dites de vive voix lorsque tu recevras cette lettre – mais quelque chose m'oblige à te confier mes moindres démarches et la journée me semble intolérable si je ne m'installe pas à mon poste d'amour et de bavardage. Je brûle d'être à demain et de t'embrasser. Je brûle de te porter mon travail et je ne continuerai que si je vois le plaisir sur ton cher visage. Voilà une lettre périmée – lis la vite et n'y trouve qu'une preuve de ma tendresse sans exemple.

Je croyais que ce genre de choses n'existait qu'en Grèce et dans les livres.

à ce soir

sagt haben werde, wenn Du diesen Brief erhältst. Aber irgend etwas zwingt mich, Dir meine kleinsten Schritte anzuvertrauen, und der Tag erscheint mir unerträglich, wenn ich es mir nicht an meinem Platz der Liebe und Erzählfreudigkeit bequemmache. Ich brenne auf morgen und darauf, Dich zu küssen. Ich brenne darauf, Dir meine Arbeit zu bringen, und ich werde nur weitermachen, wenn ich Gefallen auf Deinem lieben Gesicht lese. Hier also ein veralteter Brief. Lies ihn schnell und entdecke darin nichts als einen Beweis für meine beispiellose Zärtlichkeit.

Ich dachte immer, daß es solche Dinge nur vor Zeiten gab und in Büchern. Bis heute abend!

Lieber Jeannot,
ich habe gelesen. Ich habe gesiegt (nebenbei bemerkt gab es da niemanden zu besiegen). Aber sie sind begeistert.

Ich gehe sehr glücklich schlafen.

Dein Jean

Bis morgen, bis gestern.

19, Place de la Madeleine

Mein Jeannot,
der schöne Sonntag naht. Selbst wenn es regnet, wird es ein schöner Sonntag sein. Sieh, das ist das Wunder unseres Traumes. Die Umstände machen ihn so unvergleichlich. Ich existiere nur durch Dich und durch diese Besuche – ich höre nicht mehr auf die Stadt und ihren Nebel von Ideen. Durch Deine Sonne und Deine Hoffnung erscheint mir alles klar und rein. Du bist es, der recht hat. Es ist Dein Stern, der das Glück und die Freude schenkt. Es ist das übrige, was sich nicht mehr zurechtfindet und im Dunkel herumstolpert.

1. Schauspieler.

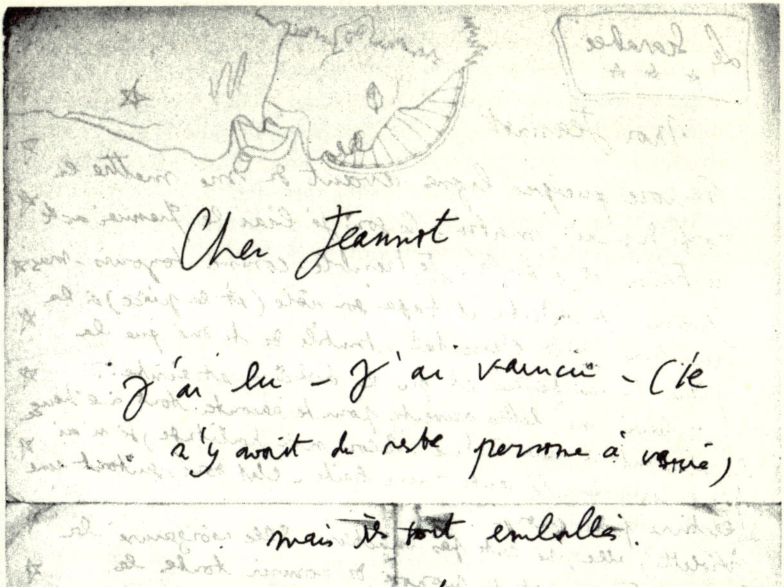

Cher Jeannot

J'ai lu – j'ai vaincu – (Il n'y avait du reste personne à vaincre)

mais je suis emballé.

Je me couche très heureux

Ton Jean ★

A demain

à hier

Es amüsiert mich, zu denken, daß Du Dich der Dummheit beschuldigst! Du, der Weise. Du, der einzige, der wissend ist und ober- und unterhalb der Dummheit lebt. Ich fühle mich neben Dir so schwer und plump. Ohne Deine Leichtigkeit, ohne Deine Stärke wäre ich ein Wrack und würde mich von der Gelenkversteifung überwältigen lassen. Aber ich brauche nur Dein Gesicht zu "sehen", die Strähnen Deiner Haare, Deine Mütze, Deine Stiefel und 107, um den Teufel zu vertreiben und zum Gefolge der Engel zurückzufinden.

Mein Jeannot, ich segne Dich, ich danke Dir, daß Du mich liebst und daß Du mich verwandelst. Ich küsse Dich aus tiefster Seele.

Le Scarabée

Mein lieber Engel,
noch zwei Briefe beim Erwachen – kurz, aber endlos, weil ich sie in meinem Herzen wieder und wieder lese. Und Dein Satz aus *Werther,* so gut, so süß zu hören, über meine Kabine, in der ich mich mit Dir einschließe.

Bevor ich Dir nun schreibe (es ist der Gipfel!), habe ich ein Gedicht über Ludwig II. von Bayern gemacht. Ich werde es Dir Sonntag zusammen mit dem Akt mitbringen. Aber da Dein Bruder nichts für das Thema übrig hat und mich einschüchtern würde, werden wir mit dem Lesen bis zum Abend warten – wenn Du einverstanden bist. Wenn Du anders entscheidest – das weiß Du –, ist Dein Wunsch mir Befehl. Marthe Letellier bittet mich, sie am Montag morgen nach Paris mitzunehmen. Es paßt mir gar nicht, im Schloß zu übernachten. Ich finde uns weniger frei und fürchte die kilometerweit voneinander entfernten Zimmer, wie sie in Gespenstergeschichten vorkommen oder solchen über die Büros von Handlungsreisenden.

Ich beginne, den zweiten Akt zu ahnen. Gestern abend Sachas Stück, so klein und schmal wie seine Frau , nach Gemälden

Jean
1938

von 1914, darunter vier überragende: Rodin, Degas, Monet, Renoir bei der Arbeit und eine Sarah B. auf einer Bank, die Dich sehen zu lassen mir ein Vermögen wert gewesen wäre. Ich bete Dich an.

Jean

LA GUERRE

Le matin j'arrive à Roye
Comme en un cheval de Troie
Et au village d'Amy
Je vois venir mon ami.

Fils de roi, toi qui te caches
Et portes l'uniforme bleu
Comme de fausses moustaches
Quel est ton royaume? dis-le

Ne m'en fais plus un mystère
Je le demande à genoux
Ton royaume est-il de la terre
Comment te glisses-tu chez nous?

Comment ai-je eu la chance insigne
De me trouver sur ton chemin
Réponds beau dormeur dont la main
Repose au bout d'un col de cygne.

Le Scarabée

Mein Jeannot,
ich komme gerade zurück, nachdem ich die schreckliche Frau Marthe abgesetzt habe – im Auto noch nervtötender als zu Fuß (sie redet mit mir auf Englisch). Und ich habe meine Kajüte wieder, wo ich mit Dir leben und mich wieder an die Arbeit machen kann. Ich hätte Dir diesen Akt gern tausendmal besser und ohne die Längen vorgelesen. Aber es tröstet mich, daß meine Lesung des ersten Aktes der *Eltern* genauso war und ich auch da glaubte, daß ich Dich damit konsterniert hätte.

Diese Nacht war grauenvoll, weil dieser zweite Akt sich in meinen armen Kopf drängte und sich mir das Herz im Leibe umdrehte, weil ich ohne Dich an einem Stück arbeite. Natürlich kenne ich die unermeßliche Schönheit Deiner Seele, aber diese Seelenschönheit macht es Dir auch möglich, keinen Anflug von Traurigkeit zu zeigen und diese Traurigkeit für Dich zu behalten. Es war entsetzlich, Dich auf dieser Straße zu sehen, von hinten, Deinen langen Soldatenmantel, Deine Mütze, und umzukehren. Mein Jeannot, stärke mich. Ich habe geweint, als ich mich in meiner Kajüte wiederfand, geweint, ohne Dich zu sein und dieses provisorische Stück zu schreiben, geweint, Dich ohne unser kleines Hündchen in diesem Sumpf zu wissen. Geweint über dieses elende und erhabene Glück, das das Schicksal für uns bereithält. Mein Jeannot, vergib mir diesen Brief. Heute abend werde ich wieder zu arbeiten beginnen, und schreibend werde ich vergessen, was mich quält. Dieser Sonntag ist mein Traum zu festgesetztem Termin, und gestern dachte ich, es würde Dir den Traum verderben, wenn ich von dem Stück spräche. Ich sagte mir, daß ich mich in einem Loch hätte verkriechen und auf Dich warten müssen. Andererseits muß man auch leben – das Geld macht mir Sorgen, und ich weiß, daß Du stolz bist auf Deinen Jean, der arbeitet, und daß ein Jean, der nicht arbeitet, Dir die Kräfte nehmen würde. All das ergibt eine Mischung, die mich verwirrt, weil ich, Du weißt das, nicht intelligent bin. Ich habe "etwas anderes" und keinerlei Ressourcen, wenn es nachdenken heißt, verstehen, das Für und Wider erwägen.

Mein Jeannot – hilf mir – sei mein Schutzengel.

Le Scarabée

Mein Sohn, mein Engel,
ich stehe noch einmal auf, um mich mit Dir per Brief zu unterhalten, denn ich rede unablässig laut mir Dir. Ich bin sicher, daß Du immer bei mir bist und daß Du mir hilfst. Stell Dir vor, daß ich nicht wußte, wie ich die Struktur des zweiten Aktes aufbauen sollte, und heute abend, beim Betrachten Deiner Bilder, die das Bett umgeben, hat sich die Struktur wie von selbst ergeben, Stück für Stück, als ob Du sie mir reichtest und mir sagtest: Tu dies hierhin – und da und da. Es war die einfachste und süßeste Arbeit der Welt. Mein Jeannot, was täte ich ohne Dich? Vor fünf Minuten, ich bücke mich schnell, um ein Kuvert aufzuheben. Ich höre Deine Stimme (ich schwöre es): Paß auf! Ich halte inne und war im Begriff, mir an den Federn, die mit der Spitze nach oben in einer Blumenvase auf dem Tisch stehen, das Auge auszustechen. Ich erzähle Dir meine unbedeutendsten Geschichtchen und träume von den Deinen – von 107 – von Deinem *Werther* – von Deinen Stiefeln – von Deinen Kameraden und von Deinen Vorgesetzten.

Mein Jeannot, ich frage mich, ob nicht von einem bestimmten Punkt an alles, was widrig scheint, der Liebe hilft, und ob uns diese Katastrophe nicht, statt uns zu entfernen, einander näher bringt. Ich ahme Dich nach, wenn ich sage, daß ich es nicht für möglich hielt, noch mehr zu lieben, und daß jede Minute meine Zärtlichkeit vergrößert – aber warum sollte ich Dich nicht nachahmen, Dich, der Du die Vollkommenheit und mein Ideal auf Erden bist. Mein Jeannot, ich gehe ganz nahe bei Dir schlafen.

Le Scarabée

Mein Jeannot,
es ist 4 Uhr morgens. Ich habe meinen zweiten Akt beendet, indem ich mir vorstellte – und ohne Zweifel habe ich mir das

nicht nur vorgestellt –, daß Du, ein Buch auf der Nase, im Bett der Kajüte schliefst.

Mein Jeannot, gebe der Himmel, daß dieser Akt Dir gefällt. Es war eine Tour de Force – denn ich mußte ihn kurz fassen und so, daß er nicht leer wirkt oder hetzt. Ich hoffe, daß mir das gelungen ist. Zu unserer Yvonne, die Rolle kommt gut voran, und ich erfinde für sie auch die kleinste Geste nach Maß.

Mein Jeannot, wie schön Dein Profil war in unserem kleinen Auto! Wie traurig Dein Rücken im Soldatenmantel auf dieser schlammigen Straße wirkte. Wie sich mir das Herz zusammenzog.

Zum Glück waren bei meiner Rückkehr Briefe von Dir da, Briefe, die Roye[1] wieder eng mit meiner Kajüte verbanden.

Ich bin ganz bestürzt über den Verlust von 107. Er ist ein tapferer kleiner Kamerad. Rühre die Trommeln. Und berichte mir, was dabei herauskommt. Und berichte mir über Vallets[2] Austern. Diese Leistung erschreckt mich. Wenn er nur nicht krank wird!

Nächsten Sonntag komme ich bestimmt mit dem ganzen Stück! Welches Fest! Wir werden, aus Sparsamkeitsgründen und weil Thérèse sehr freundlich ist, zum Schloß fahren. Wir werden uns über die Letellier lustig machen. Wenn das Schloß Dich langweilt, werde ich eine Ausrede finden. Aber ich werde dort zum Lesen besser sehen können (nehme ich an). Ich bete Dich an.

1. Roye, Stadt im Departement Somme, wo ich einquartiert war.

2. Vallet war ein Kriegskamerad. Ich hatte eine törichte Wette abgeschlossen: einundzwanzig Dutzend Austern zu essen. Um Jean nicht zu beunruhigen, hatte ich diese Wette auf Vallet geschoben. Ich konnte nur siebzehn Dutzend essen, habe diese Wette also verloren.

Le Scarabée

Mein Jeannot,
ich werde diesen Sonntag voll Ungeduld erwarten, denn mein Herz ist immer noch ganz durch Deinen Anblick von hinten auf dieser Straße. Ich habe eine Zeichnung für Yvonne gemacht, damit sie es versteht.

Gestern abend habe ich Bébé die beiden Akte vorgelesen. Seine Begeisterung hat mich gefreut und mich zu einer Entscheidung gebracht. Nach *Prima Donna* beginne ich ein anderes Stück. Für Dich und für Yvonne. Denn es kann sein, daß die Umstände "*Die Maschine*" zu einer heiklen Angelegenheit machen, und ich will, daß ein sicheres Stück auf Deine Rückkehr wartet.

Andererseits werde ich mich niemals an eine Arbeit gewöhnen, die sich am Rande der einzigen Sache abspielt, die existiert und die für mich zählt: mein Jeannot. Mit einem Stück in Reserve werde ich ruhig schlafen und Dich Montag verlassen können, ohne davon krank zu werden.

Kein Brief von Dir. Es ist die Post oder Dein Dienst. Gestern habe ich den Akt gut gelesen (ich kenne ihn). In Roye habe ich schlecht gelesen, und man erkannte das Stück nicht wieder. Ich schäme mich dessen. Mein Jeannot, zieh Deine Felljacke an. Die Kälte beginnt. Sei vorsichtig! Paß auf Deine Gesundheit auf, für uns und für das Stück. Ich presse Dich an mein Herz.

Le Scarabée

Mein Jeannot,
ich bin traurig, da seit unserem Sonntag ohne Brief von Dir. Ich wünschte, ein Bote brächte mir heute nachmittag einen.

In *Paris–Midi* sind ein Artikel und ein Foto von mir erschienen. Ein Foto, auf dem ich Gänse füttere. Der Artikel hat Bébé, der ihn gelesen hatte, sehr aufgeregt. Aber ich habe einen Brief von Capgras erhalten, in dem er mir sagt, daß dieser

Artikel und dieses Foto ihn sehr geschmerzt haben (*sic*). Der Artikel beinhaltet sicher einige Fehler, aber das Foto???? Ein Rätsel.

Ich werde mich in einigen Minuten an meinen letzten Akt machen. Leider mache ich mich ohne rechte Entschlossenheit daran, weil keine Briefe von Dir da sind und wegen der Übelkeit, die mir solche Briefe wie der von Capgras immer verursachen.

Und dann ... Und dann ... ist da Dein armseliger Soldatenmantel, von hinten ... auf dieser Straße. Ich kann dieses Bild, das mir übermäßig wehtut, nicht vertreiben. Heute morgen hätte ich mich deswegen beinahe auf dem Boden der Kajüte gewälzt. Ich schwöre Dir, ich brauche Heroismus, um dieses Stück zu schreiben. Das Arbeiten ist mir nicht von Herzen zuwider, aber mein Herz ist wie gevierteilt.

Ich denke an meinen Sonntag. Ich küsse Dir ebenfalls die Seele.

An Bord der La Mouette

Vielgeliebter Jeannot,
Dein Besuch in der kleinen Kajüte war wieder wie ein schöner Traum, und als ich erwachte, glaubte ich nicht daran. Man bringt mir gerade einen Brief, in dem Du sagst, daß Du sehr wenige von mir erhältst. Das ist merkwürdig, denn es kommt vor, daß ich Dir drei– oder viermal am Tag schreibe und diese Briefe, um sicherzugehen, daß Du sie auch erhältst, in verschiedenen Umschlägen abschicke (und von mehreren Postämtern), anstatt sie alle in einem zu sammeln. Ich frage mich, ob es nicht "irgendwo in Frankreich" einen Sammler von Dichterbriefen gibt. Und dabei unterschreibe ich mit einem Stern. Yvonne hat mir die düstere Stimmung von Violette erklärt. Es war die Stimmung einer Hausfrau, die überrascht worden ist. Sie war betroffen, zornig, Dir kein Festessen bieten zu können. Wir haben ihr erklärt, daß Dir das völlig egal wäre und daß Du

kämst, um uns zu sehen und nicht, um zu essen. Das tröstet sie ein wenig. Aber sie ist ein sehr merkwürdiges großes kleines Mädchen oder auch ein großer kleiner Junge, der schmollt und sich alles mögliche einfallen läßt. Das ist schade, denn Yvonne geht es immer besser. Der "Michel" erregt sie sehr. Ich habe vergessen, daß ich Lherbier telefonisch nicht erreicht hatte. Ich werde ihn gleich und heute abend anrufen, damit die Daten übereinstimmen und die Proben zu *Prima Donna* nicht beeinträchtigten. Mein guter Engel, Sonntag ...

19, Place de la Madeleine

Sonntag abend

Mein Jeannot,
in diesem gewaltigen, kolossalen Abenteuer bin ich glücklich. Glücklich, weil Du mir leuchtest – glücklich weil es einen Geist zu besiegen gibt, den die moderne Welt wohl auch besiegen wird, *obwohl es im Moment nicht danach aussieht.* Wenn man mir gesagt hätte, daß ich eines Tages glücklich sein könnte, ohne Dich jede Minute zu sehen, ich, der ich litt, wenn ich nur fünf Minuten auf Dich wartete, ich hätte es nicht glauben können. Und ich bin glücklich, glücklich, wegen Deiner Briefe, Deiner Besuche in aller Schnelle, wegen unseres kleinen Autos und dieser tausend Nichtigkeiten, die unsere Wonne wertvoll und wunderbar machen.

Mein Jeannot, Du bist sternübersät, Du bestirnst mich. Der Rest ist sinnlos. Serges Anblick usw. widert mich an. "Er ist ohne Liebe." Bébé ist großartig, voll in Form. Er "sieht". Die anderen blicken um sich wie Vieh. Jeannot, mein Engel, ich wiege Dich, aus Traumeswelten, aus Dir, ich existiere nur durch Dich.

1939

Mein Jeannot,
Dir zuerst und vor allem anderen die große Neuigkeit: Ich habe *Prima Donna* beendet. Es ist beendet dank Deines Besuchs, dank des Wunders an Stärke und Wellen, die Du auf mich überträgst. Ich habe mich nach dem Mittagessen an die Arbeit gemacht und bis 8 Uhr diesen Tunnel durchschritten. Mir war, als schliefest Du immer noch gegenüber. Ich habe ein großes neues Rundfunkgerät – und Elektrizität. Noch ein Alarm! Beruhige mich schnell über diesen Alarm und über die Rückkehr des Licorne. Ich habe es sehr bereut, daß ich das Geld für das Brot vergessen hatte. Du mußt für die Austern aufkommen. Tu das nicht wieder, mein Engel. Denke daran, daß ich für Dich wieder an die Arbeit zurückkehren werde.

Le Scarabée

Mein Jeannot,
ich bin völlig ratlos, leer und schleppe mich zwischen dem Radio und dem Boot hin und her. Es ist furchtbar, etwas beendet zu haben. Denn, Du weißt das, ich liebe alles, was neu beginnt und was mit der Kraft eines Beginns fortbesteht. Ich wage nicht zu sagen, daß ich Dich vergessen hätte, aber mit dieser Zwangsvorstellung, ein Stück schreiben zu müssen, stellte ich Dich mir mit meiner Arbeit verwoben und in meiner Kajüte vor. Ohne Arbeit stelle ich Dich mir in der Kälte und im Schmutz dieses Dorfes vor. Ich glaube, ich werde mich aufraffen und ein bißchen ausgehen müssen. Danach schließe ich mich wieder ein und lasse das andere Stück auf mich zukommen, das meiner Träume: für Dich, für Yvonne und für Gaby Morlay.

Was für ein Glück wird das sein an dem Abend, an dem wir alle vereint sein werden, wo der böse Traum ein schöner Traum werden wird, wo wir unseren Flug werden antreten können. Es lähmt mich, so mit gebundenen Pfoten und verklebten Flügeln dazustehen. Mein Jeannot, ich frage mich, was ohne unseren

Sonntag aus mir werden würde. Ich glaube, ich würde wohl langsam aber sicher eingehen.

Heute morgen Dein kleiner Brief, halb Maschine, halb Du, aber ganz und gar Du. Ich ganz und gar küsse Dich. Seit Du vorbeigekommen bist, liebe ich meine Kajüte.

Le Scarabée

Jeannot, mein Engel,
was für ein wunderbarer Sonntag, und nichts hätte herrlicher sein können als diese Schlaflosigkeit und dieser Windsturm. Man hätte meinen können, irgendwelche Geister würden verrückt spielen, und die Geister unseres Zimmers waren anbetungswürdig, Geister des weißen Musselins, die über Deinen Schlaf wachten. Die Gedichte müssen abscheulich sein. Ich schrieb sie in halbwachem Zustand, weil ich nicht schlafen wollte. Ich wollte nicht eine Minute unseres Sonntags verlieren. Heute abend habe ich Bébé und Jany Holt das ganze Stück vorgelesen. Sie liebt ihre Rolle über alle Maßen. Es steht also alles zum Besten. Bleibt noch Trébor. Er kommt Mittwoch, um mich zu hören. Mein Jeannot, ich habe mit Deinem Bruder bei Prunier zu Mittag gegessen. Deine Wette war dort einziges Gesprächsthema![1]

1. Ich hatte die Wette nur unter der Voraussetzung akzeptiert, daß die Austern von Prunier kämen, weil ich dachte, daß es im Krieg unmöglich sein würde, Austern aus diesem berühmten Restaurant zu bekommen. Umsonst, eines Tages brachten die Kameraden zwei Körbe von Prunier mit.

LE VIN

Hitler a tué ses amis
Ces crimes ne sont pas permis ...
Mais devant le Ciel et l'Église
Notre passion est permise

Les plantes et les animaux
Nous enseignent notre ligne
Lorsque tu plantes ma vigne
Je récolte le vin des mots.

NOUS

Cette guerre est sans merci
Comme celle de naguère
Jeannot, retiens bien ceci
Nous sommes pas en guerre

Le Scarabée

Mein Jeannot,
Dein Besuch in meiner Kajüte[1] hat sein übliches Wunder gewirkt. Ich habe das ganze Stück, das auf dem Tisch herumlag, korrigiert und die Briefe beantwortet. Und jetzt der Brief an Dich. Um Dir immer wieder dieselbe Sache zu wiederholen, von der ich hoffe, daß ich sie Dir bis zu meinem Tode wiederholen werde: ohne Dich ist nichts möglich, mit Dir wird das Unmögliche möglich. Fern und nah bei Dir, wird dieses Drama zu einer Art wunderbarem Traum.

1. Ich kam heimlich nach Paris.

Und die Aussicht auf Sonntag! Morgen früh bin ich Rolands[1] Trauzeuge (*sic*), und ich muß um 10 Uhr 30 auf dem Rathaus von Passy sein.

Dein lieber Geist geht in meiner Kajüte zwischen dem Waschraum und der Gerätekammer hin und her. Dank Deiner kleinen Besuche bleibt von Dir so etwas wie ein Parfum im Raum zurück, und ich spüre die Einsamkeit nicht mehr. Ich entschuldige mich für meinen Brief von gestern. Er lag auf dem Gang, und ich hätte ihn Dir geben oder ihn vernichten sollen, wo Du schon so hellsichtig warst, meine Traurigkeit zu erraten. Aber ich spiele niemals falsch und will Dir auch meine geringsten Herzensergüsse anvertrauen. Mein Engel, bis Tilloloy. Ich küsse Dein Herz.

Le Scarabée

Mein Engel,
wie traurig wäre ich, wenn ich nicht morgen zu Dir reisen würde! Bei meiner Rückkehr von Rolands Hochzeit um 1 Uhr zu hören, daß Du vorbeigekommen warst!!!!!!!

Vorbeigekommen, ohne eine Nachricht zu hinterlassen. Nicht eine Zeile! Nicht ein Wort, dem zu entnehmen gewesen wäre, ob Du dorthin zurückkehrtest oder ob Du zurückkehren würdest, um mit uns zu Mittag zu essen. Ich habe mit einem Ohr und einem Auge zum Uferweg hin gegessen, immer dem Fenster zugedreht. Und dazu lauerte ich noch auf das Telefon.

Zweimal gehe ich aus: einen Abend und einen Morgen (auf den ganzen Aufenthalt verteilt), und beide Male verpasse ich Dich. Ich werde mich nicht mehr von meinem Warte– und Lauscherposten wegbegeben. Ach! Daß Du auch nicht daran gedacht hast, eine kleine erklärende Zeile zu Deinem Besuch zu hinterlassen. Aber wie bin ich doch dumm! Dieser Brief wird

1. Roland Toutain.

Dich weit nach mir erreichen, weit nach meiner süßen Freude und meiner innigen Wonne. Er ist, obwohl ich ihn heute abend schreibe, bereits Geschichte! Bébé verläßt uns. Er hat großartig gearbeitet, fand die Aufstellung der Kulissen beider Bühnenbilder sehr heikel. Vor allem diejenige im zweiten und dritten Akt. Eine Treppe ist immer ein Problem. Ich lege mich hin, um zu schlafen und Dich schneller wiederzusehen.

November 1939

Mein Jeannot,
heute hat mich ein Kamerad auf Urlaub besucht (der, den Du nicht besonders offenherzig fandest). Er kam vorbei und erkannte den Wagen, der auf Deinen Bruder wartete. Ja, mein Jeannot, ich träume nur von unserem Sonntag, um den sich alle anderen Tage wie Erinnerungsstrahlen herumbewegen. Darum muß man auf Dich aufpassen, daß man Dir nicht einen Dienst zuteilt, der uns hindert, uns zu sehen. Das wäre furchtbar. Heute abend werde ich Trébor das Stück vorlesen. Ich lese es nicht mehr sehr gern. Ich möchte es jetzt durch Yvonne hören.

Dein kleiner Brief von heute nachmittag (der, in dem Du von Thérèse sprichst) war mit sehr vielen Sternen übersät, sehr süß und sehr tröstlich. Diese Kabine wäre der Traum an sich, wenn Du sie bewohntest. Aber sie scheint weit, weit, weit entfernt zu treiben, und die einzige Kabine, die mir gefällt, ist der Matford, wenn er mich nach T.[1] bringt.

Sonntag werden wir in R.[2] zu Mittag essen. Sag Thérèse für die Nacht Bescheid, wenn es möglich ist. Ich bringe ihr ein prachtvolles Buch mit. Mein Engel, ich bete Dich an.

1. Tilloloy.
2. Roye.

Le Scarabée

Donnerstag

Mein Jeannot!
Heute wird es mir geradezu unerträglich, fern von Dir zu sein. Ich wollte tief und traumlos schlafen, aber ich hatte Alpträume. Ich trödele zwischen dem Hausboot und meiner Kabine herum, und wenn ich das Radio anmache, treffe ich nur auf unsere Melodien aus Toulon oder aus Saint-Tropez. Eben habe ich einen Brief aus Tilloloy erhalten. Thérèse, reizend wie sie ist, bietet mir darin unsere Zimmer an und entschuldigt sich, daß sie nicht locker läßt. Ich glaube, solange wir die Möglichkeit haben, uns im Departement S.[1] zurückzuziehen, ist Tilloloy ein angenehmerer Zufluchtsort als der Palast in R.[2]. Eure Soldaten haben einige kleine Tannen von Thérèse gefällt. Sie kündigt mir an, daß sie nach Amy fahren muß, um um Schonung für diese jungen Bäume zu bitten.

Wenn Du unseren 107 wiederfinden könntest! Und sein liebes kleines Gesicht und seine entzückenden kleinen Falten! Such ihn weiter (Thérèses Schrift ähnelt ihren Hunden).

Gestern abend habe ich Trébor und P. *Prima Donna* vorgelesen. Sie wirkten begeistert, und ich fürchte nur noch eins. Und zwar, daß Yvonne rückfällig wird. Aber ich habe ein Auge auf sie, und ich glaube, daß sie zu gerne spielen möchte, um Dummheiten zu machen. Brieftelegramm von Lherbier. Er fragt mich, ob ich unseren Vertrag wiederaufnehmen will. Er würde in Rom drehen. Das Problem liegt bei Dir und dem Wagnis, das es bedeutet, Deinen Standort zu verändern und Dich in die Leere zurückzustürzen. Bis morgen, mein Engel.

1. Somme.
2. Roye.

Le Scarabée

Mein Jeannot,
möge dieser Brief bis zu Dir gelangen und dir alle reinsten, zartesten und stärksten Gaben meines Herzens bringen. Jede Minute vergleiche ich die anderen und uns, jede Minute muß ich dem Himmel für Deine Seele danken, die so schön ist wie Dein liebes Gesicht, und für alles, was Du mir gibst. Morgen bin ich um 5 Uhr mit Lherbier verabredet. Ich konnte ihn telefonisch erreichen. Er hat mir erklärt, daß er Schwierigkeiten wegen der italienischen Visa hätte. Aber er kam gerade von der Botschaft zurück, und die Dinge gehen voran. Ich glaube sogar, daß er mir morgen das Geld geben wird. Du errätst es, mein Ziel ist, wieder mit Dir zusammenzukommen und diesen Traum zu verwirklichen. Möglicherweise bringe ich Dir am Sonntag nähere Einzelheiten. Einzelheiten und einen kleinen Schäferhund. Mein einziges Glück ist, Deine Augen, Dein Gesicht erhellen zu können, und wenn ich mich nicht aus dem offiziellen Leben zurückgezogen hätte, täte ich nichts anderes als Dich mit Wunder zu umgeben. Natürlich ist das Wunder nicht offiziell bekannt, und wir haben vielleicht mehr Macht in unserer Welt. Ich bete Dich an. Bis Sonntag.

Le Scarabée

Geliebter Jeannot,
Drama mit Damen. Heute abend komme ich von Fenosa zurück, und Violette findet einen Brief von Yvonne vor (sie hatte mich im übrigen vage darauf vorbereitet, daß sie ihr Davonlaufen in Szene setzen würde). Yvonne versteckt sich – wo? – Violette sucht sie. Kurz, Du hattest wieder einmal richtig beobachtet, und dieser "Mann" Violette ist ein kesser Vater, mit allem, was das an Komplikationen und Szenen bedeutet. Was sie nicht daran hindert, ein prima Kerl zu sein und sehr gutmütig

und sehr anständig. Aber sie will den Mann spielen. Und weder Sport noch die Abnahme der Brüste[1] ändern unser Geschlecht.

Das ganze ist nicht schlimm, weil Yvonne mir gesagt hatte: «Ich werde für ein oder zwei Tage wegfahren, damit Violette mal zum Nachdenken kommt». Leider glaube ich, daß das die Charaktere auch nicht ändert.

Könntest Du Dir vorstellen, daß wir einander unangenehme Fragen stellen, einander mißtrauen und uns gegenseitig piesacken? Mein Engel, jede Minute des Lebens der anderen zeigt mir mein Glück und die Schönheit Deiner Seele. Bewahren wir uns immer unseren reinen Himmel. Und, selbst wenn Du mich nicht mehr mit denselben liebenden Augen betrachtest – behalte mich als Deine größte Leidenschaft und als das Geheimnis Deines Herzens. Es ist unangenehm für mich, mitten in einer solchen Geschichte zu stecken und nicht zu wissen, was tun? Wenn ich weggehe, stifte ich damit Verwirrung. Wenn ich bleibe, sieht es aus, als wollte ich mich aufdrängen. Yvonne hätte mir einige Zeilen schreiben sollen. Sie hat die Pakete mit Kopien des Stückes für Trébor und Brûlé gemacht, und ihres mitgenommen. Nichts von Bedeutung, was *Prima Donna* angeht, aber Violette hält trotz allem an ihr fest und überwacht sie. Sie sollte sich um nichts in der Welt trennen. Ich werde Dich auf dem laufenden halten, wie es weitergeht.

Liebe mich wie ich Dich liebe.

Le Scarabée

Mein Jeannot,
wir warten noch immer auf die verrückte und mysteriöse Yvonne. Wo kann sie sich nur verstecken? Das frage ich mich.

1. Als Rennfahrerin hatte sie sich unter dem Vorwand, daß sie sie beim Fahren störten, die Brüste abnehmen lassen. Die Haare zu einer Bürste geschnitten, trug sie Männerkleidung.

Ich bin gerade bei Coco gewesen, die dir geschrieben hat. Sie hat auch an den Oberleutnant geschrieben, um ihn um die Namen derjenigen unter Euch zu bitten, die Kinder haben, um die Namen der Kinder und der Frauen. Sie bittet ihn auch, ihr genau anzugeben, was ihm das Richtige für Weihnachten scheint. Ich bin bei meinem Bruder vorbeigegangen – denn ich fand es feige, nicht zu wagen, unsere Konten einzusehen. Wir werden sehr aufpassen müssen und bis Februar "durchhalten", wenn *Prima Donna* uns rettet. An der Place de la Madeleine hat Fenosa mir einen Brief vom Verwalter gegeben, der trotz der optimistischen Beteuerungen der lieben Concierge die Miete reklamiert. Aber Dein gesundes Aussehen, der neue 107[1] und unser Tilloloy geben mir ja Kraft, und Deinetwegen und wegen all dem, was Dich berührt, habe ich Vertrauen und werde da herauskommen. Unseren Place de la Madeleine zu behalten ist die Hauptsache – selbst wenn uns das Opfer auferlegt. Falls *Le Scarabée* die Kälte zu ungemütlich wird, werde ich nach Hause zurückkehren, in die Nähe Deines kleinen Zimmers. Ich muß noch auf Yvonne warten, und dann werde ich sehen. Ich erzähle Dir das, weil ich Dir überhaupt alles erzähle. Mein Engel, bis Sonntag (bis Samstag), denn um 3 Uhr wird Dein Bruder vorbeikommen, um mich abzuholen. Schreib ein Briefchen an Yvonne, zusätzlich zu dem über den "Deutschen Schäferhund", um ihr zu sagen, daß sie vernünftig sein muß, nicht mehr von Leid daherreden soll und nicht mehr unsere Pläne gefährden. Ich verlasse mich auf Dein Gefühl, daß Du die richtigen Worte findest.

Ich bete Dich an und küsse Dich unter unseren Sternen.

1. Yvonne de Bray hatte mir einen jungen Schäferhund geschenkt, den ich ebenfalls 107 nannte.

Le Scarabée

Mein kleiner Engel,
Yvonne ist gefunden. Sie hat sich bei ihrer Cousine in Écouen versteckt und dachte, daß ihre Mutter auf die Idee kommen würde, dort anzurufen. Violette wurde ganz krank und beeilte sich, sie abzuholen. Ich glaube, sie hat recht gehabt, und Violette wird nachdenken und ihre Art und Weise ändern. Dein kleiner Brief von heute morgen läßt mich um unseren Samstag fürchten. Wenn man Dir nur frei gibt und Du mich benachrichtigen kannst. Ohne Neuigkeiten werde ich losfahren – ich werde ja sehen. Ich will es nicht riskieren, auch nur eine Minute von dir zu verlieren.

Die Kajüte wird von heimtückischem Luftzug durchstreift, der einen Nasenflügel, ein Auge erkältet, der eine Wange, eine Hand erfrieren läßt. Wenn es mir nicht gelingt, dieser Unannehmlichkeit abzuhelfen, werde ich zur Place de la Madeleine zurückkehren, es sei denn, ich schlafe auf dem Hausboot.

Am liebsten wäre es mir, Yvonne so wenig Freiheit zu lassen wie nur möglich, denn obwohl ich ihr jetzt vollständig vertraue, bilde ich doch den Puffer zwischen ihr und Violettes schwierigem Charakter. Und nicht nur liegt mir *Prima Donna* aus Gründen, die Du errätst, am Herzen, sondern das Stück stellt auch unsere einzige Chance auf Rettung und Vermögen dar. Ich habe den Film im Ganzen gelesen. Ich finde, daß man eine gute Sache daraus machen kann, und Deine Rolle lohnt sich (wird sich lohnen). Ich werde Lherbier anrufen und einen Termin abmachen. Ich werde ihm eine Szene als Kostprobe mitbringen. Wenn sie ihm gefällt, werde ich mich sehr beeilen, angetrieben durch das Glück, dir eine Freude zu machen und Dich dem Lehm zu entreißen. Mein guter Engel, versuche alles nur Mögliche, um an Deinen früheren Platz zurückzufinden. Trotz Deiner Tapferkeit ahne ich doch, daß Dein neues Leben sehr hart ist und uns nicht mehr so ruhig leben läßt wie in den ersten

Zeiten. Wie schade. Ich bin an allem schuld! Jede Minute werfe ich es mir vor.

Mein guter Engel, ich küsse Dich.

Heute abend essen wir bei Molyneux, um ihm das Stück vorzulesen, und damit er mit Bébé die Kleider bespricht.

Le Scarabée

Mein Jannot, mein Engel, mein Alles. Ich kehre auf den Kahn zurück, und mein Eckchen war so eisig – man hatte vergessen, die Heizung anzustellen, daß ich Dein Leid und die Entbehrungen ermessen konnte, denen Du nur mit Schönheit, Güte und Freude begegnest. Mir scheint, daß ich mir jede Minute ein Beispiel an Dir nehmen müßte und Dich noch mehr bewundern als ich Dich liebe, was nicht so einfach ist. Meine ganze Angst vor dem Kranksein – mich durchlaufen Kälte- und Hitzeschauer – besteht in der Furcht, meine Fahrten könnten gefährdet werden. Stell Dir vor! Zu Hause finde ich Fenosa mit einer doppelten Mittelohrentzündung – so etwas wie das Schreckbild von Deiner –, da muß man sich doch fragen, ob die Mittelohrentzündung nicht bei uns zu Hause herumgelungert hat. Die liebe kleine Cléopâtre pflegt ihn, ebenso Cocos Ärzte. Ich, der ich nie an Ansteckung denken kann und will, fürchtete die Place de la Madeleine wegen meines einzigen Glücks: Tilloloy. Armer Engel, gestern schrieb ich Dir die Müdigkeit von 107 zu, die Müdigkeit eines Kindes unter den großen Leuten. Darum habe ich Dich gebeten, schnell zu schlafen, und darum habe ich das Hündchen bei mir behalten. Ich war sehr traurig, als Du aufgestanden bist, um das Fenster zu öffnen. Ich wollte gerade hingehen, damit Du nicht erstickst, so an frische Luft gewöhnt, wie Du es bist – und da mußt Du in Deinem Halbschlaf gedacht haben, daß ich mich bewegte, daß ich Dich störte, daß ich egoistisch wäre. Mein Jeannot, ich, der nur an Dich und Dein Glück denkt und an unseren Himmel, den Du mit allen Kräften Deines Mutes trägst.

Ich bitte Dich um Verzeihung, und ich bete Dich an.

Mein Jeannot,
ich komme in die Kälte des Hausbootes, und ich finde nicht, daß das vernünftig ist, mit dieser Grippe. Ich werde mir heute nachmittag das Hotel von Bébé ansehen. Wir haben wohl, als wir auf der Hinfahrt über den Bordstein gefahren sind, die Federung des Wagens gebrochen. Bei der Rückkehr haben wir sie ganz und gar zerbrochen, in zwei Teile – aber ohne weiteres Drama.

Henri wird den Wagen zu Matford bringen. Mein Jeannot, verzeih mir, so krank und dumm wie ich war, zu Dir gekommen zu sein. Die Kälte, das Fieber machen mich dumm. Ich habe keinerlei Widerstandskräfte gegen das Leben und gegen seine simpelsten Ausdrucksformen. Ich bin ein Kind geblieben – und ein Kind, das entscheiden muß, handeln. Na ja, ich hoffte auf ein Wunder. Aber es gibt nur jene Wunder, die man selbst herbeiführt. Ich muß diese jämmerlichen, leidenden und so wenig anpassungsfähigen Nerven besiegen. Heute nachmittag werde ich versuchen, eine Entscheidung zu treffen, vor allem für Dich – um nicht endgültig zu einem Wrack zu werden, einem Wesen, das zu nichts mehr nütze ist und abgetrieben wird.

Mein Jeannot, ich existiere nur durch Dich, nur in Deiner Nähe.

Ich komme mir vor wie 107, als er auf der Ebene vor Kälte schlotterte.

Mein guter Engel,
also: Morgen ziehe ich ins Hotel von Bébé. Hôtel de Beaujolais, Rue de Beaujolais. Ich werde Dir die genaue Adresse morgen schreiben. Und Yvonne wird mir die anderen Briefe geben. Ich finde es nach dieser für *Prima Donna* notwendigen Zeit auf dem Wasser wichtig, sich ein bißchen Abwechslung zu verschaffen – immer am Ende des Fadens, der zwischen Deinem und meinem Herzen gespannt ist. Die Arbeit an den Bühnenbildern ist zu wichtig, um sich ihr nicht intensiv zu widmen. Yvonne hat *Die Schreibmaschine* gelesen. Sie findet das Stück großartig, und daß Deine Rolle beinahe zu überragend ist. Sie sagt: Damit kann man entweder einen Triumph erleben oder auf die Schnauze fallen. Sie rät uns, bei der Arbeit den Text ein wenig auszulichten. Das ist nebenbei, was sie vom ganzen Werk denkt. Aber erinnere Dich, wenn ich versuche zu kürzen, gelingt es mir nicht; das liegt an der Technik. Bébés Meinung nach sollte man das Stück so lassen und es sich Szene für Szene bei der Arbeit überlegen. Kurz, wir werden sehen.

Yvonne hat zu Alice gesagt: Für mich gibt es keine schönere Rolle als diese Rolle der Margot. Wir sind am Ende der Probe zum Théâtre de la Madeleine hinübergegangen. Monins[1] Dachboden ist kein "Dachboden". Zu sauber, zu neu, ohne Geheimnis. Mein Traum ist, *Die Maschine* mit Trébor zu inszenieren. Das wäre tausendmal besser für Dich und für Yvonnes Rolle (Yvonne findet sich nicht jung genug). Wir werden sehen. Unser Himmel gibt mir die Gewißheit, daß wir es bald zur Aufführung bringen werden. Ich bete Dich an. Ich habe von Dir so gute, so süße, so wunderbare Briefe. Mein Engel ...

Mein Jeannot!
Ich bin im Hôtel de Beaujolais, Rue de Beaujolais. Ich habe ein schönes Zimmer nahe bei dem unseres Bébé. Ich liege zum Palais-Royal hin. Den ganzen Tag habe ich, fürs Radio, an

1. Monin, Bühnenbildner.

meinem Weihnachtsbaum gearbeitet. Ob es wohl einen Sinn hat, Dir zu sagen, daß er sich an Dich richtete und für Dich erstrahlte. Mein Jeannot, mein Engel, mein Stern von Bethlehem, meine Krippe, ich habe Dich niemals so angebetet, niemals habe ich so sehr an Dich gedacht. Ich frage mich, wie ich Dich immer noch mehr anbeten kann, wo doch das Maß schon voll ist.

Ich komme aus dem Stück von Salacrou. Alice ist bezaubernd. Aber sie hat den letzten Akt verpatzt. Bis Samstag. Ich presse Dich auf meine Seele.

Mein Jeannot, ich schreibe Dir von der Place de la Madeleine, wo ich vorbeiging, um Fenosa zu besuchen, und wo ich Strafzettel auf Deinen Namen vorfinde. Ich werde Deinen Bruder fragen, worum es sich handelt, denn ich bin zivilrechtlich verantwortlich – sagt das Schreiben. Ich sollte Dich um jeden Preis küssen, Dir schreiben, mich am Kontakt mit Dir erwärmen – und im Hotel, wo ich bin: Hôtel de Beaujolais, Rue de Beaujolais, Paris (Palais-Royal), habe ich nicht einmal Tinte und auch keine Feder. Armer Dichter, verloren ohne seinen Jeannot und so dumm, daß er heult, als wäre er ein zweiter 107! Wenn nur der Wagen bis Samstag repariert ist und uns gen Tilloloy bringt. Es ist mein einziger Trost in dieser Welt des Jammers und des Elends. In Deiner Nähe leuchtet alles auf und wird wieder zum Traum – dem wahren Traum, den wir durchleben. Mein Engel, ich küsse Dich, ich drücke Dich an mich, ich bitte Dich, mir Deine Stärke und Deine Sonne niemals zu entziehen. Ich fühlte mich so allein, so verirrt, fern von dem Boot, wo Du gewesen warst. Dein Dichter.

Mein Jeannot,
ich habe endlich Marcel Lherbier am Telefon erreicht. Er hat noch immer Auseinandersetzungen mit den früheren Inhabern

der Dialogrechte. Er hofft, morgen eine definitive Antwort zu bekommen. Er mag meine Textprobe sehr.

Was Dich betrifft, scheint er seiner Sache sicher und sieht da keinen Hinderungsgrund. Wenn er sich also nicht frei machen kann, werde ich ihn dazu kriegen, wenigstens die Arbeit zu den Passagen, die Du interpretierst zu machen, und zwar umsonst – sie sind das Wesentliche. Mein guter Engel, Coco war verärgert, keine Antwort von Moineau zu erhalten. Die fünfhundert Pakete warten, weil diese Adressenverwechslungen alle anderen Adressen auch verschieben, und jedes Paket ist an bestimmte Frauen und bestimmte Kinder gerichtet, und sie können nicht gegeneinander ausgetauscht werden. Ich habe die Spielsachen und den Schmuck gesehen – es ist prachtvoll. Ich habe Thérèse telegraphiert, sie möchte nach Amy fahren, um diese Antwort zu beschleunigen. Coco hat Angst vor einer weiteren Verzögerung des Abschickens, das sie noch vor dem ersten des neuen Jahres erledigen will. Sag Moineau, daß er sich nochmal bei ihr bedankt. Die Sache ist es wert.

Sie gibt sich äußerste Mühe. Da sie fand, daß die von Madame Alphandéri gekauften Spielzeuge zu einfach waren, hat sie selbst alles neu gekauft. Und sie hat mehrfach wiederholt: «Das verdanken sie Dir und Jeannot.» Sie ist totmüde.

Bis Morgen, teurer Angebeteter.

Hôtel de Beaujolais

Mein Jeannot!
Noch ein paar Zeilen, die verspätet eintreffen werden, um Dir unermüdlich dieselben guten Dinge zu wiederholen. Meine Hoffnung in unsere schöne Zukunft und die Besetzung meines Ichs durch Dich in jeder einzelnen Sekunde des Tages. Meine Träume werden immer absurder, und ich beeile mich aufzuwachen, um in diese Welt zurückzukehren, die ich fürchtete, die ich verabscheute und die ich liebe, seitdem Du mit Deiner Ausstrahlung und Deiner Anmut alles veränderst. Gestern abend

habe ich Yvonne erzählt, was Du über die Rollen von Maxime und Pascal behauptet hast. Sie war sofort bereit anzuerkennen, daß Du recht hattest und meinte, daß Du beim Proben schon weitersehen würdest. Sie fügt hinzu – was beweist, daß Du es ganz richtig siehst –, daß sie das Übermaß des Textes empfindet, ohne sich darüber klar zu sein, welche Kürzungen gemacht werden müßten. Glaube nicht, daß man mich im geringsten beeinflußt. Aber Du weißt ja, ich neige dazu, mich für schlafwandlerisch, wenig hellsichtig zu halten und meine Überzeugungen zu fürchten. Nur, Dein Rat wird immer vor den anderen Vorrang haben. Mein Engel, ich werde Dir heute abend schreiben, nachdem ich mit Lherbier gesprochen habe. Dein Jean.

Mein Jeannot,
ich war gerade bei Coco. Ich wollte sie vor Weihnachten nochmal umarmen. Ich habe einen Brief von dir gelesen ... und Du hattest keinen Brief von mir – von mir, der Dir zweimal am Tag schreibt. Ich frage mich, ob es wohl an der Leere liegt, die durch meine Fahrt nach Tilloloy entstanden ist, wenn Du keine Briefe bekommst. Mein Engel, ich verlasse Dich nie.

Coco hat mir wirklich *imponiert*. Was sie für Eure Kompanie tut, ist bewundernswert. Die Rue Cambon war *voll* mit Spielsachen, mit Pullovern, mit Schmuck, mit Kisten. Sie schickt alles so an die Frauen und Kinder, als ob es eine Sendung von deren Männern und Vätern wäre. Ich war stolz und glücklich, sie Euch als Patin verschafft zu haben.

In fünf Minuten werde ich meinen Weihnachtsbaum[1] für Frankreich herrichten. Ich glaube, du wirst ihn mögen. Es kommt Montag um fünf Uhr. Ach! Wenn wir es doch zusammen hören könnten. Ist es wohl möglich? Wenn Du mir am Montag bleibst, bleibe ich bei Thérèse.

Alle Weihnachtssterne über Dein Haupt.

1. Es handelt sich um eine Radiosendung.

Mein Jeannot,
was für ein wundervolles Weinachten ich durch Dich gehabt habe. Ich schämte mich meines Baumes im Radio – denn Du bist der Weihnachtsbaum, an dem so viele Wunder, Spielsachen und Goldfrüchte aufgehängt sind. In Deiner Nähe zu sein, an Dir, in Deinem Schlaf zu ruhen, das ist die lieblichste Sache der Welt. Und unser kleiner 107 ist ebenso ein kleiner Teufel wie Cola[1] – unser Sohn.

Laß nie wieder einen Schatten Dein liebes Gesicht bedecken, weil ich einen idiotischen Satz ausspreche. Dieser Schatten, selbst eine Minute, schmerzt mich zu sehr. Du weißt, mein Jeannot, für Dich arbeite ich, von dir erwarte ich alles in der Welt, und alles andere ist nicht so wichtig. Also mach Dir nur keine Sorgen über die Zukunft. Der *Britannicus*-Plan gefällt mir ungeheuer. Laß nicht locker, bis Du ihn auch ausgeführt hast. Es würde Dir helfen, unsere Wartezeit zu überstehen. Mein Engel ich gehe schlafen. Ich habe mit Bébé über unsere Bühnenbilder gesprochen. Ich falle um vor Müdigkeit. Morgen rufe ich Lherbier an. Ich bin in dir.

Dezember 1939

Mein guter Engel,
stell Dir vor, daß ich Dir heute beinahe nicht geschrieben hätte. Ich dachte so sehr an Dich, ich lebte so sehr mit Dir, ich sprach so sanft mit Dir – daß ich glatt vergaß, daß es die Post gibt. Außerdem habe ich seit meinem Besuch noch keinen Brief von dir erhalten und auch keinen an die Adresse des Hotels. Aber, ich wiederhole es Dir, ich verspürte deshalb keine Leere in mir, weil ja die Aussicht besteht, daß ich Dich sehen werde, und weil ich Dich sowieso zu jeder Minute nahe bei mir habe. Heute morgen habe ich mit Colette gefrühstückt, und wir haben von Dir gesprochen. Marcel ist zur Rekonvaleszens hergekommen, und ich fühlte so stark, wie traurig er über die Leute war, die sich nie

1. Christian Bérards Hündin, ein Pinscher aus Teneriffa.

klarmachen, daß man fort ist und daß man aus einer anderen Welt zurückkommt, daß ich mein möglichstes getan habe, um ihn aufzuheitern und um ihm diesen Eindruck zu nehmen. Es schneit, und das Palais–Royal ist ein Wunder. Marcel wird zehn Tage bei seiner Mutter verbringen, weil die kleine Riesin[1] in Nizza ist, und er hält es für schwierig, sie von dort wegzubekommen. Henri hat angerufen (ich begreife es nicht so ganz), daß wir morgen, Samstag, statt Sonntag morgen fahren müssen. Vielleicht hat er Nachricht von Dir gehabt, oder es paßt ihm so besser. Ich würde ihm gerne mit den Trois–Quartiers helfen ... Nur, Potier ist nicht sehr "willig" und gibt vor, in den Trois–Quartier keinen Einfluß mehr zu haben. Wohlgemerkt, ich habe ihn noch nicht gesehen. Er "leckt seine Wunden" in der Rue Piccini, und ich werde ihn später sehen. Ich glaube, daß der arme Henri keine Chance hat und daß er an die größte Nervensäge aller Zeiten geraten ist. Ich werde tun, was mir möglich ist.

Mein guter Engel, welche Freude, Dich zu sehen und mit Dir von einem Jahr ins andere zu gehen. Von ganzer Seele sende ich Dir meine zärtliche Liebe.

Dienstag

Mein Jeannot,
hat es Zweck, Dir zu sagen, daß ich nur an Dein armes kleines Ohr denke und bete, damit der Schnee Deine Narbe höchstens ein bißchen benommen macht. Ich habe nach einem Besuch bei Trébor mit Bébé allein zu abend gegessen (also im Tête–à–tête mit Dir). Wir proben am 10. zum ersten Mal. Nach dem Abendessen gehe ich nach Haus (Hand in Hand mit Dir, gefolgt von 107) und schicke mich an, die Sendung für die "Könige"[2] zu

1. Denise de Bravoura, Verlobte Marcel Khills und sehr begabte Zeichnerin.
2. Dem Fest der Erscheinung des Herrn (Epiphanias) gewidmete Sendung.

schreiben. Ich werde von dem "Fest bei Thérèse" berichten. Dieses Fest war erlesen, und, wenn man davon absieht, daß es von Deinem Ohr überschattet wurde, hinterläßt es mir eine vollkommene Erinnerung (mein einziges Neujahr im Ballstil). Mein Jeannot, ich habe zwei Briefe gefunden. Der eine bat mich um die *Britannicus*-Texte. Beide waren sehr süß. Gebe Gott, daß Dein Ohr ganz gerade wieder anwächst und gleichzeitig das unseres Sohnes.

Ich bete Dich an, und ich küsse Dir die Ohren.

Januar 1940

Mein Jeannot,
welche Freude, Neuigkeiten, gute Neuigkeiten durch Deinen Brief zu erfahren. Ich bin zu Flammarion gelaufen und habe die neuen *Britannicus*-Texte bestellt; Samstag werde ich sie haben und werde sie in meiner Tasche mitbringen – ebenso wie *La Reine Margot*.

Ich habe Deine Wünsche an Bébé, an Boris[1] und an unsere Cola weitergegeben, die sich darauf vorbereitet, 107 zu begrüßen, indem sie, alle Viere in der Luft, herumzappelt.

Mein guter Engel, Du bist der Engel und bist die reinste Seele. Marcel ist mit mir im Zimmer. Ihm ist ein riesiger Zahn gezogen worden (Brille), und er leidet. Der Arme steht immer in vorderster Front. Er hat einen außerordentlichen Willen. Er läßt Dich herzlich grüßen. Mein Jeannot, ich werde Dich Samstag sehen. Mein Leben ist also das süßeste der Welt.

Mein Jeannot,
dieses kleine Blatt, um Dir die Geburt des Buches über die *Monstres Sacrés* (*Halbgötter*) mit der für Dich bestimmten Widmung anzukündigen. Es ist so traurig, daß ich es nicht schicken darf. Ich bewahre Dir das schönste Prachtexemplar für Deinen Schatz, und Bébé wird Dir seine Zeichnungen, die es verzieren, mit Farben ausmalen.

1. Boris Kockno, Mitarbeiter Diaghilevs und Freund von Christian Bérard.

Lieber Robin Hood, heute war ich in der Wohnung am Palais–Royal trotz Deines Schweigens den ganzen Tag nahe bei Dir, und ich habe sogar Mireille[1] unter dem Dach besucht. Aber ohne meinen schönen Goldengel existiert nichts Wirkliches. Es ist, als spielte ich Musik ohne Orchester.

Mein Jeannot, ich lebe in Dir, durch Dich, für Dich.

Freitag abend

Mein Jeannot,
morgen ist ein schöner Tag – dieser Samstag, der mich zu Dir führt. Ich habe meine Aufnahme für den *Jour des Rois* gemacht, um frei zu sein. Ich finde den Seesack nicht mehr, aber ich werde morgen vor der Abfahrt Nachforschungen anstellen, wenn ich Henri mit dieser Bitte nicht verärgere, denn ich gebe ihm den Beinamen: Verletzt–Gekränkt–Verärgert. Man verärgert ihn ständig, und ich kann überhaupt nicht verstehen, warum. Das sind so höchsteigene Feinheiten an ihm, die über meinen Verstand hinausgehen. Mittwoch proben wir den ersten Akt. Bébé ist sehr nervös. Er fängt mit einem Portrait von Yvonne an, um sich an den Stil zu gewöhnen. Yvonne sollte mir Dein Neujahrspaket vorbeibringen. Aber sie hat mich angerufen, daß sie es Dir mit der Post schickt. Ich werde also mit fast leeren Händen ankommen. Außer den neun *Britannicus*–Texten und *La Reine Margot*. Da rede ich schon wieder von vergangenen Dingen mit Dir. Wie das Radio, bei dem ich mir selbst aus der Entfernung zuhöre. Aber ich kann es nicht lassen, mit Dir zu plaudern und Dir alles zu erzählen, was mich betrifft. Mein Engel, ich küsse Dich.

1. Mireille, Komponistin und berühmte Texterin.

Vendredi soir

Mon Jeannot

Demain est un beau jour – ce samedi qui me mène jusqu'à toi. J'ai fait mon enregistrement du jour des Rois pour être libre – Je ne trouve plus le sac de Mermi – mais je ferai des recherches demain avant de partir – Si je ne vexe pas Henry par cette demande – car je le

surnomme : Blessé – Froissé – Vexé – On le vexe à tout propos et il est impossible de comprendre pourquoi. Ce sont des finesses à lui qui me dépassent. Mercredi nous répétons le 1er acte – Bébé est très nerveux. Il commence un portrait d'Yvonne pour se mettre dans le style. Yvonne devait te remettre ton paquet d'étrennes. Mais elle m'a téléphoné qu'elle te l'envoyait par la poste. J'arriverai donc les mains presque vides – sauf les 9 Britannicus et la reine Margot – Voilà encore que je te parle de choses passées. Comme la radio où je m'écoute à distance. Mais je ne peux m'empêcher de bavarder avec toi et de te raconter tout ce qui me concerne – Mon ange, je t'embrasse ☆ ☆ ☆ ☆ ☆ ☆

Mein Engel,
Deine Depesche war eine große Freude. Ich habe sie herbeigesehnt! Ich hatte so sehr gebetet, so sehr um dieses "Uff" gebeten, und ich glaube an Dein, an unser Glück. Das Wunderbare an Herzensangelegenheiten ist, daß mich nichts mehr erschüttern kann – Kopfschmerzen, Kälte – die tausend Ärgernisse – nichts. Du hattest keine Ohrenschmerzen! Die Welt schrumpfte auf dieses Telegramm zusammen. Ich habe also für die *Rois* im Radio arbeiten können, zu Abend essen mit Charles Trenet und ihn im Zirkus hören, wo er während seines Urlaubs singt. Für Deinen habe ich es so arrangiert, daß Du Rollen im staatlichen Radio übernehmen wirst, um ein wenig Geld zu scheffeln. Ich hoffe, das wird Dir Spaß machen. Ich warte ungeduldig auf den Samstag, und ich zittere immer noch, daß Dein Bruder möglicherweise den Wagen nicht bringt.

Gott beschütze und helfe uns! Ich bete Dich an.

Dein 

Mein Jeannot,
mein Auge schwillt immer noch an und rötet sich wieder. Es ist absurd! Der Arzt wird Montag um 2 Uhr 30 nochmal zu mir kommen, und ich werde Dir schreiben, wie dieser Besuch ausgefallen ist. Was mir zu schaffen macht, sind die Sorgen über Deine Abwesenheit, die mir regelrecht das Blut vergiften. Eine Ausdrucksweise, die, wie alle Gemeinplätze, treffender nicht sein könnte. Von Sorgen vergiftetes Blut! Und gallige Laune. Wenn Du hier wärest, wenn Du hier lebtest, wenn Du lächeltest und wenn Du arbeitetest, dann glaube ich, würde mein Auge abschwellen, und es würde mir einfach großartig gehen. Ich habe einen liebevollen Brief von Thérèse. Besuch sie bald. Ich habe das Radio. Ich werde es nächste Woche mitbringen. Zug und Bus sind keine ganz unmögliche Transportmethode, glaube mir, und erschrick nicht. Meine Freude, daß ich Dich sehen darf, wird alle Unannehmlichkeiten der Fahrt hinwegfegen. Ich bete Dich an.

Mon Jeannot

Je t'aime

pour

la vie

Jean

pour : ton petit trésor

Mein Jeannot,
unnütz, Dir das Erwachen nach Deiner Abreise zu beschreiben – Du kannst es Dir vorstellen! Aber ich hoffe weiterhin zuversichtlich auf Deinen Stern und auf den unseren, und ich werde das Glück nicht faulenzen lassen.

Dein kleines Modell[1] leistet mir Gesellschaft, und Cola bellt es an. Ich habe beschlossen durchzuhalten, und ich werde durchhalten, auch wenn es schwerfällt. Mir brennen immer noch die Augen. Ich werde Montag zum Augenarzt gehen. Das mit den Steuern ist ziemlich bedenklich, und der Mann, bei dem wir waren, wird sich alle Mühe geben, daß es mich nicht ruiniert. Auf jeden Fall ist es enorm viel. Mein Jeannot, das bedeutet nichts neben Deiner Zärtlichkeit und unserem Glück, aus der Nähe wie aus der Ferne einer am anderen zu leben. Ich werde wegen des Theaters diese bedrückende Woche verstreichen lassen. Danach werde ich es irgendwie einrichten, Dich zu besuchen, koste es, was es wolle.

Ich bete Dich an und ich segne Dich.

Mein lieber Engel,
diese höllischen Tage – werde ich die Kraft haben, sie ohne meinen fest auf Deinen Turm[2] gerichteten Blick (den Blick des Herzens) zu verbringen. Ich beginne daran zu zweifeln. Ich denke nur an unsere Zukunft, um die Pläne dieser Ungeheuer zu zerstören. Ich verlasse mich nur auf unseren Stern – so sehr, daß ich nicht lockerlasse und daß ich eine Sekretärin eingestellt habe, die ehemalige der Bretons, um die Wohnungsangelegenheit[3] in allen Punkten zu einem guten Ende zu bringen. Ich mußte die Unterschrift hinauszögern, weil ich nicht leichtfertig sein will und alles gegen uns war, nichts uns beschützte. M.M.

1. Modell, das ich für die Bühnenbilder zu *Britannicus* gemacht habe.
2. Ich bin Späher im Glockenturm von Roye geworden.
3. Eine Wohnung, die er in der Rue Montpensier 36 mieten wird.

konnte mich aus dieser Wohnung ein Wunder machen lassen und sie mir danach unter irgendeinem Vorwand wieder wegnehmen. So wie er jetzt ist, ist dieser Vertrag nicht akzeptabel. Beten wir, damit der Eigentümer darauf eingeht – denn ich bete unser Eden an. Ich bete Deinen Platz an. Es ist *Dein* Platz. Du wirst ganz verrückt nach diesem Winkel sein, und ich träume davon, ihn Dir fertig zu zeigen.

Mein Engel, laß uns beten und mutig sein.

Mein Jeannot,
wenn man mein Glück bedenkt, Briefe zu erhalten, die im Zickzack von Deinem Glockenturm hinausfliegen und am Palais-Royal ankommen. Außer Neuigkeiten von Dir existiert nichts auf der Welt. Daß Du es nur weißt.

Gestern mußte ich leider fürchten, unsere Wohnung zu verlieren, weil der Eigentümer mir einen unannehmbaren Vertrag anbot. Heute nachmittag war ich bei ihm, und schließlich haben wir uns auf einen Mietvertrag geeinigt. Das ist teurer, aber seriöser. Dienstag unterschreibe ich, und Mittwoch leitet meine Sekretärin "Rachel" die Umbauarbeiten ein. Du weißt, wenn es sich um unsere Zukunft handelt, bleibe ich nicht tatenlos.

Ich habe grenzenlose Hoffnung. Alles was geschieht, ist abscheulich. Man zahlt für Fehler. Aber er, Hitler, begeht Fehler in Raum und Zeit, die nur Leute wie wir erraten und fühlen. Man debütiert nicht mit einer Apotheose. Seine Apotheose kann nur enttäuschend enden. Ich halte Ausschau. Ich wache, und ich schlafe in Deinem Turm.

Ich habe Dich gehört – und ich habe Glocken gehört. Ich war so glücklich, daß ich nicht wußte, was ich Dir sagen sollte. Es war wie ein Wunder, Dich im Hotel zu hören. Mein Jean, ich verspüre eine große Müdigkeit. Ich mußte suchen – laufen – im Traum, im Alptraum hinter gestohlenem Geld herlaufen, hinter dem Wagen, hinter dem Hund, hinter den Schauspielerinnen. Die Wohnung ist das einzige, was mich entspannt, weil ich sie für Dich herrichte. Alles, was nicht Du ist, fällt mir lästig und ermüdet mich bis in die Seele. Ich werde erst Freitag in Tilloloy Ruhe finden. Da kann man nichts machen. Ich werde Brûlé und Yvonne mit der Truppe arbeiten lassen, ich selbst halte es nicht mehr aus, fern von Dir zu sein. Ich werde Dir von meinen Plänen erzählen, damit Du arbeitest. Es sind da ziemlich viele Dinge im Schwange, und eins wenigstens muß zustande kommen. Ich gehe schlafen. Gilbert hat mich besucht. Er grüßt Dich. Ich für meinen Teil werde nahe bei Dir schlafen und an Dich denken.

Mein kleiner Engel vom Glockenturm,
ich glaube, mir war niemals so eng ums Herz, wie als ich auf diesen furchtbaren Überlandbus gewartet habe. Was für eine Reise! Ich dämmerte vor mich hin – halb in Deinen Glocken – halb erdrückt von den Säcken und Kanistern eines Soldaten, der stank und stockbetrunken war. Unnötig, Dir zu sagen, daß ich bei meiner Rückkehr eine einzige Tragödie vorfand und die Piaf ohne Stimme wegen einer Grippe. Ein Brief von Huysman scheint anzudeuten, daß man das Verbot von *Nein, Diese Eltern* aufheben wird. Das würde unseren Unterhalt sichern. Morgen werde ich die Bretons sehen, und ich werde ihnen von unserem Film erzählen. Gott helfe uns. Mein Jeannot, Du gibst mir immer ein Beispiel an Mut und an Stärke. In Deiner Umgebung schöpfe ich die nötigen Reserven, zu leben und weiterzukämpfen. Zu kämpfen bis zu unserem Triumph. Ich werde das Palais-Royal für Dich, für uns vorbereiten, und ich werde so tun, als ob dieser Alptraum nicht existierte.

Im Bus hatte ich keinen Hauch von Reserven mehr, aber hier denke ich an meinen Jeannot in seinem Turm, und schon bin ich wieder voller Tatkraft. Die werde ich haben, ich schwöre es Dir, und wäre es nur, um Deiner würdig zu sein.

Ich bin immer bei Dir.

Mein Jeannot,
meinem Auge (und dem anderen, das auch schon anfing) geht es besser, aber es ist noch verklebt und bleibt darunter gequetscht. Ich frage mich, was genau ich wohl gehabt haben kann. Man verbindet es mir, und ich hoffe, daß dieser lächerliche Alptraum aufhören wird.

Gestern hatte Yvonne de Bray getrunken, und es war erbärmlich. Zum Glück war ich nicht da. Heute abend gab es ein gutbesuchtes Haus, und Yvonne war bewundernswert. Sie ist wieder zu sich gekommen und wollte das gestrige Drama vergessen machen (sie hatte sich zum Ende hin gefangen). Willemetz hat Angst davor. Ich glaube, daß das einer der Gründe für sein neues Projekt mit Breton ist. Dieses Projekt bezaubert mich, weil Du einen festen Platz darin hast, und weil wir Dich damit zu egal welchem Zeitpunkt einsetzen können. Morgen abend essen wir alle zusammen, und es wird sich entscheiden. Denn es wird schwer sein, *Halbgötter* ohne die Piaf in ein anderes Theater zu verlegen. Ich werde Dir am Sonntag alles erzählen. Ich habe Henri beauftragt, sich nach den Zügen zu erkundigen, und in Roye werden wir einen Wagen mieten. Welch Glück, Dich zu sehen und Dir mündlich tausend Dinge zu erzählen, die ich Dir nicht schreiben kann.

Mein Engel, sei glücklich, vergnügt, ruhig, der Zukunft gewiß.

Ich bete Dich an.

Mein Jeannot,
ich bin Deiner Abwesenheit unendlich müde, und alles scheint mir hundert Kilo zu wiegen ohne Dich zur Erleichterung des Lebens. Seit zwei Tagen läuft das Theater schlecht. Hoffen wir, daß die Umstände uns erlauben werden, die Arbeit am Bouffes wieder aufzunehmen. Ich esse Montag abend bei Pearl White. Ich werde das Terrain sondieren und mir Klarheit verschaffen. Du kennst meinen Traum, und außerhalb dieses Traums erscheint mir alles als Traum und als Irreales. Mein armer Engel,

wenn ich bedenke, daß Du in dieses Dorf und in dieses Warten zurückkamst. Sicher, mir bleibt das Vertrauen. Dein Stern beschützt Dich und arrangiert die Dinge besser als wir. Ich lasse ihn machen und habe ein wachsames Auge. Mein Engel, ich gehe mit Bébé Aufzeichnungen machen.

Titayna holt uns ab. Ich lebe weit ab von allem, außer von Dir.

Mein schöner Engel,
ich komme von Breton – mit Bébé bei Willemetz zu Abend gegessen – wir haben alles abgewogen und beschlossen, die Aufführung der *Halbgötter* – Piaf – ans Bouffes zu geben und während dieser Zeit die *Varietés 40* vorzubereiten, eine Art poetisches Varietétheater unter meiner Leitung, zum Beispiel mit einem Sketch für Michel Simon und Arletty und einer Nummer, die ausgetauscht werden kann, und wo wir Deine präsentieren werden. Du wirst diesen Brief zweifellos erst nach meinem Besuch erhalten, und ich werde Dir alles erzählt haben. Ich "wiederhole es Dir im Voraus", wie üblich, weil ich nichts tun kann, ohne mit Dir darüber zu reden. Heute war ich traurig, so ganz ohne Briefe, ohne Neuigkeiten – ohne zu wissen, ob Du meine täglichen drei Briefe, die ich Dir geschrieben habe, erhalten hattest und ob Du die Geschichte mit meinem armen Auge kanntest. Heute abend war es das Ohr, was mir wehtat. Es scheint, daß es eine Stirnhöhlenvereiterung ist und die Schmerzen hin und her wandern. Meine Augen tränen noch, aber ich habe darunter nicht weiter zu leiden.

Mein Engel, ich wünschte mir ein Wunder, Brieftauben zwischen uns – einen wahren Engel, der die Briefe schnurstracks zuträgt.

Mein Jeannot,
ich komme gerade nach der letzten Vorstellung der *Halbgötter* am Michel nach Hause. Wenn sich nur die Verlegung als gut erweist und uns nützt! Danach war ich im Berclay, wo ich Jef Kessel getroffen habe. Er war tief betrübt, weil Germaine Sablon[1] Deinen Brief nie bekommen hat, und sie hätte Dir doch sofort geantwortet. Ich habe ihm Deine Adresse gegeben. Meine Augen schwellen wieder an. Morgen um 2 Uhr 30 gehe ich zum Augenarzt, aber ich frage mich, ob es nicht eine Stirnhöhlenvereiterung ist und ob das nicht vom Gesamtzustand herrührt. Wenn der Augenarzt nichts anderes findet, werde ich einen Arzt wie Abrami aufsuchen. Mach Dir keine Sorgen. Wäre ich allein, würde ich mich nicht besonders schonen. Aber mit Deinem lieben kleinen Brief von heute morgen schwöre ich Dir, mich zu schonen, als handelte es sich um die Augen meines guten Engels.

Ich habe eine gute Neuigkeit für Dich, aber ich werde nichts davon sagen, weil ich zuviel Angst habe, daß die Feen sich davonmachen, wenn ich sie beim Namen nenne. Du sollst wissen, daß ich nur an Dich denke, nur an Deine Rückkehr, nur an Deine Arbeit und daran, daß Du jetzt wohl auf Deinen Öhrchen schlafen wirst.

Ich hätte mir gewünscht, daß Du den Chor hättest hören können, der heute abend an meinem Tisch von Dir sprach. Du wärest stolz gewesen.

Ich küsse Dich aufs Herz, und ich segne Dich.

Mein Jeannot,
ich war beim Augenarzt, und der behauptet, daß es an allgemeiner Schwäche liegt und daß ich nur gesund werden würde, wenn ich aufs Land gehen könnte. Das sagt sich so leicht.

Heute abend habe ich bei Renaitour[2] gegessen, und er soll

1. Sehr bekannte Sängerin.

2. Michel Renaitour, Schriftsteller.

morgen früh die Filmleute treffen. Ich werde morgen abend anrufen. Bébé macht mir Sorgen – er hat sich darauf eingerichtet, wie ein Walfisch im Halbschlaf zu leben, und ich fürchte, daß er sich womöglich noch vor der so wichtigen Probe im letzten Moment drückt. Nur von Dir, von Deinen Briefen, mein schöner Engel, empfange ich Ruhe und Kraft. Wir haben heute abend die Zurückstellung von Paul Meurisse durchgesetzt. Die Piaf war ganz verrückt vor Freude, und ich verstand sie! Er wird die Rolle[1] also kreieren können.

Mein angebeteter Engel. Ich stelle mich mit Deinem Brief ziemlich dumm an, weil ich schwarze Tropfen im Auge habe und weil ich sehr nervös bin wegen des idiotischen Verhaltens von Bébé, wegen des Dramas mit der Steuer usw., aber wenn Du erstmal da bist, dann wird alles herrlich sein!

Mein Engel,
heute abend sind wir mit Bébé, der völlig von Zeitschriften bedeckt ist, nahe bei Dir in dem Zimmer. Mein Auge schwillt ab und tut nicht weh. Cola sucht an der Tür ihren großen Hundebruder. Die Piaf hat großartig geprobt, seit sie ihren Paul bekommen hat, der zehn Tage spielt. Natürlich kommt mir diese ganze Arbeit neben der unseren und unseren Plänen wie Geisterarbeit vor. Ich bin so müde, daß ich bei dem momentanen Nachlassen meiner Kräfte, Deine Arbeit nicht in Angriff zu nehmen wage. Was auch passiert – nach dem 19. ruhe ich mich aus und widme mich nur noch Dir. Renaitour wird mich wohl morgen früh wegen des Films anrufen. Jedenfalls finde ich wieder Vertrauen in unseren geliebten Stern, und ich bin sicher, daß unser Glück sich zu entfalten versucht. Heute abend werde ich an die N.R.F.[2] schreiben und an Grasset, damit man Dir die Bücher schickt. Stéphane[3] (*sic*) wird ein Radio schicken lassen

1. Es handelt sich um den *Bel Indifférent*. (*Der schöne Teilnahmslose*).
2. N.R.F. – Nouvelle Revue Française (d.Ü.)
3. Roger Stéphane.

(ich habe Deins im Zimmer) und Spiele. Alles betet Dich an. Alles spricht ununterbrochen von Dir, und Bébé, der Dich durch mich liebte, liebt Dich von ganzem Herzen. Ich bin glücklich, daß er Dich liebt. Wie sollte man Dich auch nicht lieben. Die Bretons lassen Dir ihre innigen Grüße ausrichten.

Du, meine Sonne, Du erwärmst mich, und Du pflegst meine Augen gesund. Seit die Dinge für Dich voranzugehen scheinen, spüre ich eine Verbesserung meines Gesamtzustandes. Bis nachher.

Waren mit Bébé beim Abendessen und haben das Profil der Piaf auf der Tischdecke gesucht. Haben wieder von Dir gesprochen, mein Engel, und Dialoge mit Cola. Bébé bestätigt mich in meiner Vorstellung, mich für Dich allem zu beugen und Dein Schicksal, über das es seiner Meinung nach keinen Zweifel gibt, einfach abzuwarten. Deine Briefe lassen mich aufblühen und leben. Ohne sie wäre ich ein abgestorbener Baum.

Mein Jeannot, ich *kämpfe*. Ich werde Geld haben und die Wohnung und alles, was Du liebst. Henri beteuert, daß der Wagen in einem Monat fertig sein wird. Er hat die Werkstatt gewechselt. Ich möchte dem Geschick mit meiner guten Laune nachhelfen. Die Traurigkeit bremst die Wellen. Und mit welchem Recht sollte ich traurig sein, wo ich doch die Liebe meines Jeannot besitze? Das wäre zu ungerecht.

Mein Engel, ich bete Dich an.

Mein Jeannot,
wir haben gerade Bébés Bühnendekoration gesehen – noch nicht richtig aufgestellt –, und sie ist ein Meisterwerk. Sie beinhaltet Pracht und Mysterium. Es fehlt nur Dein Blick und Deine Freude. Ohne Dich sind die Dinge für mich nicht schön. Du fehlst ihnen. Wie schade! Ich würde Dir jetzt gerne die Piaf und Meurisse in diesem Bühnenbild zeigen, und ich würde – auch wenn die Dinge schlechtlaufen – stolz und glücklich sein, zu leben – trotz meines Auges und meiner Fiskus–Ängste!

Telefon von Renaitour. *Der Film geht in Ordnung*. Er fährt nach Tunis, und bei seiner Rückkehr will er Dich haben. Was uns zum *14. Mai* bringt. Mein Herz schlug am Telefon. Ich weigere mich, irgend etwas anzufassen – wegen meines ministerlichen *mea culpa* – aber ich schätze, Dein Stern strahlt und strahlt. Mein Engel – arbeite – Du wirst auftreten und das Publikum bezaubern. Ich *weiß* es. Du vertraust mir – Du zweifelst nicht an meiner Gewißheit. Du mußt wissen, daß ich alle Erwartungen meines Geistes und meines Herzens in Deinen Auftritt setze. Es ist kein Täuschungsmanöver für Magnus[1] und das Geschwader mehr. Es ist ebenso eine herrliche Erfahrung unserer liebevollen Bemühungen.

Mein Jeannot, ich küsse Dir die Seele.

Mein guter Engel,
ich komme völlig erledigt nach Hause. Ich werde Dir nur einige Zeilen schreiben. Fürchterlicher Tag mit geradezu grotesken Bühnenarbeitern – Bühnenbild nicht fertig – Bébé irrsinnig vor Verzweiflung usw. Die Robinson war heute abend nicht gut. Sie war energielos und behinderte Yvonnes Spiel. Sie machte das Stück und die Rolle unverständlich. Ich hoffe, daß es morgen ein Wunder geben wird.

Die Piaf und Meurisse sind großartig – aber die ganze Geräuschkulisse und das Licht müssen noch abgestimmt werden. Das Ende des Aktes ist schlecht. Ich muß morgen noch einen Geniestreich erdenken. Wenn nicht, fällt es ab, was in Anbetracht der Gesamtwirkung schade wäre.

Mein Jeannot, ich erzähle Dir all meine kleinen Geschichten und lausche dem Wind, sterbend vor Angst, daß Du gerade Wachdienst hast!

Du – Du – Du – nichts als Du und Dich mit der Piaf spielen lassen – das ist mein Traum.

1. Magnus, Offizier im Luftfahrtministerium.

Ich segne Dich.

Sprich ein Gebet, damit morgen ein Wunder geschieht.
Die Bühnenbilder von Bébé wirken noch besser am Bouffes.

Mein guter Engel!
Ich schreibe Dir nach dem Abend im Bouffes. Es war seltsam – ausverkauft – enormer Erfolg für *Halbgötter* und die Robinson (*sic*) – die Piaf kam spät – und, ich schwöre es Dir, es war überragend – sie – Bébé – Meurisse – alles. Das Publikum hat respektvoll zugehört und sogar mehrfach applaudiert – aber es herrschte das übliche Unbehagen, das schöne und beneidenswerte Dinge hervorrufen – sie sind zu schön. Am Ende habe ich gefühlt, daß das Ziel nicht erreicht war. Es scheint indes, daß am Ausgang nur Elogen zu hören waren. Ich glaube, Du hattest recht – wie immer –, und man hätte mit dem Akt der Piaf beginnen müssen – Du erinnerst Dich an *Ödipus*. Leider kann man ihn jetzt nicht mehr umstellen, ohne daß es nach einer Niederlage aussieht. Bébé findet, daß es das Schicksal aller sehr großen Dinge ist – und daß sich auf die Dauer noch alles ändern kann. Ich für meinen Teil werde sehr traurig schlafen gehen – als ob mich irgend etwas traurig machen könnte, außer der Tatsache, daß Du *Die Maschine* nicht spielst. Der Rest ist nicht so wichtig. Nein, man muß warten und Geduld üben. Violette sagt: Armes Kind, man applaudiert ihr aus Mitleid. Was ungeheuerlich ist. Denn – ich schwöre es Dir – man kann nicht besser spielen als sie gespielt hat. Der Erfolg der Robinson war ein Erfolg der Gesundheit, der Jugend – ein Erfolg des Hitler-Zeitalters. Es sind nicht ihre Talente, die bewundert wurden. Die Piaf enttäuschte wegen ihrer Glaubwürdigkeit und Einfachheit. Man erwartete ein Kalb mit zwei Köpfen, und dieses Kalb hatte nur einen und fraß Gras.

Mein Engel, außer Dir bewegt mich nichts. Ich werde Deinetwegen ruhig schlafen gehen – wegen unserer Wohnung, die ich morgen miete.

Mein inniggeliebter Jeannot,
hier eine kleine Zeichnung der Piaf, um Dich für fünf Minuten zu zerstreuen. Jede Sekunde denke ich an dich und arbeite für

Dich. Ich träume nur davon, daß mein Auge soweit heilt, daß ich den Zug nehmen und, wenn Thérèse mich vier oder fünf Tage in Tilloloy aufnimmt, Seite an Seite mit Dir leben kann, auch wenn Du Wachdienst hast. Ich bin so ganz allein doch zu traurig.

Mein schöner Engel,
meine Augen tun mir weh, aber der Augenarzt beteuert, daß es auf meinen Gesamtzustand zurückzuführen ist und nicht auf die Bindehautentzündung. Ich bräuchte Erholung! Was für eine Erholung, solange Du fern sein wirst? Heute abend habe ich Jef und Germaine Sablon in der Vorstellung gesehen. Sie wollen Dich besuchen – aber wir haben kein einziges Auto mit Genehmigungsschein. Das einzige war unseres, da so schnell nicht repariert ist.

Ich habe Dir eine Depesche geschickt. Ich wußte den Namen der Dame nicht mehr, der das Geld zugeschickt wird. Armer Engel, Deine kleine Tasche wird ganz leer sein.

Ich werde nicht von der Aufführung sprechen. Es sieht so aus, als ob die *Halbgötter* gut liefen. Die Piaf – alles bleibt still und leer. Ich verstehe es nicht. Ich glaubte an einen Triumph. Das Ganze – sie – ich – Bébé – bleibt unsichtbar für ein wenig zahlreiches und trübsinniges Publikum. Ich hoffe zu Geld zu kommen und die Wohnung am Palais-Royal zu übernehmen – um darauf zu warten, daß das Leben wieder beginnt und uns zusammen arbeiten läßt.

Mein Jean, ich leide, zu sehr fern von Dir.

Mein Jeannot,
ich weiß jetzt, was das für eine Krankheit ist, an der ich leide und die ich mit mir herumschleppe: Du bist es. Es ist, ohne Dich zu leben. Ich suche Dich überall wie ein armer blinder Hund und lege mich für eine Minute hin. Ich stehe auf und suche Dich woanders. Ohne Dich zu leben ist furchtbar. Eine Qual, die ich nicht richtig ermaß, bevor sie sich verlängerte. Wenn der liebe Gott mir nicht zu Hilfe kommt, werde ich daran sterben.

Ich verspreche Dir, daß ich mich schone und daß ich meine Augen spüle. Aber nichts bringt mir Erleichterung. Thérèse wird mir erlauben müssen, einige Tage in Tilloloy zu verbringen. Dann wäre es nicht schlimm. Die Erschütterung der Reise würde ich gar nicht empfinden. Ich würde mit dem Zug fahren und mich ausruhen und Dich sehen, wäre es auch nur für zwei Minuten. Ich glaube, daß ich Dich in zwei Wochen ja wohl irgendwann sehen werde. Hör zu, mein Jeannot. Morgen früh werde ich Dir über Madame Perreux Geld schicken. *Antworte diesem deutlichen Brief.* Laß mich einige Tage nach Tilloloy kommen. Der Arzt wird es mir nicht verbieten, und ich werde ausspannen. Bitte Thérèse darum. Ich selbst wage nicht, sie zu belästigen. Ich bitte Dich um Verzeihung, daß ich Dir etwas vorweine. Ich leide.

Was mit der Piaf vorgeht, ist sehr seltsam. Es ist eine Art stummen Kampfes zwischen dem Stück und dem Publikum – aber es ist kein Reinfall – weit entfernt. Sonst würde ich es Dir sagen. Nein ... es ist, als wären sie bestürzt und machten sich heimlich davon, nachdem sie mit dem Auge am Schlüsselloch gehangen haben. Dabei immer darauf bedacht, so wenig Lärm wie möglich zu machen.

Boudot hat Dir Bücher geschickt.

Mein Jeannot,
ich bin im Moment sehr deprimiert, weil Du mir so fehlst. Ich kann mich nicht daran gewöhnen. Ich finde meinen einzigen Trost in Dingen, die Dir vielleicht Freude machen. Zum Beispiel: die Wohnung am Palais-Royal nehmen und für Dich herrichten. Und dann kehre ich in mein leeres Zimmer zurück. Ich sehe Dein kleines Radio an und Dein Modell für *Britannicus*, und ich rede mit Dir und ich weine.

Mein Engel. Ich habe Vertrauen in das Schicksal und in unseren Stern. Ich habe zum Himmel geschworen, keinerlei Zorn zu zeigen, keinerlei Ungeduld. Ich werde beten – ich werde auf meine Gesundheit achten – ich werde kämpfen.

Heute abend hat die Piaf es ihnen gezeigt, und trotz geringer Einnahmen sind die Abende gut besucht. Wir müssen siegen. Du hast mich den Mut und die Ruhe gelehrt. Ich bin stolz auf alles, was Dich auf mich stolz machen würde, und bevor ich handle, frage ich mich immer, was zu tun Du wohl von mir erwarten würdest. Mein schöner Engel, Deine Briefe sind mein einziges Glück.

Unser kleiner Hund[1] bleibt ein kranker Hund. Er ist schwach und hat einen Epilepsie–Anfall (*sic*) gehabt. Der Mann, der ihn in Versailles pflegt, wird ihn behalten, wenn er nicht gesund werden kann. Ich liebe ihn und habe Mitleid mit ihm. Es ist traurig, aber ich bin beruhigter.

Mein Jeannot,
heute abend war es traurig, weil Paul Meurisse morgen die Rolle abgibt und weil die arme kleine Piaf all ihre Tränen vergoß. Und unter Tränen sagte sie immer wieder: Ich werde an Jeannot schreiben. Sie sagte es immer noch im l'Amiral – wo sie auf herzzerreißende Weise sang. Und ich dachte an den Abend, an dem wir ihr gemeinsam zuhörten, und es war schrecklich. Wir haben mit Willemetz besprochen, daß wir alle auf einen Teil unseres Verdienstes verzichten würden, damit die Aufführung weiterläuft. Heute abend war es etwas voller und ein sehr, sehr gutes Publikum. Ich habe Hoffnung. Kein einziges Theater läuft, und manche schließen. Ich träume von einer Zeit, in der die Dinge wieder normal sein und in der Du und ich uns furchtlos Licht spenden werden. Ich wollte morgen nach Tilloloy fahren und muß wegen des Theaters und des "Heilmittels"[2] hierbleiben. Ich rechne damit, mich Dienstag oder Mittwoch in Tilloloy einzufinden. Wenn die Angelegenheiten geregelt sein werden – die Wohnung unterschrieben usw.

1. Ich war genötigt gewesen, 107 zur Behandlung nach Paris zu schicken.
2. Opium

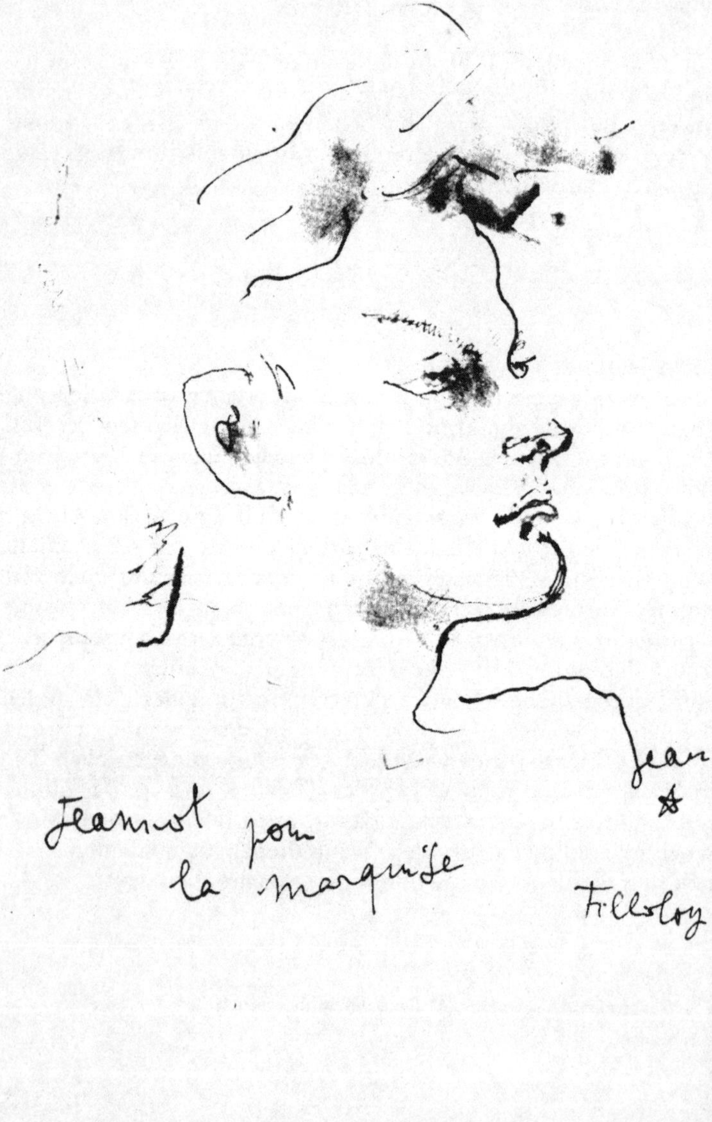
Jean
Jeannot pour
la marquise

Dein Glockenturm beunruhigt mich – ich habe Angst, daß man Dich am Schlafen hindert, und Du brauchst viel Schlaf.

Mein guter Engel, sag mir, ob Du schläfst. Ich küsse Dein Herz.

Mein Jeannot,
wir sind alle mit Dir bei Bosc. Edith hat gerade ein Tintenfaß über mir ausgegossen, und ich habe Milch daraufgetan. Cola leckt das Ganze ab. Ich rechne damit, daß ich in drei oder vier Tagen ankommen werde. Wir essen mit Dir zu Abend und haben Dir Trüffeln und Frösche bestellt.

Danke für Ihren Brief! Ich habe ihn gerade vor meinem Auftritt bekommen. Es ist nett von Ihnen … und es ist mein schönster Traum, ein Stück von Jean mit Ihnen zu spielen.

Vertrauen Sie auf meine ungeteilte Freundschaft.

Edith Piaf[1]

Mein Jeannot,
wir essen heute abend alle. Wir versuchen, Edith zu zerstreuen. Paul Meurisse ist heute morgen abgefahren. Aber Sie sind bei uns heute abend. Morgen schreibe ich Ihnen einen Brief. Der Ihre ist so nett. Ich umarme Sie.

La Marquise[2]

Mein lieber Jeannot,
ich fühle mich doch sehr gehemmt, vor so vielen Leuten zu schreiben. Aber heute morgen habe ich einen Brief von Dir erhalten, der uns unendliche Freude bereitet hat.

Wir arbeiten weiter für Dich, ich hoffe, daß Du in ein paar Tagen hier sein wirst.

1. Auf dem von Jean Cocteau geschriebenen Brief.
2. La Marquise: Beiname Madame Bretons, Agentin von Charles Trenet.

All Deine gesprochenen Gesänge sind von der Zensur abgenommen. Ich hoffe, daß Du bald zu uns und dem Bouffes gehören wirst.

Ich umarme Dich.

Albert Willemetz

Mein lieber Jeannot,
Sie fehlen uns sehr, und es ist in der Hoffnung, Sie sehr bald unter uns zu sehen, daß ich mir als altem Freund Bretons erlaube, Ihnen diese paar Zeilen zu schreiben.

Ein Kollege auf Bosc–Urlaub

Bébé ißt bei Jean Prouvost zu Abend und hat mir Cola anvertraut, die Dir die Nase leckt und für Dich spricht.

Mein kleiner König,
ich habe den ganzen Abend mit Cola in Deiner kleinen Garderobe verbracht (der von Claire Gérard), und ich konnte die Zeichnungen küssen, die immer noch rechts und links des Spiegels hängen. Die andern sind zerschnitten oder fortgenommen worden (wohin?). Heute abend ist Marconi für Meurisse eingesprungen. Hm...Hm... aber das Publikum merkt nichts (dreimal auf Holz klopfen). Heute abend sind die Einnahmen ein bißchen gestiegen.

Was Yvonne sich so vorstellt, nach meinem Stück, wäre eine Wiederaufnahme von *Chéri* mit Dir und der Moréno. Sie denkt, und Willemetz auch, daß Colette Deine Freistellung erwirken könnte. Wir werden alle Mittel in Bewegung setzen, um die Zeit zu verkürzen, die uns noch von der Arbeit trennt. Mein guter Engel, ich bin glücklich, weil ich, wenn meine kleinen Angelegenheiten erst einmal geregelt sind – drei oder vier Tage –, nach Tilloloy verschwinde, und Du kannst von Deinem Glockenturm aus ein wachsames Auge auf mich haben und mein Schutzengel sein. Das bist Du natürlich immer. Ich habe heute nacht große Tusch- und Federzeichnungen gemacht. Es sind Fischer, die Dir Geheimnisse ins Ohr sagen, und deren Auge ein Fisch ist. Ich glaube, Du wirst sie mögen.

Mein Engel – ich wache über meinen Engel. Welche Kühnheit!

Mein guter Engel,
siehst Du, genau wie ich Dir gesagt habe. Wenn ich nicht zurückgekommen wäre, hätte die Piaf uns Montag verlassen, um Meurisse zu besuchen. Willemetz hätte sie gehen lassen, und alle wären aufgeschmissen gewesen. Ich habe die richtigen Worte gefunden, um sie zu überzeugen. Die Bretons finden den Film herrlich und wollen ihn drehen. Auf jeden Fall – mit oder ohne die Piaf. Was den Ball angeht, warten sie nur darauf, charmante Mädchen für Dich zu finden und ein oder zwei Stars. Charles, falls er zurück ist. Das Wichtigste wird sein, daß Dubois die Passierscheine ausstellt (denn ohne das kann man nicht einmal mehr eine Karte kaufen), und ich nehme an, daß er es aus Freundschaft für Dich tun wird. Gib genaue Daten an. Je später desto besser – denn dann hättest Du sowohl die Piaf als auch Charles. Wir würden alle zusammen hinfahren.

Ich bin sehr müde – richtig angewidert – aber mutig. Mein Besuch auf Deinem Glockenturm hat mir einen Vorrat an Mut mitgegeben. Es ist ein wahres Wunder, und alle finden, daß ich gesund aussehe.

Ich segne Dich.

Inniggeliebter Jeannot,
ich bin völlig erledigt, aber ich werde nicht schlafen gehen, ohne dir in meinem Bett zu schreiben. Fürchterlicher Tag: Suche nach dem Heilmittel (vergebens) und abends um 7 Uhr die

Robinson mit einer akuten Blinddarmentzündung. Um 8 Uhr keine Schauspielerin. Das Théâtre Michel hat uns Jany Holt verweigert (*sic*). Die Piaf hat sich erboten, die Rolle zu lesen. Wir haben ihr Janys Kleider angezogen – und sie hat die Rolle, die sie kaum kannte, tadellos gelesen. Es war ein außerordentliches Schauspiel. Wie ich Dich vermißte. Zudem wurde nur von Dir gesprochen: Wenn Jeannot hier wäre.

Die Bretons waren durch Deinen Brief zu Tränen gerührt. Ich versichere Dir, man könnte glauben, daß das Schicksal verbissen gegen *Halbgötter* angeht. Aber ich kämpfe, und ich werde den Sieg erringen. Heute abend haben wir nahezu zehntausend gemacht. Die Einnahmen steigen wieder. Wenn du hier wärest, würde mir alles lustig und leicht vorkommen. Ich habe vor, in zwei oder drei Tagen nach Tilloloy zu fahren. Ich warte, daß Stéphane oder Henri für mich finden, was ich suche.

Mein Engel, ich segne Dich. Ich wohne in Deinem Glokkenturm.

Mein Jeannot, mein Engel – Katastrophen haben mich gehindert, zu Dir zu eilen. Gestern hat die Piaf die Rolle gelesen!!!!!! Am Sonntag in der Matinee ist Jany so freundlich gewesen, die Rolle zu spielen. Heute abend hat eine arme Kleine (Typ Sorel) das Stück entstellt. Was tun? Ich habe an Jandelyne gedacht. Ich habe ihr eine Nachricht geschickt, damit sie morgen früh bei mir vorbeikommt. Ich stoße gegen das Unmögliche des Traumes. Ich weiß, daß Dein liebes Herz leiden und sich Gedanken machen wird. Ach! Ich altere jeden Tag um fünf Jahre. Wenn uns nur irgend ein Wunder geschehen könnte. Meine Stücke verlangen nach Dir – verlangen Dich und nur Dich. Das ist die Moral von der Geschichte.

In vier oder fünf Tagen treffe ich ein.

Ich bete Dich an.

Mein Engel,
allen nur möglichen Mut werde ich aufbringen, um Deiner würdig zu sein. ABER es gibt Grenzen.

Rate mal – Brûlé sehr krank – um 4 Uhr! Was tun? *Ich habe die Rolle gespielt (sic).*

Halb gespielt, halb gelesen. Das Publikum hat sich großartig und sogar bewundernswert verhalten. Man hat mir zum Schluß einen begeisterten Empfang bereitet. Ich täusche mich darin nicht. Es geschah aus purer Freundlichkeit. Denn es war *linkisch* und abscheulich.

Ich durchlebe einen bösen Traum. Heute abend war Lagrenée im Saal, und er hat ein enormes Gedächtnis. Er wird versuchen, morgen zu lesen und übermorgen zu spielen. Ich mag diesen Schauspieler nicht. Er ist der einzige, der frei ist und der das Publikum erhalten kann.

Ich habe die Robinson getroffen. Sie hat vor, Mittwoch wieder zu spielen. Bis dahin muß Yvonne die schändliche Idiotin ertragen, die sie vertritt und die mir heute abend eine ganze Szene im 2. übersprungen hat.

Die Piaf ist gewaltig.

Mein Jeannot,
na also. Ich habe gewußt, daß ich zurückkehren mußte und daß das nicht gerade lustig sein würde. Aber ich lebe nur in Deinem Turm, und ich denke nur an Eure Wach– und Gefechtsnächte. Hier bittet man uns darum, die Aufführungen fortzusetzen: Wir haben heute abend vor hundertvierzig sehr wohlwollenden Personen gespielt. Capgras kündigte neunzehntausend Francs an und hatte Einnahmen von tausend. Das Dasein wird ein Problem werden, denn die Steuer bleibt ihrerseits nicht untätig, und Henri hat mir einen dicken Scheck aus der Tasche gezogen. Ich habe ihn mit in den Film der Garbo genommen. Eine Wonne, die uns für zwei Stunden den Dramen ferngehalten hat. Es ist eigenartig, festzustellen, wie sensibel Dein Bruder einer gewissen Schönheit gegenüber ist, sofern man ihn nur begleitet

und er unser Fluidum spürt. Er konnte es gar nicht fassen, daß er so verzaubert war. Ich glaube, was diesem armen Wesen fehlt, ist die richtige Umgebung. Ich rate ihm oft davon ab, sich freiwillig zu melden, soll er doch warten. Wegen der Verzögerungen durch die Geschäfte und die Arbeit ist die Wohnung im Rückstand. Ab nächste Woche, wenn die Lage sich nicht verschlechtert, werde ich Jeffroy bitten, mit Hand anzulegen und werde die schweren Arbeiten in Angriff nehmen und die Anträge an die Stadt stellen – Elektrizität – Heizung usw.

Den anderen gelingt es schließlich auch, sich einzurichten – und ich werde es auch schaffen, trotz meiner fürchterlichen Dummheit in dieser Art von Dingen gegenüber. Mein Jeannot, bleib nicht zuviel in diesem Turm. Wenn ich nur Nachricht von Dir erhalte. Die Welt ist verrückt. Hitler schändlich und nur Du ein Traum all dessen, was zählt.

Mein Jeannot,
hier erlebe ich ein Drama nach dem anderen, und ich ertrage alles um Deinet- und um Deines Herzens willen. Willemetz gibt sein Theater auf. Ohne Werbung – ohne Bühnenarbeiter – wir wissen nicht, was aus uns werden soll. Es scheint, als wolle er die Aufführung zugrunderichten und abbrechen. Darüberhinaus bin ich mit meinem Heilmittel reingelegt worden, und jetzt sitze ich da mit einer sehr erheblichen Summe drin, weil ich das Geld an Bébé zurückzahlen muß, ohne daß er etwas davon erfährt. Kurzum, ich laufe mit meinem zuckenden Auge überallhin – und an diesen entsetzlichen Sonntagen denke ich an Dich und beglückwünsche mich dazu, daß Du weit weg bist und die Folgen nicht zu spüren bekommst. Die gute Neuigkeit ist, daß ich unsere kleine Wohnung habe und für Dich einrichten werde.

107 müssen wir, fürchte ich, diesem Kerl aus Versailles überlassen – denn er wird nicht gesund, und seine Anfälle setzen wieder ein. Ich wollte mich eigentlich morgen zu Dir auf

den Weg machen, aber wenn das Theater meine Gegenwart erfordert, werde ich nächste Woche fahren. Hilf mir durch Deine Güte, Deine Sanftmut, Deine wundervollen Briefe.

Mein Jeannot,
beten wir zu unserem Himmel und zu unserem Stern, und vertrauen wir uns Gott an. Ich lebe nicht mehr, wenn ich an diese Flugzeuge denke, die über Dich hinwegfliegen, und an das, was sie einleiten. Meine einzige Chance war, nach T. zu gehen, und die Genehmigungen sind aufgehoben. Ich habe gestern Dubois gefragt. Es ist unmöglich ... Ich habe seit dem Sturm noch keine Zeile von Dir. Ich wüßte gern, was vorgeht, und ich fürchte, daß die Post nicht richtig funktioniert.

Heute abend mußte vor einer Einnahme von tausendfünfhundert Francs (einem sehr wohlwollenden Publikum) und in dem allgemeinen Unbehagen, das Du Dir vorstellen kannst, gespielt werden. Ich glaube, mein Engel, daß das eigentliche Drama beginnt und daß wir vielleicht durch Schweigen getrennt sein werden. Wisse, daß ich Dir jeden Abend schreibe und daß ich den Brief unten abgebe, damit er am nächsten Morgen rausgeht. Bébé versetzt mich in Angst und Schrecken, er ist sehr düster und nimmt ungute Schwingungen auf. Ich selbst existiere nur durch Dich. Ich komme allmählich so weit, mich allein zu fühlen und nicht mehr zu wissen, mit wem ich sprechen, zu Mittag oder zu Abend essen soll. Ohne Dich bin ich *allein auf der Welt*. Gebe der Himmel, daß diese fürchterlichen Leute unsere kleine Wohnung nicht zerstören, und auch nicht unsere Erinnerungen von der Madeleine. Unsere Zukunft wird nicht gefährdet sein. Denn sie ist in der Legende vermerkt, und die Legende ist immer am stärksten.

Mein Engel, ich wohne in Deinem Turm.

Jean Marais

Sonntag

Mein Jeannot,
laß uns beten, beten, beten, und *laß uns lieben*. Daß dieser abscheuliche, zügellose Haß uns in keiner unserer Fasern befällt, und laß uns nicht den Wesen gleichen, die furchtsam und in dem wunderbaren Rätsel ohne Hoffnung sind.

Du weißt so gut wie ich, daß das Schicksal über allem steht und wirken kann, für jedes einzelne der Dinge, die keinerlei Bindeglied zum Ganzen besitzen. Mein Engel vom Glockenturm, Du bist es, der uns bewacht. Du bist es, der uns die Sonnenstrahlen Deiner Seele schenkt. Mein Jeannot, jede Sekunde ist für Dich – und von Dir – ist für uns. Ich bin ganz versessen darauf, die kleine Wohnung zu streichen und Dir ein Eden zu bereiten für die Jahre, von denen Du sprichst, und ich werde auch weiterhin hartnäckig an dem Wunsch festhalten, daß diese Zukunft, die ich gleichzeitig damit vorbereite, unseres Zusammentreffens würdig sein möge. Der arme Bébé redet, redet, redet, während ich Dir schreibe, und selbst seine Klagen demoralisieren mich nicht. Unsere Ressourcen sind so tief, so leicht und so seltsam, daß sie unsichtbar bleiben für die Leute, die "wissen", und die gerade aus diesem Grund nichts wissen.

Ich bete Dich an.

Mein Jeannot,
Du kannst Dir die Stunden vorstellen, die wir hier verbrinden. Es ist grauenhaft. Aber ich werde aufrechterhalten durch Deine Briefe, durch Deinen Mut und unsere Hoffnung auf die Zukunft. Man muß siegen und glauben. Es ist schändlich – bei diesem Frühling –, das Drama zu entfesseln. Fürchte nichts wegen der Bomben. Unser Stern – der Deine beschützt mich. Ich streife wie ein armes Gespenst zwischen dem Hotel und unserem kleinen Zuhause herum. Morgen fange ich an, mich darum zu kümmern, denn ich habe eine Sekretärin gefunden, die mir mit den groben, unerquicklichen Arbeiten helfen wird. Der Himmel ist voller Flugzeuge, Blitze und umhertastender Schein-

werfer. Ich sage mir, daß es der Himmel Deines Glockenturmes ist, und ich sehe ihn an, damit er meinen Blick auf Dich zurückwirft. Mein Jeannot, heute abend haben wir das Theater geschlossen. Es war unmöglich, unter diesen Umständen zu spielen. Alle weinten. Ich schwöre Dir, daß ich stark sein werde. Ich lebe nur für Dich und durch Dich.

19, Place de la Madeleine

Sonntag

In aller Eile eine gute Neuigkeit an meinen Jeannot: Capgras nimmt seine Belegschaft und Rosalie mit Deinem Bruder mit nach Mimizan. Da sind sie also, fern der Bomben und imstande, reich zu werden! Ich bin sicher, daß Du glücklich und ruhiger sein wirst. Hurra für die Fotos. Nichts konnte mir solche Kraft geben, wie meinen Hünen Jeannot zu sehen, und der Brief war so schön, so schön, daß ich versuche, ihn zu vergessen, um ihn ganz neu zu lesen. Komme, was das Schicksal beschließt. Es gibt uns so viel und so viel, daß es gerechtfertigt ist, daß wir es sehr teuer bezahlen. Ich verspreche Dir, daß ich versuchen werde zu schreiben. Es ist schwer. Vielleicht werde ich im Radio sprechen. Man bietet mir eine Arbeit an. Ich muß mein inneres Gleichgewicht wiederfinden. Man muß die Trägheit dieses gewaltigen Glücks und dieser ungestalten Welt überwinden. Ich muß mich Deines Mutes und Deiner Ausstrahlung würdig erweisen.

Morgen werde ich Dir mehr erzählen. Ich drücke Dich an mein Herz.

Mein Jeannot,
wieder einen dieser harten Tage. Ein Tag mit Dir und, trotz des Dramas, der Hoffnung, daß die Wohnung unterzeichnet sein wird. Ich werde die Arbeiter sofort daransetzen – man muß bauen – organisieren – entwerfen – den Überblick behalten – dieser Mauer von Trümmern gegenüber. Von Deinem Glokkenturm aus mußt Du sonderbare Dinge gehört und gesehen haben! Mein Engel, ich bitte Dich inständig, äußerste Vorsicht walten zu lassen, was auch passiert, und nur zu tun, was man von Dir verlangt, nichts darüber hinaus. Das ist eine *Bitte*. Ich fange an zu begreifen, was vor sich geht. Das hat nichts mit Mut zu tun, und es wäre verrückt zu glauben, daß Vorsicht feige sei. Denke an uns. Ich kann ohne Deine Briefe nicht mehr leben. Heute morgen bringt das Glück mir zwei davon! Ich war seit drei Tagen ohne jede Nachricht.

Gebe der Himmel, daß meine Zärtlichkeit Dich erreicht, und wisse, *daß ich jeden Tag schreibe*.

Freitag, Mai 1940

Mein Jeannot,
beten wir. Haben wir Vertrauen in unser herrliches Land der Wunder aller Arten. Ich denke nur an Dich, und ich begebe mich in den Schutz Deines Sterns. Ich will nicht eine Minute schwach werden. Ich frage mich, ob meine Briefe Dich erreichen, denn Deine erreichen mich nicht. Vielleicht funktioniert die Post nicht richtig. Vielleicht verhindert man den Austausch von Briefen zwischen den Soldaten und den Zivilisten. Ich hätte in T. bleiben sollen, aber es wird mir versichert, daß man mich dort nicht einen Tag länger hätte bleiben lassen. Bei einem derartigen Drama muß man ein Leben führen, das hoch, sehr hoch über allem steht, und in seiner Erhabenheit Zuflucht suchen. Die Deine ist so groß, daß Du mir immer als Beispiel dienen wirst.

Mein Jeannot, in den schlimmsten Momenten zeichne ich und versuche, Deiner und unserer würdig zu sein. Der arme

Bébé gibt ein trauriges Schauspiel ab und kann einem wahrhaft leid tun. Wenn ich die Augen schließe und die des Herzens und der Seele öffne, gelingt es mir, in Deinem Glockenturm zu *sein* und all meine Zeit mit Dir zu verbringen.

Ich segne Dich.

Mein Jeannot,
ich schreibe Dir unter entweder Gewitter– oder Kanonendonner, ich weiß noch nicht. Hör auf mich, wenn dieser Brief durchkommt: Ein kluger Soldat riskiert wenig. Ein dummer Soldat riskiert alles. Ich kenne Deinen Mut und Deine Sorglosigkeit und Deinen Glauben an Deinen Stern. Aber für mich, für uns schwöre mir, die Klugheit selbst zu sein und nie eine unnötige Unvorsichtigkeit zu begehen, was auch passiert (wie zu diesem Kreuz auf dem Glockenturm hochzuklettern). Bedenke, daß ich nur durch Dich lebe, daß außerhalb von Dir nichts existiert – daß ich die Leere um mich gewollt habe, um nur an Dich zu denken und Dich nicht einen Augenblick zu verlassen. (Deine Mama hat mich heute morgen besucht, und ich gebe es zu, ich konnte es kaum erwarten, daß sie geht, so unterschiedlich ist unsere Liebe zu Dir.) Mein Engel, das Herz könnte einem brechen bei all dem, was passiert und was sich ankündigt. Ich beschwöre Dich, diese Angst nicht durch Deine neugierige und draufgängerische Art zu verdoppeln. Wenn Euch Gefahr naht, versuche ihr soweit wie möglich auszuweichen, auf Knien bitte ich Dich darum. Ich flehe Dich an im Namen unserer wunderbaren Zärtlichkeit – mein Engel – beten wir.

Irgend jemand muß die Briefe wohl zurückhalten. Ich habe keine Nachricht von Dir. Ich schreibe dir jeden Tag, und mein Brief geht am Morgen ab.

Mein Jeannot,
die Tage sind hart und dauern ewig. Aber ich beschäftige mich immer noch mit unserem kleinen Zuhause – es erleichtert mich zu sagen: «Jeannots Zimmer», und es mir so vorzustellen, wie Du es mögen würdest. Ich würde viel darum geben, dich mit Deinem kleinen geschorenen Kopf in Deinen Bäumen zu sehen und Deine geringfügigsten Schritte zu verfolgen. Es ist wunderschön, Briefe zu bekommen. Es ist traurig, Deinen Aufenthaltsort nicht bestimmen und im Traum zu Dir fliegen zu können. Jede Minute sprechen wir von Dir und schließen Dich in unsere sehr bescheidenen Mittag- und Abendessen bei Revel ein – gegenüber der Wohnung. Wenn Du nur meine Briefe bekommen hast und weißt, daß ich mich nicht aus dem Zimmer am Palais-Royal rühre. Bébé will mit Boris nach Fourques gehen. Ich werde allein bleiben – aber ich bin nie allein, weil Du mich überallhin begleitest und weil ich Deine Stimme und Dein Gepolter auf der Treppe höre.

Mein Jeannot, ich werde tapfer und ruhig sein. Ich werde mir mit Gewalt all die Neuigkeiten anhören, die auf uns einstürzen – denn ich bin sicher, daß alle diese schlechten Neuigkeiten uns insgeheim zum guten Ende führen. Niemand kennt besser als wir diese verborgenen Wege des Schicksals.

Ich segne und behüte Dich.

Sonntag

Mein Jeannot,
heute morgen habe ich das Glück gehabt, einen mit Bleistift geschriebenen Brief von Dir zu erhalten. Aber ach, ich entnehme diesem Brief, daß die meinen Dich gar nicht oder nur schlecht erreichen. Es ist so traurig! Aber ich bleibe hartnäckig und werde jeden Abend schreiben – auf diese Weise halte ich mir die Möglichkeit offen, daß ein Brief weniger unglücklich ist als die anderen oder daß alle meine Briefe Dich auf einmal erreichen. Du errätst, welche Tage wir durchmachen. Die ganze Geschichte zu lesen bedeutet, sich nicht mehr klarzumachen,

daß die bedrückendsten Epochen Minute für Minute durchlebt werden. Dennoch habe ich einen ungeheuren Mut und ungeheure Hoffnung. Ich verlasse mich fast gar nicht mehr auf die Nachrichten. Ich begnüge mich damit, mein Unbehagen und meine Unbekümmertheiten zu registrieren. Ich analysiere nicht. Ich überlasse mich wehrlos den Männern, die uns führen und die sich auskennen. Wenn alle Franzosen begriffen haben werden, daß das Individuum nichts ist und daß allein der Glaube an den Erfolg zählt – wird der halbe Weg zum Sieg zurückgelegt sein. Ich spreche nicht von "Wundern", aber von dem, was sie zutiefst, in uns, verdient und sie herbeiführt.

Mein Engel – beten wir – lieben wir – glauben wir – ich segne Dich.

Ich kümmere mich um die Wohnung wie im Frieden.

28. Mai 1940

Mein Jeannot,
heute ist der Abend eines sehr folgenschweren Tages. Wir wissen noch nicht, ob wir fortmüssen – noch wohin – noch wie. Ich glaube, Dein Wunsch wäre, daß ich gehe. Das wird unsere Chancen erhöhen, uns zu treffen. Ich denke nur an Dich. Ich existiere nur durch Dich und für Dich. Wird dieser Brief zu Dir gelangen? Wenn Gott es will. Du mußt wissen, daß ich Deine Briefe erhalten habe, denn sie waren in der Richtung unterwegs, die noch funktioniert. Ich frage mich, wohin Ihr wohl gezogen sein, weil ich nicht glauben kann, daß man Euch läßt, wo Ihr seid. Meine einzige Hoffnung ist, daß Dein Truppenverband sich von der schrecklichen Frontlinie entfernt. Mein Herz ist bedrückt – aber ich halte all meinen Mut und all meine Kraft zusammen. Und all meinen Glauben.

Ich meine, daß die neuen Befehlshaber das Wunder anziehen können. Das Wunder ist über uns. Es ist unser schöner Stern. Nicht einen Moment werde ich an unserem Himmel und an den Schwingungen zweifeln, die unser beider Herzen befreien. Mein guter Engel – ich drücke Dich an mich – und ich küsse Dich andächtig.

Dienstag
Mittwoch

Mein Jeannot,
«Es ist ein harter Tag gewesen.» Wie Damianus[1] im Futur sagte, und wie ich es Ödipus habe sagen lassen. Heute morgen war ich endlich doch eingeschlafen. Bébé hat mich schleunigst geweckt. Der Verrat durch den König wurde gemeldet.[2] Heute abend ist mein schwacher Geist fest auf Dich, auf Deine Erhabenheit gerichtet – auf Dein Mißtrauen Dingen gegenüber, die nicht auf unserer Glaubenslinie liegen, und Du hast mir wieder Kraft gegeben. Ich werde Schlafen gehen und mit Dir beten und *glauben*. Paris ist wunderbar vor tiefer Leichtigkeit – jener Leichtigkeit, die ich liebe. Nicht ein einziges Gesicht spiegelte die furchtbare Meldung – keine Menschenansammlung – keine Hast. Auch hier gilt das gleiche. Ich möchte Dir in allem ähnlich sein und aus Deinem Beispiel den Mut schöpfen, so erhaben wie möglich zu leben – zu lesen und zu schreiben. Jedoch ... jedoch ... ich werde meine Natur besiegen und unseres Sterns würdig sein. Unser Glaube speist seinen Glanz und sein Licht. Ich schwöre Dir, immer tapfer zu sein und – als Gegenleistung für Dein Versprechen – keine unnötige Gedankenlosigkeit zu begehen. Wenn ich fortgehen müßte – würde ich gehen. Für den Augenblick bleibe ich. Ich werde bleiben, solange ich fühle, daß ich mich nicht weiter von Deinem Atem, Deinem Schlaf, Deiner Wärme entfernen muß.

Ich segne Dich.

1. Die Heiligen Damianus und sein Zwillingsbruder Kosmas starben 303 n.Chr. den Märtyrertod unter Diokletianischer Verfolgung. Schutzpatrone der Ärzte und Apotheker (d.Ü.).
2. Am 28. Mai 1940 kapituliert König Leopold III. von Belgien. Das ganze Land kommt unter deutsche Militärverwaltung (d.Ü.).

Mein Jeannot,
heute nachmittag wurde mir die unendliche Freude eines weiteren Briefes zuteil (ich bekam heute morgen schon einen) – der, in dem Du mir Deinen neuen Postbezirk angibst und von einem Wald erzählst. Mein Jeannot, ob mit Deinen Haaren oder geschoren, Du wirst immer das gleiche Wunder bleiben, strahlend vor Güte, Schönheit, Würde. Du sprichst von mir als Beispiel – Dein Beispiel müßte Frankreich vor aller Augen halten, um Vollkommenheit zu lehren. Ich werde erst aus Paris weggehen, wenn man es mir befiehlt. Mich um die Wohnung zu kümmern als herrsche Frieden, ist meine einzige Freude – Dir eine schöne kleine Nische zu bereiten. Wenn alles zusammenbricht, ist das eben Schicksal – wenn uns das Leben erhalten bleibt – werde ich eine Überraschung für Dich bereithalten. Und Du weißt, daß ich nur durch Dich und für Dich lebe. Bébé ist noch im Hotel, und von meinem Fenster aus sehe ich auf unsere. Ich halte mich im Zaum, um nicht wieder an diese höchst unangenehmen Angelegenheiten mit dem Telefon, der Elektrizität, dem Wasser usw. zu denken. Sonst wären die Minuten Jahrhunderte, und ich müßte fürchten, mein Gleichgewicht zu verlieren. Ich beuge mich den Anweisungen und bewundere die Armee für ihre Diskretion – aber ich versuche auf der Karte zu erraten, wo Eure Kompanie kampiert – zu erraten, wo mein Jeannot ist und an mich denkt. Nachts ist das einfacher, ich kenne Deinen Kinderschlaf, Deine Seufzer und Deine Stellungen. Und im Schlaf spreche ich mit Dir.
Mein Engel, behüte mich.

Mein Jeannot,
mögest Du diesen Brief bekommen können. Es ist eine Flaschenpost – aber ich werde Dir jeden Abend diese verkorkte Flasche schicken, voll mit Zärtlichkeit und Vertrauen. Du kannst es Dir denken, ich mache die schwersten Stunden durch, die es nur gibt. Ich zwinge mich, unser kleines Zuhause herzurichten. Ich *will* leben und an das Leben glauben, an das unsere.

Ohne Nachricht von Dir irre ich in dieser von allem und jedem bedrohten Stadt umher. Ich weiß nicht mehr, wo ich Dich mir vorstellen soll – wo Dich einordnen – was Deine Kulisse ist. Um vier Uhr bin ich zu Dubois gelaufen, vielleicht würde er wissen, wo Ihr seid. Er versucht mich zu beruhigen – aber außer Deinem Stern beruhigt mich nichts – außer unserem Sagenstern. Mein Jeannot, beten wir – glauben wir – hoffen wir – wenn es auch gegen die Logik ist. Du bist mein einziger Grund, diesen Sturm des Grauens zu überleben.

Ich bete Dich an.

Mein Jeannot,
natürlich habe ich keinen Brief von Dir, und ich nehme an, Du hast auch keinen von mir. Wenn Du nur die Postanweisung von letzter Woche erhalten hast! Diese Tage sind die schwersten, die man überhaupt erleben kann, aber Du hast mir Deine Ruhe und Deinen Mut eingetrichtert. Aber ich mache nicht einen Augenblick schlapp und verweigere mich jeder Demoralisierung. Unser Land ist wie Du, und von Dir kann man jedes Wunder erwarten. Paris ist noch sehr ruhig, trotz der Flüchtlinge, die einen schrecklichen Anblick bieten.

Ich verspreche Dir, wenn diese Ruhe eine andere Wendung nehmen sollte, dann verspreche ich Dir wegzugehen und nicht aus reiner Wichtigtuerei mit unserem Stern zu spielen. Als Gegenleistung flehe ich Dich an, die Vorsicht selbst zu sein und die gräßlichen Bosheiten dieses Volkes zu fürchten, das nach Reinheit strebt und das seine eigene Notwendigkeit aus dieser falschen Reinheit schöpft – denn die wahre Reinheit besitzt nicht diese Vermessenheit gemeiner Apotheose. Mein Engel – ich will nur Dich – ich spreche nur von Dir. Ich finde nur im Gedanken an unsere Zukunft eine Existenzberechtigung.

Ich segne Dich.

Sonntag, Mitternacht

Mein Jeannot,
ich schreibe Dir noch während unsere Freunde B.[1] ihre Koffer packen: Wir müssen heute abend weg. Es ist der Traum, der weitergeht. Ich träume Dich mit mir. Ich werde unter unserem Stern reisen. Unser Stern wird uns nicht irreführen. Ich habe so gebetet, daß Gott uns schnell vereint. Mein Engel, ich beschwöre Dich, an unser "Ziel" zu denken und den Streitkräften keinerlei Stolz entgegenzusetzen, wenn Du Dich ihnen gegenübersiehst. Füge Dich und schließe die Augen. Du wirst mich sehen. Du wirst unser Herz sehen – unser Palais–Royal – unseren Engel, dessen Pläne unser Fassungsvermögen übersteigen.

Ich segne Dich.

Mein Jeannot,
nun ist der fürchterlichste Augenblick von allen gekommen. Ich muß weg und darf nicht mehr wissen, wo Du Dich befindest. Ich sehe Dich, barfuß im Gras – auf dieser Landstraße – aber in R. – auf den Bus wartend – ich glaubte, das wäre das Schlimmste, und danach habe ich Dich wiedergesehen. Ich werde meinen Mut und meine Hoffnung bewahren. Bébé, Boris sind eben nach Fourques aufgebrochen. Ich bin allein, ohne Dich, in diesem Hotelzimmer, in dem ich alles so hinterlassen werde, als käme ich morgen zurück. Mein Engel, ich denke nur an Dich. Ich lebe nur durch Dich – außerhalb von dir existiert nichts. Ich beschwöre Dich, an meine Angst zu denken und ruhiger zu sein und sogar den Kopf zu senken, wenn man Dich grob behandelt. Die Hauptsache ist, daß wir uns unserem Stern unterstellen – daß wir beten und warten. Gott wird uns wieder miteinander vereinen.

Wir brechen heute nacht nach Amboise und Perpignan auf. Ich habe mich geweigert zu gehen. Ich hielt mich an dem Gedan-

1. Christian Bérard und Boris Kockno.

ken fest, weniger fern von dir zu sein, aber man schwört mir, daß es die einzige Möglichkeit ist, uns einander zu erhalten. Mein Engel, ich leide. Ich segne Dich. Wenn nur diese Zeilen Dich erreichen. Perpignan – postlagernd.

Jean

Mein geliebter Sohn,
wieder – jeden Tag – ein paar Zeilen aufs Geratewohl ins Durcheinander und das Drama.

Möge einer meiner Briefe *Dich irgendwo erreichen.*

Bei Dr. Nicoleau – Rue de la poste – Perpignan. Departement Pyrénées–Orientales. Ich werde mit der Tapferkeit, die ich Dir verdanke, auf das Wunder eines Zeichens von Deiner Hand warten. Ich werde unter unserem Stern warten. Ich werde warten, was auch kommt.

Ich segne Dich.

Am 14. Juni 1940

Mein inniggeliebter Sohn,
jeden Tag werde ich Dir eine "Flaschenpost" schicken. Irgendeine muß Dich ja erreichen – denn Du hast mir versprochen, daß Dir nichts zustoßen könne, und ich glaube an Dich wie an den lieben Gott. Ich habe hier eine Familie gefunden. Dr. Nicoleau, seine Frau und die Kinder lieben mich und lieben Dich so sehr, daß ich glücklich wäre, wenn man glücklich sein könnte. Ach, ohne Nachricht von Dir ist keine Minute erträglich. Ich habe nunmehr weder Land noch Stadt. Aber Dich zu haben, bedeutet, alles zu haben, und ich klammere mich an dieser Gewißheit fest, an diesem Traum, uns bald wiederzufinden und uns zu küssen. Ich verbringe meine Zeit damit, die Augen zu schließen und dich mir dort vorzustellen, wo du bist.

Manchmal ist es so stark, daß ich meine, Du sprächest zu mir und machtest mir wieder Mut. Aus Dir nehme ich den Mut, weiterzumachen und in diesem unbekannten Zimmer und dieser unbekannten Stadt umherzustreifen. Dein armes Herz wird so für mich leiden, daß ich es mir übelnehme, Deinen Leiden neue hinzuzufügen. Ich nehme an, daß man Euch gen Süden zurückgezogen haben wird – und der Gedanke, daß diese Briefe nicht bei der entsprechenden Gebietsnummer ankommen könnten, ist ein Gedanke, der mich niederdrückt. Wie soll man sich in diesem durcheinandergeratenen Frankreich wiederfinden? Aber ich werde kämpfen. Ich werde mich nicht von Angst übermannen lassen. Ich weiß, daß wir noch unter den schlimmsten Umständen die Mittel finden werden, uns unter unserem Stern wiederzusehen.

Mein Jeannot, wir müssen zuviel Glück und zuviel Seligkeit teuer bezahlen. Ich segne Dich.

Bei Dr. Nicoleau
Rue de la Poste
Perpignan

Juni 1940

Mein lieber Sohn,
ohne Nachricht von Dir. Ich versuche, mit Deinem Bild und der Gewißheit zu leben, daß Dein und mein Stern Dich beschützen.

Wenn dieser Brief Dich durch einen unglaublichen Zufall erreicht, hör auf mich: Laß Dich beim kleinsten Kratzer, bei der kleinsten Zerrung nach Perpignan verlegen, wo Dich der Doktor in seine Station aufnehmen wird. Ich werde nicht von hier und vom Land weichen, um einen festen Standort zu haben. Du hast unsere Adresse. Mir kann nichts passieren.

Ich segne Dich.

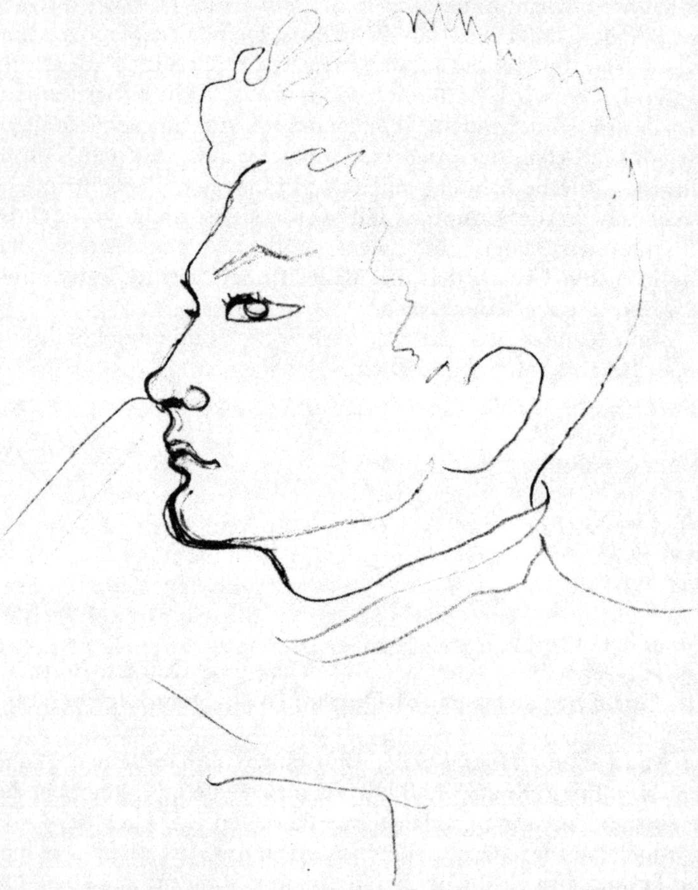

Bei Dr. Nicoleau
Rue de la Poste
Perpignan

Juni 1940

Mein lieber Sohn,
ich werde alles versuchen, um Dich zu erreichen. Dein Abschnitt muß sich geändert haben. Ich schicke diesen Brief über das Luftfahrtministerium. Vielleicht wird ein unbekannter Freund die Güte besitzen, ihn weiterzuleiten. Ich rühre mich von dieser Adresse nicht weg, weil sie unser einziger Kontaktpunkt ist – was auch passiert.

Ich segne Dich.

Jean

Mein Jeannot,
wenn in diesem Drama, für das es schon keinen Ausdruck mehr gibt, nur meine Briefe bei Dir ankommen. In der Hoffnung, daß einer von ihnen dort eintrifft, wo Du Dich befindest, versuche ich, immer das Gleiche zu wiederholen. Ich wohne bei Dr. Nicoleau, Rue de la Poste – Perpignan, Pyrénées-Orientales. Ja, Dein kleiner an das Hotel geschriebener Brief ist angekommen, um mir ein wenig Freude zu bereiten. Wo seid Ihr – wo führt man Euch hin? Wir haben keine Stadt mehr – nur noch unsere unendliche Hoffnung, uns wiederzufinden und, egal was für ein Leben, gemeinsam zu leben, wenn man uns nur nicht auseinanderreißt. Wenn ich daran denke, daß ich Dich auf jenem Feld gesehen habe – auf jener Landstraße – und daß ich am nächsten Tag abreisen mußte. Es war ein Befehl von Dubois. Wird dieser abscheuliche Alptraum ein Ende haben? Ich würde gern neben Dir aufwachen. Ich komme allmählich so weit, daß ich glaube zu schlafen – daß Deine Sonne mich wecken wird. Ich werde meinen Mut bewahren.

Oh, mein Engel! Versuche zu schreiben – mache das Unmögliche möglich. Ohne Nachricht werde ich verrückt.

Mein lieber Sohn,
«Er verschränkte die Hände auf den Knien und lächelte, wie es nur ein Mann vermag, der die ewige Seeligkeit für sich und seinen Geliebten erobert hat.»

Das ist der letzte Satz von *Kim*. Gebe unser Himmel, daß dieser Satz auch unser Buch beendet und daß unser Stern uns in Perpignan vereint. Ach, dieser Brief ... wohin wird er gehen? Ich fürchte, die Adresse Deines Abschnitts ist falsch, und Du schreibst mir nie die richtige. Vielleicht müssen die Dinge so sein – Deine Briefe mir Freude bringen und mein unechtes Schweigen dich raten lassen, wo ich wohne.

In P. habe ich mehr als nur eine barmherzige Familie gefunden. Ich habe unsere Familie gefunden, und die Liebe, die diese Familie uns entgegenbringt, entspringt unserer Arbeit.

Ich träume von dem Augenblick, in dem wir alle Bande der Schnur zu einem einzigen festen Knoten knüpfen werden. Denn das, was geschieht, hat keinen Anteil an unserer Zeit, und in unserer Zeit zählt einzig unser Herz.

Ich segne Dich.

Bei Dr. Nicoleau
Rue de la Poste
Perpignan

Mein Jeannot,
endlich ein Brief von Dir. Es ist wie ein Wunder, und zudem eines, das an unserem Namenstag geschieht – an Sankt Johannis. Ich schreibe Dir nur einige sehr wichtige Zeilen. Sowie Du frei bist, richte es so ein, daß Du *nach Perpignan* kommst und *nicht nach Paris*. Ich beschwöre Dich. Hier haben wir eine Familie und werden über unsere Arbeit entscheiden. Gebe der Himmel, daß dieser Brief Dir zugetragen wird. Denn ich fürchte die derzeitige Ungenauigkeit der Feldpostnummer. Leihe Dir Geld – reise per Anhalter – mache es möglich. Wenn ich Dir Geld schicken kann – schreib oder telegraphiere die genaue Adresse

(eine Ziviladresse) – ich werde es sofort tun. Gott hilft uns und auch unser Stern. Wenn wir erst einer nahe beim anderen sind, wird nichts uns unserer Kraft berauben können. Mein Jeannot, ich schreibe Dir in Eile, damit diese Zeilen schnell auf den Weg kommen.

Ich segne Dich.

Bei Dr. Nicoleau
Rue de la Poste
Perpignan

Mein guter Engel,
endlich das langerwartete Wunder! Zwei Briefe von Dir, die mir ankündigen, was ich, weil ich überall orangefarbenen Flügeln begegnete, vorausahnte: Du kommst näher. Aber wie schade, daß Du nicht daran gedacht hast, mir unseren genauen Weg anzugeben. Wir würden schnell mit dem Auto hinfahren. Und Deine Adresse? Ist sie dieselbe? Ich wage kein Geld zu schicken (nebenbei, wir sind sowieso ruiniert), bevor ich nicht sicher bin, daß es bei Dir ankommt.

Wenn dieser Brief Dich erreicht, schreib mir zu den Nicoleaus, unserer wahren Familie (die Bretons sind in Algerien) und mach exakte Angaben. Finde einen Weg, entweder Deine Briefe bei der Dorfpost zu hinterlegen oder mir zu sagen, wohin ich telegraphieren kann – an einen Zivilisten. Finde ihn wie in Roye. Ich bin dermaßen glücklich, daß ich das Drama, das uns heimsucht, nicht zu begreifen vermag. Ich weiß, daß wir immer die Kraft zu arbeiten und uns durchzusetzen haben werden. *Eile her, auf welche Art auch immer.*

Es lebe unser Stern.

Bei Dr. Nicoleau
Rue de la Poste
Perpignan

1. Juli 1940

Ich schreibe in aller Eile,
um endlich einen Brief
fortzubringen, der nicht
ins Leere fällt.

Mein Jeannot,
heute morgen geschieht endlich das Wunder, für das ich all jene Abende so sehr gebetet habe. Deine Adresse! Der Soldat auf der Landstraße muß den Bretons eine ungenaue Feldpostnummer gegeben haben, und Du hast mir *niemals, in keinem Deiner lieben Briefe* die richtige Nummer angegeben. Ich schrieb also jeden Tag lange Briefe, die Gott weiß wohin gingen! Es war furchtbar, zu wissen, daß Du auf dem Weg zu uns warst, und dir nichts sagen zu können – denn das Benzin ist knapp und verhindert das Fahren. Mein Engel, die Bretons waren in Algerien. Ich wohne bei den Nicoleaus, die unsere Familie des Sterns und des Glückes sind und die Dich mit fast der gleichen Ungeduld erwarten wie ich. Sie behandeln uns in einer Weise, daß man ihnen als Gegenleistung für ihre übernatürliche Gastfreundschaft nur ein einziges Geschenk machen kann: sie als das Natürlichste der Welt hinzunehmen.

Oh! Mein guter Engel, hast Du doch die Ängste und die dramatischen Ereignisse erraten, aber eben diese Ängste und dramatischen Ereignisse spielen sich in einer Welt und einer Zeit ab, die nicht die unseren sind, und unsere Aufgabe ist es, uns den Anordnungen unseres Himmels zu unterwerfen. Stell Dir vor, gerade in diesem Augenblick wird mir eine Postkarte von Roger Lannes[1] überbracht. Er ist in Auch (Departement Gers)! – es ist nicht zu glauben! 13, Boulevard Roquelaure. Man könnte meinen, daß das Schicksal die Fäden von Exideuil

1. Roger Lannes, Schriftsteller, Dichter, Autor eines Buches über Jean Cocteau, hatte uns in Excideuil und Montargis besucht, und meine Kompanie lag in der Nähe von Auch.

und Montargis wieder zusammenknüpfen wollte. Versuche, ihn zu sehen. Ich antworte ihm mit gleicher Post. Bis zu "neuen Neuigkeiten" dürfen wir uns *unter keinen Umständen* in der besetzten Zone aufhalten. Du mußt sagen, daß Deine Familie in Perpignan ist – Dr. Nicoleau wird es im Notfall bestätigen –, und Du mußt, sowie die Demobilisation ausgesprochen ist, koste es was es wolle, zu mir kommen.

Man könnte glauben, daß alles ein Traum ist, daß wir an der Place de la Madeleine aufwachen werden und unser Traum von den Grimassen und dem Gelächter André G.'s empfangen wird. Mein Jeannot, welches Fest! Sag mir, wie ich Dir das Geld schicken soll. Es wird sofort erledigt werden. Wir sind wahrscheinlich ruiniert. Und wenn schon, wir werden siegen.

Die Bretons hatten es brandeilig – Bammel eben –, und sie haben dieses gewisse Etwas wie Charles auch, der die großen Zusammenhänge nicht sieht und sich in der Art und Weise vergreift.

Du kannst die Nicoleaus gar nicht genug lieben. Eben kamen sie (die Kinder) wie die Wilden die Treppe hoch in mein Zimmer gelaufen und schrien: «Zwei Briefe von Jeannot!»

Heute abend werde ich Dir in Ruhe diese Familie genau beschreiben, die Deine und meine Familie geworden ist.

Laß mich unserem Gott in die Arme sinken, der uns liebt und uns beschützt. Heute morgen hat mir das englische Drama einen Schock versetzt, einen unerhörten Schock. Ich sah Dich schon in Perpignan. Und wenn man es richtig bedenkt, müssen wir eben, damit das ganze zu einem guten Ende kommt, den Becher bis zur Neige austrinken. Sieger zu sein anstatt Besiegte, heißt, wieder bei Null anfangen.

Es lebe unser ganz besonderes Frankreich!

Wenn Du nur anrufst!

Kein Tropfen Benzin und Reiseverbot.

Nur Du hättest vielleicht die Möglichkeit, Dich mit dem Laster davonzumachen (mit Erlaubnis), aber wahrscheinlich geht nicht einmal das! Wenn Du Deinen Apparat verkaufen kannst, verkauf ihn. Es ist unmöglich, Batterien zu bekommen oder zu teuer. Hier gibt es die großartigsten Apparate (deutsche), und in Paris haben wir unsere.

Bei Dr. Nicoleau
Rue de la Poste
Perpignan

Juli 1940

Mein Jeannot,
ich habe noch keine Antwort auf mein Telegramm – aber da es keine Feldpostabschnitte mehr gibt und der Brief mit einer Marke von Auch frankiert war, denke ich, daß es unmöglich ist, Dich ganz und gar zu verpassen. Du kannst Dir vorstellen, wie verzweifelt ich bin über Deine herzensguten Briefe, die ohne Antwort geblieben sind, und durch die Besorgnis, wo Du wohl sein magst. Ich habe alles versucht, die Briefe nachsenden zu lassen, und bei Dubois – sogar beim Luftfahrtministerium. Dagegen weiß ich weder, wo Mama oder Paul[1] sich aufhalten, noch sonst irgend jemand aus meiner Familie.

Ich bin sicher, daß Deine Lieben unbesorgt in Paris leben können, wo die Dinge sehr geregelt verlaufen. Du darfst aber *unter keinen Umständen* durch das Gebiet kommen. Wir müssen in Perpignan die (nicht mehr ferne) Zeit abwarten, in der die Jugend keiner Gefahr mehr ausgesetzt sein wird.

Ich drücke Dich an mich.

Perpignan

Juli 1940

Mein Jeannot, mein kleiner Schutzengel,
ich habe noch keinen einzigen Brief von Dir, seit Du endlich durch eine Depesche weißt, daß ich in Perpignan bin – aber Du bist mein Schutzengel und hast mich noch nie allein gelassen. Selbst beim Verlassen von Paris, auf den Landstraßen, habe ich Deinen letzten Brief an mein Herz gedrückt: «Du bist mein winzig kleines Kind», so schriebst Du mir. Deine Flügel sind auf Deine Mütze gestickt, wie es sich gehört, und ich spüre Dich überall in den Zimmern, in denen ich schlafe, in denen ich

1. Paul, Jeans Bruder.

arbeite. Mein Jeannot, ich werde Dir mündlich erzählen, was vor sich geht. Diese Dinge (ein wahres Theater) nehmen zu sehr den Verlauf, den ich erhoffte, als daß ich in einem Brief davon sprechen könnte. Einmal mehr bewahrheitet es sich, daß die Dinge sich langsam entwickeln müssen und daß man ausharren muß, koste es was es wolle. Es war so einfach, auf Briand und Caillaux zu hören – aber weit gefehlt – damit ihr Traum erreicht werde – damit dieser Traum zur Realität wird. Beweise waren nötig, und daß die Dummheit ans Tageslicht kommt. Aber ich langweile Dich, denn Du bist weise genug, Dir über das hinaus, was uns persönlich betrifft, keine Fragen zu stellen. Du bist ein Engel und behütest mich, das allein ist eine gewaltige Aufgabe, denn jeder Tag zeigt mir, daß ich, abgesehen von den Momenten, an denen die Arbeit mich beherrscht, die Naivität und die Schwäche eines siebenjährigen Kindes besitze. Mein guter Schutzengel, behüte mich, schütze mich, gib mir Deine Stärke und Deinen Mut. Seitdem Du mich behütest, erscheint mir alles herrlich, auch das Schlimmste, und das Schlimmste wandelt sich schnell in Herrlichkeit. Versuche, Dich freistellen zu lassen oder eine kurze Beurlaubung zu erreichen. Wer zu seinen Angehörigen fährt, bekommt eine.

Weil ich kein Benzin habe, bin ich völlig unbeweglich. Die Armee hat noch welches.

Mein Jeannot, ich segne Dich.

Bei Dr. Nicoleau
Rue de la Poste, Perpignan

Juli 1940

Mein Jeannot,
ich warte immer noch unbeirrbar auf Deine Antwort. Unser Stern hat uns nicht für nichts und wieder nichts näher zueinander gebracht, und gewiß war es notwendig, daß meine Briefe Dich nicht mehr erreichen und daß ich unter Deinem Schweigen leide. Du bist eine Führernatur, ich bin eine Führernatur, und unter unserem Stern kann nichts von dem, was wir besit-

zen, annektiert oder uns genommen werden. Die Hauptsache ist, zu schweigen und zu warten. «Die Dinge geschehen auf ihre eigene Art und Weise» – unsere Aufgabe ist es, das zu erkennen und sie gewähren zu lassen. Mein Engel, ich werde mutig und stark sein. Ich mache mir nicht einmal Gedanken um das "Heilmittel". Wenn keins mehr da ist, wird unser Himmel mir helfen und das Problem lösen. Ich bin nur nach Perpignan gekommen, um auf Dich zu warten und in der Gewißheit, daß Du mit jedem neuen Rückzug weiter gen Süden kommst. Ich verschlinge die Mützen mit ihren orangefarbenen Flügeln mit den Augen, aber ich stelle keine Fragen, denn unser Programm übersteigt diese begrenzte kleine Welt ausnahmslos.

Mein Jeannot, ich ahne Deine Freude, uns so nah beieinander zu wissen.

Ich küsse Loulou[1], und ich bete Dich an.

Die Bretons wollte mich nach Algerier mitschleppen. Ich habe geantwortet, daß meine Haut allein nichts wert ist – nur mit Deiner multipliziert – und daß nichts mich dazu bringen würde, einen Kontinent zu verlassen, auf dem Du Dich befindest, und meinem Schicksal vorzugreifen.

Die Nicoleaus stimmen mir zu und erwarten Dich mit ebenso herzlicher Ungeduld wie ich.

Mein Jeannot,
heute morgen brachte mir die glückliche Vorsehung einen lieben Brief von Dir in dem Du mir sagst, daß meine Briefe Dich endlich erreichen! Die Depesche von Lannes ist von seinem Bruder, der in Auch wohnt. Ich hatte an Roger telegraphiert, Dich zu benachrichtigen, daß ich in Perpignan warten würde. Denn ich dachte, er sei bereits bei seinem Bruder. Der Bruder hat

1. Loulou: mein Hund, der später Moulou heißen wird, und noch später Moulouk als Darsteller in dem Film *L'Éternel Retour* (*Der ewige Bann*).

meine Telegramme geöffnet, und die Depesche ist von ihm. Seine Antwort hatte mich ebenso stutzig gemacht wie Dich, und ich habe nun den Schlüssel zum Rätsel.

Heute fahren wir ans Meer. Denn es ist der letzte Tag, an dem die Autos zur Verfügung stehen. Wie schade, daß wir unseren Jeannot nicht mitnehmen! Das Telefon funktioniert in der Tat nur departmentweise, und Du wirst damit ebenso erfolglos gewesen sein wie ich. Du könntest es vielleicht schaffen, wenn Du sagst, daß einer Deiner Angehörigen in Dr. Nicoleaus Klinik in Behandlung ist und daß Du anrufst, um Dich nach ihm zu erkundigen. Es war der Doktor, der mir diesen Rat für Dich gegeben hat.

Jede Minute verbringe ich in Deiner Nähe und ruhig und voller Vertrauen in unsere Zukunft. Du wirst sehen, mein Engel, wir werden dafür entschädigt werden, daß wir rein und ohne Berechnung sind.

Ich küsse Dich vom Grunde meiner Seele.

Mein Jeannot,
ich bin nur nach Perpignan gekommen, weil ich zum Himmel betete, daß Du dort mit mir zusammentreffen und das Geschick uns von Rückzug zu Rückzug vereinen würde. Diese Briefe ohne genaue Feldpostnummer und meine traurige Gewißheit, daß ich Dir meine Zärtlichkeit jeden Tag ins Leere sandte, waren ungeheuer beklemmend, aber ich wußte, daß schließlich ein Wunder geschehen würde, und dieses Wunder, das ist Dein "letzter Brief" mit dem Poststempel und dem Namen des Ortes. Darum bleibe ich ruhig und zuversichtlich. Wie kann man es wohl anstellen, daß wir wieder arbeiten können? Es ist ein Rätsel. Aber es ist nicht an uns, das zu entscheiden, es ist die Aufgabe unseres Sterns und unserer verborgenen Bemühungen. Hauptsache war, zusammenzukommen, und das Schicksal fügt diesem großen Wunder noch die entzückende Überraschung hinzu, daß Roger in Auch ist, er, der unser Glück in Montargis und in der Dordogne miterlebt hat. Mein schöner Engel, Du

wirst diese Familie kennenlernen, die mir ihre Türen und ihr Herz geöffnet hat. Solche Menschen verdienen es, daß man alles von ihnen annimmt, als wäre es ganz natürlich. Du bist mein Sohn. Sie warten also auf einen Sohn, und Dein Zimmer steht bereit. Wenn Du frei bist, werden das, nach Saint–Tropez, unsere "Ferien" sein, und in der Sonne werden wir unseren Stern den richtigen Weg finden lassen. Heute nacht hat ein überwältigendes Buch meine Gedanken in Aufruhr versetzt. Du kennst diese Art Neugeburten, und wenn es mir gelingt, es niederzuschreiben und zu veröffentlichen, wird es der Mühe wert gewesen sein.

Ich vergaß, Dir zu sagen, daß Loulou auch erwartet und hier seinen Platz finden wird. Mein Engel, ich sehe Dein liebes glückliches Gesicht vor mir, während Du diese Zeilen liest, und ich kann wie Du nur Glück empfinden in unserer Zeit, unserer Welt, in der die Schändlichkeiten und der Haß der anderen bedeutungslos sind. Wir lieben uns. Das ist das Wesentliche. Ich küsse Deine Seele.

Mein Jeannot,
wie konntest Du nur daran zweifeln, daß ich Dir jeden Tag und sogar zweimal täglich schrieb und daß nur die widrigen Umstände des Postverkehrs an meinem Schweigen schuld sein konnten. Wie konntest Du es nur versäumen, mir hartnäckig und mit aller Zuverlässigkeit weiterzuschreiben und alle Mittel und Wege zu versuchen, mich mit einer möglichen Adresse zu versorgen. Bedenke, daß der den Bretons genannte Feldpostabschnitt durchaus falsch sein konnte oder es zumindest inzwischen geworden war, und niemals hast Du daran gedacht, mir einen anderen anzugeben.

Mein Jeannot – mein Frankreich, das bist Du – meine Heimat, das bist Du – mein Mut – mein Genie – meine Schalkhaftigkeit – meine Geduld – das alles bist Du, und nichts anderes als Du. Vergiß das nicht und zweifle nie wieder, *was auch passiert*. Wenn ich aus Deinem Gesichtskreis verschwinde – wenn Du nichts von mir hörst – ist das nicht mein Fehler. Schnuppere den Wind und versuche das Rätsel zu lösen.

Vielleicht war dieser letzte Zweifel notwendig, um sie alle zu zerstreuen, und es war unser Stern, der uns diese Prüfung der verlorengehenden Briefe auferlegt hat. Mein Engel, sei glücklich und bete.

Ich bete Dich an.

Heute morgen trafen
zusammen die Depesche
und der Brief ein, in dem Du
Deine Adresse angibst, für alle Fälle.
Ich wurde verrückt!

Mein guter Engel,
was für eine Freude, diese Depesche heute morgen. Ich hatte am Tag zuvor dafür gebetet, sie zu bekommen, und vor lauter Warten die ganze Nacht nicht geschlafen. Ich bin zur Post gelaufen, um Dir Geld zu schicken – aber – sei knauserig – wir sind ruiniert, und ich weiß nicht mehr, wo mein Bruder und das Unterhaltsgeld sich befinden.

Ich habe heute abend einen Brief von der Sekretärin bekommen. Ich habe vor, sie nach Paris zu schicken, um die Wohnung weitgehend in Ordnung zu bringen. Nach unseren Flüchtlingsferien werden wir eine Unterkunft haben, und unser Stern wird uns Arbeit verschaffen. Es ist so wunderbar herauszufinden, daß wir wieder ganz nah beieinander sind, daß ich voll Vertrauen bin und handeln werde, als gäbe es kein Drama. Außerdem ... außerdem ... aber ich werde mit Dir reden – das ist besser. Versuche zu erreichen, daß man Dich bald entläßt. Perpignan ist nicht Saint-Tropez, aber es ist ein solches Wunder, ein Haus zu haben, das das unsere ist, und das Meer ganz in der Nähe.

Ich segne Dich.

Ich bitte Dich, sparsam mit dem Geld umzugehen, weil ich Dich mit dem Wenigen, was ich hier habe, von Kopf bis Fuß neu einkleiden möchte.

Mein guter Engel,
endlich habe ich Deine Stimme gehört. Es war wunderbar und hat mir geholfen, eine Veränderung der Diät zu ertragen – zu der die Umstände mich zwingen und die mich empfindlich aus dem Tritt bringt (ich bewege mich auf die wirkliche Veränderung zu – die grauenvolle und endgültige). Ich bin fassungslos, im Nachhinein von der Gefahr zu hören, der Du Dich ausgesetzt hast. Man kann sich die Wirbelsäule brechen, wenn man so etwas riskiert, dafür gibt es zahlreiche Beispiele. Ich flehe Dich an, nichts Gefährliches zu tun, denn Dr. N. verläßt sich nur auf Dich und Deine Hilfe, um mich gesund zu machen. Heute nacht habe ich allein durch die Reduzierung meines Heilmittels derart gelitten und solche Alpträume – wachend – gehabt, daß ich mich im Kissen festgebissen habe und dabei nach Dir schrie. Wenn Du mich nur unterstützt und ich Deine Geduld nicht überstrapaziere, sollten wir uns dieser Kur unterziehen müssen. Mein Jeannot, ich weiß, daß Du sonstwas für Deinen Jean tun würdest, aber ich träume nur davon, Dich glücklich zu machen und nicht, dir die Rolle des Krankenwärters zu übertragen. Wie auch immer, ich bete, und Gott wird uns helfen. Ich bete Dich an.

Juli 1940

Mein Jeannot,
ich höre mit einiger Bekümmernis, daß Dir Deine kleinen Zähnchen wehtun. Ich weiß, jetzt können wir Dich behandeln lassen, aber Du leidest, und das ist ärgerlich. Jean Bourgoint und Guy

haben sich als Landwirte einschreiben lassen, und nun sind sie frei, in Fourques. Schade, daß Deine Vorgesetzten und Kameraden Dich zu gut kennen – andererseits ist es auch wieder so, daß die Listen ans Ministerium gehen und die ganze Angelegenheit anonym abgewickelt wird. Jeden Tag frage ich mich, ob das Radio uns wohl melden wird, daß Ihr frei seid. Um so mehr, als ich überall Jeannots unter den orangefarbenen Flügeln begegne und als mein Herz schlägt und als – obwohl niemand Dir gleicht – diese kleine Ähnlichkeit der Uniform eine leise Hoffnung erweckt. Warum bist du nicht in Perpignan, das von Flügeln wimmelt?

Heute sind die Gören alle ans Meer gegangen, und Du wärest bei ihnen gewesen. Aber ich werde alle Geduld dieser Welt aufbringen, weil am Ende die herrliche Gewißheit steht, daß wir zusammen leben und arbeiten werden. Ganz sicher werde ich die erste Woge landwirtschaftlicher und anderer Torheit vorbeiziehen lassen ... und erst in Erscheinung treten, wenn Deutschland ein Frankreich fordert, das Frankreich auch ähnlich sieht und nicht einem Frankreich von Heuchlern – im Stil von Claude Mauriac. Mein Jeannot, ich bete Dich an und lese und betrachte nichts, ohne es Dir, uns, zu berichten. Seien wir mutig, die Zukunft ist schön.

Jean

Juli 1940

Mein Jeannot,
Deine Briefe bringen mir etwas, wofür ich leben kann, und ich wünschte, Du kämest schnell hierher, um einmal etwas anderes zu essen als Eichhörnchen. Jeden Tag verfolge ich ungeduldig alles im Radio, was die Demobilisation betrifft – aber zuerst werden Landarbeiter und Beamte nach Hause geschickt. Ich nehme an, die neue Regierung ist nicht darauf erpicht, die Männer ernähren zu müssen – nicht einmal mit Eichhörnchen – und man wird Euch bald gehen lassen. Klammere Dich an unse-

ren Stern von Perpignan. Wenn man Dich fragt, sag, daß Deine Familie in Perpignan ist, und finde tausend Vorwände, damit man Dich nicht in die besetzte Zone bringt. Verstecke Dich, wenn nötig, bei den Lannes und ich werde irgendeinen Weg finden, Dich abzuholen. Ich sehe unsere Wiedervereinigung in Form eines Traums, und habe Angst vor jeder Kleinigkeit, die verhindern könnte, daß sie glatt über die Bühne geht. Nebenbei nehme ich eigentlich an, daß es ganz einfach sein wird und man Dich wird abziehen lassen, wohin Du willst. Die "Ordnung" ängstigt mich noch immer, wo es doch nicht unsere eigene ist. Also erkundige dich und sieh zu, daß Du schnell herkommst, sowie es möglich wird. Mein Engel, ich bin glücklich. Ich küsse Dich aufs Herz.

Mein Jeannot,
ich habe Dir die Briefe und den Scheinvertrag geschickt – denn gestempelte Unterlagen beeindrucken einfache Gemüter (Vorgesetzte) oder solche, die mit der Verwaltung befaßt sind. Ich fürchte, die Demobilisation vollzieht sich nur stückweise, und man fürchtet einschneidende Maßnahmen. Es ist so traurig per Luftlinie so nah beinander zu sein und so fern, wenn es um Kilometer und Benzin geht. Aber Du bist immer bei mir. Besonders, seit Deine liebe Stimme mich erreicht und sich im Haus in Perpignan verbreitet. Seit Deinen Briefen und Deinem Anruf zeichne ich wieder ein wenig. Ich verurteile mich dazu – aus Mangel an Genie und Elan –, meine Hände und andere Formen, die ein Eigenleben führen, abzumalen. Interessant wiederzugeben. Sowie Du da bist, werde ich schreiben – ich sehe es voraus –, aber ich fürchte den Augenblick, wo ich mein Heilmittel verbraucht haben werde. Was wird dann geschehen? Die N.s wissen nichts, ahnen nichts von der Katastrophe und dem Drama, die das bedeutet. Ich werde es Dir ausführlich schildern. Mein guter Engel, ich lese wieder *Mille et Une Nuits* von Mardrus. Es ist bewundernswert, und wie schön alles darin ist! In jeder Zeile finde ich Dich wieder.

Juli 1940

Lieber Engel,
es ist meine Wonne in einer jeden Minute, Dich fast in der Nachbarschaft zu wissen und mir zu sagen, daß ich Dich bald sehen werde. Manchmal sorge ich mich um die Zukunft und fürchte die Anfälle falscher Reinheit, in denen die wahre Reinheit nie zu ihrem Recht kommt. Bei unserer letzten Begegnung hatte ich Dir nicht gesagt, so sehr fürchtete ich, Dir weh zu tun, daß eine Passage aus dem Buch von Claude Mauriac in der N.R.F. mir gerade einen heimtückischen Tritt versetzt hatte – ein um so schmerzlicherer Tritt, als ich das von ihm nicht erwartet hatte.

Dieses Buch von Claude – ein grauenhaftes und ungerechtes Buch – wird noch eine Waffe in den Händen derjenigen sein, die uns verantwortlich machen wollen für ein Durcheinander und ein Debakel, dessen einzige Verantwortliche sie selbst sind, und unter dem ich mehr als irgendein anderer gelitten habe. Aber wenn ich Dir davon erzähle, mein guter Engel, dann weil, wenn ich mich selbst auch sehr gut an den Gedanken gewöhne, zu schweigen und im Schatten zu bleiben, das für Dich doch nicht in gleicher Weise gilt. Du mußt in Deiner Sonne und aus Deiner Sonne strahlen. Es tröstet mich, daß ich Dir die Möglichkeit gegeben habe, Deine Sonne zu zeigen, und ich bin sicher, daß die Gemeinen, wenn sie mich auch zurückstoßen, Dich brauchen werden. Mein Glück wäre dann, an Deinem Erfolg teilzunehmen, und ich wäre stolz, daß Du mir leben hilfst. Fürchte also die Zukunft nicht und sei nicht böse auf meine Verfolger. Hauptsache, Dein Leben ist schön und glorreich – damit ich mich an Deiner lieben Sonne erwärme.

Wenn ich Dir in diesen Zeilen von Claude Mauriac erzähle, dann, weil irgend jemand anders Dir davon erzählen würde oder er Dir unter die Augen käme, und weil ich – da ich ihm verzeihe – nicht will, daß Du wütend wirst. Umarme mich ganz fest, so wie ich Dich umarme.

Dein Jean

Mein Jeannot,
Du bist wirklich so wie ich Dich erträume. Kaum schelte ich mich dafür, Dir geschrieben zu haben, vorsichtig mit dem Geld umzugehen, schon wirfst Du Dir vor, mich darum gebeten zu haben. Aber, mein Jeannot, Du mußt wissen, daß ich nur Dich habe und nichts anderes als Dich und daß ich das bißchen Geld, das ich in der Tasche habe, aufbewahren möchte, um Dich einzukleiden und ganz neu auszustaffieren. Bis dahin werde ich meinen Bruder wiedergefunden haben (es wurde mir bestätigt, daß die Börse nach Paris zurückkehrt), und wir werden genug zum Leben haben. Dann wird unser Stern kommen und unsere Wunder. Schon jetzt habe ich den Eindruck, als ob die Theater sich kräftig regen und versuchen, das Problem zu lösen. Ich dränge mich nicht. Ich hasse es, für andere den Kopf hinzuhalten. Das ist immer ein waghalsiges Unternehmen. Man muß im richtigen Moment kommen, und den werden wir gemeinsam herausfinden. In Deiner Nähe werde ich so glücklich sein, daß die schwierigsten Probleme sich reibungslos lösen werden. Ich frage mich nicht einmal, was ohne mein Hilfsmittel aus mir werden wird. Ich habe Vertrauen in meinen Schutzengel, und das bist du.

Die englische Geschichte ist ärgerlich, weil man Euch deshalb nicht so schnell entlassen wird, aber es ist sehr gut möglich, daß sie die endgültige Entscheidung des Schicksals beschleunigt. Ich bete Dich an.

Samstag

Mein Jeannot,
ich habe gerade Brief und Telegramm an Trébor geschickt, um zu hören, ob das Madeleine und das Bouffes auf uns zählen. Ich würde nicht gerne meinen Kopf hinhalten (wie Sacha), und ich kann die Wiederaufnahme von *Pasteur*[1] nicht gutheißen. Es ist

1. Stück von Sacha Guitry.

die Pfeifenkopfmethode. Auf jeden Fall und wie auch die Antwort ausfällt, ein Neubeginn des Theaters eröffnet uns alle Perspektiven. *Die Maschine* wird sie zu Tode erschrecken und ihnen als das beste Beispiel für ein Stück vorkommen, das jetzt nicht gleich gespielt werden kann. Daher würde ich es für geschickt halten, ein anderes zu schreiben und *Die Maschine* erst zu spielen, wenn die erste Welle der Torheit und des Stoizismus vorübergegangen ist. Mein Jeannot, es ist schwer zu warten – warten – warten. Aber die Hoffnung auf Arbeit und darauf, daß man sich wieder aufrichten kann, verleiht Flügel. Wenn ich nicht das gräßliche Gesundheitsproblem hätte, würde ich mich über diesen Stand der Dinge freuen. Dein kleines Foto, Dein Lächeln, Dein schönes Aussehen und Dein Halsband aus Pelz trage ich als Glücksbringer bei mir. Ohne Dich würde ich mich zum Sterben in irgendein Loch verkriechen. Ich bete Dich an.

Mein Jeannot,
ich muß Dir meinen Standpunkt erklären. Ich finde, man muß ein Held sein, immer – auch was die kleinsten Dinge betrifft. Dein Glück muß dem meinen vorangehen, wo doch Dein Glück mein Glück erst ermöglicht. Ich kann meine lächerliche Empörung und egoistischen Gefühle sehr gut unterdrücken. Ich schwöre Dir, daß ich erfolgreich versuche, mich zu bezwingen, und daß die Freude, das Leuchten auf Deinem Gesicht zu sehen, bei weitem den Sieg über eine kleinliche instinktive Traurigkeit davonträgt. Sei also frei und wisse, daß Du mich glücklich machst, wenn Du glücklich bist. Es würde mir weh tun, spüren zu müssen, wie Du Dich aus Zartgefühl zurückziehst. Ich wiederhole Dir, daß das unnötig ist und daß ich Deine Gegenwart in all ihren Erscheinungsformen anbete. Laß Dich nie von irgendeinem Skrupel beeinflussen.

Stelle mir Dein Herz unter Beweis, indem Du Renaud spielst, denn Du bist der einzige, der dazu fähig ist. Nebenbei gesagt würde diese Zusammenarbeit mich trösten und uns weiter über jedes kleinliche Schamgefühl hinaustragen.

Ich küsse Dich.

Dein Jean

Sonntag[1]

Mein Jeannot,
ich habe Dir seit drei Tagen nicht geschrieben, weil ich nicht eine Minute Ruhe hatte. Paul hat Dir erzählt, daß ich den alten Irren in *Le Baron Fantôme* spielen mußte. Leider ist der Film nicht in Farbe, und Du kannst meinen prachtvollen roten Hausmantel nicht sehen! Ich bewahre eine kleine Hoffnung auf den mondbeschienenen Korridor, den ich schlafend durchschreite. Die anderen Einstellungen geben nicht viel her. Ich finde, daß es eine Fotografie von mir ist. Hubert mag keine fantastische Beleuchtung, und genau da wäre sie nötig. Ich füge mich, weil seine Arbeit bewundernswert ist und weil er immer das aufnimmt, wovon ich träume, daß es einmal aufgenommen würde. Morgen werde ich nicht nach Joinville fahren, weil ich mit Paulvés verabredet bin. Ich möchte ihn dazu bringen, mich entweder *Der ewige Bann* inszenieren zu lassen oder aber *Tristan* zu drehen. Laut Lulu hat Christian J. sich schon auf einen Schriftsteller festgelegt. Aber Paul, der mit Simone Renan telefoniert hat, läßt mir gegenüber nichts von diesem Hindernis verlauten. Ich werde auch mit Borderie zu Mittag essen, um zu sehen, was wir mit Pathé[2] machen können. Je mehr ich darüber nachdenke, desto mehr Angst um Dich macht mir dieser Winter im Studio (es sei denn, Du spielst Theater). Trotz meines großen Kummers, wenn ich fern von Dir bin, wäre es vielleicht besser, wenn Du einen anderen sehr wichtigen Film in Rom drehtest. Zweifellos die Schwestern M. Nimm nur eine sehr bedeutende und sehr, sehr gut bezahlte Rolle an. Ansonsten komm zurück und verpflichte Dich für später. Der Film von Giono wird im April bestimmt so weit sein, es sei denn, man stört Gargarof zu sehr, der in dem Fall für die Dreharbeiten nach Amerika gehen würde. Überlege es Dir gut, und denke nur an Dich. Ich werde freudig ertragen, was auch immer Du beschließt und was in Deinem Interesse liegt. Dieses Leben begeistert mich. Die Kälte macht mir zu schaffen, aber ich langweile mich nie, und das ist enorm.

1. Seit dem Waffenstillstand Ende 1942 habe ich mich bei Jean Cocteau aufgehalten, was das Nichtvorhandensein von Briefen erklärt.

2. Franz. Filmfirma, (d.Ü.).

Ich kann noch hinzufügen, daß das Ausüben dieses Berufes mich Dir näher bringt. Neulich war ich, im Kostüm in einer Ecke sitzend, von einem Fluidum eingehüllt, das das Deine war und das mir Kraft gab. Mein Jeannot, laß uns mutig sein und nicht aufgeben. Ich würde alles geben, um die *Carmen*-Vorführungen zu sehen. Carné versichert, daß Juliette wieder auftaucht, vielleicht mit den Italienern ... Also! ... Ich küsse Dich.

Jean

Gestern habe ich eine Katze mitspielen lassen. Gott, wie gerne würde ich unseren Moulou auf die Bühne bringen. Küsse ihm seine kleine schöne Nase und seine Wangen.

Mein Jeannot,
gestern war Sonntag, und Paul konnte meinen Umschlag nicht zur Post bringen. Ich nehme ihn heute morgen mit, um noch ein bißchen mit Dir zu plaudern. Ich werde heute nicht ins Studio gehen, um meinen Abguß machen zu lassen und Paulvé zu treffen. Ich werde ihm vorschlagen, *Der ewige Bann* zu inszenieren, und werde nicht locker lassen, damit er diesen Film macht. Wenn er den anderen, *Tristan*, haben will, werde ich ihn darum bitten, daß er einen geschickten Winkelzug mit Christian Jacques[1] ausheckt. Ich suche nach etwas Sensationellem, um es Pathé anzubieten. Die *Vénus* ist zu schwierig und zu teuer für sie (sagt Lulu). Ich würde gerne endlich das Problem der vier Wände und der vier Charaktere lösen. Wenn ich den Kreis schließen kann, wäre das der Traum an sich.

Heute abend sehe ich mir bei Herrand das Stück mit der Casarès an. Ich werde Dir erzählen, was dabei herauskommt.

1. französischer Filmregisseur.

Gestern, Sonntag, habe ich bei den A.s[1] zu Mittag gegessen, die mir eine ganze Wand und ein Cembalo in Auftrag gegeben haben. Danach war ich bei Laffont, wo ich den ganzen Tag daran gearbeitet habe, eine Szene zwischen Jany und Odette umzuschreiben. Morgen werde ich die Aufnahme des Korridors sehen, und ich wünschte mir, daß sie das zum Ausdruck bringt, was ich mir davon erhoffe. Auf jeden Fall wird es Dir Spaß machen, Deinen armen alten Verrückten von Dichter auf der Leinwand zu sehen. Das ist die Hauptsache. Du, Du, Du, und der Rest ist mir egal.

Ich küsse Dich von ganzem Herzen.

Jean

1. Anchorena, argentinische Freunde.

25. Januar 1943

Mein Jeannot,[1]
das habe ich hinter mir. Der Friedhof war das einzig Fürchterliche.[2] Man wirft uns in ein wahrhaftes Pissoir an der Place de Clichy. Aber das ist ohne große Bedeutung. Mama bewegt sich endlich frei und verläßt mich nicht mehr. *Sie war bei mir in der Oper* – wo die Vorstellung sehr schön und sehr würdevoll war. Ich arbeite täglich am Film, den ich oft umändere und der viel Kraft kostet. "Tristan" wird nicht der Titel sein. Die Schwierigkeit besteht darin, einen König Marke[3] zu finden. Gestern haben wir den ganzen Tag Probeaufnahmen in Joinville gemacht. Wir bräuchten einen Marke, den Deine Breitschultrigkeit nicht erdrückt und der Dir imponiert. Die Schauspieler dieser Art haben fast alle durch schlechte Angewohnheiten, von tiefen Falten zerfurchte Gesichter. Und er soll sehr jung sein. Leider glaube ich, daß wir die Suche nach dieser Art von Künstler werden aufgeben müssen und mit einem Mann vorliebnehmen, der zwar älter ist, dafür aber über festes Auftreten verfügt. Du kannst Dir denken, daß ich Yvonnes Rolle umgeschrieben habe. Sie hat sofort herausgefunden, was fehlte: Die Liebe dieser Frau zu dem Zwerg. Das verleiht Größe.

Sologne war gestern prachtvoll. Ich lasse sie ganz glatte Haare tragen, die vollkommen ungebändigt sehr weit herunterfallen. Sie sieht aus wie eine Statue an einer Kathedrale, wie ein seltsamer Vogel, wie der Geist einer Ertrunkenen.

1. Ich bin in Italien.
2. Beerdigung seiner Mutter.
3. Er sucht einen König Marke und überarbeitet die Dialoge.

Ich mache mir große Sorgen um die Termine. Baratholo hat *in Briefen* an Lulu und Paulvé versprochen, Dich herzugeben.[1] Der Film beginnt vor dem 15. Aber Du wirst Anproben haben. Obwohl ich mir die italienische Garderobe sehr ausreichend vorstelle. Mein Jeannot, welch schöner Traum! Die Proben für *Renaud et Armide*[2] beginnen. Ich werde am 15. spielen, was mich daran hindern wird, die ersten Tage beim Film dabeizusein. Wir warten auf Bébé. Für ihn spielt Escande (und Chevrier). Da ich den einzigen Schauspieler, den ich will, nicht habe, finde ich es besser, den Stil des Hauses zu übernehmen. Mein guter Engel, Du mußt scharf über mich wachen.

Jean

1. Februar 1943

Mein Jeannot,
wie traurig bin ich, Dich nicht bei der Generalprobe für *Antigone* gehabt zu haben. Ich habe die Aufführung in Gedanken an Dich gemacht und sie Dir gewidmet. Es gibt da ein richtiges Zeremoniell, das Dir gefallen würde, da bin ich mir ganz sicher. Jetzt arbeite ich wieder an unserem Film und beginne, in der Comédie–Française zu proben. Ich suche ein Mittel, den Stil pompös genug werden zu lassen, um zu verhindern, daß Escandes Stil mich stört.

Was den Film betrifft, drehen wir die letzten Tage im März in Nizza. Ich selbst werde also erst nach dem 15. hinfahren. Ich hoffe dasselbe wie Delannoy, nämlich, daß Du nach den Proben der Szenenübergänge für *Carmen*[3] schnell zurückkommst, um ein bißchen mit Madeleine zu arbeiten, proben usw., und vor allem, daß wir uns vor Südfrankreich noch sehen können.

1. Baratholo hat versprochen, daß ich frei sein würde.
2. Schauspiel von Jean Cocteau, gespielt in der Comédie–Française.
3. Ich spiele gerade in *Carmen,* einen Film von Christian Jacques.

Die Vereinbarungen mit Baratholo sind in Ordnung. Bleiben nur die Anforderungen durch *Carmen*. Ich verstand Deinen letzten Brief nicht, in dem die Familie Scalera[1] sich zu empören scheint, aber Darbon hat es mir erklärt. B. ist mit Pauline in Nizza. Ich nehme an, daß die Briefe etwas länger brauchen und Du inzwischen voll und ganz über die Vereinbarungen Bescheid weißt.[2] Ich glaube, der Film wird sehr schön und sehr unerbittlich. Deine Rolle ist wunderbar. Du drehst mit Roland Toutain. Ich kann mir keinen komischeren und empfindsameren Lionel vorstellen. Yvonne hat neue Szenen und eine andere moralische Deutung. Wir hoffen, diese Woche das Problem um Marke endgültig zu beseitigen. Die einen sind entsetzlich bei der Probeaufnahme, und die anderen sind nicht frei. Unsere letzte Hoffnung wäre Renoir, wenn *Macbeth* ihm gehen läßt. Ich warte auf Bébé, der krank gewesen ist in Marseille und der seit gestern seinen Passierschein haben muß. Mein Jeannot, wirst Du mich wiedererkennen? Ich denke nur an unser Glück, zusammen zu arbeiten. Paul ist überzeugt, daß der Moulou sehr würdevoll an uns vorbeispazieren und sich für nichts anderes interessieren wird als das Kalt–Wasser–Bidet.

Ich weigere mich, das zu glauben. Ich küsse Dich.

Jean

36, Rue Montpensier

10. Februar 1943

Mein Jeannot,
ich öffne keinen Deiner Briefe, ohne mich zu fragen, ob endlich alles in Ordnung ist. Der letzte ging der Ankunft Baratholos noch voraus und sprach von Kostümen für den anderen Film. Ich vermute (Du kannst Dir vorstellen, daß das Telefon zwischen Lulu, Darbor, Delannoy und mir heißläuft) und sie ver-

1. Italienischer Produzent von *Carmen*.

2. Betreffend *Der ewige Bann*.

muten ebenfalls, daß diese Unbestimmtheit der von Baratholo mit Paulvé getroffenen Entscheidung vorausging und daß Du seit diesem Brief sicher wissen mußt, daß wir am 9. in Nizza drehen. Aber es gibt noch einige Details zu den Kostümen – und vor allem den *Renaud*, der mich in Paris festhalten wird, und durch den ich erst später zu Euch stoßen kann. Bébé ist da und hat große Wunder vollbracht. Wie schade, daß diese Wunder nicht Dich einrahmen und ankleiden, Dich und keinen andern. Ich tröste mich, indem ich jeden Tag am Film arbeite. Ich kann nicht glauben, daß B. Dich nach seinem offiziellen Einverständnis in die F. einsteigen läßt. Es ist unbedingt erforderlich, daß Du sofort nach der letzten Aufnahme von *Carmen* zurückkommst. Alles andere werden wir Dir mündlich erklären. Ich träume davon, daß Du und die Briefe sich kreuzen, und ich Dich eines schönen Morgens Deinen schönen Sturm auf der Treppe veranstalten höre. Ich habe gestern Deine Mutter gesehen und habe sie über mehrere Punkte beruhigt, über die sie sich nicht ganz klar war. Sie war zufrieden, und ein neues Versteckspiel zwischen uns allen wäre einfach absurd. Ich werde die Arbeit für unseren Film in fünf Tagen beendet haben. Delannoy auch. Wir fangen mit den Kostümen an. Die Engagements sind alle unterzeichnet – außer von Lefort, der, wie ich glaube, morgen unterschreibt (er fürchtete sich vorm Reisen). *Le Baron* geht ohne mich zu Ende, und ich bedaure das sehr. Aber mein Herz hängt nicht an diesem Film. Paul hat Dir vielleicht von *Le Sang d'un poète (Das Blut eines Dichters)* erzählt, da ist ein Wunder geschehen. Der Film ist in der Leuchtkraft und den Aufnahmen außergewöhnlich geworden, und die Cineasten sagen sogar, in der Technik. Noch ein Film. Es ist sehr merkwürdig. Ich habe Grippe. Paul zeigt ihn gerade Lionel und Marion in der Champs–Élysées 44. *Ich vertraue fest darauf. Du MUSST und Du wirst zu uns kommen.*

Dein Jean

Sonntag

Mein Jeannot,
endlich habe ich einen Brief von Dir! (und einen Brief von Delannoy). Ich bin glücklich, daß Dir der Film gefällt und daß Du fühlst, was man alles aus dieser Rolle machen kann. Gefällt dem Moulou seine Rolle? Es muß wunderbar gewesen sein, wie er die Rückkehr gefeiert hat, und seine dicke Nervenkrise war sicher richtig bewegend. Ich denke nur noch ans Abfahrtsdatum, und ich muß mich zusammennehmen, um weiter sorgfältig mit *Renaud* umzugehen. Der erste Akt beginnt Formen anzunehmen. Der zweite ist noch ein wenig verschwommen, und Montag – morgen – setzen wir uns, nach Arbeit auf italienische Art am gestrigen Tag, an den dritten. Wenn Marie Bell nicht krank wäre (sie hat fürchterliche Kopfschmerzen), würde sie schneller lernen. Ich habe Delannoy meine Kritik zu den kleinen Textänderungen geschrieben (kaum der Rede wert), aber er macht sich nicht klar, daß ein verändertes oder hinzugefügtes Wort den doch sehr speziellen Rhythmus aufhebt, den ich dem Werk aufgeprägt habe. Es ist abscheulich, daß Nathalie[1] «Patrice!» schreit, wenn sie nach Deiner Verwundung und der Flucht von Moulou ohnmächtig wird. Es muß Stille herrschen. «Hier also das Schloß der Familien» ist um einiges besser als «Hier also das Schloß unserer Familie». Nachdem Moulou in Deine Arme gesprungen ist, mußt Du sagen: «Ich habe verstanden. Ich ziehe die Tiere vor!», anstatt zu sagen: «Sie hat alles vergessen, alles», was schlecht und einfach platt ist.

Der Rest wird gehen und durch Deine Gegenwart und Deine Kraft von Sonne überflutet werden. Wie schade, daß wir nicht in der Bretagne drehen können! Ich sterbe vor Ungeduld, einen Brief zu bekommen, in dem Du mir vom Beginn der Arbeit erzählst – Hubert[2] – Jeannette – Hubert – usw.

1. Madeleine Sologne in *Der ewige Bann.*

2. Ungeheuer talentierter Kameramann, der *Der ewige Bann* gefilmt hat.

Umarme die Huberts und gib meine zärtlichen Grüße an alle weiter. Deine Idee mit Ève Francis[1] ist perfekt. Wenn nur Delannoy auf Dich hört. Ich küsse Dich aus tiefstem Herzen.

Jean

Donnerstag

Mein Jeannot,
Dein Brief war eine große Freude, und ich fühle mich nun weniger einsam, wo ich Euch alle bei meinem Werk vereint weiß. Ich bin bei der Zusammenstellung der Truppe sehr vorsichtig vorgegangen, weil ich nach dem Sefert–Film die Unannehmlichkeiten einer ungeschickten Kontaktaufnahme kenne (Hubert wird Dir von unseren Katastrophen berichten). Ich war sicher, daß Du meinen Roger und seine Jeannette mit der schönen Tragödinnen–Stimme mögen würdest. Was Genet betrifft, so hat er Dich wie einen Sonnenstrahl aufgenommen. Sein Brief ist so knallrosa wie jemand, dessen Haut sich pellt. Er treibt das Delirium (Fieber vom Sonnenbrand) so weit, mir erklären zu wollen, wer Du bist! (*sic*) aber es ist entzückend. Die Korrektur der Tippfehler in seinem Buch ist beendet. Es wird nochmal getippt, und ich bringe es zu Denoël, der sich vor Ungeduld nicht mehr halten kann (sag es nicht weiter, daß er die Herausgabe des Buches übernommen hat. Niemand auf der Welt mischt sich da ein. Es ist ein wasser– und feuergeborenes Buch).

Renaud et Armide kommt langsam vorwärts. Bébé fängt mit den Kostümen an. Marie geht es besser, und ich habe gestern die Regie des letzten Aktes beendet (sehr einfach). Ich kann es nicht mehr überschauen. Ich bräuchte die Kulissen, die Beleuchtung usw. und das entsprechende Gedächtnis.

1. Für die Rolle in *Der ewige Bann*, die schließlich Yvonne de Bray übernommen hat.

Zwischen den Proben ziehe ich Bein und Seele nach. Ich könnte diese Leeren nur ertragen, wenn Arianes Stab mich nach Nizza versetzen würde. Ich zähle die Tage. Mein Jeannot, ich küsse Dich aus tiefstem Herzen. Ich trage Dir all meine zärtlichsten Grüße für Delannoy und seine Frau auf – Roland ... vergiß niemanden.

Jean

36, Rue Montpensier

16. April 1944

Mein Sohn Jeannot,
man kommt, um einen Brief für Dich zu holen, und ich beeile mich, ihn zu schreiben. Du kennst jetzt sicher die Geschichte mit Paul. Ich habe Dir nicht davon erzählt, weil ich es lächerlich fand, Dich dort, wo Du bist, zu beunruhigen. Dank dem Himmel ist er frei, und ich hoffe, daß er begriffen hat, wie gefährlich sein Verhalten war. Ich sehe ihn selten. Er geht schon am frühen Morgen aus, und ich nehme an, daß er versucht, seine Verluste herunterzuspielen. Ich habe vor vierzehn Tagen dem dummen kleinen Statisten aus *Andromaque*, der beim Roten Kreuz ist und mir sagte, er würde Dich am nächsten Tag sehen, das Stück[1] und *Renaud* für Dich mitgegeben. Ich fange an, es zu bedauern und mich zu fragen, ob er nicht nur angegeben hat, sich wichtig tun wollte und ob er Dir wohl das Paket gebracht hat.

Gestern habe ich über Élina das wie durch ein Wunder wiedergefundene schwarze Notizbuch abgeschickt. Ich hatte gerade Deinen Brief bekommen. Man überbringt mir eine Depesche aus New York, von den Bretons. Diese Depesche in der Hand, gehe ich zu der Kommode, die wir von oben bis unten durchgesucht und völlig durcheinandergewühlt hatten. Ich öffne sie, das Notizbuch liegt da, direkt unter der Blende. Unglaubliche Sache. Das Leben ist so, wie Du es Dir vorstellst. Man regt sich, ohne zu leben. Man arbeitet, ohne zu arbeiten. Die Kälte der Theater und der Studios macht wirkliche Arbeit unmöglich. Be-

1. *L'Aigle à deux têtes* (*Der Doppeladler*).

reue nichts. Wir werden im Juni drehen, und Du wirst bei uns sein. Ich wage nicht, an dieses Wunder zu denken. Boullet,[1] der aus unerfindlichen Gründen Leiter der Bilddokumentation geworden ist, hat das Foto von Dir, wo du Suppe ißt, für mich gefunden. Es gibt meinem Zimmer einen Hauch dessen, wo Du atmest. Leider ist unser Moulouk nicht beim Suppe–Fassen.

Wir haben weiterhin von mittags bis 18 Uhr keine Elektrizität. Also weder Licht noch Heizung. Das widert mich an, und ich gehe aus. Francine und Jean schlagen mir vor, nach Fourques zu gehen. Aber ich habe dieses Gefühl, weiter von Dir, den Nachrichten entfernt zu sein, und von jenen Gegebenheiten, die es möglich machen, sie dir zukommen zu lassen. Ich denke also, daß ich in unserem Wohnwagen bleiben werde.

Ich habe Noël Coward, Molyneux, Raymond Mortimer empfangen. Alle machten sich Sorgen um Dich und darum, was Du weiter tun wirst.

Du würdest tüchtig lachen, mich an diesen Gewerkschaftstreffen teilnehmen zu sehen. Ich verstehe gar nichts und gefriere inmitten dieser Gewerkschafter, die ihrerseits zu verstehen scheinen. Auric ist sehr rührig und sehr komisch.

Aus Deinem Freund Gérard ist "der Widerstand" geworden, ein Umstand, der mich einigermaßen beunruhigt. Die Doppelagenten machen mir Angst, und ich frage mich, ob er nicht unser Haus überwacht. Was mich beruhigt, ist, daß er Dich wirklich liebt und sehr verständig von dieser Freundschaft spricht. Der "Hand zu Hand"[2] will beim Kino sein Glück versuchen und hat verlauten lassen, daß er eine Rolle als Vamp während der heroischen Zeit spielt (Agent X 27).

Ich sehe Dich meinen Brief bei Mondschein lesen. Eure Kälte muß furchtbar sein, wenn ich von unserer darauf schließe. Der Moulouk wird diese Kälte und diesen Dreck lieben. Er liebt es, sich im Mondschein im Dreck zu wälzen. Mein guter Engel, alles, was nicht Du bist, ist reines Phantom. Phantome die

1. Zeichner und Freund.

2. Robert Duranton, der später ein berühmter Catcher geworden ist.

Lebewesen, Phantom die Stadt. Ich versuche, eine gute Figur abzugeben, um Deines Mutes würdig zu sein. Ich umarme Dich mit all meiner Kraft.

Jean.

36, Rue Montpensier

17. September 1944[1]

Mein lieber kleiner Jeannot,
ich weiß noch nicht, ob dieser Brief Dich erreichen kann, aber es ist eine große Freude, Dir zu schreiben, und da Paul bestimmt mit dem Vélo zu den Colles[2] kommen wird, wird er vielleicht einen Weg kennen, Dir Nachrichten zukommen zu lassen. Ich fürchte, ich habe eine ziemlich schwere Grippe. Der Landsitz und der Garten von Fleury–en–Bière sind der Traum, den wir eines Tages verwirklichen müssen. Du kannst Dir denken, daß ich jede Minute Deine und Moulouks Nähe spüre, wenn ich daran vorbeikomme, und daß ich mich wohler fühle, Euch in der Stille der Landschaft auf den Straßen zu folgen als in den Städten, wo die kleinste Befürchtung sich in eine große Angst verwandelt. Ich habe ununterbrochen an die Worte gedacht, die du mir auf dem Vélo sagtest, als wir zu Hubert fuhren. Ich schäme mich, ich, der ich Dir als Beispiel dienen sollte, daß ich mir immer wieder an Dir ein Beispiel nehmen muß, an Deiner Würde, Deiner Umsicht, Deinem unbeugsamen Mut. Ich werde mich beherrschen und mich ändern, damit Du mich Deines Herzens würdig wiederfindest. Leider hat mir meine bedauernswerte Mutter die Unordnung des Geistes und die Unüberlegtheit des Wortes hinterlassen, die sie in diesen Zustand versetzt haben, der mich vor ihrem Tod so sehr entmutigt hat.

1. Die wenigen Briefe Jean Cocteaus 1943 und 1944 erklären sich durch die Tatsache, daß wir, wie ich es in *Spiegel meiner Erinnerung* erzählt habe, zu dieser Zeit selten voneinander getrennt waren. Die Korrespondenz lebte infolge meiner Verpflichtung bei der Division Leclerc wieder auf.

2. Pierre Colle, Inhaber einer Bildergalerie und Freund Cocteaus.

Bevor ich krank wurde, habe ich unser Stück[1] Pierre Colle und seiner Frau vorgelesen, die fanden, daß es ein besonders schönes Werk sei und insofern ein Meilenstein, als es mit dem Konversations- und Tendenztheater breche.

Ich werde alle nötige Geduld aufbringen, um den Augenblick abzuwarten, an dem wir die Arbeit wiederaufnehmen können. Ich würde in dieser wirren, nervösen und solchen Problemen unterworfenen Zeit, die unsere Kunst nicht betreffen, nicht gerne in der Öffentlichkeit arbeiten. Ich weiß, wie gerne Du hören möchtest, daß ich ein Buch schreibe, aber ich muß mich noch beruhigen, mich an Deine Abreise an dieses Ungewisse der Orte und Daten gewöhnen. Es ist schwierig. Außerdem bin ich jedesmal, wenn ich an diesen Tunnel vom Palais-Royal denke, der Meinung, daß ich eine Wohnung finden muß, die Unbehagen aller Art weniger förderlich ist und sich nicht nur auf Deine Sonne verläßt. Ohne Deine Sonne erschreckt mich dieses Palais-Royal, und ich begegne ihm mit einer solchen Furcht, daß ich vielleicht die Colles bitten werde, daß ich bei ihnen auf Dich warten kann. Ich hoffe jeden Sonntag, aus der Zeitung oder dem Radio zu erfahren, wo Ihr genau steht. Leider wird sich über die Aufstellung der Truppen ausgeschwiegen, und ich werde es erst in Paris durch J. Fano[2] oder durch Stéphane erfahren. Mein geliebter Sohn, denke an Deine wunderbare Zukunft und paß auf Dich auf, für sie und für mich, dessen einziges Glück auf Erden sie bedeutet. Mein Los ist mir egal. Nur Deines zählt und macht es mir möglich, diese endlosen Stunden zu durchleben. Ich küsse Dich aus tiefstem Herzen.

Jean

1. *Der Doppeladler.*
2. Kriegsberichterstatter.

36, Rue Montpensier

4. Oktober 1944

Mein guter Engel,
Claude[1] wird diesen Brief mitbringen, den ich kurz halte, weil Delannoy ihn in fünf Minuten mitnimmt, um ihn bei ihm abzugeben. Hast Du unsere Briefe bekommen? Deiner ist meine einzige Freude in dieser eisigen und von Unbehagen erfüllten Stadt. Nicht einen Moment höre ich auf, Dich mir mit Moulouk vorzustellen, dessen Engelsnamen ich mir ausgedacht habe. Hast Du Jean-Pierre[2] gesehen? Er ist nicht weit von Dir. Wenn er für ein paar Tage nach Paris kommt, gib ihm Neuigkeiten mit und sag Bescheid, was Du brauchst. Ich fürchte die Kälte und den Regen, dort , wo Ihr seid. Meine kleine, äußerst kleine Zerstreuung ist die Arbeit an *Clèves*, weil ich mich mit Dir beschäftige. Alles andere langweilt mich zu Tode, und ich träume davon, meine Gedanken soweit zu beruhigen, daß ich an das Buch[3] denken kann. Im Moment verlange nicht vor mir, an irgend etwas anderes zu denken als an Dich.

Dein Jean

Ich bin glücklich zu wissen, daß Du Dein geliebtes Lächeln wiedergefunden hast.

36, Rue Montpensier

Sonntag, den 8. Oktober 1944

Mein Sohn,
die letzten Neuigkeiten beginnen weit zurückzuliegen. Der Brief, der Besuch von Poum[4] mit der kurzen Nachricht von

1. Claude Dauphin.
2. Jean-Pierre Aumont.
3. *La Difficulté d'être (Die Schwierigkeit, zu sein)*.
4. Bruder von Jean-Pierre Aumont.

Jean-Pierre, der Telefonanruf von Claude hatten mich aufgerüttelt und mir in gewisser Weise die Illusion gegeben, in direktem Kontakt mit Dir zu stehen. Gestern hat mir Janette[1] gesagt, daß sie einen Brief übermitteln könnte. Ich beeile mich, Dir zu schreiben, um ihnen den Umschlag heute abend zukommen zu lassen. Die Wohnung hatte nur Deine Sonne – sie ist düster und kalt. Eine der wenigen Beschäftigungsmöglichkeiten ist, mit Delannoy an *Die Prinzessin von Clèves* zu arbeiten, weil es Deine Arbeit ist, und den Film den Amerikanern zu zeigen, damit sie Dich kennenlernen. Gestern hat ihn der Amerikaner, der die Öffentlichkeitsarbeit für die Filme macht, gesehen und fand ihn großartig. Er möchte erreichen, daß ich rüberfliege, um ihn in New York vorzustellen. Aber wir befinden uns hier unter streitbaren Artgenossen, wie in einem Fangkorb voller Krebse, die übereinander herkriechen und sich gegenseitig verschlingen. Es scheint mir beinahe unmöglich, daß tausend Eifersüchteleien genug Freiheit übriglassen sollen, das Projekt zu Ende zu führen.

Von morgens bis abends versuche ich, Minuten zu gewinnen. Gestern, auf der Taufe der Zwillinge von Denise, haben sich alle nach Dir erkundigt, und Kitty hat Deine Adresse aufgeschrieben, um Dir ein Paket zu schicken. Brauchst Du etwas? Dieser Regen, in dem Ihr lebt, macht mir Angst. Nimm den ersten Verbindungsmann in Anspruch, um zu verlangen, was Du willst. Wir werden es Dir sofort schicken.

Paul ist fast immer unterwegs, mit dem Motorrad, dem LKW, per Fahrrad. Ich verbringe diesen Sonntag mit Roger Lannes, der sein Vorwort für den Gedichtband[2] vorbereitet. Das Essen wird immer knapper und immer teurer. Gerade in diesem Augenblick hat Mila[3] angerufen. Sie wußte nicht, daß Du fort bist, und als ich es ihr mitteilte, antwortete sie mit einem tiefen Schweigen. Sie liebt Dich, und ich liebe sie dafür, daß sie Dich liebt. Mein Sohn, ich lebe nur für Dich und für mein Bild von

2. Frau von Hubert, dem Kameramann.

3. Es handelt sich um den *Cocteau* von Roger Lannes, in der Sammlung "Poètes d'aujourd'hui", Éditions Seghers.

4. Mila Parély.

Dir mit unserem Moulouk. Versuche, einige Zeilen zu schicken – oder einen Telefonanruf durch einen Kameraden, der gerade nach Paris kommt. Ich küsse Dich aus tiefster Seele und bin trotz meines Kummers glücklich in dem Wissen, daß Du nicht mehr in unserer Finsternis bist.

Jean

Mein Jeannot,
wir schreiben Dir von Hubert aus, und Du kannst Dir vorstellen, wie von Dir gesprochen wird. Ich habe gestern abend Claude Dauphin und unseren Jean-Pierre gesehen, wunderbar an Jugend und Anmut – die Uniformen – das bist Du, Leute, die Dich gesehen haben können und die von dort kommen, wo Du Dich befindest. Nach dem Besuch des Hauptmanns haben wir das ganze Haus abgesucht, und Deine Mutter durchsuchte das ihre. Die Texte[1] sind *unauffindbar*. Zufällig komme ich zu Hubert, und er holt mir das Notizbuch aus seiner Bibliothek hervor. Ich schicke es Dir. Fehlen noch die Prosatexte. Ich werde versuchen, Dir bei Pierre Colle, bei dem ich mich zwei Tage auf dem Land einschließen werde, einen neuen zu schreiben. Ich bin sehr traurig, Dich nicht im Radio gehört zu haben. Alle rufen mich an und erzählen mir davon. Claude hätte mir Bescheid sagen müssen. Ich lasse den restlichen Platz für unsere Freunde frei und küsse Dich aus tiefstem Herzen.

Dein Jean

Ich schreibe ohne Unterlaß, aber ach, ich zweifle an dem Postdienst, der so schlecht funktioniert. Deine Mama ist untröstlich, daß Du ihre Briefe nicht bekommst.

1. Für mich geschriebene Texte, die später in *Théatre de Poche (Taschentheater)* veröffentlicht worden sind.

36, Rue Montpensier

16. Oktober 1944

Mein geliebter Sohn,
da Deine Mama mir erzählt, daß Du ihre Briefe über die Feldpostnummer nicht erhältst, vergeht mein Tag damit, nach Mitteln und Wegen zu suchen, wie ich Dich erreichen kann. Éliane bietet mir eine Möglichkeit an. Ich werde ihr meinen Brief heute überbringen lassen. Es war eine große Freude, Besuch von Muller[1] zu erhalten, weil er Dich gesehen, unseren Moulouk gestreichelt hatte, und weil ich trotz des jüngsten Besuchs von Jacques D.[2] die Illusion hatte, mit Dir in Verbindung zu stehen. Meine Erkältungen folgen einander auf dem Fuße und schwächen mich. Sie hindern mich an der Arbeit mit Delannoy. Ich suche, ich suche eine kleine Szene, die ich Dir schreiben kann, und finde nichts, weil ich es verabscheuen würde, eine solche Arbeit flüchtig zu machen. Es wäre Deiner und meiner unwürdig. Ich muß es eben finden und die Kopf- und Augenschmerzen besiegen, die mich ganz stumpfsinnig machen. Ich schäme mich sehr, Dir von meinen Beschwerden zu erzählen, die lächerlich sind, verglichen mit Eurem Regenmatsch und allem anderen. Aber ich liebe Dich um Deinet- und nicht um meinetwillen. Dich fern von unserer Finsternis und unserer Ungewißheit zu wissen, macht mich fast glücklich. Jef Kessel sagte mir, daß Ihr vielleicht in unsere Gegend zurückkommen werdet. Wenn Du ein paar Minuten Zeit hast, erzähle ein wenig von Deinen Kameraden und sei ein bißchen ausführlich. Bist Du mit dem Sohn von Jaboune zusammen? Stimmt es, daß Jaboune an der Hand verletzt ist? usw. Alle diese Fragen und Deine Nachbarschaft mit Claude und Jean-Pierre (hast Du ihn wiedergesehen?), da hast Du die einzigen Dinge, die mich interessieren und die mich von der mißlichen Lage ablenken können, in der ich mich befinde.

Gestern abend Diner Bourdet-Colette bei Véfour.[3] Jeder

1. Raymond Muller, 1959 Jean Cocteaus Sekretär.
2. Jacques Delrue, guter Freund von mir und Hauptmann bei der Division Leclerc, dem ich meine Verpflichtung verdankte.
3. Véfour war eines der besten Restaurants Frankreichs.

liebt Dich und fragt mich nach dir aus. Die Theater nehmen ihre Arbeit mit halber Kraft wieder auf. Nichts Ernstzunehmendes. Man sieht auf den Plakaten: Hébertot, neue Leitung. Dabei handelt es sich bestimmt um Nadine Farel. Edwige wird *Die Kameliendame* spielen und denkt nur an unser Stück.

Mein Jeannot, ich erzähle Dir, was mir durch den Kopf geht, und mein Kopf ist leider sehr durcheinander. Suche in diesen Zeilen nichts als meine Zärtlichkeit und meine Gegenwart, denn ich kann mich in Deine Nähe versetzen. Ich presse Dich an mein Herz.

Dein Papa

Jean

27. Oktober 1944

Mein Sohn Jeannot,
ich habe Dir seit vier Tagen nicht geschrieben, weil ich ganz in dieser widerlichen Grippe unterging. Ich konnte weder atmen noch arbeiten, und im übrigen ist unser Palais-Royal der einzige Ort, wo das Licht von mittags bis 7 Uhr abends nicht funktioniert. Du erahnst die Düsternis und Traurigkeit des Kranken, der seinen Schatten mit Deinem Bild und dem von Moulouk bevölkert. Ich konnte an diese kleine, sehr schwierige Szene weder denken noch an ihr arbeiten, weil ich nichts für Dich machen wollte, was nicht schön wäre, und es ist sehr schwierig, sich an das schwierige und einfache Publikum zu richten, vor dem Ihr werdet auftreten müssen. Paul reist herum und ich sehe ihn fast nie. Georgette pflegt mich. Alle denken nur an Dich und lassen Dich herzlich grüßen. Ich bekomme manchmal Besuch von Deinen kleinen Mädchen, die nach Neuigkeiten fragen und Bücher zum Hineinschreiben von Widmungen mitbringen.

Ich war nicht im Theater. Ich habe den Film von Malraux gesehen, der während des spanischen Bürgerkriegs gedreht worden ist (geschlossene Vorstellung), er ist bewundernswert.

Heute abend verpasse ich wegen eines Willemetz-Diners den Film von René Clair, der im Palais de Chaillot gezeigt wird. Im Palais de Tokyo revoltieren lärmende Banden gegen den Picasso-Saal und wollen Tinte auf die Leinwände gießen. Grund für diesen Aufruhr ist Picassos Beitritt zur Kommunistischen Partei. Das Publikum der *L'Humanité* kann seine Syntax nicht entschlüsseln, erkennt in seinen Gemälden nur erschreckende Karikaturen. Mir wird ganz und gar aus dem Weg gegangen. Das ist eine Stellung, die mir durchaus nicht mißfällt. Ich verachte diesen Sturm, der um die Résistance veranstaltet wird. Das Heimliche geht ans helle Tageslicht und dort auch vor sich. Ich meinerseits gefalle mir in der Wahrung einer heimlichen Reserviertheit, aus der ich nur durch meinen Film und durch ein Stück hervorkommen werde. Man versichert mir, daß es möglich sein wird, Dich für den Film kommen zu lassen. Edwige ist traurig wegen unseres Stückes. *Die Kameliendame* ist oft ausverkauft. Warten ist besser, und auch wenn Du da wärest, müßte man darauf warten, daß die Gemüter sich beruhigen und sich wieder so etwas wie eine Ordnung etabliert. Éluard und Aragon, Könige dieser Zeit, sind für mich Freunde. Besteige keinen Panzer, ich bitte Dich darum.

Dein letzter Brief war wundervoll. Ich lese ihn immer wieder. Er gibt mir Mut. Den habe ich nötig. Deine Mutter glaubt, daß Du ihre Briefe nicht bekommst. Ich werde versuchen, diesen per Einschreiben aufzugeben. Schreib mir, wenn Du ihn erhältst.

Dein Jean

36, Rue Montpensier

Freitag, den 3. November 1944

Mein Jeannot,
Élina wird Dir diesen Brief zukommen lassen. Ich schreibe ihn Dir im Dunkel der der Elektrizität beraubten Wohnung. Alle diese kleinen Beschwernisse sind nicht der Rede wert neben

den großen Beschwernissen, die Du durchmachst und die ich schlechter ertrage als meine eigenen. Ich habe jetzt die Gewißheit, daß ich Dich für unseren Film[1] werde kommen lassen können. Aber wir müssen warten, daß die eigentliche Arbeit wiederaufgenommen werden kann. Ich beschwöre Dich, soweit wie möglich auf Dich aufzupassen und kein Opfer dieser großen Verwirrung zu werden. Wenn man Dir einen ruhigeren Posten anbietet, nimm ihn an. Deine Kameraden werden die ersten sein, die das verstehen. Natürlich handelst Du immer, wie es Dein Herz und Deine Seele Dir eingeben, die Dich dazu treiben, das zu tun, was am wenigsten angenehm ist. Ich kenne Dich. Aber Du bist Dich Deiner Arbeit und Deinem armen Jean schuldig, der nur durch Nachrichten von Dir atmet. Jedesmal, wenn man mich danach fragt, antworte ich: ‹Ich habe einen Brief, der vor vier Tagen angekommen ist.› Und auch wenn es fünf oder sechs Tage sind, sage ich hartnäckig: ‹vier›. Ich habe in der ganzen Stadt nach einer Luftmatratze gesucht. Es ist keine zu bekommen. Wer mal welche hatte, hat jetzt keine mehr. Die Häuser sind geplündert und zerstört worden. Das Gummi ist trocken und hart. Ich war sogar bei Coco, die auf dem Land welche hatte. Sie hat ihre unpassenden Sätze vergessen und sagt mir immer wieder: «Ich bleibe seine Patin.» Leider existieren die Matratzen nicht mehr. Ich werde weitersuchen.

Ich huste viel und habe Halsschmerzen. Ich schone mich. Ich tue nichts, ohne an Dich zu denken und daran, daß ein Mirakel Dich eines Morgens, von irgendeinem Kameraden mitgenommen, hier erscheinen lassen wird. Keinerlei Nachricht von Jacques Delrue. Ich zwinge mich, die Dialoge für *Die Prinzessin von Clèves* zu schreiben. Du kannst sicher sein, daß ich unfähig wäre, mich von einem Punkt zu entfernen, an dem ich mit Deiner Person in Kontakt stehe. Ich hätte New York nur akzeptiert, wenn man mich so schnell wie möglich im Flugzeug hin- und zurückgebracht hätte. Du kennst Paris. Selbst wenn es die Amerikaner verlangen, wird man es ablehnen. Die Engländer und die Amerikaner wollen alle den Film sehen. Man wird ihn ihnen zeigen. Die New Yorker Angelegenheit ist von einem

1. *La Belle et la Bête (Die Schöne und das Biest).*

Amerikaner in die Hand genommen worden, der ihn gesehen hat, in London ist und davon träumt. Gestern hat Sherbane *Carmen* einem Filmhändler vorgeführt. Weder im Theater noch auf der Leinwand tut sich etwas Bedeutendes. Das Bedeutende wird mit dem Moment zusammenfallen, in dem es mir gelingt, Dich freizubekommen. Ich denke an nichts anderes mehr. Mein Engel, ich segne Dich und ich küsse Dich. Küsse unseren Moulouk. Dein Papa.

Jean

Heute morgen hat eine Dame wegen ihrer Hochzeit angerufen. Ich habe geantwortet: ‹Er ist Soldat.› Mila hat Dir geschrieben. Hubert hat Dir geschrieben. Wo sind die Briefe?

36, Rue Montpensier

7. November 1944

Mein Sohn Jeannot,
wenn die Zeitungen vom "Vormarsch in den Vogesen" berichten, wird es mir unmöglich zu leben; und doch, mit welcher Ruhe (Deiner) müßte ich Deinem Transporter folgen, mich zwischen Dir und Moulouk niederlassen. Paul ist immer weit fort, und obwohl das Haus voller Leute ist, die mal eben vorbeikommen, bin ich einsam, von einer erschreckenden Einsamkeit. Übrigens merken sie es, und wenn sie mit mir sprechen, dann aus Freundlichkeit, weil sie wissen – sie stellen es fest –, daß ich gar nicht da bin. Die Alberts haben mir eine Zeitung gegeben, in der man Dich in Deiner Gruppe erkennt. Es war wie ein Funkbild, daß ich über die Schwingungen erhielt. Du bist im Profil, aufrecht neben einem Tisch, mit dem Fuß auf einer Bank, zwei essenden Kameraden gegenüber. Auch Deine Mutter besitzt dieses schlechte Foto, das in unseren Augen das allerschönste war. Ich möchte Dir tausend Dinge aus dieser verregneten und traurigen Stadt erzählen. Aber es fällt mir schwer, weil ich nicht den Mut habe, daran teilzunehmen und mich für das zu interessieren, was vor sich geht.

Ich habe immer noch Halsschmerzen. Ich huste und vergegenwärtige mir *Eure* Kälte und *Euren* Schmutz. Bestimmt sind Eure Kälte und Euer Schmutz schuld daran, daß meine Grippe nicht besser wird. Wenn ich sie von Eurem Wetter habe, dann liebe ich sie und nehme sie noch als ein Glück hin und einen Beweis für das Wunder, das mich dort leben läßt, wo Du lebst. Gestern hat mich ein junger Amerikaner, ein Freund von Philippe Lassell,[1] besucht. Er kehrt heute morgen in Eure Nähe zurück, und über seinen Vermittlungsdienst wird er sicher Kontakt mit Dir aufnehmen können. Ich habe ihn lange hierbehalten, damit er die Atmosphäre von Palais–Royal mit sich nehmen und Dir übermitteln kann. Dabei gilt natürlich für Dich das Gleiche wie für mich, und Du wirst wohl ebenso hier leben wie ich dort bei Dir.

Mein guter Engel, ich küsse Dich aus tiefstem Herzen und werde das Unerträgliche ertragen.

Jean

36, Rue Montpensier

10. November 1944

Mein Sohn Jeannot,
Élina schlägt mir vor, sofort einen Brief an Dich abzusenden, und ich beeile mich, ihn zu schreiben. Die, die ich Dir per Post schicke, können verloren gehen. Nun versuche ich schon ein paar Tage zu leben und wurde von meiner Ungewißheit, was die Nachrichten betrifft, daran gehindert. Ich ahne, daß diese Offensive uns in schlimme Dinge hineinzieht und uns schlimmen Dingen entgegenführt, und ich ertrage es kaum. Ich hätte gern Deinen Mut und versuche, mir ein Beispiel an Dir zu nehmen. Aber die Angst ist stärker als alles andere, und die Einbildungskraft besorgt den Rest. Mein Gott, wenn ich nur Nach-

1. Ein Amerikaner, Freund von Jean Cocteau.

richt bekäme. Versuche sie Leuten mitzugeben, die ins Val-de-Grâce kommen und hin- und herpendeln. Selbst wenn es unmöglich ist zu schreiben, laß anrufen und mich beruhigen. Eine Zeile, eine Geste, ein kurzer Satz sind genug. Mein Jeannot, Du mußt verstehen, daß ich nur halb lebe, daß Dein Leben mir wichtiger ist als das meine und daß ich verrückt war, Dich hier nicht mit Stricken festzubinden. Nimm es mir nicht übel, daß ich Dir diese Dinge sage. Ich weiß ja, daß Du immer recht hast und daß meine Seele Dir im Grunde zustimmt. Aber ach, diese Augenblicke der Schwäche, sie bleiben bestehen!

Jean

36, Rue Montpensier

Freitag

Mein Sohn Jeannot,
einer Deiner Kameraden hat diese paar Zeilen mitgenommen; ich gebe ihm das kleine, bei Hubert wiedergefundene Notizbuch mit. Leider können wir die Prosatexte weder bei Deiner Mama noch bei uns finden. Ich werde also versuchen, bei Pierre Coll, wo ich den Sonntag verbringen werde, einen zu schreiben.

Wenn man ständig Freunde trifft, die in Uniform herumlaufen, gelingt es einem schließlich, sich zu beruhigen, und man lebt wieder auf. Aber dann meldet die Zeitung, daß es gerade in Eurer Ecke hart zugeht, und die Illusion wird anfällig. Paß auf Dich auf, mein Jeannot, auf unsere Freundschaft, unsere Arbeit, unseren Stern. Der Himmel beschützt Dich, und der Sorgenteufel darf keine Gewalt mehr über mich haben. Hier wird die Elektrizität nach Lust und Laune ausgegeben. Meistens sitzen wir im Dunkeln, und ich mache, daß ich wegkomme. Ohne Dich und den Moulouk ist mein Schatten unerträglich.

Ich schweige und versuche, nur solche Freunde zu treffen, mit denen man von etwas anderem als dem Ausschalten der Kollaborateure sprechen kann. Gestern habe ich Jean-Pierre ein

Exemplar von *La Machine infernale (Die Höllenmaschine)* für seinen General gegeben, der das Stück mehrmals gesehen hat. Bertrand spricht davon, *Les Film de Jean Cocteau* ins Leben zu rufen. Wie die Filme von Pagnol. Ich würde Paul als Administrator einsetzen. Ich wage nicht, mich von diesen Träumen mitreißen zu lassen. Ich bemühe mich, für den Augenblick zu leben und von einem Tag zum anderen. Heute nachmittag arbeite ich mit Delannoy an *Clèves*. Er hat mich heute morgen angerufen, damit ich Dir sage, daß er Dich herzlich grüßen läßt. Mein Jeannot, laß uns schnell aus diesem Alptraum aufwachen, Hand in Hand.

Jean

36, Rue Montpensier

2. Dezember 1944

Mein Sohn Jeannot,
endlich ein Brief von Dir an Paul. Großes Fest. Ich würde nicht mehr leben so ohne Neuigkeiten über Euren Vormarsch und die Verwundung von Jaboune. Aber Jaboune war, wenn ich mich nicht irre, nicht mit Dir zusammen. Ich fühle, daß Du mich dafür ausschimpfen würdest, daß ich mich andauernd in einen solchen Zustand versetze, aber ich kann mich noch so sehr um Vernunft bemühen und auf Deinen Stern vertrauen, die Sorge nimmt die Form einer Krankheit an und verursacht mir körperliche Schmerzen im Hals, im Kopf, in den Augen, im Bauch, überall. Jean-Pierre Aumont, den ich gestern gesehen habe, bereitete mich auf die Hoffnung auf Deinen Besuch vor. Da er die *Carmen*-Gala nicht kannte, glaubte er bestimmt, daß man Euch wieder runterbringen würde (er konnte nichts endgültig bestätigen).

Gestern abend habe ich dem Chef von Gaumont[1] die Modelle

1. Gaumont – franz. Filmfirma (d.Ü.).

der Dekorationen[1] gezeigt. Bébé fragt mich ununterbrochen nach Neuigkeiten von Dir und war sehr nett während der Schererein.[2] Ich arbeite am Film und an *Clèves*, das Fortschritte macht. Ich werde Sonntag daran arbeiten. Das Kino arbeitet ohne Film Material und ohne Lampen. Die Hälfte der Kodakbüchsen ist unbrauchbar, was die Kameraleute ganz verrückt macht. Ich habe *Vom Winde verweht* gesehen. Der erste Teil ist großartig. Der zweite hält sich zu sehr an das Buch und bietet nicht mehr das gleiche Schauspiel. Es entgeht einem alles, wenn man die Sprache nicht kennt. Die Kulissen und Kostüme sind außergewöhnlich. Die Schauspieler perfekt. Die junge Schauspielerin ist eine große Schauspielerin. Sie hat das Komische, das Tragische, die Anmut, die Kraft. Was mir den Anfang verdorben hat, waren der Krieg und die Verwundeten. Manchmal, wenn ich an Euch dachte, drehten mir die Bilder das Herz um. Verzeih mir, daß ich Dir so wenige Einzelheiten schreibe. Der freudige Schock über die Nachrichten ist noch nicht vergangen, und ich kann weder meine Hand noch meinen Kopf richtig gebrauchen. Ich denke nur daran, Dich zu küssen und davon zu träumen, daß Du kommen könntest.

Dein Jean

Umarme den Moulouk, Er ist ununterbrochen hier in meinem Zimmer, auf dem Bett, an der Tür, die Nase unter der Eingangstür.

1. *Die Schöne und das Biest.*
2. Weil er während der Besatzungszeit Arno Breker empfangen hatte, Hitlers und auch schon seit sehr langer Zeit Jeans erklärten Lieblingsbildhauer, mußte Jean Cocteau sich vor einem Säuberungsausschuß verantworten, ohne daß man den geringsten Vorwurf gegen ihn aufrechterhalten konnte.

36, Rue Montpensier

5. Dezember 1944

Mein Sohn Jeannot,
heute morgen haben wir uns alle gegenseitig angerufen, um Neuigkeiten von Dir weiterzugeben: Deine Mama, Hubert, Paul und ich. Wir waren glücklich. Aber die Neuigkeiten sind immer alte Neuigkeiten, und man wünschte, hinzufliegen und zurückzukommen, um zu erzählen, daß man Dich gesehen hat. Meine einzige Freude ist, an Werken zu arbeiten, die mit Dir zusammenhängen. Nach und nach kommt *Die Prinzessin von Clèves* voran, und ohne es überhaupt bemerkt zu haben, sind wir bei der Hälfte angekommen. Ich arbeite mit Delannoy, weil ich diese Szenen hasse, die man ändert und dann wieder zurückändert. Auf diese Weise legen wir eine Szene erst aus der Hand, wenn sie endgültig niedergeschrieben ist. Es gibt kein Filmmaterial, und die Kodak, die wir haben, ist schon altersschwach, unbrauchbar. Du hast nichts zu versäumen, und die Arbeit auf der Bühne beginnt erst wieder bei Deiner Rückkehr.

Du und Moulouk, Ihr seid eine Zwangsvorstellung, die fast schon zur Realität wird. Ihr lebt in unserem Haus, in meinem Zimmer und in unserer Straße. Ich sehe Euch, und ich spreche mit Euch. Leider kommen die Phasen, in denen ich voller Unruhe bin, immer wieder und verderben mir die Laune. Mir wird richtig übel davon. Ich habe Sacha gesehen. Er ist sehr traurig über diesen erschreckenden Haß, der einen anweht, sich ausbreitet, überquillt und in lächerlichen Kaskaden herabstürzt. Man wünschte, einen wirklichen Grund zur Klage zu finden, um ihn dessen zu bezichtigen und davon reinzuwaschen. Das Dramatische dabei sind diese unbegründeten Gerüchte, die sonstwas erfinden.

Abgesehen von der Gefahr in jeder einzelnen Sekunde, bist Du dort, wo Du bist, besser aufgehoben als in dieser Geisterstadt, die bis zu einer militärischen Lösung auch eine bleiben wird. Ich bin wütend auf mich, daß ich das Stück diesem jungen Dummkopf anvertraut habe. Wütend, geglaubt zu haben, daß das Notizbuch schneller bei Dir ankommen würde. Ich hätte auf den klugen Paul hören sollen, der mir immer wieder sagt: «Die Post ist der sicherste Weg.»

Ich werde mich immer von diesen falschen Herzensaufwallungen täuschen lassen, die mir sagen, sie würden zu Dir laufen oder könnten Dich erreichen.

Nebenbei ist es idiotisch, daß das Stück in den Händen dieses Kerls umhergondelt. Versuche, Verbindung mit ihm aufzunehmen und ihn zu zwingen, daß er es Dir zukommen läßt.

Am Édouard-VII wird ein *Tristan und Isolde* mit Cuny und der Darrieux gespielt werden. Das Stück ist nicht besonders gut. Sie rechnen wohl damit, von unserem Film zu zehren. Cuny machte taktvolle Andeutungen alldieweil Du nicht da warst. Ich habe ihm geantwortet, daß Du, wenn Du da wärest, den Tristan spielen würdest.

Lulu hat gerade sehr liebevoll angerufen, um von Dir zu sprechen und Zeit zu vertrödeln. Ich hoffte ein bißchen auf das Gelingen Deiner Reise. Ich fühle wohl, daß Du fürchtest, mir Kummer zu bereiten, aber Du sagst nichts, was diese tiefe Angst noch vergrößern könnte, die mich von Kopf bis Fuß zerreißt. Aber ich bin sicher, daß Du sehr gehofft hast und daß diese Absage Dir weh getan hat.

Bei den zweiwöchigen Filmtagen werden *Carmen* und *Pontcarral* gezeigt werden – eine Art Filmpanorama der Okkupation. Der filmische Roman von Carné wird auch gezeigt. Ich gehe überhaupt nicht ins Theater. Heut abend werde ich an der Probe im Vieux-Columbier teilnehmen (Stück von Rossin).

Rue Montpensier

7. Dezember 1944

Mein Jeannot,
ich war bei Dr. Don, der diese Angst und die Leberbeschwerden sehr gut wieder in Ordnung gebracht hat. Er meint, daß es alles nervös ist und daß ich nicht wirklich krank bin. Ich erzähle Dir diese Nebensächlichkeiten, da ich doch weiß, daß Du in Deinem Drama nur an das kleine Zuhause denkst und an das, was dort vor sich geht.

Durch Vermittlung von Roger und Dubois kann ich Euch

folgen und versuchen, mir über Eure Route Klarheit zu verschaffen. Die Leere ist eine furchtbare Beigabe, wenn man nur durch die Existenz der anderen existiert und nicht mehr weiß, wo man seine Seele und seinen Körper lassen soll.

Ich habe an der Molière–Probe teilgenommen. Aber ich leide darunter, Theater und Schauspieler zu sehen und zu wissen, daß Du Schauspieler an einem Theater bist, das mit unserem wahren Beruf nichts zu tun hat. Ich kann mich noch so sehr zusammennehmen und mich mit Geduld wappnen, eine solche Anstrengung fällt schwer. Auf den Bühnen tut sich nichts Nennenswertes, ich wiederhole es Dir. Es ist kalt in den Sälen, und es kommt dort keinerlei Kraft zum Ausdruck. Ich bin dabei, den *Caligula* von Camus zu lesen, der mir hervorragend erscheint, mit einer Rolle für Dich (im Stil Deines Nero), außergewöhnlich. Anouilh hatte mir geraten, das Stück Deinetwegen zu lesen. Ich habe von Capgras einen langen Brief bekommen, in dem er seine Urteilskraft und seinen Enthusiasmus beweist. Dagegen häuft Alice dumme Fehler nur so auf und überwirft sich mit Madame Refoulé und ihrer Sekretärin, die sie unterstützt haben und alles hätten in Ordnung bringen können. Kaum wage ich, Dir diese kleinen Histörchen einer Provinzstadt im Kampf mit der plattesten und wirrsten Dummheit zu erzählen. Der armen Cola geht es sehr schlecht, und sie leidet an einer Lähmung der Vorderpfoten. Erzähle es Moulouk, das sind die Neuigkeiten, die ihn interessieren.

Ich korrigiere die Probeabzüge von *Léone*. Übrigens habe ich die Originaltexte der Sprechgesänge in Prosa wiedergefunden. Was uns retten könnte, wenn durch eine unglückliche Fügung das schwarze Notizbuch Dich nicht erreichen sollte.

Es regnet. Die Berls werden Mireilles Wohnung wieder zurücknehmen. Die Vandalles werden die Treppe samt Brettern übernehmen und die Wohnung hauptsächlich für François halten. Sie lassen Dich grüßen und sprechen ununterbrochen von Dir. Maxim's entwickelt sich zu einem Club für englische Offiziere. Auf diese Weise geht Louis größeren Unannehmlichkeiten aus dem Weg.

Habe ich Dir erzählt, daß ich vor dem Säuberungsausschuß für Filmkunst, vor Lestringuez, erschienen bin. Es war sehr komisch. Ohne meine permanente Besorgnis um Dich, würde die Gegenwart mir kuriose Schauspiele bieten. Leider bin ich aber nicht in der Lage, sie zu goutieren und darüber zu lachen. Ich bin auf Deinem Transporter, zu Deiner Rechten, Moulouk zwischen uns beiden. Und ich reise durch dieses Walpurgis.

Ich küsse Dich aus tiefstem Herzen.

36, Rue Montpensier

10. Dezember 1944

Mein heißgeliebter Sohn,
Du kannst Dir ausmalen, was es bedeutet, Dich mir in diesem schrecklichen Drama und diesem Schnee vorzustellen, seit zehn Tagen ohne Nachricht. Das Palais-Royal gleicht Deinem Gemälde, das so etwas wie Schnee vortäuscht, und ich sehe Deine Orchideen vor dem Fenster. Mein Gott, wie schwer das alles zu ertragen ist, und wenn mir nicht das Beispiel Deines bewundernswerten Mutes vor Augen stünde, was würde aus dem meinen werden? Ich zwinge mich aufzustehen, mich zu waschen, auszugehen, die zu sehen, die ich sehen muß – aber es geschieht im Traum, und der Traum gleicht auf einzigartige Weise einem Alptraum. Wahrscheinlich zahlen wir für was weiß ich für welche geheimnisvollen Fehler. Was Dich betrifft, gestehe ich, mir nicht klar darüber zu sein, für was Du zahlst – denn Du verdienst nur Glück, Freude und Ruhm. Gestern habe ich Georges Marchal gesehen, ganz in Schwarz für *Les Hauts de Hurlevent*[1] im Theater. Deine Abwesenheit verfolgt sie alle, und sie versuchen, Dich zu imitieren. Reggiani will Nero spielen, Cuny Tristan usw. Ein Plakat von Marchal ist nichts anderes als ein Portrait von Dir. Ich kenne diesen Rhythmus, und es macht mich stolz, denn das sind die verdeckten, heimlichen Kräfte, die die Erde lenken. Dein Portrait ist in mehreren Zeitungen erschienen. Einem davon geht ein Artikel in den *Femmes de France* voraus, in dem eine Passage aus Deinem Brief über

1. Nach Emily Brontë: *Sturmhöhe* (d.Ü.).

Deine Kameraden auf Urlaub wiedergegeben wird (Appell an die Strickerinnen). Du siehst, daß ich keinen Punkt Deiner Bitten unerledigt gelassen habe. Ich kümmere mich jeden Tag darum, aber die kleinste Geste entspricht dem Hochstemmen eines Berges von Trägheit und Idiotie. Bertrou hat das offizielle Gesuch wegen des Filmes eingereicht. Gleich werden wir zusammen zu Palewsky gehen, um die Angelegenheit genau zu besprechen. Wenn nichts dazwischenkommt, rechnet er damit, Ende Mai zu drehen. Es wäre also wichtig, daß Du Anfang Mai zurückkommst.

Mein Sohn, mein guter Engel, ich schicke Dir in jeder Sekunde einen Gedanken und meine in tiefster Seele empfundene Zärtlichkeit

Jean

Paul wird wohl am 12. zurückkommen. Ich habe überhaupt keinen Brief von Megève.

18. Dezember 1944

Mein guter Engel,
endlich habe ich Nachricht von Dir durch Deine Kameradin, die so freundlich war, anzurufen. Und durch Deine Mutter, die mich nach dem Telefongespräch bei Ginette angerufen hat. Das hat mich ein bißchen gelöst und mir ermöglicht, mit Delannoy an der Arbeit weiterzumachen. Es waren einige von Deinen Szenen, und da ich vorgestern *Der ewige Bann* im Normandie gesehen hatte, glaubte ich fast, Dich in Deinem Zimmer zu spüren. Ich vegetiere dahin, weil ich mich unfähig fühle, normal zu leben, wenn Du fern bist und die Post keinen Brief bringt. Am 26. werde ich einige Tage bei Pierre Colle auf dem Land verbringen. André Berheim hat das Stück nach London mitgenommen, damit es übersetzt wird, und um zu sehen, ob es gespielt werden könnte, was uns erlauben würde, abzuwarten und ein bißchen Geld zu verdienen. Hier sind die Theater dürftig, und man

friert in ihnen. Jeder rennt sinnlos herum und drängt sich in den Restaurants, um sich die Illusion zu verschaffen, daß die Welt weitergeht. In Wirklichkeit geht sie nur weiter, wo Ihr seid und existiert nur für Euch. Der Rest ist irrealer Natur, und trotz dieser Geschäftigkeit, die versucht, die früheren Verfahrensweisen zu kopieren, sind die Augen und die Augen des Herzens nur nach den Vogesen und nach Holland gerichtet. Ich habe die Fotografie, auf der Du Suppe ißt, Pierre Lost gegeben, der sie auf den Titel einer neuen Zeitschrift setzen soll. Tausend Blätter sagen das Gleiche, das heißt: nichts. Ich wüßte gerne, ob Du endlich das schwarze Notizbuch hast und ob dieser Schwachkopf Dir das Stück und das Buch hat zukommen lassen. Das Stück von Salacrou ist mittelmäßig, mit viel Aufwand inszeniert, und die Schauspieler spielen jeder für sich, dabei eine seltsame Darbietung ausführend. Man wünschte ... Was wünschte man? Ein Wunder, damit das Drama aufhört und Du mit dem Moulouk durchs Treppenhaus polterst. Weihnachten bringt die Kälte mit, ein so trauriges Weihnachten, daß ich mich mit dem Kopf unter der Bettdecke verkrieche.

Ich zünde Dir alle Kerzen eines wunderbaren Weihnachtsbaumes an, der Dir Körper und Herz erwärmen wird.

Ich existiere nur durch Deine Güte, Deinen Edelmut, die Hoffnung auf unsere Arbeit.

Jean

19. Dezember 1944

Mein guter Engel,
Dein Brief hat mich buchstäblich erschüttert, und ich habe mich sofort in Bewegung gesetzt. Ich fürchtete mich vor der erschreckenden Haltung einer Stadt, die nur noch für Tinte und interne Ämter etwas übrig hat. Wie sollte es auch zugehen, daß eine Stadt, die uns schlecht behandelt und uns von unserer Arbeit fernhält, nicht mit einer großen Gemeinheit zu kämpfen hat. Ich habe heute morgen mit Claude Dauphin gefrühstückt.

Er läßt Dich herzlich grüßen und trägt mir auf, Dir zu sagen, daß Jaboune im Val-de-Grâce ist, sehr entstellt, aber sehr heiter und voller Mut. Was die Kinos angeht, das ist abgemachte Sache. Ich habe den Ausschuß verständigt. Die Soldaten werden nicht Schlange stehen, und nebenbei werden sie wie die Amerikaner ein besonderes Filmtheater haben, gib die Liste Deiner Kameraden, die keine Pakete erhalten, gleich an Louis Jourdan, 89 Rue Cardinet. Das ist der Ort, wo wir unsere Freunde sammeln, die einen Soldaten betreuen möchten.

Claude veranstaltet unverzüglich die Gala im Ambassadeurs für Eure Truppe zu tausend Francs pro Platz. Madame Leclerc hat gerade die Passage aus Deinem Brief hinzugefügt, in dem Du an *Femmes de France*, das sie leitet, appellierst, und daran, daß die Zeitung gedruckt wird. Das ist die Arbeit des heutigen Tages. Morgen mache ich weiter. Ich habe Maggie angebrüllt. Sie und Louis schicken Dir ein Paket mit erstklassigem Weinbrand. Ich habe Deinen Kameraden noch nicht gesehen. Wenn er nur vorbeikommt. Er war bei Deiner Mutter, und ich bin so dumm, daß ich von ihm wissen möchte, was Dir nützlich wäre und Dir Freude machen könnte. Mein Jean, es liegt an all dem, was in dieser Stadt passiert, daß ich krank bin und glücklich bin, Dich am 26. dort in Fleury auf dem Land zu wissen. Ich will Dir gehorchen und Kräfte sammeln. Wenn ich mich gehen ließe, würde ich mich schämen und Dir Schmerz zufügen. Morgen werde ich Dir Bericht über alle meine neuen Schritte erstatten. Ich glaube, ich würde Berge versetzen, damit diese kriminelle Schlamperei aufhört.

Ich küsse Dich.

Dein Jean

36, Rue Montpensier

Am Tag nach Weihnachten

Mein Sohn Jeannot,

ich habe mit den Damen in der Rue de Rivoli telefoniert. Sie haben Reis für Dich aufgehoben und schicken ihn Dir. Wir werden Dir den Pfeffer und das Piment schicken. Ich fahre erst

Donnerstag zu den Colles, um Mittwoch mit Palewsky und der Frau des Botschafters von England bei Loulou in Verrières zu dinieren. Er möchte Deinen Brief für General de Gaulle. Wie Du weißt, ist es immer noch mein System, ganz oben anzusetzen. Er (Palewsky) hatte Loulou angerufen, damit ich an diesem Diner teilnehme, wo er dem Botschafter und seiner Frau auf neutralem Terrain begegnet. Dank dieser Rolle als Anstandsdame werde ich von ihm das Unmögliche bekommen, wenn unser Film soweit ist. Ich billige Deine Antwort an Paul, wie groß auch meine Angst sein mag. Ich bin sicher, daß Dein Platz dort ist und nicht in Paris. Gestern habe ich bei den Colles für die Bescherung der Kinder den Weihnachtsmann gespielt. Es waren einige Minuten der Entspannung, weil die Gören rührend waren und allesamt daran glaubten. Heute morgen warte ich ungeduldig auf Jacques Fano, weil er Dich gesehen hat und ich ihn von Dir sprechen hören werde. Habe ich Dir erzählt, daß *Das Blut eines Poeten* neulich mit dem gleichen Skandal aufgeführt worden ist. Cuny war da – er war vor allem wütend auf Luguet, der vorgetreten war, um dem Publikum zu sagen, daß ich inzwischen mit *Der ewige Bann* mein Ansehen wiederhergestellt hätte (*sic*).

Du kannst Dir vorstellen, in was wir schwimmen, und daß Wesen mit Deiner Ausstrahlung diese Stadt nicht nötig hätten, die unter den Nachwirkungen des Nervenschocks steht, der die ewige Dummheit legitimiert.

Für uns ist es das Wichtigste, sich um das zu scharen, was man auf der Welt am meisten liebt, seinen Stern nicht aus den Augen zu lassen und von Zeit zu Zeit an die Oberfläche zu tauchen, um Luft zu schnappen, gerade genug, um durchzuhalten. Ich schreibe Dir jeden Tag. Auf diese Weise bekommst Du, auch wenn Briefe verlorengehen, immer noch genug, um Dich niemals einsam zu fühlen und zu wissen, daß das Palais-Royal nur nach Deinem Rhythmus atmet.

Dein Mut dient mir als Beispiel, und sowie ich mich mit dieser Hoffnungslosigkeit ringen fühle, die ich von Mama geerbt habe, strenge ich mich an, etwas dagegen zu unternehmen und mich zu bezwingen. Es wird mir gelingen, und ich werde Dir auch diese Disziplin noch verdanken.

Ich bin ausgegangen und komme zurück, um meinen Brief zu beenden. Ich habe mich fest in der Gewalt gehabt und eine gute Figur gemacht – selbst auf der so kalten Straße ging ich neben Dir und sah, wie Moulouk seine Nase nach jedem Fleckchen Trottoir und nach allen Türen ausstreckte. Es gefällt mir, ihn auf der Straße zu rufen und daran zu glauben. Mein Jeannot, C.[1] geht nach Toulouse und Marseille, bevor sie nach Paris kommt. Ich habe die Arbeit mit Delannoy noch nicht wieder aufgenommen. Die Anfänge von Loulou in *Tess d'Uberville*, ein groteskes Stück, sind ein Desaster.
Leben wir einer nahe beim andern und hoffen wir.

Dein Jean

36, Rue Montpensier

28. Dezember 1944

Mein Sohn Jeannot,
im Moment, als ich Dir schreiben wollte, ruft Roger Cauchois mich an. Es war, als ob Du mir die Hand auf die Schulter gelegt hättest. Er kann mich leider nicht besuchen. Aber er wird sicher Paul sehen, wenn ich morgen wegfahren muß. Heute morgen sagte ich mir: ‹Vielleicht ist die Kälte dort weniger unangenehm als die Kälte von Paris.› Ich sagte es mir, um daran zu glauben, und was er mir erzählte, beweist, daß ich richtig geraten habe. Er findet die Kälte von Paris abscheulich. Welch ein Glück, mehr zu frieren als Du. Ich verabscheue meine geringsten Vorteile, und ich würde Dein Los gern teilen. Vorgestern nacht, während ich in der Nähe des Marineministeriums vorbeiging, ging ein Metallregen auf mich nieder, als die Fliegerbombe vor dem Hôtel Meurice eingeschlagen ist. Diese armselige kleine Gefahr brachte mich Dir näher, und ich bin beinahe fröhlich zum Palais-Royal zurückgekehrt. Heute abend esse ich in der englischen Botschaft, wo die Frau des Botschafters uns

1. *Carmen.*

einen Zauberkünstler vorführen will. Unnötig Dir zu sagen, daß ich mit Dir hingehe und daß ich dort die Personen treffe, die ich im gegebenen Augenblick brauchen werde.

Huguette hat mir ein Album mit meinen Fotografien und überall herausgeschnittenen Artikeln gemacht. Bevor ich Dir schreibe, werde ich es ihr widmen und die Minuten neu durchleben, die mir vergleichsweise glücklich erscheinen.

Arbeite an Deiner Rolle in dem Stück.[1] Edwige ist auf dem Land und arbeitet an ihrer. Ich wage nicht, an den schönen Augenblick zu glauben, in dem wir gemeinsam proben werden. Bevor das eintrifft, ist es eher wahrscheinlich, daß wir den Film drehen werden. Und auch da hüte ich mich wohl, Voraussagen zu treffen, und lasse unseren Stern den Weg bescheinen.

Mein guter Engel, ich küsse Dich aus tiefstem Herzen, und ich beiße in ein Ohr von Moulouk, um sein leises Fiepsen zu hören. Nachricht von Dir zu haben, ist unser ganzes Leben am Palais-Royal.

Jean

36, Rue Montpensier

29. Dezember 1944

Mein geliebter Moulouk,
ich beiße Dich in Deine kleinen Öhrchen, und ich küsse Deine süße Wange und Deine schönen Pfoten, und ich kraule Deinen Bauch und beglückwünsche Dich, zu Weihnachten, dazu, daß Du der Schutzengel Deines Papas bist. Georgette packt ein ganz besonderes Paket für Dich und wird es Dir morgen schicken.

Du hast völlig recht, verängstigt zu sein, aber du darfst es nicht sagen, weil Papa es nicht ausstehen kann, wenn Du Angst hast. Mein Moulouk, laß es Dir gutgehen und laß Deinen Papa nicht einen Moment allein. Lauf nicht weg. Er würde Dich suchen gehen und könnte dabei leicht seinen Wagen verlieren.

1. *Der Doppeladler.*

Ich halte ein warmes Plätzchen auf meinem Bett für Dich frei, da Du nun einmal so gern ab und zu dorthin kommst.

Papa Jean

36, Rue Montpensier

31. Dezember 1944

Mein Jeannot,
hinter mir liegen drei von Deinen Briefen bestirnte Tage. Ich mache es wie Du. Ich schließe mich ein und lese sie immer wieder. Gestern hatte ich die Freude, Dein Foto, auf dem Du Suppe ißt, gut wiedergegeben in einem Wochenmagazin zu sehen, das man sich an den Kiosken aus den Händen riß. Ich konnte in Ermangelung eines Fahrzeuges nicht aufs Land fahren. Diese Feste wären ohne den außerordentlichen Mut, den mir Deine Güte, Deine Freundlichkeit, Dein konstanter Edelmut schenken, sehr traurig. Selbst wenn ich keinen Brief habe, spüre ich Deine Gedanken, die uns nie verlassen, und ich bin sicher, daß Du die unseren spürst. Paul ist in den Wintersport gefahren und wird am 12. wiederkommen. Das Haus wäre leer ohne Deine Gegenwart, die mich nicht mehr verläßt. Maggie und Hubert werden Pakete an Dich und Deine Kameraden schicken. Ich habe Louis mit einem Brief zu Palewsky geschickt, um das Problem der Restaurants für Soldaten auf Urlaub zu lösen. Ich will damit sagen, daß ich niemanden habe, der solche Schritte unternehmen könnte. Wenn ich voll Bitterkeit von dieser Stadt zu sprechen schien, dann waren das nur vage Äußerungen ohne irgendeinen bestimmten Grund. Ich finde, sie erstickt nicht gerade an gutem Herzen.

Im Gegensatz dazu tun eine Menge Leute alles erdenklich Mögliche, um mir beizustehen, mich zu erwärmen und die Dinge weniger unerträglich zu machen. Wir werden heute abend zwischen den Jahren oft auf Deine Gesundheit trinken. Gebe der Himmel, daß 1945 uns rettet und uns die Chance gibt, zusammen zu arbeiten. Brüssel inszeniert *Nein, diese Eltern*. Daran siehst Du, daß in Belgien mehr Ruhe herrscht als in unserer Stadt, in der man sich ebenso schnell ängstigt, wie man sich beruhigt hatte. Mein Jeannot, Paul überrascht mich auch, aber ich bin daran gewöhnt. Er liebt Dich innig und glaubt Dich zu verstehen. Das heißt, er schreibt Dir seine Reaktionen zu, die keinerlei Ähnlichkeit mit den Deinen haben. Ich versuche nicht einmal, ihm zu widersprechen, denn er hat die Weisheit für sich gepachtet und erkennt die Welt nicht, die uns lenkt und über sehr feine und sehr unsichtbare Regeln verfügt. Gestern abend hatte ich wieder meine Erkältungserscheinungen. Seit drei Monaten dauert das nun, ergeht sich und erschöpft mich. Es müssen die Nerven sein, die mir alle diese Streiche spielen. Ich habe sie unter Kontrolle, abgesehen von den Zonen, wo sie zerrüttet sind und nicht mehr auf das hören, was ich ihnen sage. Ich werde Dir morgen früh schreiben, am Ersten des Jahres. Unnötig zu wiederholen, was ich uns wünsche.

Vom Grunde meines Herzens.

Jean

36, Rue Montpensier

Mein Sohn Jeannot,
ich habe Palewsky gestern abend gesagt, was ich zu sagen hatte. Ich hatte mit Jacques Fano und einem gerade aus Mülhausen eingetroffenen jungen Soldaten zu Mittag gegessen. Um den kleinen Tisch vom Palais–Royal herum haben wir von Dir gesprochen. Es war wunderbar. Weil kein Wagen zu bekommen ist, verzögern die Colles die Abfahrt aufs Land. Ich werde also in der Opéra–Comique proben, und morgen werde ich ein Fest für die Cinematek geben. Du siehst, daß ich durchhalte und daß ich mich in meinem Zimmer nicht gehenlasse. Das Schwierige ist, mich an eine Schreibarbeit zu machen, eine ernsthafte Arbeit – selbst meine Hand ist zu nervös, um die Buchstaben zu formen. Leider wirst Du es wohl auch bemerken – aber ich

werde es schaffen. Die Zeitschrift von Thierry Molnier wird *Léone* veröffentlichen. Sowie ich ein Exemplar habe, werde ich es Dir schicken. Ich errate, wo Ihr steht, und so wie es steht, werdet ihr keine Minute Zeit zum Schreiben haben. Wenn Du nicht schreiben kannst, wirf zwei Zeilen auf ein Stück Papier. Es stimmt schon, daß das Durcheinander mit der Post an dieser beweglichen Front extrem ist. Die Damen aus der Rue de Rivoli, sowie Maggie und ich, wir werden Dir den Reis und alles andere schicken. Ich werde eine Feldflasche dazu tun, die Dein Weihnachtsgeschenk bei der Bescherung bei Piguet war, wo alle Champagner auf Deine Gesundheit getrunken haben. Gabralle läßt Dich herzlich grüßen. Ich habe das ganze Haus durchsucht, um die Sprechgesänge wiederzufinden. Da Paul die Kommodenschublade nicht ganz bis zum Anschlag hineinschieben konnte, nehmen wir sie heraus und finden eine einzelne Seite eines der Lieder. Paul behauptet, daß Du den Rest mitgenommen hast, daß er bei Deiner Mutter sein muß und daß sie sich in Deiner liebenswerten kleinen Unordnung nur nicht zurechtfindet. Paul wird hingehen und suchen.

Claude hat Dominique gesehen, ist er bei Dir oder hat er die Kompanie gewechselt? Der Tod Deines Kameraden hat mir leid getan. Wenn Du Dir unter allen Deinen Kameraden einen erwählst, bedeutet das, daß er es verdient, und ich liebe ihn ebensosehr, als wenn ich ihn gekannt hätte. Ich mußte also im selben Augenblick erfahren, daß noch jemand existierte, der für mein Herz wichtig war, und daß er nicht mehr existierte. Dieser ganze Alptraum ist grauenhaft, aber eines Morgens werden wir erwachen, und ich werde Dein liebes Gesicht anders sehen als durch die magischen Kräfte der Seele. Das Traurige ist, daß die Neuigkeiten immer alt sind und sich danach allerhand ereignet. Ich verlasse Dich, weil das Licht nachläßt, und von 1 bis 5 Uhr werden wir seiner beraubt. Ich kehre zu meinen Fenstern zurück, die ich mit Dir und Moulouk bevölkere.

In tiefster Zärtlichkeit.

Ich unterschreibe im Dunkeln.

Jean

36, Rue Montpensier

4. Januar 1945

Mein guter Engel,
heute morgen habe ich einen Brief von Dir, und gestern hat mir Deine Mama telefonisch Neuigkeiten berichtet. Ich habe sofort Deine Wünsche an Delannoy weitergegeben, mit dem ich zu Mittag gegessen habe, und Deine Mama hatte ihm Deine Nachricht schon übermittelt. Du kannst Dir vorstellen, wie sehr er und Juliette an Dich denken und wie herzlich sie Dich grüßen lassen. Hat Moulouk das Paket von Georgette bekommen? Sie hat mich sehr gerührt, weil sie ganz von alleine darauf gekommen ist und ihre Freude daran hatte, den Namen unseres Sohnes auf einen Umschlag zu schreiben. Was Hubert betrifft, verstehe ich gar nichts, er beteuert, daß er Dir ohne Unterlaß schreibt und seine Pakete schickt. Ich habe in den Zeitungen gesehen, daß Paris Patin der Division Leclerc wird. Ich frage mich, ob das eine Folge des unglaublichen Radaus ist, den ich gemacht habe, und ob es Euch eine grundlegende Veränderung bringen wird. Ich gebe nicht mittendrin auf, und meine Idee, daß jeder Beurlaubte, egal wo, fast umsonst beköstigt und untergebracht werden könnte, wird Form annehmen. Vandalle, den ich zum Kabinett von General de Gaulle geschickt habe, übernimmt es, dieses System auf die Beine zu stellen. Moyses[1] kümmert sich ungeheuer um die Beurlaubten und sammelt Geld. Er widmet diesem Thema eine Radiosendung. Ich habe ihm Wiener geschickt, damit er sich mit Vandalle in Verbindung setzt. Diese ganze Leere ist schwer aufzulösen und zu erschüttern.

1. Besitzer des *Boeuf sur le toit.*

Diese Stadt ist sehr eigenartig, es ist ein Tumult der Stille, ein erstarrter Strudel, eine kranke Stadt. Mein guter Engel, ich versuche nicht mehr zu verstehen, warum wir unter diesen unheilvollen Sternen stehen und wie unser eigener Stern mit ihnen kämpft. Ich denke nur an Dich und beschränke mich auf diese tiefinnere Aktivität. Ich habe durchaus genug Zeit, zu schreiben und mich auszudrücken. Ich würde sogar mit weniger als der Hälfte meiner selbst schreiben, und es gibt Augenblicke, in denen ich das Gefühl habe, dadurch, daß ich nie in mir bin und immer dort mich bewege, wo Du Dich aufhältst, unempfindlich geworden zu sein. Ich habe keine Nachricht von Paul, man hat mir gesagt, daß diejenigen, die in Mégève mit Skiern ankommen, zurückgeschickt werden. Aber ich lasse mich nicht mehr aus der Ruhe bringen von diesen Schlaubergern, die besser wissen als ich, wie sie ihr Leben einrichten müssen.

Es schneit, ich träume, daß Euer Schnee weniger schmutzig ist als der von Paris und daß Deine Gesundheit darin keinen Krankheitserregern begegnet. Indessen kann es einem unmöglich nicht kalt ums Herz werden, wenn man an Eure Kälte denkt und daran, was sich in dieser Kälte abspielt. Ich beeile mich, Deinen Brief abzugeben. Mauricio hat Dir aus New York geschrieben. Ich lasse seine Karte an Dich weitergehen. Heute morgen hat er telegraphiert.

Ich küsse Dich aus tiefstem Herzen.

Bis morgen.

Jean

36, Rue Montpensier

19. Januar 1945

Mein geliebter Sohn,
ich bin sehr traurig, weil Bourdet tot ist. Er liebte Dich sehr. Er starb vorletzte Nacht bei Denise. Er war in sein Zimmer gekommen. Er fühlte sich schlecht. Er ist fast sofort gestorben. Denise ist von bewundernswerter Tapferkeit, aber ich glaube, daß es

ihr noch gar nicht bewußt geworden ist. Es ist schwierig. Nach Giraudoux, in einem Haus nicht weit von dem seinen, fängt das gleiche Drama von vorne an. Die gleiche Zeichnung, um die Madame Bourdet mich bittet. Der gleiche Artikel zu schreiben. Schreib ein paar Worte an Denise Bourdet, 71 Quai d'Orsay.

Morgen muß ich *Léone* in der Loggia, 21 Quai Voltaire, lesen. Die Casarès rezitiert dort *Plain–Chant (Chonel)*. Ich habe so gut wie keine Lust zu dieser Arbeit, und ohne Dich im Saal ist es völlig bedeutungslos. Aber wer bin ich denn? Mein Jeannot, Du verläßt mich nicht. Du wirst also im Saal sein, und das wird mir neue Kraft geben. Ich kämpfe, um nicht zu verlieren und Dir meine Werke schicken zu können.

Heute werden der Frau von Jaboune die vierzig Paar Handschuhe, die Mützen und die Cognacflaschen gebracht. Ihr Wagen geht Montag ab. Sie wird Dir das Ganze persönlich übergeben. Zumindest rechne ich damit, denn ich kenne Eure Bewegungen nicht, und ich habe Angst, daß sie Euch nicht wie gewöhnlich antreffen könnte. Das Messer schickt Dir Loyau. Wir suchen den Apparat und die Filme. Mila schickt dir die Pfeife, Lulu den Füllhalter und Paul die Brillantine. Du siehst, daß ich Dir gehorche und Dir meine Geschenke durch die anderen machen lasse. Mein einziger Verdienst ist, ununterbrochen zwischen ihnen hin– und herzulaufen, damit es Dir an nichts fehlt. Nur die Handschuhe und die Mützen habe ich selbst entdeckt. Ich habe den Brief von Sichino, ich habe ihm sofort geantwortet und habe meine Antwort über die offizielle Post des Kabinetts de Gaulle schicken lassen. Madame Rolle möchte in der nächsten Saison *Die Eltern* wiederaufnehmen. Die Anfrage an Gaumont, was das betrifft, ist bereits erledigt. Ich werde genau in dem Moment das Nötige tun, wenn es unbedingt sein muß. Mein guter Engel, Pauls Rückkehr richtet mich auf. Wir sprechen von Dir. Deine Briefe zogen ihn zurück nach Hause. Er hatte Glück, vier davon vorzufinden!

Lherbier hat gerade eben angerufen, damit ich ihm Deine Adresse gebe.

Ich küsse Dich aus tiefstem Herzen.

Dein Jean

Moulouk von mir ins Ohr beißen. Die gute Daney wird Dir ein Mittel schicken, mit dem Du Deine Hände behandeln kannst. Tu es auch.

36, Rue Montpensier

23. Januar 1945

Mein Jeannot,
ich komme gerade von der Beerdigung Édouard Bourdets zurück, eine gräßliche Angelegenheit in dieser eisigen Kälte, mit den Reden und dem stillen Schmerz von Denise. Denise sagt zu mir: «Als Jeannot an der Comédie–Française engagiert war, hat er Édouard angerufen. Ich werde es nie vergessen.» Die tausend Leute, die in dieser schrecklichen Kirche waren, fragten mich alle nach Dir. Der Gedanke, daß Eure Kälte besser zu ertragen ist als die unsere, tröstet mich. Hast Du das Mittel, das Marguerite D. für die Hände geschickt hat? Paul und Mila sind gestern bei Dunhill erfolglos geblieben. Sie hatten keine Pfeifen mehr. Paul wird zu Hermès gehen und Dir den Fußball besorgen. Louis und Maggie haben meinem Paket, das die Frau von Jaboune überbringt, einige Flaschen Cognac hinzugefügt. Wenn das alles nur bei Euch ankommt. Ich glaube, daß eine Menge Leute Sachen schicken wollen und daß irgendwelche Einrichtungen, ähnlich der nationalen Hilfsorganisation, sie beiseite schaffen. Es ist unvorstellbar, daß das Geld von diesen Galas und daß diese Tausende von Wollsachen, die im Haus "Victoire" in der Avenue Foch aufgehäuft wurden, Euch nicht erreichen. Sie geben vor, daß es an den fehlenden Transporten liegt. Roger Stéphane ist mit Jean–Pierre losgefahren, in der Hoffnung Dich mit zurückzubringen. Ich wage nicht, daran zu glauben. Wie würdest Du zurückkommen? Mein guter Engel, die Russen rücken vor, und das ist unsere große Hoffnung. Wenn es möglich wäre, daß dieser überwältigende Vormarsch den Krieg verkürzt? Bertrand will sich entschieden dafür einsetzen, daß Du zurückkommst. Ich brauche Dir nicht erst zu sagen, daß ich mich abrackern werde, bis ich es erreichen kann.

Es scheint mir lächerlich und unmenschlich, Theaterstücke in diesen Kühlschränken aufzuführen. Ich bin froh, Dich nicht in Vorstellungen dieser Art hineinzuziehen. Die Schauspieler und Schauspielerinnen werden krank. Darüber hinaus ernten sie nicht den geringsten Ruhm. Das Publikum ist durchgefroren und unaufmerksam. Man muß auf die Sonne und eine Entspannung der Lage warten und darauf, daß dank Eures bewundernswerten Mutes und dieses Frontgeistes, der die Ehre dieses armen kranken Frankreich rettet, etwas Neues geschieht.

Dein letzter Brief war wunderbar, weil ich Moulouk sich im Schnee wälzen sah und unseren Jeannot lachend in der Sonne. Leider zeigst Du mir immer nur die gute Seite der Medaille und verbirgst die andere vor mir. Aber ich errate sie, und trotz der Disziplin, die ich mir auferlege, schleppen sich die Tage ohne einen Anflug von Freude dahin – abgesehen von meinem Zukunftsplan.

Mein guter Engel, ich küsse Dich aus tiefstem Herzen.

Jean

36, Rue Montpensier

26. Januar 1945

Mein Jeannot,
nun sind es schon drei Tage, daß Jacques Delrue in Paris ist, daß er mir kein Zeichen von sich gibt und ich nicht weiß, wo ich ihn erreichen kann. Wenn er Dich schon nicht mitbringt, könnte er sich wenigstens denken, daß es mich ungeduldig macht, zu wissen, daß er aus Deiner Nähe kommt und nicht versucht, mir ein bißchen von deiner Gegenwart zu vermitteln. Hubert hat ihn gesehen und nicht daran gedacht, den Telefonhörer abzunehmen. Morgen abend werde ich mich mit Bertrand über die endgültigen Schritte gegenüber dem Kabinett de Gaulle verständigen. Das Wichtigste ist, daß Du kommst, danach werde ich es so einrichten, daß Du uns erhalten bleibst. Ich kann mir vorstellen, daß Euer Abschnitt keine Ruhe kennt und daß die

von den Russen gehetzten Deutschen wohl versuchen werden, sich am Elsaß zu rächen. Auch ich kenne kaum Ruhe, und ich brauche Deine Briefe, in denen du mir diese Ruhe abverlangst, um mit dem Leiden fertig zu werden. Es herrscht eine gräßliche Kälte, und ich bete zum Himmel, daß die Eure erträglich ist und nicht zur Qual wird. Wir ziehen uns in das kleine rote Zimmer zurück und sprechen von Dir, wir leben von Dir. Es kommt vor, daß ich halb verrückt werde, wenn ich an diesen warmen Tag denke, an dem ich Dir riet zu gehen.

Es kommt allerdings auch vor, wenn ich diese seltsame Stadt und unsere Kameraden in Betracht ziehe, daß ich nur noch unter der Tatsache leide, nicht bei Dir zu sein in einem wahren, gewaltigen und edlen Abenteuer.

Es ist egal, man lauert auf die Post und wagt nicht richtig, sich über das Klingeln zu freuen, aus Angst, von Umschlägen enttäuscht zu werden, die nicht Deine Handschrift tragen. Was für ein Jahr! Was für ein Alptraum! Was für ein Erwachen wäre es, unseren Film zu drehen und die schönen Tage von Nizza und vom Genfer See neu zu durchleben.

Wegen des Stücks, ich wiederhole es Dir, nichts zu bedauern. Publikum und Säle sind Kühlschränke. Die Künstler verrecken vor Kälte, und die Kälte an den Füßen hindert die Leute zu verfolgen, was passiert. Selbst wenn du hier wärest, solltest Du es nicht spielen. Warten wir darauf, daß die Sonne und deine Sonne sich vereinen.

Mein guter Engel, ich küsse Dich.

Dein Jean

5. Februar 1945

Mein Sohn Jeannot,
unnötig, Dir zu sagen, daß die seelische Temperatur am Palais-Royal auf Null sinkt, wenn wir ohne Nachricht von Dir sind. Deine Mama hat mich heute morgen angerufen, denn ich nehme an, daß die beiden Temperaturen gemeinsam fallen. Ich

frage mich, ob Ihr wohl das Paket mit Handschuhen und Mützen, die Kiste Cognac bekommen habt, die Jabounes Frau mitgenommen hat. Gestern haben wir mit Bertrou unser Vorhaben auf dem Land arrangiert, soweit es Dich betrifft. Freitag abend esse ich mit Palewsky, der alles vermag – und ich werde ihm Dein Dossier übergeben, damit er veranlaßt, daß man sich so schnell wie möglich darum kümmert.

Loulou de Vilmorin ist ein Engel – denn sie ist eine Busenfreundin der P.s und hat ihn darum gebeten wie für einen ihrer eigenen Brüder.

Ich habe den Film von Poligny gesehen – *La Fiancée des ténèbres*. Es ist von unglaublicher Einfalt und Schwerfälligkeit, trotz einiger genialer Volltreffer von Gaston Bonheur. Es bleibt das, was wir in der Bretagne gelesen haben, in noch dümmerer Ausführung, wenn das möglich ist.

Am 14. werde ich die *Kinder des Olymp* von Carné sehen. Gestern habe ich bei Pierre Brasseur zu Mittag gegessen, der sich das Bein in zwei (*sic*) Teile gebrochen hat und in Gips lebt. Er hat sich sehr nach Dir erkundigt. Er verabscheut den Film und der Film hat sich ihn durch *Der ewige Bann* offenbart. Abgesehen davon friste ich mühsam mein Leben und wandere geistesabwesend umher, das Herz auf das Elsaß gerichtet und das Auge auf die Zeitungen, die mich herzlich wenig über Eure Sonntage unterrichten. Jacques Delrue wird Dir sicher die schöne Zeichnung von Bébé gegeben haben. Weitere Briefe (ich schreibe dir jeden Tag) müssen an unserem festgelegten Ort auf Dich warten. Mein guter Sohn, es scheint, daß der Moulouk dich daran hindert, weniger harte Stellungen anzunehmen. Das ist schade. Aber ich verstehe so gut, daß Du Dich nicht von diesem Kameraden trennen willst, der unsere lebendige Gegenwart in Deiner Nähe ist.

Ich küsse Dich aus tiefster Seele.

Dein Jean

Freitag, den 9. Februar 1945

Mein guter Engel,

ich hatte die große Freude, ein Gläschen mit Deinem Kameraden Marcel zu trinken, der ein Kerl von überaus erstaunlicher Seelenanmut ist (ich hatte Janette mitgenommen, die seine Worte in sich aufsog). Meine zweite Freude war, Eure Division in Ruhestellung zu wissen. Glaube nicht, daß ich nicht wüßte, *was Du durchmachst und mit welchem Heroismus Du es durchmachst* – aber ich werde nicht mehr davon sprechen als Du selbst mit mir darüber sprichst. Es gibt nicht einen Augenblick, an dem ich nicht merkte, was vorgeht, und manchmal bleibe ich mitten auf der Straße stehen, und mein Herz fängt an zu klopfen, so stark zu klopfen, daß ich die Augen schließe, als würde rechts und links von mir das himmlische Feuer niedergehen. Heute morgen war ich Palewsky im Kriegsministerium abholen gegangen, um ihn zum Mittagessen zu Véfour zu führen und ihm alle den Film betreffenden Einzelheiten mitzuteilen. Er hatte ein Mittagessen unter vier Augen im Ministerium vorbereitet. Ich habe ihn mit Gewalt entführt, weil ich an Ort und Stelle von Dir und uns reden wollte, das heißt in unserem Palais-Royal. Die Vaudables aßen mit Sinac an einem Tisch nicht weit von uns. Unser Erscheinen hat, wie Du wohl ahnst, Aufsehen erregt. Ich habe das Versprechen von P. Jetzt werden Loulou und ich ihm ununterbrochen zusetzen. Er wird sich zur Division begeben, und er wird Dich sehen. Wenn er Dich erreichen kann. Finde heraus, wenn er kommt, und gehe zu ihm, um ihm für seine Freundlichkeit zu danken. *Du würdest mir einen Gefallen tun.* Paul hat gestern Mila gesehen, immer noch ziemlich krank. Sie hat gesagt, daß sie Dich sofort heiraten würde, wenn es darum ginge, Dich herkommen zu lassen, und daß sie Dich danach sofort wieder freigeben würde. Aber ich rate es Dir nicht. Es wäre einfacher gewesen, mit Delrue zu kommen. Ich habe ihm gesagt, in Zukunft nicht darauf zu warten, daß Du fragst, und Dir einfach den Befehl zu geben, ihn zu chauffieren.

Nein, diese Eltern haben in Belgien – in Brüssel und in Gent –, in Genf und in Lausanne einen unbeschreiblichen Erfolg gehabt. Luchino inszeniert sie in Rom. Gebe Gott, daß er Erfolg hat. Ich werde das Unmögliche tun, damit Paulvé eine

Vorstellung vom *Bann* zu Ehren der Urlaubsgänger der 2. D.B.[1] gibt. Wenn die Zeit zu knapp ist – etwa eine Woche – und er keinen Saal findet, werde ich es durchsetzen, daß er einen Abzug auf 16 Millimeter macht und werde ihn an die Division schicken lassen. Es ist furchtbar, diese idiotischen Berge zu versetzen. Es wäre so einfach, so natürlich, Euch mit Überraschungen zu überhäufen und Euch mit unserer Zärtlichkeit zu umgeben. Alles wird immer schwieriger. Aber das ist alles nicht so wichtig, wenn die Dinge den Rhythmus eines letzten Aktes annehmen und wenn die Deutschen, nach diesem letzten Akt, nicht noch anfangen, die *Burggrafen* zu spielen.

Mein Jeannot, bis morgen. Ich küsse Dich aus tiefstem Herzen.

Dein Jean

15. Februar 1945

Mein Jeannot,
ich warte gerade auf die kleine Calmon, die Bertrou getroffen hat, und mit der ich wegen ihrer Reise auf der Suche nach Dir übereinkommen muß. Ich werde Dir die Einzelheiten ihres Besuches schreiben und auf welche Weise Du uns zur Hilfe kommen kannst.

Ich habe heute morgen zwei schöne Überraschungen gehabt. Einen Brief von dir, in dem Du mir erzählst, daß Dein Hauptmann Dich wegen Deines Verhaltens gelobt hat (ich wußte, was Deine Vorgesetzten von Dir denken), und den Anruf von Jean-Pierre, der mir mitteilt, daß Du für das Kriegsverdienstkreuz vorgeschlagen bist. Es wird für mich Anlaß zu großer Freude und großem Stolz sein.

Der Besuch der kleinen Calmon liegt gerade hinter mir. Sie wird sich zunächst bei Euch einfinden, um Dich zu treffen, die Vorgesetzten zu sehen (sie ist Hauptmann) und Eure Direkti-

1. D.B. – division blindée; Panzerdivision (d.Ü).

ven entgegenzunehmen. Ich meine, es wäre ein Fehler, Dich zu schnell zu entführen und Dich in Paris herumtrödeln zu lassen (Du kannst Dir denken, daß ich auf Vernunft und gegen mein Herz spreche). Es wäre ein Traum, falls die Dinge sich einrenken (und sie ist davon überzeugt), wenn Du am 1. Mai für den Film auf unbegrenzten Urlaub kommen könntest. Sie wird nur abfahren, wenn sie die schriftliche Zusage des Kriegsministeriums in der Tasche hat. Palewsky hat schon mit der Arbeit angefangen.

Ich esse Sonntag mittag mit ihm und Bertrou bei Louise de Vilmorin, bei der wir, wie wir glauben, unsere Kulissen aufbauen können (in Verrières). Jetzt, wo man nachts drehen kann, träume ich von einer Außenwelt, die lebt, und echten Bäumen.

Der Film von Carné ist anscheinend vortrefflich und sehr gut gespielt. *Carmen* läuft seit gestern im Rex und in der Ermitage. Ich habe noch keine Ahnung, was da abläuft. Wir gehen morgen hin. Was *Der ewige Bann* angeht, der für Deine Kameraden gegeben wurde, habe ich mich sehr dumm angestellt. Die Ankündigung im Radio wurde am Tag davor um 1 Uhr gemacht und konnte sie nicht erreichen. Aus Mangel an Publikum (es handelte sich nur um Urlaubsgänger der 2. D.B. Leclerc) hat man die Türen geschlossen. Ich werde die Sache ein anderes Mal besser organisieren. Das Beste wäre, Du schriebest an Paulvé, um ihm zu danken und ihm genau anzugeben, wie er die Sache in einem Monat organisieren kann (128, Rue La Boétie). Ich esse heute abend mit Jean-Pierre, um von Dir zu sprechen.

Dein Jean

19. Februar 1945

Mein Jeannot,
ich habe heute morgen zwei Briefe von Dir, und nun, wo unser kleiner Held wieder trocken ist, wirst Du mehr Ruhe haben, mich zu lesen. Sofort nachdem ich Deinen Kameraden gesehen hatte, hab ich darum gebeten, daß eine Vorstellung von *Der*

ewige Bann für die Urlaubsgänger der 2. D.B. gegeben wird, die sich zur Zeit in Paris aufhalten. Ich habe Lulu heute morgen eine Notiz bringen lassen, die das Radio ausstrahlen soll, sowie Paulvé Zeit, Ort und Datum durchgegeben haben wird. Es ist die einzige Möglichkeit, Deine Kameraden zu benachrichtigen.

Wahrscheinlich werde ich beim Versuch, in den Genuß Deiner Gegenwart zu kommen, ein Mittel anwenden, das wirksamer ist als der Dienstweg. Wir müssen 1. Deinen Hauptmann, 2. Deinen Kommandeur, 3. Deinen General überzeugen. Ich werde Mademoiselle Calmon damit beauftragen, die Leiterin der Oper von Algier war, sich sehr gut mit Leclerc steht und die Deiner Division sehr bedeutende Summen gespendet hat. Sie wird sich selbst auf die Suche nach Dir machen. Dafür wird sie bei dem Film als Praktikantin bei der Regieassistenz arbeiten.

Mein Jeannot, Du sagst, daß Du versuchst, mich Dir als Beispiel zu nehmen. Es ist ganz das Gegenteil. Jeden Abend frage ich mich: Bin ich Jeannots würdig gewesen? Und ich gehe meinen Tag noch einmal genau durch. Wenn ich nichts finde, was Dich in Deiner Würde herabsetzen könnte, schlafe ich ruhig. Wenn nicht, gebe ich mir am nächsten Tag mehr Mühe.

Bébé hat für unser Stück *Wunder* vollbracht. Er ist wieder ganz in Form, denn er war dabei, Kulissen und Kostüme eines Balletts für Boris vorzubereiten, und sein Feuer brannte lichterloh. Seit Dein Kamerad mir gesagt hat, daß Ihr in Ruhestellung seid, atme ich freier und widme mich mit mehr Kraft allem, was Dich interessiert (wobei ich den Faden nie ganz aus der Hand gebe). Ich bin glücklich über Dein Zusammentreffen mit Jean-Pierre. Das ist eine Seele, die ich liebe, und ich halte ihn für sehr offen. Poum muß bei der Division sein. Er wollte dem General seine Filme über die Invasion zeigen. Ich werde den Text und die einleitenden Worte im ersten Teil des Filmes zu den Negertänzen übernehmen. Weiß Jean-Pierre Bescheid? Er muß seinerseits den zweiten Teil des Filmes machen und Claude den dritten. Man bietet mir viel Arbeit an, aber ich lehne alles ab, was nicht Dichtung, Theater, Film ist. Ich will keine Artikel mehr schreiben. Der Umgangston der Presse scheint mir unerträglich, und ich lehne es ab, meinen Namen da mit hineinziehen zu lassen. Das Radio ist noch schlimmer. Es bleibt nur dieses wunderbare Licht über Euch, über Dir, über diesem schrecklichen Abenteuer der Front.

Ich verlasse Dich, ich verlasse Euch *niemals*.

Dein Jean

20. Februar 1945

Mein Jeannot,
dies ist der einzig angenehme Augenblick des Tages, wenn ich anfange, Dir zu schreiben. Du kannst Dir vorstellen, was es für mich bedeutet, Jean-Pierre zu sehen und von Dir zu reden. Mila ist überzeugt, daß Du sie heiratest. Im Grunde genommen wäre es gar nicht so schlecht. Sie sagte: «Ich muß es wissen, weil ich dann mein ganzes Leben verändern würde» (mit sehr bedeutungsschwerem Gesichtsausdruck). Wir waren nach dem Ambassadeurs, wo Claude und Jean-Pierre ausnahmsweise mal einen Abend an Stelle ihrer Zweitbesetzungen gespielt haben, ein Gläschen bei einer Dame trinken gegangen.

Jean-Pierre erzählt, daß Ihr von neuem unterwegs seid. Ich gebe zu, daß ich naiverweise hoffte, Ihr wäret in Ruhestellung, und daß ich mir dieses Unwohlsein einer jeden Minute langsam vom Halse schaffen könnte. Das Verdienstkreuz für mutige Zivilisten habe ich nicht gerade verdient. Trotz meiner Anstrengungen gelingt es mir nur schwer, das Rätsel unserer Arbeit zu verstehen und was mit uns geschieht. Aber ich vertraue darauf, daß was ich will mir auch gelingen wird. Ich fand es komisch, daß Dir der Gedanke an einen Film kommen konnte, an dem Du nicht beteiligt bist. Niemals werde ich *Die Schöne und das Biest* ohne Dich drehen, 1. weil es unwürdig wäre; 2. weil Du der einzige bist, der die Rolle spielen kann. Film und Stück können warten. Die Atmosphäre ist nicht so, daß man sich danach drängte zu arbeiten. Unser Stern wird uns zur richtigen Zeit zum arbeiten bringen. Aber ich beschwöre Dich, nicht mehr als Deine Pflicht zu tun und Dir in jedem Augenblick zu wiederholen, daß es ein Verbrechen wäre, Dich unnötig zu exponieren.

Kennst Du Michel Roederer–Cazalès? Seine Mutter hat mich heute morgen angerufen, daß er in der 2. D.B. ist, daß er im Januar (um den 15.) schwer verwundet wurde und daß sie seitdem nichts über ihn erfahren kann. Ich habe ihr versprochen, Dir zu schreiben und habe ihr Deine Adresse gegeben. Diese Art von Neuigkeiten schnüren mir das Herz ab. Aber ich bin töricht. Ich hatte mir geschworen, diese Dinge Dir gegenüber nicht zu erwähnen und mich nicht auf einen Abhang zu begeben, der mich in die Hölle führt. Mein Jeannot, wir werden Jabounes Frau, die Freitag losfährt, Pakete für Dich mitgeben. Mögest Du uns bald Nachricht schicken können. Ein Umschlag von Dir erhellt das Palais–Royal. Josette und Bertrou sprechen unablässig von Dir. Ich liebe Dich, und jeder liebt Dich und bewundert Deine so schöne, noble und so schlichte Haltung.

Ich küsse Dich aus tiefstem Herzen.

Jean

22. Februar 1945

Mein Sohn Jeannot,
keine Nachricht von Dir. Aber es heißt, Ihr seid in Ruhestellung. Ich bin mir da nicht so sicher, weil mir alle Auskünfte falsch zu sein scheinen. *Carmen* läuft im Rex und in der Ermitage. Die Menge trampelt sich nieder und drückt sogar die Schaukästen ein. Im Rex ist es ganz und gar das große Schauspiel. Denn für die Kavalkaden und den Stierkampf wird zum Zeremoniell der Monumentalleinwand übergegangen (Stil Gance–Napoléon[1]). Es treffen laufend Briefe für Dich ein, die ich im Paket an Dich schicken wollte. Aber Paul schimpft mit mir und sagt, daß Dich das ärgert und Du die Widmungen nicht verschick könntest, um die man Dich darin bittet. Wenn Du es willst, schreib mir. Roger Lannes muß Dir geschrieben haben. Er findet (und ich denke das auch), daß Du als einziger in dem

1. Der Film von Abel Gance über Napoléon (d.Ü).

Film nicht "Theater" bist und daß Du die einzige Figur bist, an die man glaubt und die einen gewissen Eindruck dieses Miltonschen Satanismus vermittelt, von dem Mérimée spricht. Dein Profil in den Zügen der Metro zu sehen, tut gut und weh. Gestern muß sich eine Abgesandte der kleinen Calmon zu Euch auf den Weg gemacht haben, die sich mit Dir über das weitere Vorgehen verständigen soll.

Ich habe den Platz für die bei den Vilmorins gebauten Außendekorationen gefunden, und alles in allem ist, außer was Dich betrifft, alles fertig, um die Arbeit in Angriff zu nehmen. Morgen werden wir uns den Film von Carné ansehen. Bébé und ich werden mit Bertrou sprechen, um die genauen Termine zu erfahren und uns über unsere Schritte zu verständigen. Ich werde es schaffen, sei nur ruhig. Das Unmögliche wird getan werden und zu einem guten Abschluß kommen. Ich schreibe Dir schnell und nachlässig, wegen meines Hustens, der wieder anfängt und mich ermüdet. Ich verabscheue diese Müdigkeit, weil sie mir die Kräfte nimmt, zu hoffen und zu glauben. Dennoch glaube und hoffe ich beharrlich weiter. Jean–Pierre zu sehen, Kameraden, die kommen und gehen, scheint ein schöner Traum, aus dem man in Stille und Leere erwacht. Mein Jeannot, ich werde Dir morgen über Carnés Film berichten. Ich umarme Dich mit aller Kraft und bitte Dich, uns mit Deinem Willen, den Film zu machen, zu helfen.

Dein Jean

36, Rue Montpensier

Sonntag

Mein Sohn Jeannot,
nun bin ich schon mehrere Tage ohne Nachricht, und die Nachrichten in den Zeitungen tragen nicht gerade dazu bei, mich zu beruhigen. Aber ich habe mir einen Panzer aus Hoffnung und Mut zugelegt, und ich weigere mich jede Sekunde, ihn weich werden zu lassen. Je weiter ich komme, desto mehr bin ich der

Meinung, daß Du, wie immer, das einzig Richtige getan hast. Dennoch treffe ich heute abend Bertrand, und wir werden uns auf Trab bringen, damit Du zurückkommst, um den Film zu drehen. Jeden Tag hoffe ich, daß man Dich auf Urlaub schickt, und ich zittere, bei Deiner Ankunft nicht zu Hause zu sein, denn ich nehme an, es ist unmöglich, im voraus zu wissen, ob man kommen kann oder nicht. Den ganzen heutigen Sonntag werde ich mit Delannoy an *Die Prinzessin von Clèves* arbeiten. Das bedeutet einen weiteren Tag in Deiner Nähe, und diese Arbeit scheint mir ein großes Fest. Paul-Émil Victor ist zum Mittagessen bei ihm eingeladen. Ich werde also von Moulouk sprechen können, und damit wird das Fest vollständig sein. Leider wäre es nur ein wirkliches Fest, wenn ich einen Brief von Dir hätte. Ich wappne mich mit Geduld und lebe nur für den Morgen, an dem der Briefträger den wunderbaren Umschlag bringt.

Mein Jeannot, bekommst Du langsam unsere Pakete? Die Jourdans kümmern sich auch um Deine Kameraden. Jean-Pierre erzählt, daß er zu Dir zurückfahren und sich bestimmt nicht weit von Dir aufhalten wird. Er sollte gestern wieder rauffahren. Auf meine Bitte hin sind die Portiques neu eingerichtet worden, als Filmtheater für die französische Armee, wie für die Amerikaner. Was an allem anderen nichts ändert. Habe ich Dir gesagt, daß nach Vaudables Vorstellung jedes Restaurant die Urlaubsgänger empfangen sollte. Ich finde die Idee besser als die mit den Auffanglagern. Das Informationszentrum "Victoire" ist gegründet. Nicole (meine Nichte) arbeitet dort. Ich habe alle unsere Damen aufgerüttelt ...

Die Aufführung des *Pauvre Matelot* in der Opéra-Comique ist scheußlich. Es ist zu kalt. Unmöglich, die Sänger aufzurütteln, die eine kümmerliche Inszenierung vortragen, und das so schlecht wie nur möglich. Außerdem ist die Musik von Darius[1] langweilig. Sei's drum. Abgesehen von unseren Plänen zählt gar nichts. Ich werde erst mit Dir und in Deiner Nähe beginnen, mich wirklich anzustrengen. Bis dahin überlasse ich mich dem

1. Darius Milhaud.

Schlaf der Murmeltiere. Mein guter Engel, paß auf Dich auf, das heißt auf mich und auf uns.

Ich küsse Dich aus tiefster Seele.

Dein Jean

3. März 1945

Mein kleiner Jeannot,
ein Brief von Dir brachte heute morgen das Glück mit sich, und es geht das Gerücht, daß Ihr in die Nähe von Paris zurückkehren werdet, was ein Wunder wäre, an das ich aus purem Aberglauben nicht zu glauben wage.

Ich habe den ganzen Tag mit Delannoy an *Die Prinzessin von Clèves* gearbeitet. Ich habe für Dich sehr schöne stumme Szenen entwickelt mit den Dingen, die Dir gefallen (Freudentränen). Du mußt inzwischen das Geld bekommen haben, das ich Dir durch Vermittlung von Paul geschickt habe. Gestern sind wir zusammen ausgegangen, Paul, Jean–Pierre und ich. Es war das Ballett von Bébé. Ein wunderbares Ballett, was ihn betrifft. *Les Forains*. Man könnte es für eine Folge seiner wunderbarsten Gouachen halten, die lebendig geworden sind. Ein schmutziger Luxus. Ein außerordentliches Bühnenbild, von den Tänzern mit vier Stangen, einem weißen Vorhang und zwei weiteren aus rotem Baumwollstoff auf die Bühne gebracht.

Der Vortrag von Roland Petit wurde ziemlich kühl aufgenommen, weil er kein bißchen Bühnenpräsenz hat und tanzt wie ein guter Schüler. Dank Bébé und Boris, dessen Beleuchtung zauberhaft ist, endete der Abend mit einem Triumph. Nur in bezug auf diese Sache muß ich es vielleicht bedauern, daß Du es nicht in Paris sehen kannst. Der Rest gehört in den Bereich des Lächerlichen und Seichten, den die Presse beweihräuchert und der für uns nichts bedeutet.

Ich esse heute abend bei Capri mit Frau Hauptmann Calmon (*sic*), die Dich holen soll und Deine Vorgesetzten zur gegebenen Zeit überzeugen. Sie ist sicher, daß es ihr gelingt. Ich nehme an, daß die Sache sich vereinfachen würde, wenn Ihr in unsere Zone zurückkehrtet. Tue also alles Menschenmögliche, um zu den Zurückkehrenden zu gehören. Dein Kamerad Marcel, der im Begriff stand, den Zug zu nehmen, um wieder zu Eurer Division zu stoßen, hat Befehl erhalten, sich in Saint-Germain einzufinden. Vielleicht ist das der Ort, wo Ihr hinkommen werdet. Ich wiederhole es Dir: Ich wage nicht, daran zu glauben. Paul wird Dir den Curry und den Pfeffer schicken. Es ist unser einziges Glück, uns um Dich zu kümmern. Gestern im Ballett war Mila bei uns. Sie macht ständig doppeldeutige Bemerkungen und beklagt sich, daß Paul sie nicht gerne sähe, was nicht stimmt und ihn auf die Palme bringt. Du sagst mir gar nicht, wie Du Dich in bezug auf sie entscheidest.

Ich küsse Dich aus tiefstem Herzen.

Jean

Sonntag

Mein Jeannot,
heute werde ich mit Bébé an unserem Film[1] arbeiten, und ich freue mich darauf, tausend Dinge erfinden zu müssen, um das Gesamtsystem der Kulissen zu vereinfachen. Der Preis dafür hat sich verdreifacht, was die einen dazu bringen würde, armselig zu wirken, die anderen aber dazu, dem Reichtum einen anderen Sinn zu geben, so daß er zum Reichtum der Einbildungskraft wird. Der Hauptmann G. muß einen Brief bekommen haben, wenn Du Deinen bekommen hast. Er ist ein charmanter Junge und entschlossen, uns zu helfen. Dienstag sehen wir uns die jämmerliche *Blondine* an, um uns ein Bild davon zu machen, inwieweit man Simplifilm[2] einsetzen kann. Ich werde Dir berichten. Hast Du Roger gesehen? Bleibt Ihr? Geht Ihr? Wirst Du Urlaub bekommen? Alle diese Dinge plagen mich, aber die

1. *Die Schöne und das Biest.*
2. Verfahren für Trickaufnahmen.

Hoffnung und die Überzeugung, daß wir unsere Arbeit zu dem Zeitpunkt machen werden, an dem ich es wollte, lassen mich leben. Ich denke vor allem an das Stück und daran, Dich auf solche Weise freizubekommen, daß Du es zur gewünschten Zeit proben kannst. Ich habe vorgestern mit Paul–Émile Victor zu Mittag gegessen, der mir viel von Moulouk erzählt hat. Colette glaubte, Dich in Zivil zu erkennen (am Tag, an dem Du Zivilkleidung angelegt hast), und sie trägt mir herzliche Grüße für Dich auf. Ich habe keinen Film und kein Stück gesehen. Ich hatte die Aufgabe, unserer Auswahlkommission eins vorzulesen, das ich ausgezeichnet fand. Der Rest war erbärmlich anzuhören, und ich bin eingeschlafen. Mein guter Engel, ich verlasse Dich nicht einen Augenblick, und ich bewohne das Dorf mit Dir.

Jean

Sonntag

Mein Jeannot,
Rückkehr kompliziert durch das amerikanische Öl, das sich nicht mit unserem mischen läßt. Abends schönes Fondue mitten in der Sologne. Wie durch ein Wunder kommt ein Böttcher vorbei und schleppt uns ab bis La Motte. Wir schlafen dort in einem merkwürdigen Hotel und fahren am nächsten Tag um 7 Uhr wieder ab, im Schlepptau bis Orléans, wo wir den Wagen zurücklassen und den Zug nehmen. Ich war so glücklich, Dich gesehen zu haben, daß Paul mich mit Bestürzung betrachtet. Ich lachte, ich amüsierte mich, ich schrieb, fand zu der Aktivität zurück, die ich gewöhnlich bei großen Anlässen an den Tag lege. Bestimmt habe ich im stillen geahnt, was mich bei der Rückkehr erwartete. Um 6 Uhr hat man mich vom Kabinett de Gaulle aus verlangt, und Gaston Palewsky hat mir mitgeteilt, «es ist vollbracht». Du wirst, so sagt er, in acht Tagen Nachricht erhalten. Paul war nicht zu Hause, und ich erwartete ihn voller Ungeduld. Wir waren wie verrückt. Ich weiß noch nicht, in welcher

Form die Sache geregelt ist, aber P. hätte niemals auf diese Weise angerufen, wäre er seiner Sache nicht ganz sicher. Er hätte in Gesellschaft verlauten lassen: «Die Sache steht gut.» Ich wage nicht, daran zu glauben, aber ich schreibe es Dir, um Dir Mut zu machen und um Dir zu beweisen, daß es sich nicht einfach um vage Versprechungen des Ministeriums handelt.

Kaum war ich zu Hause, setzte ich mich schon in Bewegung. Ich hatte mich auf alles gefaßt gemacht, außer auf diesen Telefonanruf. Morgen kommt die kleine Calmon zur Berichterstattung, um mir Einzelheiten mitzuteilen, die sie mir wegen des Abhörgerätes nicht geben konnte.

Mein Jeannot, mach Dir keine Sorgen. Die Kräfte des Herzens sind unbezwingbar. Hauptsache, du kommst zurück. Gemeinsam werden wir tun, was nötig ist. Du machtest ein kümmerliches kleines Gesicht in Deinem Dorf hinter den Fenstern des abfahrenden Wagens. Ich war nicht traurig, weil ich mir des Erfolgs sicher war.

Ich küsse Dich aus tiefster Seele.

Jean

1946

Mein Jeannot,
wir sind an einem fürchterlichen Ort und in der Hitze gelandet. Um 4 Uhr treffen wir den Arzt. Die Kur wird weit vom Hotel durchgeführt (eine Art Bistro d'Asnières), aber es scheint, daß die Resultate der Mühe wert sind. Ich frage mich, wo meine Courage wäre, wenn ich nicht Milly am Ende stehen sähe. Wegen Deines Aufenthaltes mit Deiner Mutter erkundige Dich gründlich im voraus. Eine Ankunft auf gut Glück ist immer deprimierend. Was hätte ich mit Martin[1] tun sollen? Es stimmt schon, daß man seine Haut behandelt haben würde. Kaufe Möbel und einen schönen Wagen. Paul wird Milly so herrichten, daß wir möglicherweise bei unserer Rückkehr dort wohnen können (schriftliche Abmachung mit Hébertot). Ich korrigiere die Artikel von *Ce Soir*, und danach werde ich mich auf *Ruy Blas (Der Geliebte einer Königin)* stürzen, es sei denn, die Kur macht mich völlig fertig. Bitte Lulu, mir die Einzelheiten über ihre Zusammenkünfte mit den Produzenten zu schreiben.

Mein Jeannot, laß uns tapfer sein. Unser Haus in Milly wird uns für alles entschädigen.

Ich küsse Dich.

Jean

1. Der Sohn meines Hundes Moulouk.

Sonntag

Mein Jean,
die Reise[1] war umständlich. Man muß dreimal umsteigen, und da der gute Émile[2] mich in Wartesälen einsperrte, haben wir den letzten Zug bekommen, indem wir auf einen fahrenden Gepäckwagen aufgesprungen sind.

Morzine ist ein Irrsinn für einen Kranken. Die Sonne versteckt sich dort um 3 Uhr hinter den Bergen. Dieses Kaff ist häßlich. Das Hotel ist sehr dürftig, winzig, schlecht geheizt. Man hat uns Mädchenzimmer gegeben, die so schlecht geheizt waren, daß ich es nicht aushalten konnte. Ein junger Mann hat mir sein Zimmer überlassen, das auf ein Dach hinausblickt, und durch das die Küchenwärme hindurchzieht (zu bestimmten Zeiten). Weder Milch noch Obst, abscheuliches Essen. Das einzige, was inmitten dieses Grau in Grau leuchtet, ist mein zitronengelber Teint. Émile ist so gutmütig, daß er sich alles gefallen läßt, und ich halte Madame Osso für ein bißchen verrückt. Die Gegend kann annehmbar sein für Leute, die klettern, die ausrutschen, die sich die Beine brechen, die die Sonne auf anderen Abhängen suchen. Aber was kann man tun? Ich bin so fern von allem. Wie sehr habe ich doch Paul[3] gebeten, einen angemessenen Aufenthalt für mich zu arrangieren. Ich denke nur an Dich, an Deine Güte, an Deine Wärme, in die Du mich hüllst. Abgesehen von Dir, bin ich allein auf der Welt, umgeben von Nichtigkeiten wie diesem unerträglichen Artikel von Samstag abend. Ich werde tapfer sein. Wenn ich mich nicht anders einrichten kann, werde ich mich in Morzine einrichten. Die Luft ist herrlich, das ist die Hauptsache.

1. Reise nach Morzine.
2. Émile Darbon, Produktionsleiter von *Die Schöne und das Biest*.
3. Paul Morihien, Sekretär Jean Cocteaus und später Verleger von Jean Genet Simone de Beauvoir und Jean Cocteau.

Samstag abend

Mein Jeannot,
würdest Du bitte Dr. Degas anrufen (Du findest seine Nummer auf einem an einem Rahmen rechts neben der Tür befestigten Zettel oder im Telefonbuch: 20, Rue de Penthièvre).

Sag ihm, daß meine Verletzungen sehr jucken und Krusten unter dem Arm bilden (besonders unerträglich, die Achselhöhlen). Das Gesicht ist voller Flecken und Spuren, die braun werden. Es nützt nichts, wenn ich Kampferwasser und Creme auf das Gesicht auftrage, meinen widerlichen Mikroben scheint es hier zu gefallen. Frag ihn, ob es nicht die Gelbsucht ist, die die schlimmen Wunden hervorruft und die anderen wieder anregt. Unmöglich, in einem Hotel in Permanganat zu baden, unmöglich, rote Flecken an meiner ganzen Wäsche zu haben. Was also tun? Muß ich einfach warten, bis die Luftveränderung ihre Wirkung tut. Leider glaube ich, daß diese Mikroben gegen alles resistent sind und daß man, um sie zu besiegen, eine gute Gesundheit braucht, die ich aber nicht habe. Verzeih mir, Dich mit meiner ewigen Klage zu behelligen, aber es gibt Stunden, in denen ich verrückt werde. Alle finden mich trotzdem ganz liebenswürdig und beinahe jünger. Ohne diese Streptokokken würde ich schnell wieder Mut schöpfen. Wir hoffen auf Sonne. Falls Du Darbon in Paris siehst – er fährt nächste Woche hin und wird, wie ich ihn kenne, sofort zum Gymnase gegen –, bedanke Dich bei ihm von ganzem Herzen. Er ist ein Engel. Er pflegt mich, trägt meine Decken, bestimmt meine Lebensweise. Ist immer für mich da. Er muß nach Paris gehen, wird aber nach Morzine zurückkommen. Mein Jeannot, ich möchte gesund werden, um Dich nicht mehr zu beunruhigen und Dir keinen Kummer mehr zu bereiten. Deine Freude ist meine einzige Freude, und Dein ungeteilter Erfolg in dem Stück macht mich sehr stolz.

Jean

Ich flehe Dich an, nicht im Palais-Royal zu bleiben, den Wagen zu benutzen und in der Umgebung zu schlafen. Versailles ist sehr gesund. Deine Gesundheit geht über alles. Meine macht eine Krise durch, und ich muß wohl verdient haben, was mir geschieht. Aber Du, Du solltest vor Kraft und Glück strotzen. Deine Traurigkeit, wenn Du Dich krank fühlst, ist ein Anblick, den ich nicht ertragen kann.

Es ist meine einzige Freude in diesem Elend, Dir zu schreiben, mir unser Stück vorzustellen, Deine Depesche zu empfangen. Ohne das würde ich mich verloren fühlen.

Gestern schien eine herrliche Sonne. Morgens ist es dunstig. Ich frage mich, ob man rausgehen oder in diesem Zimmer bleiben sollte. Ich frage mich tausend Dinge, aber mein Kopf ist so schwach, daß ich zu keinem Ergebnis komme. Natürlich sind es Kleidungsstücke, die mich retten und es mir möglich machen, gegen die Krankheit zu kämpfen. Die Après-Ski-Stiefel von Paul wirken Wunder, und ich werde Deine Skihose mit den Stegen kaum ausziehen. Sei schön brav, mein schöner Engel, und bete für mich. Deine Gebete werden mehr wirken als alles andere. Darbon ist gerade in mein Zimmer gekommen. Ich habe ihm den Fall erklärt. Er wird den Arzt kommen lassen, der mir Anweisungen gibt. Wenn er befindet, daß ich woanders hingehen muß, wird er einen Laster mit Holzvergaser besorgen; das ist nämlich das übliche Transportmittel in dieser Gegend.

Mein Jeannot, ich erzähle Dir all das, was ich dir gar nicht erzählen dürfte, weil ich daran gewöhnt bin, Dir alles zu sagen. Aber wenn ich daran denke, daß Du mir vom Elsaß aus nicht mal von der Hälfte Deiner Leiden berichtet hast. Umarme unsere Yvonne, Josette Day und die ganze Truppe vom Gymnase.

Jean

Ich sehe aus wie das Portrait von Nora.

Dienstag

Mein Jeannot,
nun haben wir zum ersten Mal Sonne. Wird sind sich halten? Ich stelle einen Tisch auf den Balkon, um Dir zu schreiben und damit Du auch etwas davon hast. Das Hotel ist reizend, und man ißt hier großartig. Wenn die Sonne weiter scheint, werde ich vielleicht in Megève bei Philippe de Rothschild etwas verlängern (er hat mich heute morgen angerufen). Wenn die Sonne sich versteckt, komme ich zurück. Alles hängt von Darbons Terminen ab (Film). Ohne meine Mikroben, die mir den letzten Nerv töten, würde man sich über den Rest nicht beklagen können. Ich glaube, daß sie sich für immer bei mir einquartiert haben und daß ich mich daran gewöhnen muß.

Während ich Dir schreibe, ziehen Wolken auf. Ich frage mich, ob unsere Sonne wirklich dauerhaft ist? Egal, die Luft bekommt mir, und ich esse. Mach Dir also keine Gedanken. Es ist mein einziger Kummer, Dich im Gymnase und im Palais–Royal zu wissen, anstatt unsere Pisten hinunterzufahren.

Ich küsse Dich aus tiefstem Herzen.

Jean

21. Februar 1946

Mein vielgeliebter Jean,
hier siehst Du mich nun, umgeben von grenzenloser Langeweile und vom Schnee. Die Gelbsucht scheint ein wenig besser zu werden, aber die Mikroben lieben die Höhe und schöpfen neue Kräfte. Es wäre Sonne nötig, aber wir haben keine. Ich arbeite an dem Gedicht,[1] in der Hoffnung, daß ein oder zwei Leute (darunter auch Du) die ungeheure Arbeit erkennen werden, die darin steckt. Es wird vierundzwanzig Strophen umfassen, die aus dem Französischen in eine andere Sprache übersetzt sind, die die meine, die unsere ist, und die nur einige Leutchen lesen

1. *Crucifixion.*

können, die uns umgeben. Zwischen meinen Stunden (sehr harter) Arbeit denke ich an *Querelle*[1] und brüte (in meinem Kopf) Seiten über Seiten von Zeichnungen aus. Ich sehe immer noch fürchterlich aus, bewahre aber eine vage Hoffnung in diesen Berg. Die sportliche Jugend des Hotels spricht nur von Sartre und von Simone.[2] Erzähle Simone diesen Ausspruch eines jungen Mädchens: «Die, die L'Invitée[3] nicht gelesen haben, sind Idiotinnen. Mit denen spreche ich nicht.» (*sic*).

Küsse die Gören wie ich Dich küsse.

Dein Jean

21. Februar 1946

Mein guter Engel,
ich habe einen Brief von Dir, was mich ganz und gar daran hindert, allein zu sein, und zugleich einen Brief von Josette, was mich zum Gymnase versetzt, wo Ihr mit mir lebt. Heute fällt Schnee und bedeckt alles. Émile, der mich jede Minute beobachtet, findet, daß meine gelbe Farbe zurückgeht, was meine Streptokokken nicht daran hindert, die Höhe zu lieben und es sich außerordentlich gutgehen zu lassen. Dank der Felljacke und der Après-Ski-Stiefel laufe ich jeden Tag viel herum. Ich versuche, ein schreckliches, als mittelalterliche Ritter verkleidetes Volk zu meiden.

Wie kannst Du nur denken, daß ich Dir nicht schreiben würde? Es ist das einzige, was mich bei dieser elenden Kur aufrechterhält. Seit gestern arbeite ich an meinem Gedicht. Ich habe heute nacht und heute morgen gearbeitet. Das Zimmer beginnt, eine Atmosphäre des Verbrechens zu atmen – die Atmosphäre, die Du seit Montargis kennst, wohin ich mich versetze, wenn es Zeit für das Gymnase ist –, denn ich kümmere mich

1. *Querelle de Brest* von Jean Genet.

2. Simone de Beauvoir.

3. L'Invitée.

nicht um das, was die Kritiker und Ästheten über *Nein, diese Eltern* denken. Für mich ist es Montargis, und nichts kann mir diese Erinnerung nehmen.

Während ich Dir schreibe, fällt Sonne auf den Schnee. Bisher gab es Schneematsch und einen einzigen Sonnentag. Vielleicht werden wir morgen einen blauen Himmel haben. Was tue ich hier, ich armer Kranker, anstelle von Dir, der herumspränge, und von Moulouk, der sich im dicken Schnee wälzen und davon fressen würde. Ich habe es satt. Gemüsebouillon und Milch, da hast du meinen Speiseplan. Die Gelbsucht dauert endlos und greift die seelische Verfassung an, aber ich kämpfe mit all meiner Kraft. Hast Du mir nicht Mut und die Technik der guten Laune beigebracht.

Mein Jeannot, ich liebe Dich, ich küsse Dich, und Dir habe ich es zu verdanken, wenn ich Ruhe finde.

Hast Du die Adresse von Paul?

Dein Jean

Montag

Mein Jeannot,
ich habe beschlossen, tapfer zu sein und mit aller Kraft gegen die Umstände, die Laune und andere Gegner anzukämpfen. Ich zwinge mich, mich anzukleiden, mich warm anzuziehen, zu gehen, mich auszustrecken, auf eine idiotische Art zu leben. Émile Darbon ist von einer Freundlichkeit, der Du trauen kannst. Er führt mich herum, deckt mich zu, holt mir Milch, läßt mir Gemüsebrühe machen, was in diesem Hotel von Geizkragen, das ständig behauptet, von der Wirtschaftskontrolle bedroht zu sein, nicht gerade angenehm ist. Ich hatte gestern abend und heute morgen starke Schmerzen in der Nierengegend. Wenn sich das alles verschlimmert, werden wir Dr. Georges anrufen, der eine Art Halbsanatorium auf dem Berg leitet, und ich werde den Standort wechseln. Aber ich nehme an, daß ich, wenn das Wetter schön bleibt (den ganzen Tag über schien die Sonne), in

diesem Morzine "einen Platz finden" kann, wie Moulouk. Es ist eine kleine Skistation für all die Alberts und Margots – ein Lavandou im Departement Haute-Savoie – Tartarins[1] Familienpension in den Alpen. Meine Armunterseiten jucken mehr und mehr. Man sollte meinen, daß meine Mikroben auch klare Luft lieben. Wenn ich Pauls Adresse hätte, würde ich ihm telegraphieren, mich abzuholen und Gott weiß wohin zu bringen, wo es sich leben läßt. Du würdest es bestimmt einrichten. Du würdest mit der Ausrüstung mittelalterlicher Krieger ausziehen und durch den Schnee herbeilaufen oder fliegen. Deinem Gesicht würde man die Sonne ansehen. Ich selbst habe das armselige alte Gesicht einer Sonnenblume. Die Höflichkeit besteht darin, zu sagen: «Sie sind weniger gelb.» Aber leider ändert sich nichts. Abends bin ich glücklich, weil ich Euch mir genau zur richtigen Zeit in Euren Garderoben und auf der Bühne vorstelle. Émile sagt: «Die und die Szene ist dran.» Werde ich jemals zu einer gewissen Ausgeglichenheit zurückfinden. Ich bezweifle es. Ich bin den Abhang bereits zu weit hinunter. Ich kann die Kraft zum Schreiben nicht mehr aufbringen, außer an Dich.

Ich küsse Dich aus tiefstem Herzen.

Jean

Sonntag, den 24. Februar 1946

Mein guter Engel,

nun ist der Sonntag herangekommen, an dem Ihr Euch ohne Unterbrechung für mich verausgabt. Es tröstet mich, daß Ihr diesen gefüllten Saal haben werdet, der zuhört, zusieht, lacht, weint, keine voreiligen Urteile fällt. Ohne die unablässige Tortur meiner Achselhöhlen fühle ich mich tausendmal besser, und ich schlafe. Aber ich fürchte, daß diese Mikroben ihre heim-

1. *Tartarin*–Trilogie von Alphonse Daudet (d.Ü.).

tückische Invasion erneuern könnten. Bevor ich handle, werde ich deinen Anruf bei Degas abwarten.

Mein Sohn, um 2 Uhr werde ich in Deiner kleinen roten Garderobe sein. Ich werde warten, und vielleicht wird mir unser Moulouk in die Arme springen. Wie schade, daß unsere Wagen nie funktionieren! Paul muß einen finden, der funktioniert. Ich könnte um so mehr vergehen bei dem Gedanken, daß diese blöden Reifen Dich daran hindern, auf den Bäumen zu schlafen. Hast Du endlich Pauls Adresse? Es schneit. Es schneit auf den Schnee. Er wird wohl aus Leibeskräften Skilaufen. Ich küsse Dich aus tiefstem Herzen.

Jean

25. Februar 1946

Mein Jeannot,
ich werde von morgen an mein Gedicht in immer zwei Strophen an Dich als dem einzigen Menschen auf der Welt schicken, der in der Lage ist, mich zu verstehen. Ich werde es Dir in jeweils zwei Strophen schicken, weil Dir so der Mechanismus besser klar wird, und Du mir besser sagen wirst, was Du davon hältst. Alle loben mein "gesundes Aussehen" (*sic*), aber ich leide so sehr, oder, um es genauer zu sagen, ich werde unter den Armen dermaßen von meinen Mikroben gepeinigt, daß ich manchmal den Mut verliere. Dann denke ich an Dich und ertrage diese dreckigen Viecher. Wenn Degas verlangt, daß ich die rote Schweinerei wieder anfange, zögere nicht, sie mir durch die Post zu schicken. Ich würde lieber darauf verzichten, weil es Flecken in der Wäsche und in der Wolle hinterläßt. Er müßte schon sagen, daß es das einzig mögliche Heilmittel ist.

Es regnet. Es ist die erste Saison ohne Sonne. Ich bewahre die Hoffnung, weil die Sonne meine Haut bearbeiten und den letzten Rest von Gelb vertreiben würde. Gott, wie langweile ich mich ohne Dich und den Moulouk!

Bewahre die Blätter auf, die ich Dir schicken werde. Es wird nur eine einzige Reinschrift geben. Ich werde sie für Fontaine benutzen. Du kannst sie Jean Denoël zeigen.

Ich umarme Dich mit all meinen kümmerlichen Kräften.

Jean

Ich gebe diesen Brief einer jungen Frau, die abreist, mit, damit er Dich schneller erreicht.

26. Februar 1946

Stell Dir vor, mein Jeannot, daß man mir heute morgen Orangen gebracht hat, was ein großes Wunder ist auf diesem Berg, wo Orangen für irgendein chinesisches Obst gehalten werden. Die Sonne gibt sich Mühe durchzubrechen, aber es gelingt ihr nicht, und der Schnee verwandelt sich in Schmutz, in eine besonders widerliche Masse wie aus mattiertem Glas. Morgens holt Émile Darbon mich von meinem Zimmer ab, und wir gehen bis zur Seilbahn, wo ein seltsames Völkchen Fruchtsäfte trinkt und Oliven ißt. Danach kehren wir ins Hotel zurück und essen zu Mittag (sei ganz beruhigt, es wird gegrilltes Fleisch für mich zubereitet). Nach dem Mittagessen gehe ich hoch in mein kleines Zimmer, um mein Gedicht auszufeilen oder Dir zu schreiben. Gegen 4 Uhr klopft Darbon an meine Tür, und wir gehen einen kleinen Nachmittagsimbiß im Dorf einnehmen. *Idem* am Abend – Abendessen – ins Bett gehen – ein paar Seiten lesen und schlafen. Das ist also die Existenz, die ich führe und die meinen Mikroben leider zuzusagen scheint. Aber man ist sich darüber einig, daß ich gesund aussehe. Das ist ein Fortschritt, und ich rede mir ein, daß die Spiegel lügen. Ich werde morgen die Strophen drei und vier an Dich aufgeben. Jouvet ist weit entfernt von dem, was ich für ein gutes Talent halte, aber seine extreme Zurückhaltung ist auch schon etwas. Ich küsse Dich.

Jean

28. Februar 1946

Mein Jeannot,
heute abend habe ich von Dir einen lieben Brief, der das Herz erwärmt. Aber ich wünschte Dich aufs Land. Es wäre ein Traum, wenn ich um den 15. mit Darbon zurückkehre, mich ein bißchen zum Écu de France in Joinville, in der Nähe von Saint-Maurice, zu begeben. Dieser Wagen ist ein gemeines Gift. Dort hätte man Taxis und den Firmenwagen, der Dich nach der Synchronisation zu uns bringen würde. Ein Taxi bringt uns sehr schnell hin. Darbon wird Sonntag zu Dir fahren und mit Dir darüber sprechen. Ich fürchte das Palais-Royal schon von meiner Rückkehr an.

Ich wechsle Montag das Hotel. Ich werde im Hotel Taverne de Paris wohnen, wo die Küche gut ist und das Zimmer mit Balkon zur Sonnenseite (wenn die Sonne zum Vorschein kommt). Ich erhalte nur Komplimente und Begeisterung, was Dich betrifft. Denk an Deine Rolle als Biest, wenn Du bei der Synchro auf Sachen stößt. Du kannst den Effekt verdoppeln. Ich habe die schönen Orangen bekommen, und ich danke Dir von ganzem Herzen. Mach Dir keine Sorgen. Abgesehen von dem Verdruß, nicht bei Dir zu sein, macht sich alles sehr gut, das versichere ich Dir. Ich langweile mich, aber das ist Teil des Programms.

Dein Jean

Ich bin besorgt über das, was Denise Tual mir über Jéricho schreibt. Bist Du verpflichtet, das zu tun? Aber ich wage keinen Rat mehr zu geben. Paul + Darbon wollen, daß ich einen Film für September noch vor *Bacchus* vorbereite. Das lehne ich ab. Soll Clément es doch machen. Ich werde ihm helfen. Ich will bleiben und *Bacchus* in Farbe machen, sowie das Thomson-System ausgereift ist.

Mein Engel,
ich habe Dir diese drei Tage nicht geschrieben, weil ich einen schweren Ischiasanfall hatte und es Dir erst sagen sollte, wenn ich mich wieder besser fühlen würde. Soulié hat mich behandelt, den Schmerz gelindert, erlaubt, mich an unsere Arbeit zu begeben, und soll mich heute wieder auf die Beine bringen. Das letzte Bild des Films – das, wo Ihr in den Wolken schwebt – ist erstaunlich. Ich habe es Hubert gezeigt, der begeistert war. Montag werde ich, glaube ich, die Musterkopie sehen, und Freitag gehe ich nach Verrières, um mich dort für einige Zeit einzurichten. Du hast dort Dein Zimmer, Loulou[1] fordert Dich auf, Dich dort wie zu Hause zu fühlen. Wenn es mit den Dreharbeiten nicht zu schwierig ist, rate ich Dir, eine Luftveränderung vorzunehmen und nicht im Palais-Royal zu bleiben. Es wäre sehr hart, Dich nach Paris zurückkehren zu sehen und dort zu sein, wo ich an meinem Buch arbeiten möchte. Paul geht und kommt am Samstag zurück. Das alles ist also nicht allzu schwierig, da er ja nebenan wohnt, Loulou ihn vergöttert und er in Verrières wohnen kann, wann er will (Gabriel[2] wohnt auch gleich nebenan). Denke darüber nach und entscheide Dich. Telefon und Besuch machten mich verrückt. Der Martin ist ein wahrer Teufel. Ich werde ihn gleich sehen.

Mein Jeannot, ich war gestern abend im Gymnase. Alle lassen Dich grüßen. Die Moneten haben Yvonne und Gabriel zu Tränen gerührt. Die Einnahmen sind immer noch enorm. Wenn die Steuer nicht wäre, wären wir reich.

Ich küsse Dich aus tiefstem Herzen.

Jean

1. Louise de Vilmorin.
2. Gabriel ist Cocteaus Chauffeur.

Dienstag

Mein Jeannot,
ich komme gerade zurück, nachdem ich den ganzen Film zur Lichtbestimmung der Aufnahmen angesehen habe. Ich glaube, ich werde das Endergebnis nächsten Montag sehen. Der kleine Martin Klopfpeitsche sieht mir beim Schreiben zu, den Kopf zur Seite gelegt, wie sein Papa. Madame Janvier findet, daß sie ihn zwei Monate lang für mich betreuen sollte, damit er nicht krank wird. Ich werde morgen früh zu ihr gehen und ihn ihr zeigen. Es wird mich traurig machen. Er hat mir Gesellschaft geleistet. Dieser Regen und dieser Hagel versetzen mich in Angst und Schrecken, wenn ich an Euch denke. Ich fürchte, daß Ihr sehr spät drehen werdet. Vielleicht werde ich für ein paar Tage nach Roche–Posay gehen, wo man das behandelt, woran ich leide. Die Einsamkeit würde mir erlauben, mein Buch[1] wieder aufzunehmen. Aber der Film hält mich noch gefangen und läßt alles andere verschwimmen. Ich muß erst zu meiner Gemütsruhe zurückfinden. Mein guter Engel, sowie Du nicht mehr da bist, ändert sich alles. Manchmal frage ich mich, ob die Veränderungen in meinem Blut nicht von Deinem Elsaß–Feldzug herrühren. Ich liebe es, Dein Getöse im Treppenhaus zu hören, und wie Dein Badewasser einläuft. Ohne Dich ist das Palais–Royal wie ausgestorben. Jeden Tag schlagen Clément und Aurenche mir Stoffe für Dich vor. Ich gehe davon aus, daß Du an *Clèves* und *Bacchus* genug hast. Danach *La Barette rouge* oder *Le dernier Galérien*. Sei ein herrlicher Marquis von M. und kehre zu uns zurück wie die Sonne. Morgen spiele ich *Mercutio* im Radio. Mittwoch vertone ich die Chorpartien der letzten Spule, und vorher werde ich mir das Ende des Films von Delannoy–Gide[2] ansehen. Mein guter Engel, ich küsse Dich.

Jean

1. *La Difficulté d'être.*
2. *La Symphonie pastorale.*

Mai 1946

Mein Jeannot,
dank Martin, aus dem Moulouk geworden ist, ein wahrer kleiner Engel, ist das Leben erträglich. Heute morgen habe ich ihn nach Saint-Maurice mitgenommen, wo er überall hingepinkelt hat, im Tonstudio, am Mischpult usw. Er zerfrißt, was vom Haus noch übrig ist. Unnötig, Dir zu sagen, daß die Hälfte meines Ichs (die bessere) abwesend ist und Dir in der Bretagne nicht von der Seite weicht.

Die Verwandlung von Avenant in das Biest ist wunderbar, und ich habe Chorgesänge darübergeblendet. Dein Auge bleibt bis zum Schluß und erweist sich als von Haaren umgeben. Gabriel raucht im Wagen Pfeife (*sic*). Das Palais-Royal trauert um Dich, und Véfour ruiniert mich. Der Kerl mit dem Haus in Noisy-sur-Oise muß mir in zehn Tagen eine Antwort geben. Soweit also das Wesentliche. Der Rest besteht weiterhin in ein wenig Juckreiz und Erschöpfung wegen der Besuche und des Telefons. Man hat Narbel[1] den dummen Streich gespielt, ihm Montag um 7 Uhr per Telefon mitzuteilen, daß Gélin nach einem Autounfall im Krankenhaus sei. Der Sohn von Madame Caraco[2] hat die ganze Nacht hindurch die Rolle einstudiert. Am nächsten Tag teilt Narbel uns mit, daß es sich um einen Scherz gehandelt habe. Yvonne ist sehr traurig, weil ihre kleine Hündin eine einzige Wunde ist. Ich schicke sie zu Madame Janvier. Ich werde Martin zu ihr bringen, damit sie mir sagt, wie ich mich verhalten soll. Es wäre furchtbar, wenn er krank würde. Seine Ähnlichkeit mit Moulouk ist verblüffend. Ich liebe ihn abgöttisch, er ist ein weiteres Stück von Dir. Mein guter Engel, arbeite fleißig und erzähle. Der Film ist seit heute morgen fertig.[3] Ich küsse Dich.

Jean

Mein Jeannot,
als ich gerade diesen Brief beendete, riefst Du an. Ich war so

1. Regisseur des Théâtre du Gymnase.

2. Maurice Ronet.

3. Es handelt sich um den Schnitt von *Die Schöne und das Biest*.

glücklich, daß ich wie gewöhnlich nicht wußte, was ich sagen sollte. Ich muß Dich sehen und fühlen, wie Du Deine Strahlen um Dich verbreitest. Ich habe Dich beim Piaf–Festival, das wunderschön war, sehr vermißt. Ihre schöne, metallische Stimme erfüllte den riesigen, ausverkauften Saal und ging von einer kleinen unsichtbaren Person aus. Es war sehr eigenartig und sehr schön. Bébé will unser Stück mit Beaurepair zusammen machen. Allein macht er nur die Rollen von Edwige und Dein Portrait. Ich werde es Hébertot, der mir keine Ruhe wegen der Termine läßt, telefonisch mitteilen. Bébé, trunken von Amerika, weicht der Garbo nicht mehr von der Seite. Er wird kopfüber in die Falle gehen.

Dein Jean

5. Juli 1946

Mein Jeannot,
nun ist also dieser grauenerregende 5. Juli herangekommen – Fest des Alters, leider. Ich nehme die Gelegenheit wahr, um Dir zu sagen, daß all die fern von Dir verbrachten Minuten schwer auf mir lasten und daß Deine Gegenwart die einzige Sonne ist, die mir keinen Schaden zufügt. Der Arzt in Verrières wird diese schlimme Krise behandeln. Heute beende ich das Buch, und du wirst das Ganze sehr schnell bekommen: Ich möchte, daß Du der erste bist, der es liest.

Wenn der Film Gefallen findet, verdanke ich es Dir. Denn die Präsenz des Biestes ist sein tragender Pfeiler, und wenn das Biest nicht die Hülle deiner Seele wäre, wäre der Film wertlos. Gebe der Himmel, daß ich Dich noch durch die unzähligen Gestalten hindurch, zu denen Du fähig bist, erkennbar machen kann, und gebe er mir die Kraft, den Film zu *Asraël* und den *Bacchus* zu drehen. Mehr verlange ich nicht. Ohne die Freude, Dir zu helfen und Deine Hilfe zu empfangen, wäre mein Leben, auf das Werk begrenzt, nur ein Lumpen, nur Scheitern.

Ich küsse Dich aus tiefstem Herzen.

Jean

27. Juli 1946

Mein Jeannot,
ich habe mit der Kur angefangen, die ganz angenehm ist. Eine prickelnde Dusche und ein schönes Bad. Die Gegend ist erbärmlich, bevölkert von Conciergen. Gute Küche – Absteigequartier in Toulon (sehr heiß). Unwichtig, wo ich doch ständig ein wachsames Auge auf und in Milly habe.

Ich bin von einem Brief von Pierre Benoit und einer Dame in Empfang genommen worden, die sich als "Herr" aufspielt. Das Traurige an der Sache ist, daß wir unsere kurze Ferienzeit fern voneinander vertun. Aber mit Milly wird auch unsere Arbeit im Urlaub sein. Ob Martin wohl in der Pubertät ist, und ob er da wieder herauskommt? Popaul hat dir sicher gesagt, daß er fürchterlich aussieht ohne sein Fell. Aber er steckt regelmäßig sein langes Gesicht unter meinen Arm und will Zärtlichkeit.

Ich korrigiere die Artikel für Robert de Saint-Jean. Danach mein richtiges Buch. Danach *Der Geliebte einer Königin* – wenn die Kur mich nicht zu sehr anstrengt. Wir gehen morgens um 8 Uhr hin. Wir kommen um fünf zurück. Weg in der Sonne – wie vom Palais-Royal zu Maxim's.

Das Auftauchen Lidos war merkwürdig. Man hätte glauben können, sie seien aus Paris gekommen, um uns in der Trinkhalle zu fotografieren. Die Dame Lido in Tränen aufgelöst. Ihre außergewöhnliche Dummheit läßt ihr nichts als Leere zwischen den Thermalzeiten.

Wenn Roger nicht immer in der Nase bohren würde, wäre das Dasein vollkommen.

Kurzum – sehr erträglich. Der Arzt ist sich, was die Resultate betrifft, nicht ganz sicher. Er hält sich zurück. Pierre Benoit sagt, daß es eine außergewöhnliche Entziehungskur ist. Er macht es alle paar Jahre. Da ist also das Programm. Ich küsse Dich.

Grüße unseren Manager – Regisseur – und Freund.[1]

Dein Jean

1. Paul Morihien.

Mein guter Engel,
ich schreibe Dir versunken in den erschreckenden Mechanismus von *Der Geliebte einer Königin* – ein Stück, vor dem man auf der Hut sein muß – weil seine Emphase das Unmögliche an ihm entschuldigt. Das ist es, was ich versuche, in Filmbilder zu übertragen. Was Dich betrifft, sind die beiden Rollen hervorragend.

Das Kaff Roche–Posay ist das von Chaplin in *Charlot fait une cure* (*sic*). André Vilmorin ist gestern vorbeigekommen, um uns zu besuchen. Ich habe ihm diesen scheußlichen Anblick gezeigt. Der Arzt durchlöchert einen mit Nadeln aus Wasser. Große Erschöpfung – und keine Nachricht von Palais–Royal. Ich bin traurig.

Aber ich arbeite für Dich, und das tröstet mich. Morgens ab 8 Uhr kreuze ich auf der Straße der wie Clowns mit Merkurochrom bemalten Damen, der falschen Marlenen und der scherzenden deutschen Kriegsgefangenen.

Nachmittags suche ich Gags für Don César. Ich schlafe. Ich träume (leider) und beginne wieder von neuem.

Schnell, schnell, gute Neuigkeiten. Ich küsse Dich.

Jean

Sag Calef und Deinen Produzenten, daß es sehr amüsant wäre, das zu machen.

August 1946

Mein Jeannot,
endlich Dein Brief. Wie recht ich hatte, diesen Wagen und die Charakterrolle, die Paul ihm beimaß, in Zweifel zu ziehen. Was wirst Du tun? Ihn reparieren oder weiterverkaufen? Was sagt Paul? Deine Depesche, in der Du von Bequemlichkeit sprichst, hatte mich beruhigt. Dein Brief bestürzt mich. Du, den ich immer im Besten überhaupt sehen möchte! Hier totale Unbequemlichkeit und merkwürdige Kur. Was mich betrifft, erklärt Dr. Huet, daß er in den zwanzig Jahren seiner Tätigkeit so etwas

noch nicht gesehen hat (*sic*). Die kleinen Verletzungen, die er hervorruft, und die normalerweise in einem Tag heilen, eitern und heilen sehr schlecht. Ich bin rot–, schwarz–, weißbeschmiert und kann die Schulter nur schwer bewegen. Kurz, ich strebe nur noch danach, mich heil und ganz von hier zu verdrücken, und das mehr ganz als heil. Mondor hat mir bei meiner Rückkehr zwei Millionen Einheiten Penizillin angeboten. Aber es scheint, daß es nicht unbedingt auf einen Entzündungszustand hindeutet, wenn meine Haut schlecht reagiert. Das Penizillin wäre also nutzlos.

Das Einzige, was mich hindert, unsere Misere zu bedauern, ist *Der Geliebte einer Königin*. Ich bin fast fertig. Viele Dialoge und viel Handlung. Deine zwei Rollen sind überwältigend (nach meiner Einschätzung), und wenn Calef es macht, werde ich ihn beneiden. Aber ich glaube nicht, daß meine Gesundheit es mir erlauben wird, eine dermaßen gewaltige Regiearbeit zu übernehmen. Das Stück von Hugo hält einer näheren Untersuchung nicht stand. Es ist achtlos hingeworfen wie eine alte Kulisse. Die Maschine mußte auseinandergenommen und in Einzelteilen wieder zusammengesetzt werden wie eine Schweizer Uhr. Sei's darum, ich bin froh, Dir ein schönes Geschenk mitzubringen.

Paul arbeitet an Milly, das *ein Vermögen kostet*. Ich versuche, die Summen zusammenzubringen und frage mich, wie wir danach leben werden. Aber das ist unwichtig. Es ist besser, Milly und Schwierigkeiten zu haben als Schwierigkeiten im Palais–Royal. Also, es lebe Milly! Mein schöner Engel, grüße Deine Mama und sage mir, was es bei ihr für Neuigkeiten gibt. Die Deinen müssen gut sein so am Meer. Ohne diese verschleppte Blinddarmentzündung würde ich die Proben für *Der Doppeladler* voller Freude auf mich zukommen sehen. Hébertot läßt seinen Saal ganz neu einrichten. Nach Brüssel und Lyon werden wir dort spielen. Das hält uns nicht sehr auf.

Ich umarme Dich mit allen meinen kümmerlichen Kräften.

Dein Jean

Tausend Liebkosungen für den Moulouk. Eßt Ihr genug?

Mein Jeannot,
ich habe Dir nicht geschrieben, weil ich keine Adresse hatte. Ich habe mir schon gedacht, daß ein Brief nach Val-d'Isère glorreich bei Dir ankommen würde. Aber ich zog es vor sicherzugehen. Da das Wetter in Nizza schön ist, denke ich, daß bei Euch die Sonne scheint. Habt Ihr Schnee? Milly wäre ein Traum, wenn Delannoy und Neveux mich nicht mit ihren Besuchen umbringen und mir vorschlagen würden, in den Lion-d'Or umzuziehen. Meine Politik besteht darin, sie in Verwirrung zu bringen, damit die B.s[1] der Leere gegenüberstehen.

Überdies ist es schwierig, die Leere zu füllen, die sie mit sich bringen: Je mehr ich gebe, desto trockener werden sie. Ich habe ernsthaft daran gedacht, aus Milly zu flüchten, zu Dir ins Val zu kommen.

Moulouk geht es großartig. Die Aurics sind Samstag und Sonntag hiergewesen. Ich bin nach Hause gefahren, um mir die Musiken anzuhören. Leider war das Band nicht eingetroffen. Ich bleibe also auch noch Mittwoch und Donnerstag und nehme Bébé mit.

Ich wünsche mir, daß der Film *Orphée* Decharme und Maria Montez nicht gefällt und daß dieser Film für mich bleibt, damit wir ihn zusammen drehen können. Was diese Art von Manövern angeht, ist meine Widerstandskraft extrem groß. Wir hatten ein sehr lustiges Abendessen mit Decharme und Bébé. Bébé erzählt irgendwelchen Unsinn über den Film, und Decharme rief aus: «Aber das wußte ich ja gar nicht?», als ob alles damit klar würde. Lulu war dabei. Sie wird Dir berichten. Mein Jeannot, ich werde Dir ein Stück schreiben, und wir werden uns endlich in Marokko ausruhen.

Ich küsse Dich aus tiefstem Herzen. Innigste Grüße an Paul.

Jean

1. Berchols, Produzent.

Milly

Sonntag

Mein Jeannot,
gestern wurde mir die Freude eines lieben Briefes zuteil, der sich zu unserer Sonne hinzufügt. Ich habe ihn während eines langen Spaziergangs mit Doudou[1] und dem Moulouk in die Tasche gesteckt. Es war fast Frühling. Bébé ist noch nicht bei uns. Ich hoffe, ihn Dienstag oder Mittwoch mit zurückzunehmen, weil ich nach Paris fahre, um die Musik einzufügen und Sarte zum Schluß noch ein wenig zu helfen. Wenn Boris nicht hängenbleibt, wird er kommen. Wenn Boris hängenbleibt, ist es die Frage. Es ist schade, weil *Orphée* die schwierigste all meiner Unternehmungen ist und gewissen Dingen, die nebelhaft bleiben, Gewicht verleihen würde.

Meiner Meinung nach wird sich Decharme, wenn ich es bis zum Ende bringe, abregen, und weder Maria noch Jean–Pierre werden finden, daß der Tod und Orpheus ein "Paar" bilden. Ich versuche, den Stil des Stückes zu erhalten, mit einem Spritzer Komik und einem eigenwilligen Stil im Dialog.

Unterschreibe nichts für B., bevor ich mir nicht sicher bin, daß es einen lohnenswerten Film gibt. Ich werde Neveux und seine Arbeit in einigen Tagen sehen. Sie sagen im Hinblick auf Dich: «Er wird nur unterschreiben, wenn die Sachen ihm gefallen», und ihre Unruhe deswegen zeigt nicht die kleinste Spur von schlechter Laune.

Ich hoffe, daß Dein armes Gesicht geheilt ist. Ich beschwöre Dich, vorsichtig zu sein. Ich habe gerade das Drehbuch für die *Eltern* noch einmal gelesen – es ist für jeden vorteilhaft, aber für Dich ganz besonders. Ich habe nicht eine einzige Deiner Pointen dem Zufall überlassen und betone sie alle. Kelber[2] hat unterschrieben, ich glaube, ich habe dir das schon gesagt. Bringe uns also ein schönes Michel–Gesicht mit, und konserviere Dich eher in Watte als im Schnee.

Martin und Moulouk streiten sich überhaupt nicht mehr. Martin geht mit Louis spazieren und Moulouk mit Juliette. In

1. Édouard Dermit, späterer Adoptivsohn von Jean Cocteau.

2. Kelber, Kameramann von *Der Geliebte der Königin* und *Nein, diese Eltern* .

der restlichen Zeit traben sie mit Doudou oder mir herum.

Das sind also unsere Neuigkeiten. Komme so spät wie möglich zurück, wenn Du Dich gut amüsierst. Der Sport würde Dir in Milly fehlen, und Du würdest zum Malen in Deinem Zimmer bleiben, was Dich der Wohltat des Schnees berauben würde. Mein Jeannot, ich liebe Dich und küsse Dich von ganzem Herzen. Grüße Popaul.

Dein Jean

Dienstag

Mein guter Engel,
Hébertot hat mich vorgesten angerufen, und gestern habe ich Bébé gesehen, mit Boris. Ich gehe darauf ein, ein Ballett für Boris zu machen, damit Bébé für uns arbeitet. Er wird mit Beaurepair die Bühnenbilder machen und alleine die Kostüme für Edwige und Dein Portrait (das heißt, er übernimmt die Aufstellung der Kulissen, damit Beaurepair sie ausführt). Hébertot möchte Mitte September (Ende September) beginnen. Es wird ein sehr schlichtes und baudelairehaftes Ballett sein. *Le Jeune Homme et la Mort*. Ich habe nur die großen Züge gegeben. Wir werden den Tanz zu einer Musik aufnehmen und eine andere einspielen. Wahrscheinlich einen der berühmten Walzer von Strauß. Ich sehe Sonne. Wenn sie nur bei Euch scheint. Heute morgen ist Madame Janvier gekommen. Sie findet den kleinen Schwanzwedler prächtig. Aber er braucht besondere Ernährung und Pflege. Sie wird ihn mit der Hündin von Yvonne für ein oder zwei Monate zu sich nehmen. Wir trennen uns nicht. Heute abend um 6 Uhr mache ich die Radioaufnahmen von *Roméo et Juliette*. Das alles ermüdet mich. Ich denke nur an das Landhaus. Und an Dich in diesem Haus – glücklich, ohne diesen Kram zu leben.

Ich küsse Dich.

Dein Jean

Vergiß nicht, die von Eurer Gruppe zu grüßen, die ich kenne.

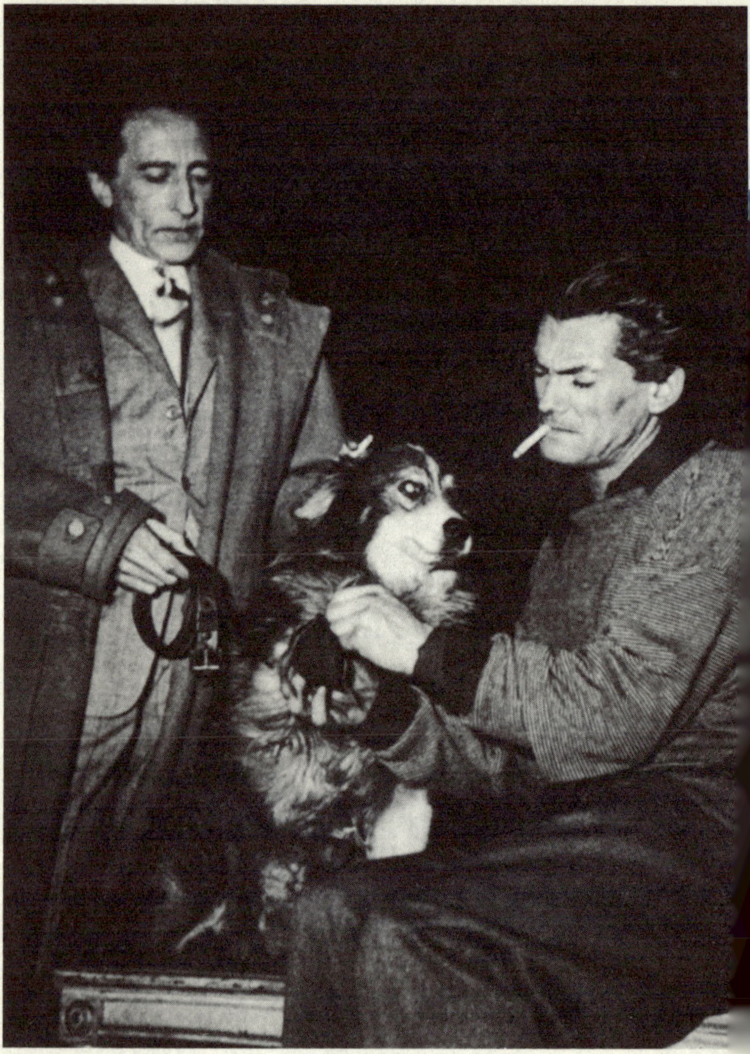

36, Rue Montpensier

Freitag

Mein Jeannot,
nun bin ich also mitten in *Orphée*, einer so schwierigen Arbeit, daß ich mich frage, ob sie nicht über meine Kräfte geht. Mir fällt so einiges ein, aber man bräuchte Mut, um dem Gestalt zu geben. Nach tausend "Widrigkeiten" soll Bébé angeblich morgen kommen. Dieser Dummkopf von Decharme begreift nicht, daß er mir unentbehrlich ist und daß Amerika ihn uns abspenstig machen wird, wenn wir ihn nicht an uns binden. Ich weiß sehr wohl, daß Abenteuer dieser Art sich nach eigenem Gutdünken ereignen, unabhängig von unserer Entscheidung. Die Tatsache bleibt bestehen, daß Bébé uns hilft, und man ihm nur ein paar Sous anbietet, um zu "warten". Warten auf was? Meinen Text. Einen Text, der ohne ihn nicht zustandekommen kann. Das ist das Dunkel, in dem ich mich im Kreis drehe.

Dieser Film wird der unsere werden, Deiner und meiner. Ich bin ganz sicher.

Neveux arbeitet am Delannoy–Film. Er hat sehr interessante Ideen, und ich souffliere ihm. Stell Dir vor, daß die B.s[1] gestern *Réssurection* drehen wollten, das in Frankreich spielt, ausgerechnet sie. Die Dummheit kommt dem Irrsinn gleich.

Ruhe Dich aus. Denke nicht an all diese Dinge. Ich bin von extremer Vorsicht, wo es um Deinen Vertrag geht. Lulu unterzeichnet nur auf mein Zeichen. Es ist besser, vom Geld geplagt zu werden, als schwere Fehler in unserer Arbeit zu begehen. Die Gegenwart von Danielle[2] bremst *Der Geliebte einer Königin*. Die Leute beschuldigen sie der Kälte, und daß sie das Ende des Films völlig meuchelt. Du trägst alles Lob davon. Es ist egal, dieser Film sollte eigentlich abgehen wie ein Pfeil.

Ich habe die Walzer und die Zigeunerlieder aus *Der Adler* eingefügt. Ich finde es sehr schön. Bleibt noch die Tonmischung, die ich am 24., 25. und 26. dieses Monats machen werde. Gott helfe und erlaube mir, das alles zu Ende zu führen.

1. Monsieur und Madame Berchols.
2. Danielle Darrieux.

SCHREIB AN YVONNE. Sie ist sehr *traurig* über Dein *Schweigen*.

Moulouk wirkt sehr, sehr jung und ist ein Schatz. Er stellt seine Ohren auf, wenn ich Papa sage und sieht in Deinem Zimmer nach, ob Du da bist. Doudou hilft mir mit meinen Aufzeichnungen und wird als Praktikant bei *Die Eltern* mitmachen. Ich küsse Dich aus tiefstem Herzen.

Jean

Dienstag, den 14. Januar 1948

Mein Jeannot,
ich bin mitten in der Ballszene, während Du zum Fenster hochkletterst und im Schnee Ski läufst. Ich war so glücklich, Dich zu hören. Der Moulouk war ein wenig traurig, sich von seiner ganzen kleinen Familie alleingelassen zu sehen, aber nun scheint es, spielt und läuft er wieder.

Ruhe Dich gut aus und mach keine Dummheiten. Komme gesund und kräftig aussehend zu uns zurück. Yvonne ist *gewaltig* als Königin. Bébé hat fast den ganzen Film[1] gesehen. Er ist ganz darin *vernarrt*. Er sagt, es sei außergewöhnlich, und daß er an keinem Punkt Mißfallen oder Kritik anzubringen habe. Ich schreibe Dir schnell, bevor ich meinem morgendlichen Ball entgegengehe. Doudou hat im Schlafsaal und auf dem Ball debütiert. Er zieht sich großartig aus der Affäre. Er möchte Stunden bei Yvonne nehmen.

Mein Engel, ich küsse Dich. Grüße den Popaul.

Dein Jean

Mein Jeannot,
nach einer ziemlich schrecklichen Fahrt mitten durch die Gegenden mit den auf die Straße gefallenen Felsbrocken und dem Schnee, in den wir natürlich hineingefahren sind (wir kamen

1. Es handelt sich um den Schnitt von *Der Doppeladler*.

nicht mehr heraus), sind wir sieben Kilometer von Dir entfernt in Saint-Étienne. Es ist unmöglich, bis nach Oron hochzufahren. Es scheint, daß dieses Phänomen einmal im Jahr auftritt. Es ist erbärmlich. Man erzählt mir von Dir und versucht, Dich durch Skiläufer zu benachrichtigen – aber bis man Dich benachrichtigt hat und Du herunterkommst, wird es zu spät sein. M. war sehr tapfer, kann aber nicht zurück, ohne richtig zu sehen. Wir müssen also in aller Eile abfahren. Nichts ist trauriger, als in solcher Nähe gestoppt zu werden, so viele Mühen und Abenteuer, um unser Rendezvous schließlich doch zu verpassen. Das Telefon ist unterbrochen. All die ausgerissenen Leitungsmasten liegen über die Straße verstreut.

Ich küsse Dich.

Dein Jean

März 1948

Mein Jeannot,
ich habe gerade unsere Musiken gehört, die sehr, sehr schön sind. Unnötig zu erwähnen, daß ununterbrochen von Dir gesprochen wird, und daß Deine Drohung, nicht zu unterschreiben, über den Köpfen der Berchols hängt wie ein Damoklesschwert.

Gestern habe ich Lulu gebeten, den grotesken Verfolgungen von dieser Familie und von Delannoy ein Ende zu setzen. Ich habe ein Abendessen mit Neveux angenommen und zugelassen, daß er mir eine Arbeit unterbreitet, die er alleine machen wird, irgendwann am Ende der Woche. Ich bin der Meinung, daß die B.s den Mut verlieren werden – was alles in Ordnung bringen und Dir eine Ruhepause nach *Nein, diese Eltern* verschaffen würde. Für *Die Eltern* ist Kelber engagiert. Der Rest läuft. Nur Atombomben können also unsere Vorhaben noch zum Stocken bringen.

Der große Erfolg im Kino – bei Publikum und Kritik – ist ein nichtiger Film, grotesk und ohne jede Qualität: *La Dame de onze heures.* Das verstehe, wer will! Meiner Meinung nach ist dieses Meisterwerk eine Schande für die Filmkunst.

Amüsier dich gut und laß uns außerhalb dieser erschreckenden Dummheiten arbeiten. Das Stück von Sartre ist zur Hälfte flügellahm. Die Damen sind abscheulich, Luguet besser, François perfekt. Morgen nehme ich Bébé mit, und wir arbeiten zusammen. Das also sind die Neuigkeiten vom Palais–Royal.

Doudou setzt, gefüttert von Simone B.,[1] Fett an. Ich könnte Deinen Schnee und Deine liebe Gegenwart gut gebrauchen. Schreib eine Karte. Küsse sowohl an Dich als auch an Paul.

Jean

Mein Jeannot,
ich war so traurig ohne Deine Sonne, daß ich gestern, die Unruhe am Place de L'Étoile durchquerend, auf dem Boot gewesen bin. Das Wetter dort war mild, und Monsieur Frechet machte Ausmessungen für den Schaumstoff–Teppich. Alles sieht sauber und wohlgeordnet aus. Es ist ein Glück, daß unser Londoner Nebel nicht auf Deine Insel dringt. Hier ist es ekelhaft, man friert und fängt sich wieder die Grippe ein. Ich habe die Rolle von Homer in der *Odysée* in Saint–Germain–des–Prés gedreht (16 mm). Was mich betrifft, spielt sich das im Souffleurkasten ab, aber ich muß meine Einstellungen nochmal machen. Die Pressevorführung von *Nein, diese Eltern* schien mir sehr gut zu sein. Ich weiß nicht mehr. Ich war in der Loge, allein, ganz oben. Du hast mich zum Weinen gebracht. In aller Zärtlichkeit.

Jean

Noch ein letztes Taschentuch geschwenkt im Flugzeug, das uns fortträgt.

Bin immer bei Dir.

Jean

1. Simone Berriau.

The St. Regis
New York

30. Dezember 1948

Ein gutes und wunderbares Jahr
auf der Nomade[1]!

Mein Jeannot,
ich wollte dir aus Aberglauben nicht vor der Premiere vom *Adler* schreiben. Natürlich kann ich nicht voraussagen, wie die Aufnahme bei der Kritik und beim breiten Publikum sein wird, aber die Vorstellung von gestern abend war sehr bewegend. Ich bin vorher auf die Bühne gestiegen, mit Jean-Pierre Aumont, damit er mich übersetzt. Aber Jean-Pierre spricht ein ziemlich mäßiges Englisch – ab und zu mußte ich ihn verbessern, was einen unwiderstehlichen Sketch abgab, und wir konnten inmitten des Gelächters und des Applauses kaum sprechen. Die Freundlichkeit der Amerikaner mir gegenüber ist unglaublich. Was Dich betrifft, so betet man Dich an und stellt mir tausend und abertausend Fragen über Dich. Am Ende des Films brach bei Deinem Absturz Applaus aus. Man wollte, daß ich für die Zuschauer der zweiten Vorstellung, die warteten und hereinkamen, noch einmal auftrete, aber ich habe abgelehnt. Ich finde, es ist nicht meine Aufgabe, meinen Krempel zu verkaufen, und der Gruß an New York reichte. Niemand kann hier die Reaktionen des Publikums voraussagen – sie sind sehr eigenartig. Aber im Ganzen, und trotz einer schlechten Kopie (ruf Mouchkine[2] deswegen an), stehen die Dinge gut. New York ist eine erstaunliche Stadt. Die Straßen sind mit elektrischen Weihnachtsbäumen geschmückt, und die Reklamen sind Straßentheater, die nicht aufhören zu leben und wie Sterne zu glitzern. Von morgens bis abends hält man mich in Trab. Im Hotel defiliert eine Prozession von Journalisten.

Die Reise war ziemlich unerquicklich. Die Heizung im Flugzeug war kaputt. Man fror, und infolge der Impfung am Flughafen hatte ich Fieber. Vorgestern abend besuchte mich Marlene

1. Seinekahn, den ich gekauft hatte.

2. Produzent.

im Hotel. Danach habe ich mit Nathalie zu Abend gegessen, und die Garbo durchquerte das Restaurant, so schön und so jung, daß ich sie zuerst nicht wiedererkannte. In wenigen Minuten habe ich diese drei Damen gesehen, die eine ganze Epoche meines Lebens, in der Rue Vignon, repräsentieren. Ich werde die Garbo nächste Woche besuchen. Die Ausstellung der Zeichnungen war ein ganz bezauberndes Gewühl, in dem ich Freunde wiedergesehen habe, die sich kaum verändert haben. Der Direktor von Technicolor Amerika–England hat mir angeboten, in Paris eines der Studios einzurichten und zu organisieren und die Filme in London zu entwickeln. Was ich zu den Journalisten über Hollywood gesagt habe, hat gesessen. Sie sind der Ansicht, daß ich mir einen Versuch erlauben kann und sind bereit, nicht einen Centime daran zu verdienen. Ich werde es in Paris mit Lulu nochmal überdenken.

Ich habe noch zwei oder drei Tage mit offiziellen Verpflichtungen. Danach werde ich nur noch Freunde treffen. Montag abend treffe ich Al Brown in Harlem.

Mein Jeannot, ich umarme Dich mit all meiner Kraft. Wie schade, daß Du nicht hier bist. Es stimmt allerdings, daß die Bacchantinnen von New York Dich in Stücke reißen würden. Gib dem Moulouk einen Kuß von mir. Ich liebe Dich, und ich wohne in jeder Minute auf der Nomade. Tausend gute Wünsche an Paul.

Jean

Milly

18. Juni 1949

Mein Jeannot,
ich habe Paul angerufen, um Deine Adresse zu bekommen. Hier tröste ich mich, indem ich herumgehe oder Dein Zimmer vorzeige, und mit der Doppelseite aus *Cinémonde*. Heute abend sind André und Ludien Sahlé bei uns. Wir sprechen von Dir. Wir lieben Dich. Paulvé kommt morgen, und ich glaube, daß ich *Orphée* beenden werde. Mouchkine, der ganz niedergeschlagen war, entscheidet sich, es wieder in die Hand zu nehmen. Kurz, alles entscheidet sich Montag abend. Ich werde Dir Dienstag schreiben. Meine roten Flecken treten wieder auf. Ich habe an den Arzt in Genf geschrieben. Wenn sie mich aufnehmen können, werde ich für zwei Wochen hingehen, während Dory und Escoffier arbeiten. Mein guter Engel, sieh zu, daß Du schon nach Sonne aussiehst, wenn Du zu uns zurückkommst. Ich selbst wage nicht mehr, mich ihr auszusetzen, und ich lasse Doudou alleine braun werden. Mabille ist mit allen Texten von *Die Kinder der Nacht* abgefahren. Ich stürze mich in *Stude Car*. Ich versuche, mir alles vom Hals zu schaffen, damit ich meine Ruhe habe.

Grüße Deine Mama und das schöne Mädchen. Geh baden.

Jean

Allgemeine und familiäre Umarmung.

André Lucien

Mein Jeannot, ich denke, daß Du einen angenehmen Urlaub verbringst und daß Du Dich gut erholst. Bis bald.
Herzliche Grüße.

Doudou

23. August 1949

Jeannot, mein guter Engel,
das Festival ist ein Festival, das heißt: eine mit viel Aufwand ziemlich schlecht organisierte Angelegenheit. Ich fahre so oft wie möglich nach Venedig, das eine berauschende Stadt ist. Die Mouchkines, wie übrigens alle, sind von großer Freundlichkeit. Die Italiener nennen mich "Nostro Cocteau". Auf diese Weise hat mich auch der Präsident des Festivals am Flugzeug empfangen. Ich habe sehr wenig Filme gesehen. Samstag hatte die Magnani einen Triumph mit *Die geliebte Stimme*. Der zweite Film gefiel weniger – *Le Miracle*. Die Idee ist wunderbar, aber man empfindet sie zu sehr als "Schauspielerin", und es scheint mir, als habe Robert die Geschichte nicht bis zum Ende ausgeschöpft. Heute nachmittag nimmt mich Orson Welles mit, um *Macbeth* zu sehen, der erst nach unserer Abreise läuft. Heute abend sind wir dran, und morgen früh zeige ich in Venedig *Nein, diese Eltern*. Zwei Tage, von denen man ganz krank werden kann.

Ich werde Freitag morgen das Flugzeug nehmen und rechne mit meiner Ankunft in Le Bourget gegen Mittag. Ich werde Dir die genaue Uhrzeit kabeln. Ich werde Dir auf der Rückseite einer Einladungskarte schreiben, weil ich, wie immer, weder Papier noch Umschläge habe. Das Hotel ist ruinös, und man bekommt nichts zu essen. Man findet einfach nichts. Ich träume davon, bei Dir zu sein, und Dein Boot wird alle Gondeln Venedigs aufwiegen. Ich denke immerzu daran, wie verblüfft Doudou angesichts dieses venezianischen Spektakels sein würde. Dich aber, Dich vermisse ich in jeder einzelnen Sekunde. Die Volpis lassen Dich grüßen.

Mein Herz ist bei Dir.

Jean

Ich habe unsere D.[1] gesehen, ganz verrückt vor Freude über diese Tournee durch Ägypten. Ich auch, weil wir alle zusammen sein werden. Ich kann mich immer weniger daran gewöhnen, mich von Dir zu trennen, und all die Minuten, die ich fern von Dir verbringe, sind für mich wie eine verlorene Zeit. Das liebe Lächeln von Doudou fehlt mir auch, und Louise und unser Milly und zu sehen, wie Du Dich mit Deinem Boot amüsierst.

Mein guter Engel,
ich schreibe Dir vor der Abfahrt nach Saint–Maurice. Ich werde nochmal eine überragende Großaufnahme von Dir für das Ende machen müssen. Sie fehlt. Du wirst bestimmt eine Stunde Zeit finden. Ich bin von einem unglaublichen Ischiasanfall in der Hüfte befallen worden. Soulié de Morant hat mir Linderung verschafft und will mich Montag ganz heilen. Aber ich gehe unter Schmerzen, und ich leide. Unser Martin hat bei Madame Janvier einen ein wenig verrückten Kameraden. Sie haben gestern einen Besen aufgetan und sind damit in die Rue de Varennes abgehauen. Ich bin zu Hause sehr traurig ohne ihn. Aber er ruinierte, was uns geblieben ist, und konnte sogar die in luftiger Höhe aufgehängten Bademäntel schnappen. Er ist die Gerissenheit und die Anmut selbst. Donnerstag richte ich mich in Verrières ein. Du hast dort Dein Zimmer – was Dich vor unserem Tunnel retten würde. Mein guter Engel, Ibéria und der Wagen kommen gerade an. Ich küsse Dich. Paul hat gestern abend versucht, Dich anzurufen, aber man wollte erst um 11 Uhr zu Dir vermitteln. Er fürchtete, Dich zu wecken.

Jean

1. Gabrielle Dorziat, bekannte Schauspielerin.

Santo Sospir
St. Jean Cap–Ferrat

3. Mai 1950

Mein Jeannot,
verstecke diese Adresse gut vor den anderen (die Damen Cimura kennen sie). Es regnet nach einem Sonnenschein, den ich für endgültig hielt. Hast Du unsere bei Point[1] geschriebene Karte? Der arme Point ist den Ärzten ausgeliefert, die sich mit Essen und Champagner vollstopfen und ihm Essen und Trinken verbieten. Selbst in Vienne wird man zur Beute von Prozessionsspinnerraupen in Menschengestalt, wie auf der Nomade und im Palais–Royal. Das Haus hier ist wunderbar. Fast schon zu viel für Leute, die an Gedränge gewöhnt sind und daran, in einem Korridor zu leben. Die Entspannung ermüdet. Und dann kann mich nichts zufriedenstellen, wenn Du es nicht teilst und ich Deine Theater– und Filmarbeit im Auge habe. Ich habe alle Deine Aufzeichnungen auf meinem Tisch und wage nicht, sie "anzurühren", so sehr bilden sie ein Buch.[2] Ich muß einen Weg finden, sie als Deine Worte zu zitieren und sie in meinen Text aufzunehmen.

Ich werde mich nach meiner Rückkehr von der *Phèdre*–Reise (am 15.) daranmachen. Habe ich dir gesagt, daß das Bühnenbild ganz außerordentlich wirkungsvoll ist, und das in solchem

1. Fernand Point, größter Küchenchef der Welt, war Besitzer des Restaurants "La Pyramide" in Vienne.

2. Es handelt sich um das Buch *Jean Marais*.

Maß, daß mir vor Serges Kostümen und stilisierten Luftsprüngen angst und bange ist. Schreib mir zwei Zeilen.
Ich küsse Dich und Moulouk.

Jean

Santo Sospir
St. Jean Cap–Ferrat

Mai 1950

Mein Jeannot,
ich kuriere meinen schlimmen Sonnenbrand, und die Haut beruhigt sich langsam. Das zwingt mich, einen der prachtvollsten mexikanischen Hüte zu tragen. In der ersten Zeit litt ich unter dem sanften Schock einer zu großen Entspannung und eines Luxus, an den ich nicht mehr gewöhnt bin. Aber man gewöhnt sich an alles, selbst an den Komfort, und ich arbeite wieder mühelos. Ich habe bereits alle Wände des großen Raums und im Vestibül bemalt, unterstützt von einem sehr wackeren und sehr lustigen alten Freskenmaler. Ich habe das Vorwort für Dein Buch geschrieben. Ich habe die Kapitel vorbereitet. Ich werde Dich zitieren, nur werde ich weglassen, was Streitigkeiten hervorrufen könnte. Laß uns nicht von den anderen reden. Sollen sie sehen, wie sie fertig werden!

Doudou ist ein roter Neger. Ich habe das Picasso–Museum besichtigt – sehr, sehr merkwürdig in diesem Antibes, das immer das alte Antipolis bleibt. Ich werde ihn Montag in Vallauris besuchen. Sei ein Engel, und erkläre London, daß ich krank war. Ich finde, ganz unter uns, daß die Werke sich selbst vorstellen müssen und daß man, ob nun gelobt oder getadelt, immer eine schlechte Figur macht. Mein guter Engel, ich küsse Dich und Moulouk. Es leben die Nomaden!

Jean

Santo Sospir

Mein Jeannot,
um 3 Uhr fliegen wir gen Venedig. In Erwartung nicht einmal des Schattens einer Auszeichnung wird die Reise zu einer Vergnügungsreise. Ich arbeite an unserem Buch und überarbeite es wieder. Da es heftig angegriffen werden wird, braucht es Kraft, um sich zu verteidigen. Ich schotte es nach allen Seiten hin ab. Sowie ich zurück bin (am 15.), macht Francine sich auf die Suche nach einer passenden Lokalität für uns. Beinahe hätte ich Dir einen Affen gekauft, aber er war verrückt (*sic*). Hier: Sonne, Ruhe, Angeln. Ich küsse Dich aus tiefstem Herzen.

Dein Jean

6. Juli 1950

Mein Jeannot,
eben habe ich einen Anruf von Hervé Mille erhalten. Er übernimmt die Leitung der Zeitungen von Pierre Lazareff und ist, meiner Meinung nach, der einzige Mann, der überhaupt weiß, was das ist, Journalismus. Er bittet mich, Dein Buch für ihn zu reservieren. Alle den Artikeln beigefügten Fotografien würden unter unserer Kontrolle erscheinen, und man würde nicht eine Zeile abändern. Ich finde das sehr gut. Sag es Lulu. Sie müssen sich mit Calman–Lévy arrangieren. Ich habe noch nicht wieder gearbeitet. Ich wollte erst die Wände des Hauses fertighaben. Rechts von Francines Waschraum ist jetzt ein schlafender Leser und über der Treppenwölbung eine riesige Allegorie des Schlafs. Es ist eine Art Engel, dessen schwarzes Gewand spitz zulaufend auf der dem unteren Absatz gegenüberliegenden Wand endet, und der von Flügeln aus Feuerfedern umhüllt ist. Wir sind dabei, alles in Ganz– und Detailaufnahmen zu fotografieren.

Wie ich es bedaure, daß Du die Grotte des Palazzo Pitti nicht gesehen hast. Sie ist voll schlafender Schäfer, Schafe, Ziegenböcke und Götter. Sie sind wie aus lauter Schlamm, Stalaktiten und roten Kieseln gemacht. Es ähnelt dem Schaf von Picasso. Mir scheint, daß man diese Grotte, die gewisse "Meisterwerke" in ein neues Licht rückt, verkennt. Die Kirche war eine ungeheure Diktatur. Man ahnt, wie dieser Zwang, nur Heilige Familien, Märtyrer und Engel zu malen, die Künstler behinderte.

Das Gemälde von Doudou wird immer seltsamer und reizender. Es hat Ausdruck, eine samtige Weichheit und Tiefe. Du warst sein Lehrmeister. Lulu hat mir am Telefon gesagt, daß Du ihn gerne magst. Das macht mich sehr glücklich. Ich könnte ihn nicht mit den gleichen Augen sehen, wenn er Dir nicht gefiele. Er ist ein wunderbarer Charakter, ohne einen Anflug von Kleinlichkeit oder Kriecherei. Du mußt ziemlich ins Schwitzen kommen in Deinem Film. Und ich träume davon, Dich malen und nichts anderes als Nero spielen zu sehen. Aber ein Schauspieler muß ständig spielen und egal was – was den außergewöhnlichen Rollen Profil verleiht.

In vier Tagen werde ich nur noch an Dein Buch denken und daran, Dir ein schönes Monument aus Worten zu errichten.

Schreib nicht, wenn es Dich ermüdet, ruf an. Deine Stimme läßt mir warm ums Herz werden.

Gib Nachricht von Alain und seiner Familie. Ist Ségur noch in Milly? Wird er behandelt?

Ich küsse Dich.

Dein Jean

Hast Du diese Platte von der Piaf *Hymne à l'amour*? Sie ist darauf *überragend.*

Francine ist gerade ins große Zimmer gekommen und läßt Dir zärtliche Grüße ausrichten.

August 1950

Mein guter Engel,
der Doudou ist im Osten, wo er seine Eisenbergwerke inspi-

ziert. Ohne Dich und ihn ist das Haus sehr leer. Ich bewohne Dein Zimmer, in dem immer noch etwas von Dir vorhanden ist. Ich habe die Hefte gekauft, in die ich Dein Buch schreiben werde. Ich werde mich daransetzen, wenn Doudou zurück ist. Ich brauche den Rat dieses Weisen, der Dich aus tiefstem Herzen liebt. Heute morgen sind wir Segeln gegangen, und ich sagte mir: Jeannot läuft im Smoking herum, anstatt zu segeln. Das machte mich ganz traurig. Jeder Tag ohne die, die man liebt, ist ein verlorener Tag. Verschwendetes Herzensgold. Die Lulu wird wohl am 14. hierherkommen. Sie wird mir tausend "Gags" erzählen, wie unsere Cineasten sagen. Versuche, sie mit ein paar davon zu versorgen. Ich habe einen kleinen Anfall an den Fingern der rechten Hand. Ich pflege mich. Ich bezahle die farbigen Puder, die in meine Haut und die verputzten Wände eindringen.

Wie steht es um Moulouks Fell? Es gefällt mir nicht, daß Du ihn trimmen läßt, weil ich glaube, daß das Fell die Hunde vor Hitze und Kälte schützt wie die Wolle Araber. Hast Du die Kinder von Chiffonnette gesehen?

Ich küsse Dich abertausendmal.

Jean

St. Jean Cap–Ferrat

9. August 1950

Mein Jeannot,
gestern abend lagen wir in unserem Heiabettchen, auf dem Rücken, unter uns das Meer und über uns das Feuerwerk. Wenn Du doch nur dagewesen wärest, es war ein vollkommener und sehr lustiger Abend. Hier geben die eleganten Damen der Gesellschaft Feste, auf denen man den Schmuck der Gäste stiehlt. Sonntag, griechisch–römisches Fest in Nizza. Wenn man ein griechisch–römisches Kostüm trägt, braucht man nicht zu zahlen. Ich beabsichtige, als Zahlender hinzugehen, mit Lulu im griechisch–römischen Gewand. Mein Jeannot, ich habe die

Wände mit einer Rötelzeichnung gegenüber von Francines Waschraum und einer schönen Sonne über der schlafenden Dame und einem hübschen Mond über dem Einhorn des Fischers vollendet. Jetzt ist Dein Buch dran, das mich einschüchtert, und ich schiebe es vor mir her, es in Angriff zu nehmen.

Ich küsse Dich.

Dein Jean

Habe ich Dir von der Picasso–Einweihung in Vallauris erzählt – mit Ansprache gegen Amerika und mit *Marseillaise*? Mit Dir wäre das Fest ein Erfolg gewesen.

Santo Sospir

26. August 1950

Mein geliebter Sohn,
Dein Brief erreicht mich mitten zwischen zwei Sätzen, in denen ich meine Zärtlichkeit zum Ausdruck bringe. Das Buch macht Fortschritte. Aber der Brief beunruhigt mich. *Du mußt unbedingt eine Wohnung finden, die ich teilen werde.* Wir müssen *zusammen "Milchkaffee trinken"*. Ich kann mir den Moment nicht vorstellen, in dem Moulouk Dich allein zurückläßt, zu stolz, um Dich zu beklagen und ohne irgendeinen Trost bei Wesen zu suchen, die Du nicht genug liebst. Ich beschwöre Dich, Dich auf diese Suche nach einer Heimstatt zu begeben. Doudou erzählt mir schon seit langem davon. Wenn Jany Holt Dich davonjagt, wenn der Kahn Dir lästig wird, und wenn unser Glück uns wohltut, um so besser.

Pablo und *Mirobolant* und *Pas le temps* entsprechen ganz dem Stil von Georges Beaume, sein Tonbandgerät hat große Ähnlichkeit mit ihm. Es stimmt, daß Dein Text und der von Genet die sind, die mir gefallen. Die anderen schmeicheln mir, und ich habe beim Lesen das Gefühl, als läge ich schon im Grab.

Mein guter Engel, ich verlasse Dich nun, um zu Dir zu kommen. Ich arbeite von morgens bis abends, damit das Buch

Dir gefällt und solide gemacht ist. Und daß man es ja nicht unserer Freundschaft zuschreibt.

Santo Sospir

2. September 1950

Mein Jeannot,
ich überarbeite unser Buch und überarbeite es immer wieder. Ich sage "unser", weil ich darin ebensoviel von mir wie von Dir spreche und von unserer gemeinsamen Art, die Dinge zu betrachten. Das Buch schließt übrigens mit einem ziemlich lustigen Absatz, einem Dialog zwischen Argémone und Persicaire, Figuren aus dem *Potomak*. Ich habe versucht, niemanden zu verletzen und einige Deiner Aufzeichnungen zu kommentieren, bei denen ich mich damit begnüge, die Satzstellung und die Verbformen zu korrigieren (Deinen Stil dabei natürlich beibehaltend). Das Ganze ergibt ein ernsthaftes und wunderliches Buch, das ein Lehrbuch für junge Schauspieler wäre, *wenn sie nur lesen könnten*.

Die Verhaftung Deines Doppelgängers hat die Côte richtig leblos werden lassen. Man gewöhnte sich schon an die Überraschungs–Party–Überfälle. Babilée ist wieder abgereist, sein Bühnenbild und seinen Vorhang hat er mitgenommen. Ich bereite mich darauf vor, den unweigerlichen Tritt in den Hintern beim Festival in Venedig in Empfang zu nehmen. Ich küsse Dich.

Jean

22. September 1950

Mein Jeannot,
Du bist wohl verrückt! Wie kommst Du auf die Idee, daß ich *Die Schreibmaschine* irgend jemand anders geben würde als Dir?

Ich habe Hervé gesagt, daß ich es bedaure, Dein Schauspiel nicht vor Deiner Abfahrt bei ihnen zeigen zu können und daß man vielleicht bei Deiner Rückkehr einen Abend zu Ehren von Jouvet und Bébé veranstalten könnte. Den Rest muß er geträumt haben. Ich arbeite an Gedichten von verwirrender Einfachheit. Aber ich begeistere mich für dieses Problem.

Ich habe in Milly ein Exemplar von *Die Schreibmaschine* mit den Kürzungen für den ersten Akt. Fange nicht mit der Arbeit an, bevor ich sie Dir gebe.

Ich küsse Dich.

Dein Jean

Santo Sospir

Mein guter Engel,
ich bin sehr traurig, daß ich Deinen Anruf verpaßt habe. Francine wollte eine kleine Yacht besichtigen, die zu verkaufen war. Wir waren im Hafen von Antibes. Nach einem strahlenden Tag war es dort ziemlich kalt. Ich glaube, daß die Atomversuche das Klima überall kaputtmachen.

Ich habe vierzig Vorsatzblätter zum Signieren bekommen und an Calmann zurückgeschickt. Von uns habe ich nur Deine Mutter, Paul, Yvonne usw. bedacht, um die Liste abzukürzen, weil ich die Bücher an Dich, Georges, Francine, Doudou usw. von hier aus überreichen werde.

Die ersten Bögen scheinen sich gut zu machen. Meine Zeichnung von Dir ist oben auf der Seite über der ersten Notiz. Ich hoffe, daß das Foto gut sein wird. Ich bin mitten in der Premiere durch das trocknende Öl angehalten worden. Ich frage mich, was es wohl für eine Methode gibt, damit das Öl, wenn es trocknet, nicht matt wird wie Benzin. Mischt man irgendwas dazu? Sag es mir. Gibt der Firnis den Glanz zurück? Ich bin leider ein ziemlicher Neuling, und ich fürchte, daß meine Gemälde Dich zum Lachen bringen werden. Wenn nur das Wetter besser wird und uns nicht in den Spielsaal verbannt! Wir haben noch keinen Fuß dort hineingesetzt.

Der neue Wagen von Diana Cooper ist in Monte–Carlo auf den Meeresgrund gefallen, vom Mistral fortgerissen. All dies nur vom Hörensagen. Wir sehen niemanden. Ich habe meine Lektüre für das Stück beendet. Ich brauche nur noch meine Notizen in Ordnung zu bringen und meine fürchterliche Gestalt von Montargis anzunehmen. Es ist möglich, daß ich vor Deiner Ankunft für drei Tage nach Mailand muß. Ich werde Dich benachrichtigen.

Ich küsse Dich.

Jean

Milly

5. Oktober 1950

Mein Jeannot,
Du wirst meinen in San Gimignano geschriebenen Brief nicht bekommen haben, da ohne genaue Adresse. Ich hatte eine Fantasie–Adresse draufgeschrieben. Er wird dir vielleicht nach Florenz folgen oder auf der Post der Stadt der schönen Türme auf Dich warten. Ich habe eine Bronchitis bekommen, die Juliette mit Schröpfköpfen behandelt. Ich sehe aus wie ein Makronenpapier auf dem Jahrmarkt. *Orphée* läuft auf vollen Touren. Es gibt die üblichen Dummheiten, Lobeshymnen und Angriffe. Aber die Vorstellungen sind ausverkauft, und wir haben aus Stockholm ein enthusiastisches Telegramm über die Erfolge erhalten. Kurz, im ganzen können wir uns nicht beklagen. Paulvé mußte zwanzig Kopien ziehen lassen. Der Verkauf im Ausland läuft großartig. Am 11., 12., 13., 14. werde ich in Marburg, Berlin und München sein. Dann Stockholm, wo ich nicht gewesen bin, weil sie keine Zeit hatten, die Universitäts–Veranstaltung zu organisieren. Motoradfahrer und ein Rolls–Royce erwarteten mich auf dem Gelände des Flughafens und wichen nicht mehr von mir. Die Motorradfahrer sollten sogar im Hotel

Wache stehen. Da sitze ich nun am Kamin, mit einer Bronchitis, die zum Schnupfen geworden ist.

Ich möchte für Deutschland, wo es sehr kalt sein soll, gerne gesund werden. Roy Gallard und Lulu haben das Buch gelesen, und ich wage nicht, zu wiederholen, was sie dazu sagen. Lulu, wütend auf *France-Dimanche*, der sich uns nicht durch die Lappen gehen läßt, macht Hervé Mille und Lazareff verantwortlich und beabsichtigt, ihnen die Artikel zu verweigern. Ich finde, daß uns das bei der gegenwärtigen Apathie und Schmach schnurzpiepegal sein kann und daß man vor allem an den Verkauf denken sollte. Alles andere ist zu weit entfernt von jener Welt, als daß man ihrem Verhalten irgendeine Beachtung schenkte.

Zeichen der Zeit: Da der Film von Emmer[1] im Gegensatz dazu nicht gut ankam (Sonntag, 5. August), haben wir jeder einen freundlichen Satz darüber in den Zeitungen geschrieben. Paulvé wirft mir vor, Reklame für einen anderen Film als unseren zu machen (*sic*).

Du ahnst, daß man in Florenz und Milly besser aufgehoben ist als in Paris. Kannst du in Florenz überhaupt schlafen, bei dem Heidenlärm, den der Wiederaufbau der Brücken verursacht? Ich mache mir Sorgen um unseren Moulouk. Es ist furchtbar, sich sagen zu müssen, daß er leidet und daß sein Leid Dir Leid verursacht.

Natürlich fordern uns gerade die Leute auf, *Galla Stromboli* zu präsentieren, die uns unablässig runtermachen.

Ich habe mich geweigert, dort hinzukommen. Es ist wichtig, von ihren Unternehmungen Abstand zu halten, da sie sich ja hartnäckig darauf versteifen, die unseren zu Fall zu bringen.

Kurzum, ich lebe mehr und mehr nur durch die Zärtlichkeit, die ich dir entgegenbringe und durch die, die ich Doudou entgegenbringe, der Dich verehrt. Francine ist ein Engel. Sie schickt Kisten mit Spirituosen und Aperitifs.

Tausend Grüße an Yves und alle anderen. Ich verlasse Dich NIEMALS.

Dein Jean

1. Carpaccio gewidmeter Film.

Oktober 1950

Mein guter Engel,
ich habe den gestrigen Abend damit verbracht, Dein genaues Gesicht zu suchen, um das mich Gallard für das Buch gebeten hat. Nach hundert leblosen Blättern ist mir ein lebendiges Blatt gelungen. Ich habe noch einen Haufen dieser lebendigen Blätter immer wieder neu gemacht, bis es mir gefiel und nun unseren Stammbaum schmückt.

Auf diese Weise würde man noch näher bei Dir leben. Der Rest der Welt ödet mich an und ermüdet mich. Je älter ich werde, desto mehr möchte ich nur für Dich und für Doudou leben und desto mehr liebe ich Francine, weil es ihr einziges Ziel ist, die glücklich zu sehen, die ich liebe.

Meine Erkältung wird immer schlimmer. Meine Augen tränen, und meine Nase läuft. Die Kälte in Berlin terrorisiert mich, ich werde reden und reden müssen, von einem Ort zum anderen ziehen, Flugzeuge nehmen.

Mir scheint, daß es gerade Deine Aufzeichnungen sind, die *France-Soir* am meisten interessieren. Hauptsache ist, daß sie die Passagen veröffentlichen und daß das dem Buch dient. Die Leute, die keine Ahnung vom Adel der Seele und seinen Mechanismen haben, werden unsere Bücher sicher auch nicht besser verstehen als *Orphée*. Indessen werden sie fühlen, daß eine Welt sie von uns trennt. Und was für eine Welt! Die der Exklusivitäten und die von Cannes. Selbst Venedig und die Schweiz haben reagiert. Die Säle des Kollosseum sind anscheinend nur auf eine Leinwand gemalt. Uns kann das egal sein. Wir lieben uns, und ich küsse Dich.

Jean

Mein Jeannot,
ich bin glücklich, daß bei Dir die Sonne scheint und daß es Dir gutgeht. Ich mochte Dich so schnell wie möglich wiedersehen, und ich küsse Dich aus tiefstem Herzen. Aufs Zärtlichste.

Doudou

Milly

16. Oktober 1950

Mein guter Engel,
Du weißt nicht, wie sehr ich mich über die Zeichnung gefreut habe. Sie schmückt den Salon. Was unser Buch betrifft, so findet Calmann–Lévy es zu wichtig, um es in einer Zeitschrift wie *Elle* abdrucken zu lassen. Sie halten sich lieber an ihre eigene Werbung. Sie haben vor, es in zwei Monaten zu veröffentlichen.

Der einzige Kinobesitzer in Metz hat den Film abgelehnt. Der Verband der Presse von Ostfrankreich hat beschlossen, sich darüber hinwegzusetzen und eine Gala auf eigene Kosten zu veranstalten. Ich kann mich also nicht weigern, dort hinzugehen. Wenn Du kämest, wäre das wunderbar. Ist es am 14. November möglich? Es ist unglaublich, daß man Dich nicht bezahlt. Die Leute bauen auf unsere Nettigkeit. Du erzählst mir gar nichts vom Film. Ich wüßte gerne Näheres. Ich habe sie gebeten, Dubois zu benachrichtigen (Präfekt von Metz).

In Paris tun wir immer noch unser Möglichstes. Sehr gute Depesche nach München. Man muß sich dazu durchringen, Paris als eine Art kleine Provinzstadt zu betrachten, und sich so verhalten, daß die Außenwelt nichts davon merkt.

Das Wichtigste ist, daß die Einnahmen dem Verdikt widersprechen, das durch das Durcheinander bei den Kinos entstanden ist.

Mein guter Engel, ich küsse Dich von diesem Haus aus, in dem Du herrschst, obwohl Du nur so selten kommst.

Dein Jean

Milly

9. November 1950

Mein Jeannot,
es ging mir einigermaßen schlecht wegen einer Wiederholung der Trickaufnahmen in *Die Schöne und das Biest*. Ich werde heute abend nach Paris kommen, weil ich morgen früh zum Zahnarzt

muß. In Paris zu sein und Dich nicht zu sehen, bedrückt mich. Kannst Du bitte am Place des États–Unis zu Abend essen oder dort anrufen, wenn es Dir nicht gelegen kommt. Ich verlasse mich auf Dich wegen New York. Heute morgen ruft Monette mich an, daß das für Dich nicht mehr gilt. Das wäre eine Katastrophe. Ich verstehe gar nichts.

In inniger Liebe.

Dein Jean

13. November 1950

Mein guter Engel,

Orphée hat hier einen großen Erfolg davongetragen, und heute abend wird er in der französischen Fassung gezeigt. Ich habe alle von Dir gegrüßt. Wenn Du mit *Die Schreibmaschine* nach Madrid kämest, würdest Du einen Triumph feiern. Die halbe Stadt spricht unsere Sprache.

Ich komme am Montag zurück, ein wenig ermüdet durch diesen spanischen Wirbelsturm.

Aus tiefstem Herzen.

Jean

Milly

14. Januar 1951

Mein Jeannot,
ich habe Dir noch nicht geschrieben, weil ich mir sagte (da sieht man mal, wie dumm ich bin): Der Brief wird keine Zeit haben einzutreffen – wo es doch genügte, das Kuvert eine Stadt weiter zu befördern. Ich habe schreckliche Anfälle im Gesicht. Es scheint, daß ein Arzt Jouvet geheilt hat. Ich werde zu ihm gehen. Um mich von meinem Juckreiz abzulenken, male ich immer größere Gemälde. Ich habe die Probeabzüge von unserem Buch fertig bearbeitet.[1] Ich habe Fraigneau[2] Gespräche über die Filmkunst diktiert. Bleiben mir noch die Radiositzungen zu erledigen – von denen eine vier Stunden lang unabhängige Studios behandelt. Soweit, was mich betrifft. Und Du? Jeden Abend male ich mir das Gebet und das Publikum aus. Lulu hat mir gesagt, daß ihr einen wahnsinnigen Erfolg habt. Nichts erwärmt so sehr die Seele, wie dieses blinde, wenn nicht eben ungebildete und dumme Paris aus den Augen zu verlieren.

Francine verbringt den Sonntag mit mir und läßt Dich grüßen. Doudou schläft, aber er grüßt Dich auch. Paul hat mir eine Kiste mit unglaublichen Fotografien geschickt, auf denen man uns in jedem Alter wiederfindet. Gestern hat mich das ein wenig über Deine Abwesenheit hinweggetröstet.

Aber ich werde Dich in Cannes und in Nizza sehen. Ich habe vor, mich am 1. Februar in Santo Sospir einzufinden. Du solltest zwischen den Veranstaltungen dort wohnen. Mein guter

1. *Jean Marais* von Jean Cocteau.
2. André Fraigneau, Dichter.

Engel, ich würde Dir gern die Palmen aus Kupfer und Gold, Francines Geschenk zu Weihnachten, beschreiben. Es ist unmöglich. Ein Stück aus einer königlichen Schatzkammer. Man möchte meinen, es wären Paul und Virginie[1] in Bäume verwandelt.

Tausend zärtliche Grüße an die ganze Truppe und an Dich.

Mein Herz treu in jeder Sekunde.

Jean

Orphée ist von der Royal Academy in London und vom *Herald* in New York als bester französischer Film eingestuft worden.

Milly

25. Januar 1951

Mein Jeannot,
danke für Deine schönen und lieben Briefe. Ich habe Karsenty bei der Generalprobe von Jean-Pierre Aumont gesehen (amüsantes Stück,[2] das von den Intellektuellen mißachtet wird), er hat mir von Euren Triumphen erzählt, und das war das beste Heilmittel. Die Spritzen und Diäten lassen meine Hand und meine Stirn auch nicht besser werden, die wieder mit ihren entzückenden Späßen aus der Epoche von *Die Schöne und das Biest* anfangen.

Ich lese die letzten Probeabzüge Deines Buches Korrektur. Es hätte früher erscheinen und der Truppe folgen sollen. Es wird Deine Anbeterinnen trösten. Ich mache mir ununterbrochen Sorgen um Moulouk. Wenn es vielleicht nötig sein sollte, ihn zurückzubringen und hier zu pflegen, läßt Doudou Dir ausrichten, daß er ihn abholen würde, egal wann und egal wo Du bist. Es stimmt allerdings, daß wir uns an der Côte sehen wer-

1. *Paul et Virginie* – Roman von Jacques Henri Bernadin de Saint-Pierre (d.Ü.).
2. *L'Empereur de Chine*

den und daß Ihr um den 15. herum für eine Woche nach Paris zurückfahrt. Doudous Angebot wird also erst danach zum Tragen kommen.

Stell Dir vor, daß ich mir einen winzigen Renoir gekauft und Francine mir einen weiteren geschenkt hat. Ich war drauf und dran, einen für Dich zu kaufen, aber es waren Skizzen, und ich hatte Angst, Dich zu enttäuschen. Im übrigen wird Georges Hugnet noch weitere auftun, wenn unsere Dir gefallen. Größe: Handfläche. Meines ist ein Portrait von Coco Renoir, und man könnte es für eine Perle halten. Die Malerei ist eine schwierige Angelegenheit, vor allem, da ich mich dem "Malen" gar nicht erst aussetze und versuche, mich so gut ich kann mit einer schreibenden Malerei aus der Affäre zu ziehen. Ich bin dabei, *Une jeune fille de Milly-la-Forêt* und einen Orphée zu beenden. Während ich male, hört mein Juckreiz auf, und ich denke nicht mehr an die Politisierer. Es heißt, daß die Ärzte in New York ihren Patienten das Malen verordnen, was die Leinwand- und Tubenhändler reich werden läßt. Morgen werde ich von 8 Uhr abends bis Mitternacht im Blickpunkt stehen, von Fraigneau im Radio befragt. Ich beginne Dienstag und Mittwoch von neuem, ich fahre über Aubusson in Richtung Santo Sospir, wo ich auf Dich warten werde.

Ich schicke meinen Brief nach Metz, um ein wenig an den Festessen auf der Präfektur teilzuhaben.

In inniger Liebe und mit Grüßen an alle.

Jean

Santo Sospir
St. Jean Cap-Ferrat

4. Februar 1951

Mein guter Engel,
wir sind im Sonnenschein angekommen, daher meine Depesche. Aber der Karneval von Nizza könnte nicht ohne Regen auskommen, und es regnet. Ich male. Ich beende eine "schlafen-

de Frau" auf die Art wie man Probleme eben bewältigt – weil ich mir ein Maler–Malen nicht zu erlauben wage. Also kombiniere ich Formen und Farben. In der Nacht der Abreise mußte ich die letzten sieben Radiosendungen runterleiern. Manchmal habe ich wie im Rausch gesprochen. Lulu hörte mir in der Kabine zu und machte aufmunternde Zeichen. Kurz, wir erwarten Euch, Dich und George.[1] Ich entspanne mich mit meinen Bildern, darauf wartend, daß ich schreiben kann. Das muß ganz von alleine kommen.

Es ist schade, daß es regnet. Der Place Masséna ist ein Wunder an Beleuchtung, und der Blumencorso von Villefranche findet morgen statt. Ich habe gestern ein entzückendes Foto von Dir gesehen, schlafend auf dem Moulouk. Küsse Du ihn. Ich küsse Dich.

Dein Jean

Santo Sospir

Montag, den 12. Februar 1951

Mein guter Engel,
heute scheint die Sonne, die Dir ähnlich sieht. Doudou ist ganz nackt auf der Terrasse, und ich, ich male, ich male, ich male, ich male. Ich versuche, die Malerei zu vermeiden – Malerei, zu der ich keinerlei Recht habe – und dennoch zu malen – und das ist schwierig. Denn auf diesem Gebiet hat Picasso bereits Plätze belegt.

Ich habe einen Haufen von Notizen für mein Stück. Es ist *Bacchus*. Aber er hat sich sehr verändert. Die Figur ist zwischen Rom und Luther hin- und hergerissen. Wenn es mir gelingt, wird es das Drama der Freiheit überhaupt. Ich werde Zeit brauchen. Ich kann so ernsthafte Sachen nicht flüssig schreiben. Also, Deine Idee, *Die Schreibmaschine* wieder aufzunehmen,

1. George Reich

wäre mein sehnlichster Wunsch. Sprich mit Karsenty und Dux darüber (Dux hat mich vor meiner Abreise angerufen).

Ich lasse *Britannicus* ein wenig ruhen, weil ich ihn *fertig in meinem Kopf habe* und er nur noch von dem Moment an Schwierigkeiten aufwirft, in dem unser Entschluß gefaßt sein wird. *Geh nicht gleich in die Luft*, ich denke an Danièle Delorme für Junie. Sie ist mit allen Probeaufnahmen und jeder Absage einverstanden. Es kommt darauf an, jedem tragischen Konformismus zu widersprechen. *Orphée* hat in Österreich einen irrsinnigen Erfolg. Um 3 Uhr fahre ich nach Nizza, um meine Danksagung an die Wiener aufzunehmen.

Ich küsse Dich. Jean

Du wirst im Kostüm des Bacchus nie SEHR ELEGANT sein, aber im Kostüm Franz I., deutsche Schweiz. Zärtliche Grüße von Francine (die malt – *sic*) und von Doudou, der malt. Das liegt an Barbizon.

Santo Sospir

Fastnacht 1951

Mein Jeannot,
es regnet auf die Masken. Es regnet auf Schlachten aus Gips. Du kannst Dir vorstellen, was für ein Gipsschlamm Nizza bedeckt. Heute morgen (Mittwoch) strahlend schönes Wetter. Es ist immer gleich am Tag nach dem Karneval. Ich habe Dir die Geschichte von Renoir noch nicht erzählt. Im Endeffekt habe ich ihn von den Hersents kaufen lassen – damit er nicht untergeht. Es ist eine wunderschöne Landschaft aus der besten Periode. Der Kerl, wütend, es für nur eine Million zu verkaufen, verlangte eine Termingrenze. Nach einer Woche verdoppelte er den Preis. Francine war in Santo Sospir. Ich hatte die Summe nicht. Sonst hätte ich ihn Dir auf alle Fälle gekauft.[1] Er ist das Dop-

1. Es handelt sich um einen Renoir, den er für so gut wie nichts an die Hersents gehen ließ, die ihn mir niemals überlassen werden.

pelte oder Dreifache wert. Meiner ist ein winziges Gemälde, Portrait seines Sohnes. Man möchte es für eine Perle halten. Ich lauere. Wenn Hugnet noch einen aus der Sammlung Vollard für Dich auftreibt, ruft er mich an (diese Gemälde stammen von der letzten bei Vollard gefundenen Platte. Sie waren darauf angeordnet). Mein Jeannot, die Calmanns schreiben, daß unser Band am 1. März erscheint. Wenn Du ihnen zufällig zwischen dem 15. und dem 21. ein oder zwei Stunden Zeit schenken könntest, würden sie Dich bitten, in der Rue Auber (Nr.3) vorbeizukommen, als Entschädigung dafür, daß ich nicht da bin. Frage Lulu. Es wäre sehr nützlich. Informiere sie über die exakten Termine und Städte der Tournee zwischen Reims und Tunis.

Jean

Santo Sospir

19. Februar 1951

Mein Jeannot,
wie üblich hat mich das Telefon gelähmt, und ich war so gerührt, Deine liebe Stimme zu hören, daß ich nicht wußte, was ich Dir sagen sollte. Ich habe die Liste eurer Stationen eingesehen. Sowie Du in die Nähe von Monte–Carlo kommst, laß es mich wissen. Das Zimmer ist bereit, für George und für Dich.

Gib ihm einen Kuß von mir. Zucker für Moulouk. Und für Dich meine immerwährende Zärtlichkeit. Wir haben Sonne und Mistral. Ein kobaltblauer Wind, der überall eindringt. Ich male eine Hyazinthe. Ich küsse Dich.

Jean

Santo Sospir

23. Februar 1951

Mein Jeannot,
ich schlage mich mit den Diäten und einem blühenden Apfelzweig herum. Und Du, Du bist dabei, Dich mit Colette herumzuschlagen. Doudou malt ein Bild, Blumen mit einer Lampe, äußerst eigenartig und sehr schön. Dies, um Dir zu sagen, daß wir Dich Gewehr bei Fuß mit Leinwänden und Farbtuben erwarten. Aber ich kann mir vorstellen, daß Du zu nichts anderem fähig sein wirst als schlafen und Dich in der Sonne ausstrecken. Ist George in Lyon? Ich bin sehr ungeduldig, Dich zu sehen. Der Tod von Gide hat mir Kummer bereitet. Wir haben unseren Spott miteinander getrieben, aber wir liebten uns auch, und mit ihm fällt ein weiterer Ast vom Baum ab. Ich habe den Artikel über ihn geschrieben und einen ausführlichen Artikel über den Mangel an Ernsthaftigkeit beim Publikum für die *Revue des Deux Mondes*. Ich büffele über Büchern zur Reformation, und das Stück[1] beginnt, Konturen anzunehmen. Ich werde Zeit brauchen, um es zu schreiben.

Lulu fand, daß Du gesund aussahst und glücklich wirktest. Das ist alles, worum ich diesen drohenden Himmel bitte.

Du bist immer in meinem Herzen.

Jean

Santo Sospir

15. März 1951

Mein Jeannot,
entschuldige die nächtlichen Anrufe von neulich. Ich war ziemlich krank und sah alles in den düstersten Farben. Moulouk spielte verrückt, weinte, hechelte und lief von Tür zu Tür. Er hörte nicht mehr auf zu husten. Ich hatte Angst. Am nächsten Morgen wurde er wieder sehr brav. Er fraß und legte sich hin,

1. Es handelt sich um *Bacchus*.

um seine Spritzen in Empfang zu nehmen. Natürlich bleibt er im Vestibül, die Nase an der Tür, auf Dich wartend, aber er nimmt es hin, daß er warten muß. Ich bin glücklich, ihn in Santo Sospir behalten zu haben. Sag George, daß ich das Bild von dem Löwen und dem jungen Mann im Bett gemacht habe. Ich glaube, es wird Dir sehr gut gefallen. Doudou beendet die Blumen–mit–Lampe. Nichts ändert sich, auch nicht das Wetter, daß sich bezieht und bedrohlich wird. Margot Catroux schreibt mir, daß sie Euch in *Chéri* (Cannes) bewundernswert gefunden hat. Erzähle vom Publikum in Marseille. Euer Aufenthalt war ein Traum, aus dem man zu schnell erwacht. Ich liebe und ich küsse Dich. Das George ja genug trinkt und NICHTS ißt (außer *Roms–Roms*).

Jean

Santo Sospir

19. März 1951

Mein Jeannot,
mach Dir keine Sorgen um Moulouk. Er hat ein Beet *mit kleinen Blumen* entdeckt, die er verschlingt und die ihm gutzutun scheinen. Er läuft die Treppe zum Meer rauf und runter wie ein junger Mann. Ich kenne nichts Entzückenderes als seine Ergebenheit und seine Gutmütigkeit. Er kommt von alleine in mein Zimmer wegen seiner Spritzen. Doudou pflegt ihn sehr gut. Aber er hat Würmer. Ich frage mich, ob sie seine Hustenanfälle nicht verschlimmern. Francine schlägt vor, ihm ein bißchen Lebertran in die Suppe zu tun. Wir werden versuchen, daß er es nicht merkt. Er ißt sehr viel.

Ich male gerade das Portrait eines Negerkindes, das sich in Narkose befindet.[1] Die Ausführung dieses Bildes fasziniert mich. Stell Dir vor, daß ich den ersten Akt geschrieben habe (Skizze der Dialoge). Die Arbeit wird mir leicht vorkommen.

1. Jean arbeitet an der *Leçon d'anesthésie*.

In diesem ersten Akt hast Du nur eine Szene – die mit dem Verhör im Kostüm des Bacchus.

Francine hat Paris Hals über Kopf verlassen. Sie steckt mit der Nase in ihren Veilchen. Doudou badet und schwimmt im Dunst und den eiskalten Wellen. Möge für Euch in Algerien die Sonne scheinen. Ich küsse Dich und George, der mein Freund ist.

Jean

Ich bin fast sicher, daß das mit Moulouk ein Irrtum ist und er wegen der Würmer hustet (bei Kindern denken die Ärzte immer, es sei Keuchhusten). Ich werde versuchen, ihm das neue, sehr sanfte Wurmmittel zu geben, das innerhalb von acht Tagen wirkt.

Ich schreibe Dir dieses PS, nachdem ich ihn heute morgen intensiv beobachtet habe. Er wollte den Zucker nicht annehmen. Das hat mir die Augen geöffnet. Er reinigt sich selbst von innen und schleift sein Hinterteil nach.

Mittwoch, den 21. März 1951

Mein guter Engel,
anbei ein Brief, der zusammen mit einem Paket mit Medikamenten angekommen ist. Ich behalte das Paket. Ist es für Moulouk? Obwohl er hustet, wird er fett und ißt für drei. Er ist sehr brav und einfach entzückend. Außergewöhnlicher Sieg der öffentlichen Meinungsumfrage, und Theaterdirektoren für *Orphée*. Davon abgesehen gibt es keine anderen Neuigkeiten als das, was Du schon von Santo Sospir her kennst – bis auf die Tatsache, daß die Sonne scheint. Ich male, und die Marquise macht mit ihren ewigen Veilchen weiter. Doudou hat eine Mal-Müdigkeitsphase. Er sucht seinen persönlichen Stil. Wir werden uns sehr freuen, Dich wiederzusehen. Ißt George das *Rom-Rom*? Er muß es vorher mit einem Liter von seinem Elixier übergießen. Ich wüßte gerne, ob Algerien Dich nicht etwas

anstrengt und ob alles sich nach Deinem Geschmack entwickelt. Tausend und abertausend zärtliche Grüße.

Jean

27. März 1951

Mein Jeannot,
stell Dir vor, daß Moulouk nicht nur die Herzen aller hier erobert hat, sondern auch das von Princesse, die ihm immer auf den Versen bleibt und im Vestibül schlafen will, wo ich ihn abends lasse, weil es dort kühler ist. Er ißt für drei, so viel, daß ich mich frage, ob er nicht einen Bandwurm hat. Aber er setzt Fett an und hat glänzende Augen, er ißt also, um sich gegen die Schwäche durch seinen Husten zu verteidigen. Er ist ein Engel an Liebenswürdigkeit und guter Erziehung. Francine ist ganz bestürzt, daß er uns verläßt. Doudou verhätschelt ihn, und Moulouk kommt ganz von allein, um sich seine Spritzen geben zu lassen. Kurzum, wir übergeben ihn Dir in sehr guter Verfassung. Ich habe ein großes Bild beendet, das mich sehr viel Mühe gekostet hat: *Ulysse et la Sirène*. Ich beginne im April mit dem Stück. Ich küsse Dich. Grüße unseren George.

Dein Jean

2. April 1951

Mein Jeannot,
ich war bei den Catroux, als Du angerufen hast. Was für ein Pech! Deine Stimme tut mir gut und hilft mir bei der schweren Arbeit, mit der ich mich Tag und Nacht abrackere. Ich habe Deiner Mutter ein Glücksbringertüchlein geschickt, das nach einer Zeichnung und einem Ausspruch von mir herausgegeben worden ist. Ich hoffe, es wird ihr Freude machen.

Je älter ich werde, desto mehr brauche ich jene, die ich vorbehaltlos liebe. Sie sind selten. Du stehst natürlich ganz obenan.

Lulu erzählt, Du seist nervös. Mit gutem Grund. In dieser Hitze müssen Pferde, Maske und Kostüme die Erschöpfung von *Die Schöne und das Biest* und *Der Geliebte einer Königin* fortführen. Wenn es Dir zu viel wird zu schreiben, verlange mich zu egal welcher Stunde. Der Besuch bei den Catroux ist eine Ausnahme. Und, außer zu Coco, sonntags, verlasse ich Santo Sospir überhaupt nicht.

Ich küsse Dich und George und Moulouk.

Dein Jean

10. April 1951

Mein inniggeliebter Jeannot,
es war abscheulich für mich, den Zug und den Moulouk mit seinem rosa Stern auf der Wange abfahren sehen zu müssen. Ich war glücklich, daß George da war, der wohltuend und fröhlich ist. Ich würde von einem Milly träumen, das Euch gefiele und wo Du malen könntest. Sag mir, ob Juliette und Louis Dich gut versorgen.

Ich habe mit Sartre zu Mittag gegessen – er lachte. Die Nizzaer Zeitung meldet, daß wir in gemeinsamer Arbeit ein Stück über *Werther* machen (*sic*). Es ist vollkommen nutzlos, sich in Zeiten mangelnder Bildung weiter zu äußern. Der Film von Buñuel ist großartig. Der von Becker hervorragend – er funkelt vor Anmut und Geist. Ich glaube, das liegt an seiner jungen Frau.

Ohne Deine Sonne ist die Côte d'Azur trostlos. Wir haben Mistral. Die Blumen gehen ein, und das Meer schäumt. Ich habe mein Bild von Phädra nochmal ganz überarbeitet. Vielleicht wird es Dir gefallen. Innige Grüße an Deine Mama und an George.

Ich küsse Dich.

Dein Jean

Ich meine zu wissen, wo wir Herrn Petit gesehen haben. Er schmuggelte zwischen der Schweiz und Évian. Erinnere Dich!

17. April 1951

Mein guter Engel,
ich bin glücklich über alles, was Du mir erzählst (außer über die Decharme–Unannehmlichkeiten). Du kannst Dir nicht vorstellen, wie sehr mein Herz mit Dir in unserem guten Haus wohnt. Laß die Fensterläden neu streichen (wir werden die Rechnung an Lulu schicken).

Der Abend vorgestern in Cannes war *grauenhaft*, ein wahrer Alptraum. Der Film von Carné ist ein Monument der Dummheit und der Vulgarität. Dieses arme Würstchen glaubt an eine Intrige. Wie ist Gérard bloß in dieses Abenteuer[1] hineingeraten?

Der Film von De Sica ist ein wahres Wunder. Französische Beteiligung absolut wertlos (der reizende Film von Jacques B. ist zu leicht an Gewicht, um ins Gewicht zu fallen). Es heißt, ich würde "heimlich das Festival dirigieren" (*sic*). Bleibt der Film von Isou (am Rande des Festivals). Es wäre hochkomisch, die französische Beteiligung mit einem sogenannten Avantgarde–Film zu retten (falls der Film existiert). Die jungen Journalisten gründen einen Sonderpreis und geben den Malapartes den Vorsitz. Ich werde Dir erzählen, was passiert.

Ich mache mit dem Malen weiter. Wir malen also gemeinsam. Ich beende einen *Orphée attaqué par les Bacchantes*, sehr wild und in dem von Dir so geliebten dunklen Stil.

Die Marquise malt seit acht Tagen den Fruchtknoten einer Primel. Doudou beißt sich an Paul und Virginie fest, umgeben von tausend Pflanzen.

Warum solltest Du keine Bootspartie machen, wenn *Nez de Cuir* sich verzögert?

1. *Juliette ou la Clef des songes.*

Herr Petit wir der Fahrer von unserem Holzvergaser–Lastwagen Nizza–Évian. Er ist ja vielleicht ein Gauner, aber immerhin ein gut erzogener, angenehmer. Francine schätzt sich glücklich, daß sie es mit ihm zu tun hat. Und Deine Mama, ist sie in Milly? Und die Katzen? Spielt Martin mit seinem Vater? Erzähle ohne aufzuhören.

Ich liebe und ich küsse Dich.

Jean

Am heutigen Sonntag, April 1951

Mein guter Engel,
was bei diesen Festivals herauskommt, ist, daß man seelisch völlig entmutigt daraus hervorgeht. Ich möchte nicht einmal mehr daran denken, Filme zu drehen. Ein so freier Kurzfilm wie *Das Blut eines Dichters* scheint mir das einzige, was ich mir erlauben kann. Ich fange nächste Woche mit dem Stück an, wenn das Meer meine Seele gereinigt haben wird – und ohne darüber nachzudenken, daß es Zuschauer, Zensoren, Journalisten gibt. Dieses traurige Angesicht der Welt würde mich lähmen. Schreib mir, was in Milly vor sich geht. Ob Du in Ruhe arbeitest, ob Juliette und Louis Dich gut versorgen. Meine Finger sind abwechselnd wach und eingeschlafen. Aber nachts lassen mich diese Beschwerden in Ruhe, und ich schlafe. Wir haben gestern *Nein, diese Eltern* in 16 mm im Wohnzimmer abgespielt. Das Schöne daran war, Dich unter uns zu sehen, wenn auch nur im Bild.

Das Festival, das Preise aller Art verteilt hat, ist nicht auf die einfache Idee gekommen, den Film über Colette auszuzeichnen – was die Liste der Preisträger ein wenig aufwerten würde, in der Frankreich praktisch nicht vertreten ist. Kurz, das goldene Kalb ist immer noch aus Dreck. Preis des goldenen Kalbs an den englischen Film: *Les Contes d'Hoffmann*, und der ist grau – en – haft. Laß uns Weise sein und uns lieben. Ich küsse Dich. Hast Du Nachricht von George? Zucker für Moulouk.

Jean

Santo Sospir

25. April 1951

Mein guter Engel,
werden wir nach Rom fahren – und zu welchem Termin? *Ruf bald an.* Und wenn wir hinfahren, ruf Madeleine an, daß sie meinen Smoking und den von Doudou schicken soll – (und Krawatten) – (schnellstens).

Seit vier Tagen rackere ich mich mit dem Kopf von Odysseus ab – weil Du immer recht hast, und ich möchte, daß Dir das Gemälde gefällt. Seit heute morgen erreicht mich das Fernsehen. Es hat mich ganz *krank* gemacht. Sowie Alec, der uns im Moment besucht, abgereist ist, werde ich das Stück[1] in Angriff nehmen. Noch ein entzückender Streich der Journalisten: Sie geben mir die Villa von Francine und bringen mich mit einer Tragödie in Zusammenhang, die sich in einiger Entfernung bei Leuten zugetragen hat, die ich nicht kenne (abgesehen von Antoine).

Ich habe große Freude daran, Dich mir mit uns in einer Pose vorzustellen, beim Malen. Laß Dir die Sache mit Carné nicht weiter zu Herzen gehen: Er hat mir ein sehr freundschaftliches Telegramm geschickt, und ich werde *gewiß nicht seine Methoden* übernehmen, die darin bestehen, Bessy jedesmal, wenn *Cinémonde* etwas über uns sagt, am Telefon zu beschimpfen (*sic*).

Tausend und abertausend zärtliche Grüße.

Dein Jean

Santo Sospir

26. Mai 1951

Mein Jeannot,
Du mußt über mein Schweigen erstaunt sein, aber ich habe die Halsschmerzen und das leichte Fieber vom Festival gerade eben erst hinter mir. Ich bin mitten in den unglaublichen Schwierig-

1. *Bacchus*.

keiten in Villefranche und denen von Menton (von anderer künstlerischer Natur) zum Cap zurückgekehrt. In Villefranche warten meine Arbeiter auf die Bezahlung, die sich verzögert, da der Gemeinderat der Ansicht ist, daß die Fischer bezahlen müssen, und die Fischer, daß der Gemeinderat für die Beträge verantwortlich ist. Kurzum, man denkt nicht mehr an mein "Geschenk", sondern heimst ein, ohne einen Centime herauszurücken.

In Menton hat so ein widerlicher Arbeiter meine ganzen Vorbereitungen geschmissen, und ich bin gezwungen, eine neue Hilfsmannschaft aufzustellen. Morgen sehen wir uns alle Deinen Film[1] von Korsika an, was mich über all diese Strapazen hinwegtröstet.

Laß von Dir hören.

Das Versteckspiel, zu dem die Umstände uns zwingen, deprimiert mich, und abends in meinem Zimmer spreche ich oft mit Dir und verhätschele Dich, als wärest Du an meiner Seite.

Das Leben ist schnell und langsam, kurz und lang. Was man plant, ist beendet, bevor man noch damit angefangen hat und so weiter. Aber die Augenblicke des Herzens lassen sich nicht zurückbringen und gehören der Ewigkeit.

Mein Jeannot, ich liebe Dich, und ich küsse Dich aus tiefstem Herzen.

Jean

Santo Sospir

7. Juni 1951

Mein Jeannot,
ich kann mein seelisches Gleichgewicht einfach nicht wiederfinden. Die Reisen bringen mich durcheinander, und der Rhythmus muß in immer größeren Abständen wieder aufgenommen werden. Sag George auf jeden Fall, daß er die Schönheit und

1. *S.O.S. Noronhia*, Film von Georges Rouquier.

der Stil selbst war – daß er diese so seltene Ausgewogenheit zustandebringt (er müßte mir das Geheimnis seiner Ausgewogenheit vermitteln, damit ich die meine wiederfinde). Vielleicht hat mich Milly am Rockzipfel zurückgehalten. Ich war traurig, mein neues Zimmer zu verlassen, nicht in den Schlössern zu wohnen.

Ich erhalte einen Brief aus New York. Es scheint, daß Babilée den Amor getanzt hat, und zwar seinen Amor, ohne meinen Namen ins Programm zu setzen (Vorhang, Bühnenbild und Kostüme – für die ich nicht einen Centime von ihm verlangt habe). Seltsames Zeitalter! Anbei die Notiz für *Renaud* und die Artikelunterlagen. Ruf mich an, wenn Du noch etwas anderes brauchst. Ach, ich sage es noch einmal, ich *hänge in der Luft*.

Ich küsse Dich und George und Moulouk.

Jean

Anbei zwei Texte. Einer kann für das Programm verwendet werden (wo ich das Stück erzähle), der andere für die Presse.

Ruf an, wenn Dir die Texte zusagen.

11. Juni 1951

Mein guter Engel,
wir schiffen uns morgen mit der Orphée II zu den Inseln ein. Werden ungefähr eine Woche bleiben. Ich werde Dein Telegramm öffnen lassen und anrufen. Schicke es also, als ob ich in der Stadt wäre. Ich habe mit meiner Arbeit begonnen, die ich "an Bord" mitnehme. Es sieht nach einer langen und schwierigen Arbeit aus. Sprich ein kleines Gebet. Küsse unseren lieben George und den Moulouk. Versuche, mit dem Hausboot zu uns zu stoßen. Francine schickt ihre zärtlichen Grüße. Doudou schläft, aber er denkt trotzdem genauso.

Dein Jean

Monte-Carlo

Mein Jeannot,
ich gehe gerade an Land. Eine schöne Reise mit ziemlich unruhiger See zwischen Bordighera und Porto Venere. Jetzt brauchst Du Dich nur noch nach Santo Sospir aufzumachen und Deine Sonne der unseren hinzuzufügen. Ich werde den Film schneiden, *Bacchus* korrigieren und die Ausstellung in München vorbereiten müssen. Aber das alles ist keine wirkliche Arbeit mehr. Ich werde genug Zeit haben, um mit Dir Schwimmen zu gehen und unsere Spaziergänge zu machen. Zärtliche Grüße an George und das Hausboot. Ein Zuckerchen für Moulouk.

Dein Jean

Santo Sospir

27. Juni 1951

Mein guter Engel,
was Du mir am Telefon gesagt hast, hat mich richtig erschüttert. Dein Platz ist in jenem Haus, aber nur, wenn man Dir dort die Rollen gibt, die Du verdienst. *Ich fürchte, daß mein Platz nicht dort ist. Die Maschine* braucht über Dich hinaus eine Besetzung, die sie nicht bieten können (es sei denn vielleicht, wenn Marie Bell Iocaste spielen könnte). Aber ich zittere vor einer ungeschickten Wiederaufnahme – *und Du weißt ja, wie sie sind.* Andererseits würde mein neues Stück,[1] wenn es mir gelingt, es zu schreiben, in dem Haus untergehen. Ich fürchte sogar ein richtiges Theater. Es bräuchte das Atelier oder etwas ähnliches in dem Stil. Ich weiß nicht, was ich Dir sagen soll (im übrigen ist ein neues Stück in der Comédie-Française *ein Untergang.* Mir ist noch immer ganz elend, daß ich eine Entscheidung in bezug

1. *Bacchus.*

auf Dich treffen muß. Die Zuneigung macht mich blind. Du mußt in der Rue de Richelieu Nero und Achill[1] spielen. Bist Du Dir ihrer ganz sicher? Dein Weg führt über eine vermoderte Planke. Denk intensiv darüber nach. Wenn es möglich wäre, im Triumph einzuziehen, ohne ständiges Mitglied der Comédie zu sein, wäre das der Traum an sich. Die Entscheidung liegt mehr bei Dir als bei mir. Du kennst mich. Ich lasse den Dingen prinzipiell ihren Lauf. Aber vielleicht habe ich unrecht. Dir zu gefallen, würde ich *alles opfern*. Aber Deine Besonnenheit ist größer als die meine. Darum verlasse ich mich auf sie.

Ich küsse Dich aus tiefstem Herzen.

Jean

6. Juli 1951

Mein guter Engel,
fahren ab nach Cannes. Werden dort vier Tage auf dem Schiff verbringen. Heute morgen wurde angerufen, daß in der Klinik alles in Ordnung ist. Doudou steht immer noch unter der Wirkung der Spritze. Man hat ihm nur eine einzige Wundklammer angesetzt, aber der Blinddarm war geschwollen. Ich wünschte sehr, Du könntest das gleiche tun. Ich bin sicher, das es vorteilhaft für Dich wäre.

Einen Kuß von Deinem alten Dichter.

Jean

Ohne dabei George und den Zucker für Moulouk zu vergessen.

1. In *Iphigénie*.

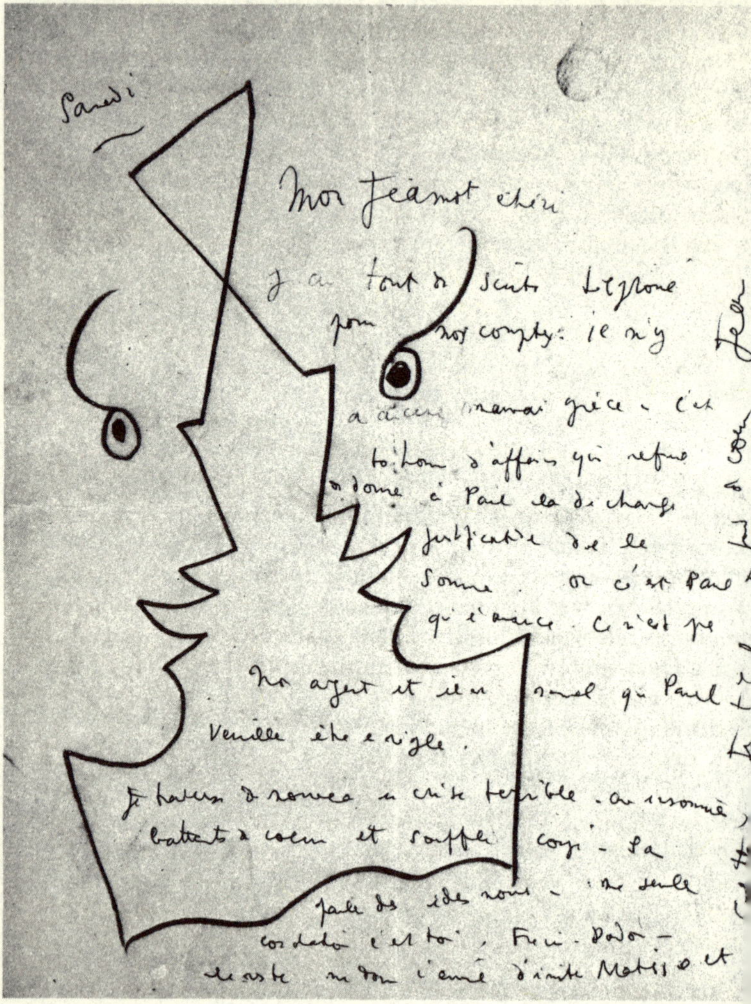

Samedi

Mon Jeannot chéri

Samstag, den 10. Juli 1951

Mein geliebter Jeannot,
ich habe sofort wegen unserer Konten telefoniert. Es mangelt dort nicht im geringsten an Bereitwilligkeit. Es liegt an Deinem Geschäftsmann, der sich weigert, Paul einen Auszahlungsbeleg über die Summe zu geben. Nun ist es aber Paul, der sie vorstreckt. Es ist nicht mein Geld, und es ist normal, daß Paul ordentliche Verhältnisse haben will.

Ich mache von neuem eine fürchterliche Krise durch. Mit Schlaflosigkeit, Herzklopfen und Atembeschwerden. Ganz zu schweigen von düsteren Gedanken. Du bist mein einziger Trost. Ende. Entschuldigung. Der Rest macht mir Lust, Matisse und Colette nachzuahmen.

Ich küsse Dich von ganzem Herzen.

Jean

14. Juli 1951

Mein guter Engel,
ich bin glücklich, weil Du glücklich darüber bist, endlich all die Rollen zu spielen, die Du verdienst. Du kennst mich. Ich arbeite, ohne an die Probleme zu denken, die das aufwirft, und so, als ob Du frei wärest. Die Vorsehung wird den Rest übernehmen. Ich habe schon den gesamten Aufbau des Stückes[1] festgelegt. Ich bin glücklich – selbst wenn Milly Dich bedrückt, weil George ein Schatz ist und es Moulouk bessergeht. Du hast mir von Deinem Haus ganz in der Nähe von Paris erzählt. Laß mich Näheres wissen. Ich weiß, wie schwierig es ist zu schreiben, während man dreht. Aber vier oder fünf Zeilen genügen.

Ich küsse Dich.

Dein Jean

Wir müssen einen schönen Ankleideraum für Dich finden.

1. *Bacchus.*

17. Juli 1951

Mein guter Engel Jeannot,
Francine sagt, daß nur Monsieur Barroux, 6, Avenue d'Eylau, in der Lage ist, das Domizil für Dich ausfindig zu machen, von dem Du träumst. Ich kenne ihn. Er arbeitet in Santo Sospir mit uns zusammen und verwandelt den Dachboden in Milly in ein Atelier. Er ist ein tüchtiger und charmanter Mann. Setz ihn in meinem Namen in Trab. Ich habe ein bißchen mit Lulu geschimpft, die nicht zu begreifen scheint, daß, wenn ich Dein Glück dem meinen voranstelle, sie sehr wohl Deinen Ruhm dem Geld voranstellen kann.

Morgen fahren wir los mit der Orphée. Kommen Montag zurück. Ich habe zwei fast lesbare Akte. Ich arbeite Tag und Nacht. Aber ich fürchte, daß das Stück allen auf die Nerven geht.

Ich küsse Dich auf Deine Ledernase.

Jean

30. Juli 1951

Mein Jeannot,
dies, damit Lulu nicht mit leeren Händen weggeht. Ich werde Dir ausführlich schreiben. Aber ich küsse Dich und wünsche Dir alle Wunder, die Du verdienst. Tausend Grüße an Yves[1] und alle aus Deinem Team, die mich kennen.

Dein Jean

Eine aufgesetzte Nase sieht immer nach einer falschen Nase aus. Es gibt nur eine einzige elegante Methode. Und zwar die schwarze Halbmaske aus Leder und die Vogelform, die Bébé den Masken gegeben hat.

1. Yves Allegret.

Santo Sospir

4. August 1951

Mein guter Engel,
ich habe Deine Texte geschrieben. Ich habe mir die Musik von R.[1] angehört. Sie scheint mir sehr gut zu sein und mit einer *exzellenten Orchestrierung.* Du darfst mir meinen letzten Brief bitte nicht übelnehmen. Wenn es die Pflicht der Liebenden ist, alles zu sagen, was sie denken, so ist es auch ihre Pflicht, alles Menschenmögliche zu tun, um denen, die sie lieben, einen Dienst zu erweisen. Wenn also eine Entscheidung über das Ballett[2] fällt, kannst Du absolut auf mich zählen. Vielleicht ist mein Brief nutzlos, und ich werde Dich heute morgen am Telefon sprechen. Ich möchte am Bahnhof *auf Dich warten* und Deine genaue Ankunftszeit wissen. Ich werde Dich gleich zur Villa bringen, und Du kannst völlig unkompliziert kommen und gehen.

Ich küsse Dich aus tiefstem Herzen. Francine und Doudou freuen sich, Dich zu sehen. Zärtliche Grüße an George.

Jean

Santo Sospir

8. August 1951

Mein Jeannot,
stell Dir vor, daß wir mitten in dem 16–mm–Farbfilm über das Haus sind. Das ist im Kleinen genau die Atmosphäre, in der Du Dich abmühst (ohne Pferde und Kostüme). Ich habe meinen letzten Akt fast beendet. Ich werde ihn nach dem Film beenden, der ein fast darbonesker Kampf mit der Sonne ist. Der Wandteppich ist erstaunlich. Aus zwei Metern Entfernung ist es mir unmöglich zu erkennen, ob es sich um mein Original handelt

1. Ned Razheem, amerikanischer Komponist.
2. *Le Portrait de Dorian Gray*, Ballett, das ich inszeniert, für das ich Bühnenbild und Kostüme entworfen und in denen ich das Portrait–Gewissen gespielt habe, mit George Reich als Dorian Gray.

– er ist sogar tausendmal besser. Wir werden eine Nacht damit verbringen, ihn zu filmen.

Hat Deine Mama das Tüchlein bekommen? Und George – sein Schicksalsschlag – und Moulouk. Vier Zeilen, um mir vom Hausboot und *Nez-de-Cuir* zu berichten. Sonst ruf an. Ich küsse Dich.

Francine und Doudou schließen sich mir an.

Jean

10. August 1951

Mein guter ledermaskierter Engel,
ich schreibe Dir mitten während der Dreharbeiten. Aber das Angenehme dabei ist, daß mein Zimmer im Studio ist und das Studio in meinem Zimmer. Ich schreibe, während unser Ivanof den Kamerawagen im Flur installiert und die Scheinwerfer auf den Koffern aufstellt. Die Sonne scheint. Gebe der Himmel, daß im September noch welche für Dich da ist, wo Dein Besuch ein großes Fest sein wird.

Grüße alle ganz zärtlich von mir, zu allererst Hubert und den Bräutigam! Ich küsse das Hausboot und den Moulouk.

Jean

Hernani[1] ist ziemlich dämlich – *vor allem das Ende*.

Ich beende meine letzte Korrektur der drei Akte.

1. *Hernani*, Drama von Victor Hugo (d.Ü.).

16. August 1951

Mein Jeannot,
heute nachmittag werde ich mit dem Film fertig. Ich habe tausendfünfhundert Meter Film, der unter den merkwürdigsten Schwierigkeiten abgedreht worden ist. Unmöglich, sich über das Resultat klar zu werden, wegen der Farbe. Weil ich Deine Leiden als Ledernase teilen wollte, bin ich geritten – wenn es sich dabei auch um ein Schulpferd handelte. Sonntag fahren wir für fünf Tage aufs Meer. Francine hat gestern Fotos von Dir aus dem Film gesehen. Sie hat mir gesagt, daß Deine Maske und Deine Kostüme wundervoll wären. Was für eine Ungeduld! Wenn unser Yves einverstanden ist, mir etwas zu zeigen, fliege ich. Nebenbei bemerkt, ich werde zu den Text– und Musikaufzeichnungen kommen müssen. Mein Jeannot, ich hoffe, bei Deiner Mama in Milly scheint die Sonne. Komm schnell, um an unserer teilzuhaben.

Ich küsse Dich und George und Moulouk.

Jean

Werden versuchen, heute *Britannicus* zu malen.

Im Flugzeug der Air–France

Mein Jeannot,
alle diese Tode von Freunden – Mensch wie Tier – haben mich niedergeschmettert, ich muß es gestehen. Ich weiß, daß es normal ist zu sterben. Aber es wäre gut, wenn alle gemeinsam sterben könnten und man diejenigen, die man liebt, nicht über Bord gehen und im Meer verschwinden sehen müßte. Moulouk weicht mir nicht mehr von der Seite. Ich stelle ihn mir mit solcher Kraft vor, daß ich schließlich glaube, er sei da und suchte Dich von Platz zu Platz. Ich werde versuchen, zu malen und mein Stück noch einmal abzutippen, um mich von diesem Alptraum abzulenken. Gleich nach meiner Rückkehr nach Paris

möchte ich Dir das Stück vorlesen und Dich um Deinen Rat bitten. Wenn Du es nicht spielen kannst, sehe ich nur einen Schauspieler, der in Frage käme: Gérard Philipe (ich habe mit Vilar darüber gesprochen, aber ich habe den letzten Akt noch nicht vollständig). Aber ich frage mich, ob nicht das Schicksal die Dinge einrenken und das Unmögliche geschehen wird. Außerdem werden zwischen uns die Dinge von einer einzigen Seele gelenkt. Mit einem anderen treten Schwierigkeiten auf, und ich habe einen Kloß im Hals, der nicht rutschen will. Schreib mir schnell ein paar Zeilen, um mir zu sagen, wie sich die Proben in der Rue de Richelieu machen und ob Moulouks Geist Dich begleitet und Dir nicht zu sehr wehtut. (Denk an *Die Höllenmaschine*. Wenn man sie dem Français gäbe, müßte man es schriftlich bekommen, daß Du sie im Falle Deines Ausscheidens mitnehmen würdest.)

Ich bin traurig und ich liebe Dich.

Jean

Entschuldige meine Schrift, aber ich habe im Flugzeug nur diesen fürchterlichen Stift.

September 1951

Geliebter Jeannot,
ich glaube, daß Lulu meine Absichten mißverstanden hat. Es war meine Absicht nach Deinem und ihrem Telefonanruf, Dich, koste es, was es wolle, vor dem Fiskus zu retten. *Was mein ist, ist auch Dein*, und darum hat dieser Anteilsverkauf, abgesehen davon, daß er Dir die Teilung der Konten erspart und Dir eine Summe verschafft hat, die ich ohne diese Vorgehensweise nicht zusammenbringen würde, nichts geändert. In seiner Eigenschaft als Kapital bedeutet Milly Dir nichts, da Du Deinen steigenden Anteil ja nicht an einen Fremden verkaufen würdest. Das ist weise – denn selbst einmal angenommen, daß mir ein Unglück passiert und Doudou meinen Anteil erbt, bewahrt er Dir Deinen innerlich doch mit Achtung und Liebe.

Ich bin sehr traurig, daß Alecs und Carols kurze Ferien an der Côte genau mit den Terminen Eurer Ferien zusammenfallen. Francine ist sehr bekümmert. Nebenbei hatte sie alles arrangiert, daß Ihr im Hôtel du Cap wie zu Hause wohnen konntet. Aber vielleicht macht es George mehr Spaß, sich ein wenig in einem neuen Land zu bewegen und mal etwas anderes zu sehen als unsere Kakteen.

Taormina versucht, von seinem althergebracht schlechten Ruf zu zehren, schafft es aber nicht. Sein "Panorama" ist ihm geblieben und einige Postkarten rosenbekränzter Leute, die die Großeltern der heutigen Jugend sind, einer Jugend, die sich dessen schämt. Wenn Ihr hinfahrt, laßt Euch das Theater nicht entgehen, das bewundernswert ist, und auch nicht einen Straßen–Antiquitätenhändler, der alles kennt (er hat vier Geschäfte in der Stadt, und Ihr werdet seinen Namen in dem schicken Restaurant erfahren, dessen Wirt eine Gangsterrolle in dem Film über den verfolgten Neger gespielt hat). An der Verschwommenheit meiner Informationen erkennst Du mich wieder. Leider ist mein Gedächtnis voller Löcher und nur noch visuell. Aber Taormina ist winzig, und Ihr werdet in fünf Minuten in allen Einzelheiten unterrichtet sein. Mir ist so, als hieße der filmbegeisterte Wirt Fred. Was mich betrifft, so finde ich Taormina ausgesprochen stumpfsinnig.

Palermo liebe ich abgöttisch. Laß es Dir nicht entgehen, nach Bagherra zu fahren, um das Innere zu besichtigen (gezeigt werden nur die Mauern). Die prachtvolle Villa, von der sie meinen, daß sie von einem Verrückten erbaut worden wäre. Damit ist es aber nichts. Der schwarze Salon ist ein Wunderwerk und zerfällt zur Ruine. Laß Dir den Garten der Prinzessin von Villefranche zeigen.

Ich liebe Dich.

Jean

5. Oktober 1951

Mein inniggeliebter Jeannot,

da gibt es eine Sache, die Du in Deiner unglaublichen Liebenswürdigkeit nicht verstehen kannst. Das ist die *panische*, kindliche Angst, die ich vor Deinem Urteil habe. Du machst mir beinahe so viel Angst wie Picasso, dem ich nichts zeige. Was die *Entretiens autour du cinématographe (Gespräche über den Film)* betrifft, so habe ich es nicht geschickt, habe aber darum gebeten, daß man es Dir zuschickt. Noch eine unerledigte Sache.

Vorgestern habe ich Gérard[1] auf seinem Bauernhof drehen sehen. Er ist ein ebensolcher Draufgänger wie Du. Er trug ein Säbelduell auf einem Dach aus, das so wenig tragfähig war, daß alle durchgebrochen sind. Ich habe ihm von meinen Ängsten bei *Der Geliebte einer Königin* erzählt. Es ist mein Fluch, daß ich mit allem Anschein großer Gegenwärtigkeit mit meinen Gedanken ganz woanders bin. Ich möchte perfekt sein, und ich irre mich in einer Tour. Ich empfinde große Scham darüber, daß ich in Deinen Augen nicht perfekt bin. Nur ist unsere Zuneigung so stark, daß ich sicher bin, für meine tausend und abertausend Dummheiten Verzeihung zu finden.

Und nun, was ich mir für George vorstelle: Er muß ein Tennisspiel ausarbeiten.[2] Nichts könnte schöner sein. Ein blauer Hintergrund und ein von hinten zum Souffleurkasten oder schräg gespanntes Netz. Das Divertissement muß in einer Partie von zwei Frauen, zwei Männern, vier Spielern ablaufen. Sprünge über das Netz, Einsammeln der Bälle, Auseinandersetzungen und Versöhnungen. Das Kostüm ist das des idealen Tänzers. Arme und Beine nackt. Die Mädchen tragen winzig kleine kurze Röcke.

Das Divertissement trüge den Titel: *La Partie de Tennis*. Man muß sich dieses nächtliche Spiel vorstellen, wie bei der Meisterschaft, mit Scheinwerfern auf den Spielern und Spielerinnen. Schläger und keine Bälle. Bis auf einen am Ende vielleicht, der ins Publikum ginge (?). Schreib mir, ob George das grund-

1. Gérard Philipe bei den Dreharbeiten zu *Fanfan la Tulipe*.

2. Es handelt sich um die Inszenierung eines Balletts.

sätzlich gefallen würde. Dann werde ich im einzelnen darüber nachdenken.

Mein Jeannot, ich wünsche Dir alles Glück der Arbeit und die Wunder des Herzens. Meins ist Dir sicher, und es hört nicht auf, für Dich zu schlagen.

Jean

9. Oktober 1951

Mein Jeannot,
sowie ich ohne Nachricht von Dir bin, verspüre ich ein unerträgliches Gefühl der Leere. Ich weiß wohl, daß Racines endlose Monologe am Schreiben hindern. Aber ich bitte Dich um zwei Zeilen auf einer Karte. Ich wage nicht anzurufen, aus Angst, Dich zu wecken oder Dich nicht auf dem Hausboot anzutreffen. Am 16. gehe ich bis zum 20. nach Düsseldorf, um zu sehen, was sie mit *Bacchus* gemacht haben. Danach komme ich zurück, um meine Malerarbeiten in Santo Sospir zu beenden. Danach fahre ich in unsere liebe Stadt. Dort gibt es Sonne und wachsende Anemonen. Coco hat die fliegende Untertasse gesehen. Das war vorgestern, und ich war leider mit meinem Gemälde beschäftigt. Sie hat Nizza und Marseille überflogen. Man kann sich vorstellen, was Marseille daraus machen wird. Ich brenne darauf, Deinen Film und den *Mithridate*[1] zu sehen. Was mich ein wenig aufhält, ist der Auftrag für einen Wandbehang, der meine geschäftliche Situation möglicherweise ein bißchen verbessern wird. Grüße an George. Ich küsse Dich aus tiefstem Herzen.

Jean

Doudou beendet gerade erst das Bildvom Garten und der Villa. Francine und er tragen mir ihre zärtlichen Grüße für Dich auf.

1. Tragödie von Racine (d.Ü.).

15. Oktober 1951

Mein guter Engel,
ich habe Dir nicht geschrieben und habe diese kleine Arbeit für George hinausgeschoben, weil meine Hände mir üble Streiche spielen. Ich hatte sehr schmerzhafte Anfälle, und abgesehen davon, daß es mich bei der Arbeit störte, hat mich das demoralisiert. Der Arzt hat gesagt, daß man es ertragen muß, weil ein Kampf gegen dieses Übel ein anderes auslösen würde. Es würde nur die Erscheinungsform und die Stelle wechseln. Seit gestern geht es mir besser, und ich halte meinen Federhalter, ohne daß ich dabei wahnsinnig werde. Ich hatte mitten in einem großen Gemälde mit dem Malen aufhören müssen.

Mach Dir nichts daraus, ich habe diese Art von Beschwerden hinter mich gebracht und die Hürde genommen. Erzähle mir von Deiner Arbeit in der Rue de Richelieu. Hat man Dir den – fehlerhaften – Artikel über *La Ronde des arts* geschickt?

Montag kommt der Cutter von Kodak zu mir. Ich habe den Peugeot verkauft. Ich denke an Jean–Louis[1] für die Inszenierung des Stückes.[2] Vilars Pläne sind immer zu gewaltig und verschwommen. Soweit die Neuigkeiten. Francine und Doudou lassen Dich grüßen.

Mit all meiner Zärtlichkeit.

Jean

Santo Sospir
St. Jean Cap–Ferrat

24. Oktober 1951

Ich bin ununterbrochen bei Dir. Ich mache Töpferarbeiten und strenge mich jedes Mal an, Dir zu gefallen.

Grüße Luchino[3] herzlich, und erzähle in vier Zeilen, wie die Arbeit läuft.

Dein Jean

1. Jean–Louis Barrault.
2. *Bacchus.*
3. Luchino Visconti.

Mein Jeannot,
ich bringe dir ein kleines Geburtstags– und Weihnachtsandenken. Doudou schließt sich meinen Wünschen an.

Ich meinerseits küsse Dich aus tiefstem Herzen.

Jean

21. Dezember 1951

Mein Jeannot,
ich danke Dir, daß du mich auf diesen Fehler hingewiesen hast. Marie hat mich auf andere hingewiesen, was sehr nützlich für mich ist. Probe tüchtig und gib mir Bescheid, sowie Ihr es für möglich haltet, daß ich bei einer Probe zusehe.

Ich küsse Dich aus tiefstem Herzen. Gruß an George.

Jean

Mein Jeannot,
ich habe, glaube ich, eine Möglichkeit gefunden, die kleinen Störungen zu unterbinden, die Dir Schwierigkeiten machen (gib es an den Verwaltungsleiter weiter.)

Es würde genügen, einen Aushang zu machen und anzukündigen, daß "jede Person, die bei Kundgebungen solcher Art überrascht wird, daß sie die Vorstellung (Darsteller und Publikum) stört, zu einer Geldbuße von zehntausend Francs für das Hilfswerk für alte Schauspieler herangezogen wird".

Ich versichere Dir, daß Ihr Ruhe haben werdet. Und wenn Gören sich schlecht benehmen, wird man sich wegen der Geldbuße an ihre Eltern oder ihre Schule wenden. Denke darüber nach.

Ich küsse Dich. Ich reise morgen früh ab. Wenn ich Dir diesen Brief schreibe, dann darum, weil mich alles krankmacht, was dazu angetan ist, Dich aus der Ruhe zu bringen.

Jean

Santo Sospir

Ende 1951

Mein guter Engel,
Du kannst nicht wissen, wie gut es mir getan hat, Deine Stimme zu hören und zu erfahren, daß Du Dir die Mühe gemacht hast, Lulu bei Guillaume zu unterstützen. Diese Angelegenheit ist im ganzen unerheblich, aber da der Freundschaft gegenüber, die uns beide miteinander verbindet, nichts zählt, übertraf die Tatsache, daß Du empfandest, wie schlecht es mir ging und daß Dein Herz zu mir sprach, bei weitem den ganzen Verdruß, der mich bedrückt.

Es ist mir leider nicht möglich, zu malen oder gar zu arbeiten. Ich habe eine entsetzliche Leere im Kopf, und in dieser Leere drehen sich Schwierigkeiten im Kreis, die eigentlich in der Reihenfolge an fünfundzwanzigster Stelle stehen sollten und die alles andere abtöten.

Aber wenn es mir gelingt, das Übel zu besiegen, dann wird das daran liegen, daß ich es schändlich finde, Euch zu beunruhigen, und daß die traurige Stimme und die Blicke von Francine und Doudou mich beschämen.

Mein guter Engel, ich weiche nicht von Deiner Seite, und ich liebe Dich mit all meinen Kräften – denen der Seele, die von der Krankheit unberührt sind.

Jean

Samstag, 22.

Mein Jeannot,
ich habe Angst, daß Du vor meiner Abreise nach Milly noch nicht aufgewacht sein könntest. Wenn Du Sonntag kämest, wäre das der Traum an sich. Wir haben gestern abend durchschlagenden Erfolg gehabt. Obwohl Du weißt, daß ich diesen Ereignissen inzwischen gelassen gegenüberstehe, hat diese Generalprobe mir doch das Herz erwärmt. Ich hätte Dich im Saal haben mögen.

Ich liebe Dich.

Jean

1952

3. März 1952

Mein guter Engel,
ich arbeite an einem unlesbaren Buch,[1] aber in dieser unkultivierten und absurden Zeit kann man gar nicht unlesbar genug sein. Francine und Doudou malen. Du weißt, in welchem Tempo. Doudou wiederholt den ganzen Tag über: «Ach! Welche Seele, die niedrig genug ...» und «Aber Herr, die Römer sind unbekannt», wobei er die Stimme des Clarion nachmacht. Die Sonne scheint. Die Blumen und selbst die Flugzeuge explodieren. Heute morgen hatten wir ein schreckliches Flugzeugunglück in der Nähe der Victorine.[2] Man wartet noch auf die Liste der Opfer.

Die Zeit vergeht schnell, was ein Glück ist, wo Du doch kommen sollst. Ich habe andere Masken für *Oedipus Rex* vorbereitet. Aber meine Gesundheit ist bisher nicht gerade berühmt, und es fällt mir sehr schwer zu arbeiten. Ich möchte wissen, was Du von dem Brief hältst, in dem ich unsere große Tournee durch die ganze Welt organisiere.

Ich gehe schlafen und küsse Dich nebst George.

Jean

1. *Journal d'un inconnu* (Tagebuch eines Unbekannten).
2. Filmstudios in Nizza (d.Ü.).

Santo Sospir

16. April 1952

Mein Jeannot,
ich komme aus Rom zurück, wo ich George verpaßt haben muß. Dein Brief hat mich sehr betrübt. Die Cimuras[1] lassen Dich Filme drehen, die Deines Ruhmes nicht würdig sind, und *Der Adler* hätte Dich augenblicklich an den Platz zurückgebracht, der Dir zusteht. Ich liebe dich leider zu sehr, um Dir die Leviten zu lesen, und sonst wagt niemand, Dir die Wahrheit zu sagen. Nur, eins ist sicher: Weder Du noch ich werden jemals an den Motiven unseres Herzens zweifeln.

Ich werde auf die Wiederaufnahme meiner Bühnenwerke verzichten müssen, und ich schwöre Dir, daß ich darin ebensosehr eine Chance für Dich wie für mich gesehen habe.

Ich küsse Dich.

Jean

Santo Sospir

1. Mai 1952

Mein guter Engel,
ich hatte Deine Stimme und habe Deinen Brief. Diese ganze Nacht konnte ich vor lauter Nachdenken über Dich und diese Einfaltspinsel, die Deinen Weg stören, nicht schlafen.

Paris geht im Morast unter – es ist wichtig, dort herauszukommen – und darüber hinaus brauchst Du Geld. Ich rate Dir, dem Beispiel von Sarah Bernhardt und den anderen zu folgen. Sie sind auf Tournee gegangen, um Reichtum und Ruhm zu ernten. Du würdest eine *Welt*tournee mit drei Stücken aufstellen: *Die Maschine*, *Britannicus* und *Nein, diese Eltern* zum Beispiel oder zwei Stücke: *Britannicus* und *Die Maschine*, Du würdest Dich von Paris reinwaschen und von Triumph zu Triumph ziehen. Das ist es, wozu ich mich bald entschließen würde. Ich

1. Meine Agenten.

werde durch die Welt reisen, um zu sprechen, und warum sollten wir die Sache nicht gemeinsam auf die Beine stellen. Ich würde wie in Istanbul sprechen – am Nachmittag Deiner Vorstellungen.

Ich bitte Dich inständig, dir dieses Vorhaben zu überlegen – das einzig vernünftige und solide. Wenn George mit Dir kommen will, könnte man ihm eine Tanznummer ausarbeiten, die mit unseren Darbietungen verknüpft sein würde. Die Reise nach Deutschland hat mir bewiesen, wie heilsam diese Methode der Dezentralisierung ist. Ein Film würde Dir moralisch und finanziell weniger einbringen als diese Tournee, deren Erfolg die Filme schon vorbereitet haben.

Mein guter Engel, antworte mir schnell und glaube ja nicht, daß ich mich irre. Ich liebe Dich zu sehr, um mich bei etwas zu irren, was Dich angeht.

Dein Jean

Santo Sospir

24. Mai 1952

Mein Jeannot,
ich habe gerade *Dorian Gray* noch einmal aufmerksam gelesen. Hier also, was ich darüber denke. Es gibt so etwas wie einen undefinierbaren Zeitgeschmack, *dem man tunlichst nicht nachgeben darf, gegen den anzukämpfen aber völlig unmöglich ist.*

Dorian Gray ist von diesem Geschmack unabhängig und wird wahrscheinlich sogar Verdruß und ungerechtfertigte Vorwürfe der Frivolität nach sich ziehen. Darüber hinaus lehne ich mich gegen den Gedanken auf, sehen zu müssen, wie Du George einen schlechten Dienst erweist, indem Du in mißlicher Gestalt erscheinst, während er in einer vorteilhaften auftritt. Ich bin sicher, daß ihm das nicht gefallen würde. Deine Bescheidenheit und Dein Gerechtigkeitssinn, was ihn betrifft, gehen bis zur Ungerechtigkeit selbst, und Du leidest unter Selbsterniedrigungswut. Ein Stab, den die Leute nur zu gerne aufnehmen und der ihrem begeisterungsfeindlichen Geschmack gut zupaß kommt.

Was hier zu Dir spricht, ist meine Zärtlichkeit. ÜBERLEGE ES DIR GUT. Was das Athénée betrifft, löse Dich nur von der Comédie–Française, wenn Du Dich bei dem Theater verpflichtest. Nach Deinem Erfolg mit *Britannicus* dürfen die Leute nicht sagen: Er verläßt die Comédie–Française nach einer Niederlage. Das ist ihre niederträchtige Art. Versuche, eine schöne Rolle dort zu spielen, bevor Du das Weite suchst. Das Gegenteil wäre ein sehr schwerer Fehler.

Mille hat mich noch nicht angerufen. Hast Du ihn gesehen? Es darf auch nicht passieren, daß das Athénée Deine große, unerläßliche Tournee blockiert. Aber Du erklärst mir ja, daß ein Stück ohne Dich auf die Bühne gebracht werden könnte.

Mein guter Engel, ich denke Tag und Nacht an Dich und an das, was für Dein Leben wichtig ist. Schimpf nicht mit mir, weil ich dir sage, was ich denke. Ich küsse Dich und George.

Jean

6. Juni 1952

Mein Jeannot,
daß Du nicht da bist, um zu baden und Sonne zu tanken. Ich arbeite an einem Oratorium für Hindemith, und da dieses Oratorium sich um die Apokalypse dreht, macht mir sogar diese angenehme Sonne Angst.

Wir werden Mittwoch in Rom sein und Freitag in Athen, wo die Orphée auf uns warten soll (sie hat zwischen Neapel und Messina einen fürchterlichen Sturm abbekommen).

Wie Du Wien lieben würdest! Dort regnet es und war kalt. Aber die *Wärme* der Seele, die Eleganz, die Würde dort sind bewundernswert. Jeder liebt Dich dort und erkundigt sich nach Dir. Schreib mir ein paar Zeilen. Das Telefon widert mich an. Man ist zu traurig, wenn man sich nicht sieht.

Zärtliche Grüße an George und Nomade.

Ich küsse Dich.

Jean

Montag

Mein Jeannot,
ich habe noch nichts von Dir, und wir fahren morgen ab. Ich werde versuchen, Dich gegen die Mittagszeit am Telefon zu erreichen. Stell dir vor, daß ich in beiden Händen einen Anfall von unglaublicher Heftigkeit hatte. Vor allem heute nacht und in der vorletzten Nacht.

Diese Geschichte mit Barcelona[1] läßt mir keine Ruhe. Könntest du mir nicht nach Rom, Hotel Excelsior, telegraphieren.

Wir werden bis Donnerstag dort sein, weil das Flugzeug von Nizza keinen Anschluß an das Flugzeug nach Athen hatte.

Gruß an George. In aller Zärtlichkeit.

Dein Jean

Aus dem englischen Flugzeug Rom–Athen

Mein Jeannot,
ich habe in Rom Cesare[2] und Ruspoli gesehen. Abgesehen von diesen beiden, die ich im Excelsior traf, niemanden. Haben in der Pferdedroschke gelebt, was wunderbar ist in einer Stadt, in der jeder zu Fuß herumläuft.

Gestern bei Apulius in Ostia Mittagessen gewesen. Ich war im Theater, um alle Maße zu nehmen, für den Fall, daß wir dort einmal eine Aufführung organisieren. Es wäre überragend, die Erdaufschüttung (bis zur Treppe des Tempels) als eine Bühne zu betrachten und den leeren Raum zwischen dem Tempel und dem Halbrund mit Brettern zu bedecken. Die Auf- und Abgänge würden sich im Schatten des Tempels und über die Seiten (die grauen Säulen) vollziehen. Man würde an der Stelle, wo früher die Läden waren, Trinkhallen errichten.

1. Das Ballett *Dorian Gray* betreffend.
2. Cesare Pavani, italienischer Bühnenbildner und Freund.

Es ist entsetzlich kalt im englischen Flugzeug. Meine rechte Hand ist in einem jämmerlichen Zustand. Die ganze Haut schwillt an und schuppt sich. Es ist, als trüge ich einen zu großen Handschuh aus Haut. Diese Beschwerden werden sich an Bord wieder legen.

Stell Dir vor, daß bei der Abreise aus Nizza am gewöhnlich so zuvorkommenden Zoll eine hundsgemeine Gestapotante war, die uns durchsucht und mit Hilfe der Polizei eingesperrt hat, weil ich vergessen hatte, meine Brieftasche zu leeren, in der noch ein paar Tausendfrancsscheine waren. *Man hat mich behandelt wie unter der deutschen Besatzung*. Du wärst verrückt geworden, und trotz meiner Besonnenheit und Ruhe hätte ich diese gemeine Person bereitwillig erwürgt. Auf den anderen Flughäfen kannte man mich, und ich wurde erwartet. So sieht es aus, das liebreizende Frankreich.

Ich hatte Dir die Comédie–Française–Auseinandersetzungen prophezeit. Nichts ist unerzogener und anmaßender als die ständigen Mitglieder. Vor vier Monaten *hätten sie Dir noch verboten, den Aufzug zu benutzen (sic)*. Ich rate Dir, ein Stück zu spielen, bevor Du gehst. Arrangiere Dich mit dem Verwaltungsleiter, der sich keinerlei Illusionen über die schönen Seelen seiner Truppe macht. Du bist es seiner Freundlichkeit schuldig, die Dir gegenüber nie nachgelassen hat.

Kommen bei der Rückfahrt durch Rom, um Dich zu umarmen. Ich werde an Cesare telegraphieren. Gute Reise in Amerika für George.

Dein Jean

Santo Sospir

11. Juli 1952

Mein Jeannot,
Du kannst Dir nicht vorstellen, wie glücklich ich darüber bin, ein paar Tage mit Dir verbracht zu haben. Ich habe gewartet, bis das Flugzeug hinter den Bergen verschwand, und das Herz

schlug mir dabei bis zum Hals. Und später im Auto hätte ich am liebsten geweint. Nach der Depesche von Cesare habe ich den Eindruck, daß Ihr in Rom in eine große Hitze geraten seid. Hier fächelt der Mistral einem Kühlung zu und erfrischt. Erzähle mir, ob Pabst mit unserer Szene einverstanden ist.[1] Wir werden morgen in Paris sein – oder vielmehr in Mortefontaine, das ich in seinem neuen Zustand kennenlernen möchte. Ich werde am 15. bei Francine, 4, Place des États–Unis, wohnen, weil Madeleine Urlaub macht. Ich bin ein bißchen beunruhigt über all die Arbeit, die sich im Atelier von Santo Sospir anhäuft. Es stimmt allerdings, daß ich eine Maschine und eine gute Stenotypistin gefunden habe, die es mir ersparen wird, mein Gekrakel durcheinanderzubringen. Mein guter Engel, sag Cesare noch einmal, wie froh ich darüber bin, ihn in Deiner Nähe zu wissen. Ich liebe und ich küsse Dich.

Jean

Santo Sospir

22. Juli 1952

Mein guter Engel,
in die Sonne und die Blumen zurückgekehrt. Die Decke in Deinem Zimmer ist ein Wunderwerk. Ich habe mich auf Dein Bett gelegt, um sie richtig zu sehen. Erzähl mir von dem Film und ob Pabst sich endlich für irgendwas entschieden hat, das Dir und ihm gerecht wird. Sartres Buch[2] über Genet ist unglaublich – großartig und ekelerregend. Indem er Genet ständig schmutzige Lappen in Mund und Rachen zwängt, hat er die Bedürfnis–Kammern lahmgelegt. Eine überaus leichte Verrichtung. Aber, wenn man da durch ist, ist man traurig. Wenn Du

1. Ich spielte in einem Film von Pabst, *La Maison du Silence*. Mein Text gefiel mir nicht, und ich hatte Jean Cocteau gebeten, ihn zu überarbeiten. Er wollte, daß ich es selbst mache und hat dann korrigiert.
2. Jean Paul Sartre, *Saint Genet, comédien et martyr*, 1952 (d.Ü.).

Genet triffst, versuche herauszufinden, wie er darüber denkt. «Wie findest Du mich?» wird er Dich fragen. Die Antwort von Sartre ist erschreckend. Grüße Cesare. Vergifte den Marquis und versuche, schnell zu uns zurückzukommen.

Dein Jean

Santo Sospir

Juli 1952

Mein guter Engel,
ich glaubte, du seist mitten in der Arbeit und bei einem überzeugten Pabst. Danke für den großen schmollenden Kopf. Du erzählst mir nichts von Cesares Debakel mit dem Vatikan. Du solltest vielleicht einen Sonntag beim Papst absolvieren. Hier wird die Hitze menschlicher. Aber ich habe überall Schmerzen, im Rücken, in den Schultern, und ich fürchte, daß das Alter mir langsam den Marsch bläst. Dienstag fange ich an, mein Buch[1] zu diktieren. Es wird mir unendlich schwer, eine Feder in die Hand zu nehmen und zu schreiben. Das ist mir nur dann angenehm, wenn es darum geht, Dir zu schreiben. Und selbst dann wirst Du meinem Gekrakel meine Gelenkversteifung noch ansehen können. Ich freue mich, daß George sich denselben Arbeits–Stiefel ausgesucht hat wie Du. Aber es ist immer ärgerlich, so nah und gleichzeitig so fern zu sein. Es stimmt allerdings, daß die Unbestimmtheit des Films Dir vielleicht die Reise ermöglicht. Wenn du in Santo Sospir wärest, wäre es das Paradies. Es herrscht noch immer die Leere, die Du hinterlassen hast und die durch nichts ausgefüllt werden kann.

Ich küsse Dich.

Jean

Man hat dir wahrscheinlich wegen *Die Schreibmaschine* in Italien

1. *Tagebuch eines Unbekannten.*

geschrieben. Ich habe geantwortet, daß ich eine zukünftige Tournee mit dem Stück für möglich hielte und daß diese Tournee Italien einschließen würde. War das richtig?

30. Juli 1952

Mein guter Engel,

ich freue mich sehr, daß Pabst meine Szene verwendet und über die unglaubliche Herzlichkeit, mit der Du Dich über einen so geringen Dienst äußerst. Ich habe die drei Briefe von gestern über Levico geschickt. Wenn sie Dich nicht erreichen (was mich wundern würde), reklamiere sie (Antwort auf Deine Claudel–Briefe).

Noch einmal, überlege Dir gut, was Du tust.[1] Claudel, das ist Voltaire ins Gegenteil verkehrt. Du wirst seinen ganzen Klüngel auf dem Hals haben, so wie eine Weigerung, Voltaire zu spielen, den gesamten Kreis der Enzyklopädisten mobilisiert hätte. Es wäre von extremer Ungeschicklichkeit und könnte mit dem Kraftakt, dieses Kauderwelsch verständlich zu machen, nicht verglichen werden.

Ich küsse Dich.

Jean

[Brief von Jean Genet mit derselben Post.]

Mein Jeannot,
ich öffne nochmal meinen Brief, den ich erst morgen früh abgehen lassen werde. Ich bitte Dich noch einmal nachzudenken. Abgesehen davon, daß es die Pflicht des Schauspielers ist (oder seine Rolle), auch irgend etwas zu spielen – *L'Otage* ist nicht irgend etwas –, gehst Du Deiner Zeit auf einem Gebiet zu weit

1. Ich habe es abgelehnt, in *L'Otage* zu spielen.

voraus, das nur dem Augenblick huldigt. Das ist, als ob Mademoiselle Clairon sich geweigert hätte, Voltaires Tragödien zu spielen, und dem Verwaltungsleiter deren zukünftigen Niedergang prophezeit hätte. Ich verlange nicht von Dir, wie Mademoiselle Clairon zu sagen, daß Voltaire Racine und Corneille überlegen ist, aber ich verlange von Dir, Dich zu bezwingen und Dir nicht eine Tür unter einem Vorwand zu verschließen, der es nicht wert ist, Claudels Zorn auf sich zu ziehen. Denn die Leute, die Claudel zum Tabu erklärt haben, werden Dich mit jenen verwechseln, die sagen (wie Sarah Bernhardt bestimmt auch sagen würde), daß Claudel nicht zu verstehen ist – während de Max auf die falsche Perspektive hereingefallen wäre und sich dann geschickt aus der Affäre gezogen hätte. Denke an all dies, was mein väterlicher und brüderlicher Instinkt Dir eingibt, und nimm Dich vor einer Geste in acht, deren Folgen mir abscheulich und in Theaterkreisen schwer erklärbar scheinen.

Ich küsse Dich.

Jean

Santo Sospir

2. August 1952

Mein geliebtes Kind,
ich bin sehr glücklich über Deinen Brief und sehr stolz, daß es mir gelungen ist, Dich zu beeinflussen und Dir schwerwiegende Unannehmlichkeiten[1] zu ersparen. Wie jedes Zeitalter ist auch dieses der falschen Sichtweise der Presse unterworfen. Man muß das einmal begreifen und die bittere Pille schlucken. Sie bleibt mir oft genug im Halse stecken, aber ich halte unverbrüchlich an meiner Linie fest, wenn auch alle äußerlichen Anzeichen gegen mich sprechen. Der Schauspieler ist, mehr als irgend jemand anders, ein Opfer dieser äußeren Anzeichen, und

1. Aus Anlaß meiner Differenzen wegen *Britannicus* am Français.

wenn er sich ihnen unterwirft, ohne sie zu verkennen, ist er ein Held. Das ist Deine Rolle. Dein Rollenfach. Das heißt das Rollenfach Deiner schönen Seele, die denen Deiner Kollegen so weit überlegen ist.

Hier teile ich mich zwischen dem Meer und der Arbeit. Es ist mir wohl bewußt, welche Unannehmlichkeiten und Ungerechtigkeiten diese Arbeit mir einbringt, aber ich halte mit der Beharrlichkeit einer Biene daran fest. Unnötig, Dir zu sagen, daß wir ununterbrochen *von Dir reden*, und es kommt vor, daß ich wie ein Schlafwandler zu Deinem Zimmer gehe und erst vor Deiner Tür stehenbleibe.

Ich liebe und ich küsse Dich.

Jean

Santo Sospir

August 1952

Mein überaus zärtlich geliebter Jeannot,
stell Dir vor, daß ich Dir gerade in dem Moment, als mich Dein Brief erreichte, schreiben wollte. Ich kann es schlecht ertragen, ohne Nachricht von Dir zu sein, und diese absurde Filmarbeit, die Dich daran hindert, bei uns zu sein, macht mich ganz rasend. Ich arbeite an einem endlosen Gedicht von zweiundneunzig Strophen.[1] Ich sage Dir das, weil ich weiß, daß es Dir gefällt, wenn ich Gedichte schreibe.

Ansonsten wird Millecams Buch über mich bei den Éditions du Rocher in Monte-Carlo erscheinen. Soweit also die neuesten Nachrichten. Wir sind mitten im Mistral, mit klappernden Fensterläden und aufgewühltem Meer. Francine malt den Sturm. Doudou die Ruhe, sitzend inmitten des Sturms.

1. Es handelt sich um *Requiem*.

Genet kündigt an, daß er nach Cannes kommt. Versuche, Sartres Buch zu lesen. Wie eine *Doktorarbeit von der Sorbonne* über das *Allerübelste.* Sehr, *sehr merkwürdig.*

Grüße an Cesare.

Ich küsse Dich.

Jean

15. August 1952

Mein guter Engel,
habe ich Dir gesagt, daß ich ein Gedicht von hundert Strophen (ich muß Dich darauf vorbereitet haben, als ich unterwegs war) und ungefähr dreißig Prosagedichtchen für die Sammlung Parisot fertiggestellt habe. Das Buch geht dem Ende zu. Du siehst, daß ich nicht faul gewesen bin, und zwar in einem Sinn, in dem Du mir immer rätst, es nicht zu sein. Das ist alles, was mich betrifft. Vielleicht haben diese schlimmen Spritzen mich gekräftigt. Und Du. Cesare – von Anne aus – scheint sehr traurig darüber, daß er nicht via Levico zu Dir kommen kann. Gib Nachricht von George und seiner Aufführung. Mailand ist eine heiße Stadt (erinnere Dich). Er soll gut auf seine Leber aufpassen. Wie weit ist der Film? Hast Du unsere Szene gedreht? Ich wüßte gerne Näheres. Ich hasse es, wenn ich nicht weiß, wo Du bist, wo Du arbeitest. Cesare sagt mir, daß Du zwischen Rom und Mailand hin- und herfährst. Wenn Du den Signor Apulius siehst, lege ihm eindringlich nahe, die amerikanischen Damen daran zu hindern, den armen Kopf, den ich so sehr liebe, mit Lippenstift zu bemalen. Man hat ihm schon einmal den Oberkörper verunstaltet.

Ich küsse Dich.

Jean

21. August 1952

Mein Jeannot,
dies ist einfach ein Zeichen der Zuneigung in derselben Art wie die Telefonanrufe von Tortorelle, um Euch zu fragen, ob Ihr auch schön Euer Glas Monte–Catini getrunken habt. Ich wäre so gern mit dir in diesem Venedig, wo es keine Autofahrer gibt, die an Mauern zerschellen, wie es gestern schon wieder in Èze passiert ist. Dreht Ihr die Außenaufnahmen auf der Judeninsel? In unserer Fassung von *Der Geliebte einer Königin*? Ich hätte gern ein paar Details, um Dich mir mit Deinem Dirigentensohn[1] in Gondeln vorstellen zu können.

Hier arbeite ich von morgens bis abends. Ich versuche, einen Berg von Papierkram in Ordnung zu bringen, und dank der dicken Stenografierdame, die aus Nizza kommt, gelingt es mir auch. Nachher fahren wir übers Meer nach Bordighera, was mich Dir gedanklich näherrückt. In Italien werde ich den Eindruck haben, weniger weit von Dir entfernt zu sein. Ich habe Genet gesehen – Jansenistenseele. Dem Buch von Sartre entsprechend, vom Vatikan der *Verliese*[2] kanonisiert.

Erzähle. Und wenn Du keine Zeit zum Schreiben hast, wirf drei oder vier Zeilen auf eine Karte.

Dein Jean

September 1952

Mein Jeannot,
wir befinden uns in einem Wind von der verrückten und dem Rausch ergebenen Sorte. Nichts ist anstrengender für mich als das. Glücklicherweise beginnt der Hauptteil meiner Arbeit Formen anzunehmen, und ich korrigiere. Daß ich aber auch kein

1. Ich drehe den Film *Appel du Destin* . Mein Sohn ist Roberto Benri, der vierzehn Jahre alt war.

2. Anspielung auf André Gides *Les Caves du Vatican* (1914); die Dramatisierung des Romans wurde 1950 in Paris uraufgeführt (d.Ü.).

Tretboot nehmen und mich bis zu Deiner Lagune durchtreten kann. Ist Lulu noch da? Das Cap wird mehr und mehr zur verlassenen Insel. Ich treffe mit niemandem zusammen und gebe mir Mühe, die Presse nicht zu lesen, die einen Herkules entmutigen würde. Versuche mir zu erzählen, wie sich die Dinge bei Eurem Film entwickeln. Ein Brief von Dir macht diesen Wind erträglicher, der mich demoralisiert und mir alles, was ich tue, in einem erbärmlichen Licht erscheinen läßt. In Düsseldorf und Berlin wird *Bacchus* aufgeführt. Ich werde dort bestimmt im Oktober kurz hinfahren. Wenn die J.–L Barraults das Stück in der Versenkung verschwinden lassen, ziehe ich es zurück und bewahre es für uns auf. Man kann es als neues Stück wieder aufnehmen, und der Mauriac–Schlag wird zu nichts geführt haben. Schufte nicht zu viel und George ebensowenig.

Ich küsse Dich.

Dein Jean

St. Jean Cap–Ferrat

23. September 1952

Mein Jean,
kaum hatte ich den Hörer aufgelegt, als ich mich auch schon auf *Mithridate* stürzte, und ich war entgeistert über Deine endlosen Monologe. Aber ich freue mich, daß Du das Haus nicht so verläßt, als ob Du nur *Britannicus* hättest spielen wollen. Ich bekomme ununterbrochen Briefe aus Bordighera, in denen Guido Seborga mich fragt, ob Du einverstanden wärest, in seiner *Höllenmaschine* eine Tournee durch Italien zu machen. Ich habe ihm gesagt, daß das Material Lumbroso gehört und daß er seine Bemühungen mit einer zukünftigen Tournee vereinen könne, die Du in großem Stil aufziehen würdest. Ich male verbissen an meinem Portrait, und wir baden, ausgesprochen traurig darüber, daß wir ohne Dich und George auf einem kleinen Strand sind. Teile mir Näheres über den Film von Toto Lacombe mit. Es ist dumm, daß nicht ein einziger schöner Film gedreht wird, mit

einer Rolle für Dich, die Dir gefallen würde. Ich habe von dem Film von René Clair nur Aufnahmen eines Traums gesehen, der mir ein Traum von der konventionellen Sorte zu sein scheint. Aber es ist möglich, daß ich mich irre, denn es ist die Rede von seinem Erfolg in Venedig. René Clément bekommt immer noch alle Preise. Es ist ein Karussell, das sich immer in derselben Richtung dreht, und immer mit denselben Pferden. Ich werde nur zum Film zurückkehren, wenn ich mir etwas ganz Neues ausdenke. Dieser Krempel von *Match* und *Cinémonde* ist erschreckend. Mein guter Engel, wenn es Dir zu viel wird zu schreiben, ruf an – obwohl das Telefon mich immer ein bißchen dumm zurückläßt, in einer Mischung aus nah und fern, die mich verwirrt. Ich küsse Dich aus tiefstem Herzen.

Jean

Francine und Doudou tragen mir ihre zärtlichen Grüße für Dich und George auf.

27. September 1952

Mein guter Engel,
ich sehe in unserem vielzitierten *Nice–Matin*, daß Touchard seinen Platz räumt.[1] Ist Dir das hinderlich bei Deiner Arbeit? Ich möchte, daß Du mich genau unterrichtest. Im Grunde hat Dir das Glück wieder einen Dienst erwiesen, denn ich nehme an, daß das alles in ein heilloses Durcheinander umschlagen wird.

Gestern morgen habe ich Dein Klavierfoto gesehen. Und gestern abend haben wir *Der ewige Bann* laufen lassen. Die kleine Carole[2] war in Tränen aufgelöst. Und Du weißt, mein Jeannot, Dein ganzes Ende und Deine ganze Mitte sind wunderbar –

1. Touchard, Verwaltungsleiter der Comédie–Française, war es, der mich engagiert hatte.
2. Carole Weisweiller.

ohne jede Ähnlichkeit mit dem, was man uns so als wunderbar auftischt. Wir sind in der Sonne, aber es ist nicht mehr warm. Sowie ich Probeabzüge von dem Gedicht und eine schöne Fotografie von dem Portrait habe, werde ich sie Dir schicken. Laß mich nicht ohne eine Zeile Deiner Zuneigung.

Auf ewig Dein. Jean

15. Oktober 1952

Schnell, mein Jeannot,
küsse ich Dich, bevor ich losfliege. Es ist sonnig, aber wir fliegen der Kälte entgegen. Ich werde aus Düsseldorf von mir hörenlassen.

Zärtliche Grüße
an die
Nomade

16. Oktober 1952

Mein Jeannot,
ich schreibe Dir aus dem Flugzeug. Gestern mußten wir infolge eines Funkfehlers der italienischen Anlage fünf Stunden (*sic*) auf dem Flughafen von Nizza warten – wodurch wir den Anschluß in Genf verpaßten. Und was uns gezwungen hat, Orly anzufliegen, von Orly nach Le Bourget zu springen und über eine andere Linie nach Düsseldorf zu kommen. Ich wollte im Anschluß an Düsseldorf nach Paris zurückkehren, aber ich habe meine Arbeit als Maler und Dichter noch nicht beendet (*Gedicht in Prosa*), und es ist klüger zurückzukommen, wenn die Arbeit geregelt ist, denn schließlich hat doch die Arbeit das Kommando, und wir können so gut wie nichts dafür.

Auch wenn Gustaf Gründgens sich irrt, erscheint es mir reizvoll zu sehen, was ein ganz großer Komödiant wie er aus einem deutschen Stück machen wird, das zu seiner Muttersprache zurückkehrt. Ich werde es Dir in allen Einzelheiten erzählen. Düsseldorf ist eine finster wirkende Stadt, aber sein Publikum ist außerordentlich aufmerksam und voller Respekt den Dingen des Theaters gegenüber.

Mein Jeannot, dies, um mit Dir in diesem Himmel zu plaudern, in dem sich unsere Wellen kreuzen und unablässig ineinander verschlingen.

Ich küsse Dich und George.

Jean

Santo Sospir

21. Oktober 1952

Mein guter Engel,
wir sind gestern mit diversen Luftkutschen zurückgekommen. Die letzte war eine alte italienische Maschine, mit der wir ein fürchterliches Gewitter durchquert haben. Das einzig komische daran war die Stewardess, die vor Angst beinahe gestorben wäre.

Düsseldorf war herrlich. Gründgens ist ein Schauspieler der großen deutschen Zeit und noch jung. Er wird mit de Max verglichen, was nicht ganz richtig ist. Alles an ihm ist Selbstbeherrschung und Schweigen. Er trug einen Panzer unter seinem Kardinalsgewand. Und als ich ihn fragte, warum, hat er mir geantwortet: «Die Straßen waren nicht sehr sicher.» Du siehst, welche Art Schauspieler er ist. Wir sind von einem füßestampfenden Saal von Katholiken in der großen deutschen Tradition achtunddreißigmal herausgerufen worden.

Mein Traum ist es, Dich eine große Tournee mit *Die Maschine* und *Bacchus* organisieren zu sehen (Barrault würde mir alle Kostüme geben). Es wäre (*das versichere ich Dir*) gewaltig – denn man verlangt überall nach Dir. Du mußt mit dieser deutschen Jugend und der amerikanischen und schwedischen Jugend und der Jugend der ganzen Welt Kontakt aufnehmen, die Dich liebt und keinen der miesen Tricks von Paris kennt.

Bei meiner Ankunft bekam ich Deinen Brief, das Herz von Freude überflutet, weil ich fühlte, daß Du glücklich bist über *Britannicus* und Deine Kameraden. Ich verlange keine andere Freude als Deine, die von Francine und von Doudou. Ich werde zum Verkauf der C.N.E.[1] nach Paris fahren. Ich werde Sonntag, Montag und Dienstag bleiben. Wir könnten Montag mittags oder abends zusammen essen. Ich küsse Dich und Deinen George.

Jean

28. Oktober 1952

Mein Jeannot,
ich verabscheue das Telefon so sehr, daß ich Dich per Rohrpostbrief vor meiner Abfahrt grüßen will. Das, was Du über mein Gedicht gesagt hast, hat mich sehr gerührt. Es ist möglich, daß das Unterbewußtsein mir tragische Gedichte diktiert, aber worüber sollte ich mich beklagen, wo ich doch Deine Zärtlichkeit und die von Santo Sospir habe. Die Einsamkeit ist für Dich und mich gleich. Sie kommt daher, daß wir eine moralische Richtlinie haben und daß die konventionelle Moral uns nicht interessiert. Unsere Zärtlichkeit ist auf einer verlassenen Insel. Das ist ihre Stärke.

Ich küsse Dich aus tiefstem Herzen. Gruß an George.

2. November 1952

Mein Jeannot,
nun habe ich Dir schon sehr, sehr lange kein Zeichen meiner Zuneigung mehr geschickt. Stell Dir vor, daß wir am Totensonntag ein Wetter wie mitten im Sommer haben und daß die Fami-

1. C.N.E. = Caisse Nationale d'Epargne (d.Ü.).

lien sich ihren Vorlieben werden widmen können: Friedhöfe und Chrysanthemen.

Wenn wir nicht ein wenig zu faul zum Treppensteigen wären, würden wir baden gehen. Ich warte auf eine Kopie des *Tagebuch eines Unbekannten*, um es Dir zu schicken oder Dir mitzubringen, denn ich werde bald zu Dir kommen. Ich sollte einen Karton für einen Wandteppich zeichnen, aber die Leinwand wird nicht geliefert. Darüber hinaus muß ich den Text für den Film über René Clair machen. Ich wünsche mir sehnlichst, Dein Portrait von George zu sehen – und zu hören, wie Du Dir Wortgefechte mit diesen Damen und Herren von der Rue de Richelieu lieferst.

Ich küsse Dich.

Jean

St. Jean Cap-Ferrat

5. November 1952

Mein guter Engel,
nochmals Danke für Chaplin. Stell Dir vor, daß ich in unserer Victorine, die leer ist und ohne jede Spur von Arbeit, für René Clair ein Stück Film gedreht und Texte aufgenommen habe (Kurzfilm über seine Arbeit). Das Studio ist von den Orangenbäumen, die voller Orangen hängen, und einer Flut von Blumen überwuchert. Wir müssen unbedingt wieder dorthin zurückkehren.

Ich habe gerade von Lulu die Ablichtung der Option für die *Höllenmaschine* bekommen. Ich unterstreiche ihr diesen Satz: «Ich danke Ihnen für Ihre Intervention bei den Herren Cocteau und Marais und dafür, *daß Sie für uns erreicht haben, was uns so sehr am Herzen lag.*» Das ist, so scheint mir, der Beweis, daß Lulu etwas daran lag, und wenn ihr etwas daran lag, *heißt das, daß es gut ist*, und wenn es gut ist, gibt es keinen Grund, warum man nicht eine *Verknüpfung zwischen dieser Option und Lumbroso* zustandebringen können sollte und warum Du nicht auch Deine große

Tournee unternehmen solltest, wo doch Karsenty sich nicht darauf einlassen will. Erkläre Lulu, daß ich Paris im Eilschritt durchquert habe und daß ich gerade genug Zeit hatte, meine Radioaufnahmen zu machen, mein Manuskript zu Grasset zu tragen, Dich zu küssen und wieder abzufahren.

Mit tausend und abertausend zärtlichen Wünschen.

Jean

Oder Lumbroso soll die Kostüme und Bühnendekorationen abtreten.

7. November 1952

Mein Jeannot,
ich habe Seghers aufgetragen, *Chiffre 7*[1] (wir haben den 7.) an George zu schicken. Ich habe das Buch mit einer Widmung versehen. Ich arbeite Tag und Nacht an dem Streifen zu den Wandteppichen für die Biennale (Madame Cuttoli führt sie aus). Ich habe immer noch den Eindruck, daß Du im Zimmer bist und mir Deine kostbaren Ratschläge gibst. Der Nobelpreis (Tugendpreis) an Mauriac ist eine der komischsten Angelegenheiten dieser tragischen Epoche, der es ohnehin nicht an Komik mangelt. Es windet, aber unser Himmel ist blau. Ich habe den Vorsitz beim nächsten Festival von Cannes übernommen. Das ist vielleicht die einzige Art, auf die man sie daran hindern kann, Dummheiten zu machen.

Ich küsse Dich.

Jean

Hast Du Neuigkeiten von P. und Yvonne in der Aufführung von Jeny Gallard?

1. Gedicht von Jean Cocteau.

12. November 1952

Mein Jeannot,
ich habe meinen Wandteppich beendet und tröste mich über den Verlust von Sonne und Blumen hinweg, da ich Dich werde sehen können. Wir werden Montag zurück sein. Wenn die Straßen hinter Valencia es erlauben, werde ich versuchen, Sonntag in Milly einzutreffen. Es ist von Glatteis die Rede.

Danièle Delorme telegraphiert mir, daß Gélin schwer verunglückt ist (ich hatte eine Zeichnung für ihr Wohltätigkeitsfest für Blinde geschickt). Weißt Du Näheres? Ist es schlimm?

José läßt Dich grüßen. Zärtliche Grüße an George und die Nomade.

Jean

Weihnachten 1952

Mein Jeannot,
(Falls ich Dich am Telefon nicht erreiche.)
ich habe das Theater[1] gesehen, *das ich wunderbar finde*, wenn man die Rampe und die Künstlergarderoben herrichtet. Ich werde heute abend in Milly sein – ruf an, damit ich Dich küssen kann –, obwohl die "besonderen" Feste mich bei dem ewigen Fest stören, Dich zu kennen und von ganzer Seele und ganzem Herzen zu lieben.

Jean

PS Ich habe Hervé Mille gesehen, der mir gesagt hat, daß man sich in jedem Fall an ihn und nicht an Pierre L. wenden müsse. Er war wütend über diese Geschichte.

In Hervé wirst Du immer einen sehr anständigen und verläßlichen Freund finden, servier ihn nicht ab wie die anderen.

1. L'Ambigu.

1953

Mein Jeannot,
möge diese entzückende kleine plattnasige Figur Dir Glück bringen. Wir schenken sie Dir zu dritt (wenn sie eine Nase gehabt hätte, hätten wir es zu viert getan.[1]

Jean

Ich küsse Euch zärtlich.

Francine
und Doudou

Mein Jeannot,
ich schreibe Dir von meinem Bett aus. Es geht mir ein wenig besser – aber ich frage mich, wie ich mich auf den Beinen halten soll, um diese Ausstellung zu arrangieren und zu präsentieren. Francine war sehr krank und ist nur noch ein Schatten ihrer selbst. Dieser Himmel und diese Sonne und diese Blumen verschlimmern die Sache noch. Man möchte mit der strotzenden Gesundheit von draußen im Einklang stehen.

Die Tage bestehen nur aus Umschlägen und Mitteln. (Und Anrufen, um von weitem die Arbeit der Galerie des Ponchettes zu unterstützen.) Morgen darf ich das Zimmer auch noch hü-

1. Griechischer Marmorkopf.

ten. Wenn ich etwas Neues weiß, werde ich es Dir schreiben. Teile mir rasch Deine Neuigkeiten mit und die von George und dem Hausboot.

Ich küsse Dich.

Jean

Wir sind im Schneesturm gereist – in Valencia hebt sich der Vorhang über der Sonne.

5. Februar 1953

Mein guter Engel,
danke für Deinen Brief. Ich leide auch unter dieser Existenz, die ein ewiges Versteckspiel ist. Es fällt mir sehr schwer, wieder zu Kräften zu kommen. Die seelische Verfassung ist gut, die Beine aber schwach. Ich schone mich, um morgen die Bilderaufhängung vornehmen zu können. Ich werde inmitten dieses beginnenden Karnevals, dieser Sonne und dieser Boule–Spieler eine traurige Figur abgeben. Ich habe mir noch einmal die ganzen Bilder angesehen, die entgegen meinen Befürchtungen Glanz angenommen haben. Man könnte meinen, die Farben seien lebendig und sprängen von der Leinwand. Das Plakat ist sehr gut gelungen. Kurzum, wenn ich nicht krank wäre, würde diese kleine Provinzfestlichkeit mir Spaß machen und mich von der wahren Arbeit ablenken, die ich jetzt sofort noch nicht in Angriff zu nehmen wage. Ich habe dasselbe Gefühl wie Du, was das L'Ambigu betrifft. Darum fürchte ich diese Kurzschlußhandlung, die das Theatermilieu gar nicht verdient, weil es unmoralisch und ohne ernsthafte Richtlinien ist. Es wäre das Beste, geschickt davon zu profitieren. Wenn die Leute in unserem Vorteil ihren eigenen entdecken, helfen sie uns und tragen uns. Die Last ist allein zu schwer.

Gib mir Nachricht. Die kleine Goléa ist nicht gerade ideal. Sie hatte mich durch ihre Aussprache und ein gewisses Theaterverständnis betört.

Ich schließe, weil allein schon das Schreiben einiger Zeilen mir Schweißausbrüche verursacht. Ich liebe und ich küsse Dich.

Jean

Samstag

Mein Jeannot,
wir sind allesamt krank abgefahren und Francine mehr als die anderen. Wenn dieser Termin mit der Ausstellung in Nizza nicht wäre, würde ich sie in Milly pflegen. Andererseits ist Juliette, die sich schont, mit Fieber, Schweißausbrüchen und wackeligen Beinen genausoweit wie wir. Und mit diesem anstrengenden Husten.

Bewahre Dir das wunderbare Aussehen, das Du bei Cheret hattest, wo Pierre Peyraud wie ein Gespenst wirkte. Aber vor allem versuche, zwischen zwei Filmen in die Berge zu fahren.

Wir müssen uns um 3 Uhr auf den Weg machen, in Tournus übernachten und am Abend des darauffolgenden Tages an der Côte eintreffen. Erinnere Dich an meine Ankunft in Nizza zu *Der ewige Bann*. Ich möchte das nicht noch mal erleben. Es stimmt allerdings, daß Yvonne meine Temperatur in kochendem Wasser gemessen hat.

Mein Jeannot, ich bin immer traurig, einen Ort zu verlassen, an dem Du Dich aufhältst, und Dir nur mit den Augen des Herzens zu folgen. Hast Du die kleine Goléa kommen lassen?

Grüße an George und das Hausboot.

Ich liebe Dich.

Jean

11. Februar 1953

Mein Jeannot,
es war eine große Freude, Dich zu hören und zu wissen, daß für Dich und George alles gut verläuft. Hier herrschen der Mistral und die sich ewig hinziehenden Bronchitiserkrankungen. Ich mußte die Bilder aufhängen, im Radio sprechen, für die Nachrichten die Promenade entlangmarschieren, dem Bürgermeister zuhören und dem Bürgermeister antworten. Die Ausstellung ist bewundernswert dargeboten – aber ich frage mich, ob sie gut besucht sein wird – denn Nizza ist eine ziemlich schläfrige Provinzstadt. Ich erwarte den Gesandten der Botschaft von Uruguay. Seit Du mir gesagt hast, daß Du diese Reise unternimmst, möchte ich mich ihr anschließen. Wenn ich zu den Terminen frei bin und meine Gesundheit so eine enorme Fahrt erlaubt. Ich habe noch nicht gearbeitet, abgesehen davon, daß ich die Briefe beantwortet und einige andere Strafarbeiten diktiert habe. Ich denke in jeder Minute an Dich und daran, wie gesund Du neben diesem Gespenst von Pierre Peyraud ausgesehen hast.

Tausend und abertausend zärtliche Wünsche.

Jean

15. Februar 1953

Mein geliebter Jeannot,
es ist Sonntag, und der Telegraph ist nicht besetzt. Ich wollte Dir an die Comédie telegraphieren, und daß Du meine Depesche mitten in all Deinen Abschiedsehrungen liest. Heute morgen war ein *schöner Artikel* in der Zeitung (*Nice–Matin*), der Dich als einzigen wahren Tragöden hinstellt und die Comédie-Française bedauert, weil sie Dich verliert. Francine hat ihn uns Dir zu Ehren laut vorgelesen. Aber wir hätten dazu noch einiges mehr zu sagen gehabt. Weshalb auch bin ich nicht bei Dir? Meine Grippe zieht sich endlos hin.

Ich küsse Dich.

Jean

Erzähle mir in allen Einzelheiten von diesem letzten *Britannicus*. Der Tod André Brûlés ruft eine Welle von Erinnerungen hervor. Ich schreibe an Yvonne.

26. März 1953

Mein Jeannot,
nun also Dein wunderschönes Bild meinem Arbeitstisch gegenüber an der Wand des Ateliers. Danke.

Die Publikumsresonanz in Italien hat mich bewegt. Die Säle waren ausverkauft und begeistert. Wir sind heute morgen mit dem Flugzeug zurückgekommen. Dein Brief und Deine Stimme im Hotel in Mailand haben mir eine große Freude bereitet. Ich liebe Dich, und ich küsse Dich sowie George.

Hast Du mit Willemetz über das Bouffes gesprochen?

St. Jean Cap-Ferrat

27. März 1953

Mein vielgeliebter Jeannot,
ich hatte Pech, daß ich nicht zu Hause war, um Deinen Anruf entgegenzunehmen, und ich habe wegen der Dreharbeiten nicht gewagt zurückzurufen. Ich glaubte, Du würdest den Film über den Arzt drehen, und lese, daß es ein ganz anderer Film ist. Denk an Deine Anstrengungen als Architekt und spare Deine Kräfte. Ich habe gesehen, daß Roland Petit Deine Fangzähne und Dein Fell aus *Die Schöne und das Biest* aufgesetzt hat. Leider hat er nicht Deine Augen. Hier mache ich die Teller für Olivier fertig (Geldfrage) und bereite mich darauf vor, der schrecklichen Gesellschaft des Festivals von Cannes gegenüberzutreten. Ich werde auf dem Schiff wohnen. Der Garten steht in Blüte, und ich bin traurig, daß die Arbeit Dich davon abhält herzukommen, um Dich darin zu entspannen. Vielleicht wird es zwi-

schen zwei Filmen möglich sein. Und *Die Maschine*? Hast Du an die Darsteller und die Kostüme, Bühnenbilder usw. gedacht. Man müßte die Partie eigentlich gewinnen. Die Italiener und die Deutschen erwarten Dich mit Ungeduld.

Zärtliche Grüße von Deinem

Jean

Cannes

9. April 1953

Mein Jeannot,
ich schreibe Dir aus dem Carlton, wo ich während des Festivals untergebracht bin, immer darauf wartend, daß das Schiff mich aufnehmen kann (der Motor wird ausgewechselt). Ach, ich gehöre doch mehr zur Familie der Angeklagten als der der Richter. Über Filme zu richten, für die sich achtundzwanzig Nationen so viel Mühe gegeben haben, scheint mir ein schreckliches Unterfangen. Ganz zu schweigen von den Kollegen. Wie Chauvet, der versucht, Spaak die Filme zu erklären, von denen er nichts versteht.

Gestern hat man mich im Radio von drei Kindern (*sic*) befragen lassen, drei ungebildete und anmaßende kleine Ungeheuer. Ich habe mich aus der Bar, in der Faruk thronte, weggestohlen. Das eben ist der Stil von Cannes, und ich mußte in Santo Sospir anrufen, um menschliche Stimmen zu hören.

Ich finde Walt Disneys *Peter Pan* wundervoll. Spaak sagt zu mir: «Ihre Begeisterung erstaunt mich, *ich meinerseits spiele andere Spiele*» (ich frage mich nur, welche). Der Anständigste von uns allen, abgesehen von Erlanger und Gance, ist Robinson, ganz verlegen in seiner Rolle als Preisrichter, nachdem er nur Kriminelle gespielt hat. Bis zum 29. werde ich mich unwohl fühlen. Überdies reicht das von mir geliebte Österreich einen "nationalen" Film ein, der ein Vermögen gekostet hat und hunderttausend Kilo wiegt. Man läuft Gefahr, sich mit allen und jedem zu überwerfen. Baue Dein Haus und mach daraus eine Zufluchtsstätte.

Coco möchte Dein Hausboot mieten und es zu einem sehr hohen Preis für Dich verkaufen. Wenn ich Du wäre, würde ich darauf eingehen und würde, zum Beispiel im Berkeley oder einem Hotel in Saint–Cloud, abwarten, daß mein Refugium sich errichtet. Coco wird Dich anrufen. Sie kommt in vier oder fünf Tagen nach Paris zurück.

Colette kommt morgen zurück. Ich habe die vierundzwanzig Véfour–Teller und ein großes al fresco geriebenes Gemälde fertiggestellt: *La Naissance de Pégase*. Ich habe noch ein anderes großes Gemälde: *Portrait de Mme Favini et de sa fille*. Madame Favini ist eine Dame, die wir mit Picasso erfunden haben, und an die die Leute zu glauben beginnen.

Ich werde Dir diese ganzen Verrücktheiten erzählen, wenn Du kommen wirst, um in unserem Meer zu baden. Im Augenblick bezieht sich der Himmel. Das schlechte Wetter fällt immer mit dem Festival zusammen. Vom 2. bis 8. oder 10. Mai werde ich in München sein, wo ich versuchen werde, die Kostüme und Bühnenbilder für *La Dame à la Licorne* in Ordnung zu bringen.

Gruß an George. Ich küsse Dich aus tiefstem Herzen.

Dein Jean

Mai 1953

Mein vielgeliebter Jeannot,
ich hätte gerne Neuigkeiten von Dir und von George. Ich hätte gerne Neuigkeiten von dem Gelände und Deinem Hausmodell. Ich hätte gerne tausend Neuigkeiten, die Dich betreffen. Ich habe an Gantillon geschrieben, daß das Bouffes frei sein würde. Ich habe an Willemetz geschrieben. Das Schreckliche an diesem wirren Zeitalter ist das Versteckspiel, und daß die Leute, die sich zusammentun sollten, es einfach nicht fertigbringen. Ich arbeite wie ein Pferd am Text der Bruckmann–Monographie, die ich in Italien lesen soll. Die Termine (vom 18. bis zum 25.) kommen näher. Matisse fand meinen Wandteppich «pracht-

voll». Ich bin sehr stolz darauf – aber wir sind in *Quarantäne*, weil wir tollwütig sind. Mach Dich frei, koste es was es wolle.

Jean

Santo Sospir

Samstag

Mein Jeannot,
vor der Abreise ein paar Zeilen. Ich habe Berge von Papierkram verbrannt und die Fresken im großen Saal beendet. Heute die Koffer und, trotz meiner Befürchtungen von Paris, die Freude, Dich zu treffen. Du mußt Dich zwischen Monte-Carlo und Deinem Haus zweiteilen. Hast Du mit Laverdet über die Bühnenbilder gesprochen? Man müßte sich im voraus um sie kümmern, weil ihre besondere Aufstellung es erfordert, daß man mit ihnen probt.

Ich habe eine vage und gerade wegen ihrer Einfachheit schwierige Idee für ein Stück. Ich werde warten, daß es in mir Form annimmt. Wenn diese Form sich deutlich abzeichnet, werde ich mich bei der Rückkehr an die Côte daranmachen. Aber ich kann nichts versprechen, leider. Ich werde der Arbeit gegenüber immer dümmer, und ängstlicher, daß sie meinen Erwartungen nicht entspricht.

Ich küsse Dich und George.

Jean

Hotel Vier Jahreszeiten
München

Dienstag

Geliebter Jeannot,
ich bin hier auf schlecht gemachte Arbeit gestoßen und muß alles neu machen. Aber es gibt eine wunderbare kleine Tänzerin

– Véronica (Tochter von berühmten deutschen Choreographen). Ich habe Stoffe gekauft und schneide zu. Du kennst unsere Arbeitsweise, an die Deutschland nicht im geringsten gewöhnt ist. Zum Glück habe ich hier die Sonne gefunden, die in Nizza fehlte. Hast Du eine gute Reise gehabt? Schreibe vier Zeilen. Ohne etwas von Dir Geschriebenes bin ich unglücklich.

Ich küsse Dich und George.

Jean

Ich habe Leni Riefenstahl gesehen, die noch Angst hat (?), mit Dir über ihren Film[1] zu sprechen. Sie hatte Dich für Achilles in Rom vorgesehen, bevor sie wußte, daß Du Du bist.

11. Mai 1953

Mein Jeannot,
wegen eines Irrtums mit den Flugkarten mußten wir die Nacht in Genf verbringen.

Das Ballett hat einen *unglaublichen* Erfolg gehabt, und die Ovationen haben ebenso lange gedauert wie die Vorstellung selbst. Aber was für eine Arbeit, bis Bühnenbild und Kostüme aufführungsreif waren. Ich wußte nichts von Rosen.[2] Es war eine Überraschung für mich, daß er eine ganz erstaunliche Choreographie macht, als deren Zentrum sich eine junge Tänzerin von siebzehn Jahren entpuppt (Véronica), *unvergleichlich in der Rolle des Einhorns*.

Geneviève Espagnola, sehr nichtssagend im ersten Ballett, hat in der Rolle der Dame die gleiche Anmut und die gleiche theatralische Kraft gezeigt wie Toumaroux. Ich hatte den Tänzer, der größer gemacht werden mußte, sehr gut hergerichtet. Kurz, trotz eines schwachen Ballettcorps hat unter der Beleuchtung und der weißen Schminke alles eine gewisse chinesische

1. *Les Diables rouges*, ein Film, den sie nicht realisiert hat.
2. Heinz Rosen, Choreograph (d.Ü.).

Würde und Fremdartigkeit angenommen: Die alte Musik war sehr, sehr schön.

Das ist im großen und ganzen die Bilanz der Aufführung, die mit *L'Indifférent* begann, einem ziemlich mittelmäßigen komischen Ballett. George wäre, wenn es das Ballett nach Paris verschlägt, der ideale Ritter, aber ich weiß nicht, was Rosen damit vorhat.

Ich war am Boden zerstört vor Anstrengung, Terminen und Proben. Darüber hinaus mußte ich alle Stoffe für die Kostüme in der Stadt kaufen. Du kennst das ja. Nach dem Triumph findet man dann wieder die Pariser Illustrierten und die gewohnten Unverschämtheiten vor.

Es ist *mein einziger Wunsch*, wie die Dame mit dem Einhorn sagen würde, Dich zu sehen und Dein Grundstück zu besichtigen.

In inniger Liebe.

Jean

Werden in ein oder zwei Tagen in Milly sein.

15. Mai 1953

Mein guter Baumeister-Engel,
wir fahren übermorgen nach Italien, wo ich in Turin, Mailand, Genua und Rom sprechen soll. Ich werde die Texte aus der Bruckmann-Monographie lesen.

Meine Ausstellung hat Büchern aus der Nationalbibliothek Platz gemacht. Erzähle, was Du so treibst und ob Deine Gouache gut reproduziert worden ist. Werde ich eine Reproduktion davon haben können?

Gestern mittag habe ich bei den Picassos gegessen, und Picasso hat mir in der Töpferei neun Teller gravieren lassen. Das sind die recht einfachen und wenig spektakulären Neuigkeiten von unserer Seite. Ich konnte am Flughafen Chaplin und seine Frau umarmen.

Gib Nachricht von George.
Ich küsse Dich.

Dein Jean

St. Jean Cap–Ferrat

1. Juni 1953

Ich war heute morgen, als ich die Depesche von dem Bouffes bekam, sehr glücklich. Es war immer mein Traum, Dich frei in einem Theater zu wissen, das Deiner würdig ist. Es scheint mir, daß wenig getan werden muß, um aus dem Bouffes ein tadelloses Theater zu machen. Darüber hinaus liegt es nahe beim Palais–Royal und wo sich das Leben abspielt. Es stammt aus der guten Zeit der Theater, und sein Stil macht es möglich, einfach alles zu spielen. Man hat dort Dramen und Operetten gespielt. Erzähle mir Einzelheiten und ob die Dinge ganz genau so sind, wie Du es Dir wünschst. Vielleicht werden wir am Ende doch noch gemeinsam einen Vorhang malen, Programme zusammenstellen, Platzanweiserinnen haben, die die Vorstellung nicht stören, das Publikum davon überzeugen, pünktlich zu erscheinen – kurzum, das zustandebringen, was die Gewohnheiten immer verhindern.

Ich bin nicht erschöpft, sondern eher perplex über meine italienische Rundreise – Cannes, München, Rom. In Rom habe ich über Picasso improvisiert. Hier beende ich das Gemälde "*Naissance de Pégase*". Ich möchte Gedichte schreiben und ein Stück, das Dir gefiele. Das und die Wiederaufnahme von *Bacchus* sind die zwei Punkte, die mir am Herzen liegen. Ich habe mich bei Madame Voltera erkundigt. Bühnenbild (neu herzurichten) und Kostüme gehören Jean–Louis, der sie uns überläßt, weil er sich über den furchtbaren Schaden klargeworden ist, den er mir verursacht hat, indem er das Stück nicht mit nach Amerika genommen und es in Paris abgesetzt hat.

Ich habe vor, mich in ein paar Tagen gen Spanien aufzumachen. Gott stehe mir bei, daß mir für das Stück eine wirkliche bedeutende Grundidee kommt. Der Gedanke, daß Du ein Theater leitest, wird mir sehr helfen. Ich küsse Dich, mein Jeannot. Küsse George. Überanstrenge Dich nicht zu sehr als Architekt.

Jean

7. Juni 1953

Mein guter Engel,
ich errate, daß Dein Schweigen daher kommt, daß du viel arbeiten mußt. Es regnet. Wir werden unsere Reise nach Spanien verschieben und die Feste in Granada verpassen. Aber es regnet auch in Spanien. Wir werden nun erst am 1. Juli abfahren. Wenn Du keine freie Minute hast, bitte George, eine Stilübung zu machen und mir von dem Bouffes zu erzählen. Du errätst meine Ungeduld. Ich weiß nichts seit Eurem Telegramm.

Ich stehe dem durch dieses Wetter aufgezwungenen Rhythmus ziemlich ratlos gegenüber. Malen reicht mir nicht, und ich möchte nur für ein Stück das Schreiben in Betrieb setzen. Sowie du Ruhe gefunden hast, bringe ein paar von den Dingen zu Papier, von denen Du im Theater träumen würdest. Erinnere Dich, daß das auch unsere Methode für *Doppeladler* war. Es ist möglich, daß Deine Hinweise den inneren Mechanismus in Gang setzen, ohne den ich leider nichts vermag. Ich küsse Dich und denke in jeder Minute an Dein Glück.

Jean

21. Juni 1953

Geliebter Jeannot,
ich habe ein arges Ärgernis in Milly. Wegen des Wassers, das ins Haus eindringt, drohen die Heizkessel umzukippen. Im Winter

kommt man nur über ein System von Planken zu Kohle und den Geräten durch. Ich kümmere mich also darum, daß der Boden neu zementiert wird – was das Umstellen aller Wasser- und Heizungsvorrichtungen erfordert. *Es versteht sich von selbst, daß Du keinerlei Kosten tragen würdest.*

Ich küsse Dich.

Jean

29. Juli 1953

Mein Jeannot,
endlich komme ich zum Cap und finde Deinen so schönen und so bewegenden Brief. Du kannst sicher sein, daß ich ihn im Herzen trage. Heute morgen schrieb ich Dir aus meinem Hotelzimmer in Zürich. Vielleicht möchtest Du diese paar Zeilen vor den anderen, die ich nach Marnes geschickt habe.

Küsse meinen Hubert und Jeannette von mir. Ich schließe die Augen und höre ihn sagen: «Der General verstehen zu reisen.» Ich schätze mich glücklich, daß ich mit Dir etwas davon verstehe, in dieser Zeit, in der alle Welt genial ist und niemand talentiert.

Ich finde diese Zeichnung auf dem Tisch von Santo Sospir, und weil ich sie hübsch finde, schicke ich sie Dir.

St. Jean Cap–Ferrat

3. August 1953

Mein Jeannot,
ich kehre von dieser herrlichen und harten Reise mit einem gemeinen Schnupfen zurück, den ich mir in Gibraltar eingefangen habe. Ich finde Deinen Brief und bin sehr traurig über alles, was passiert. Aber Du hast recht – meine Angst vor einer Verstimmung zwischen uns hat mich absurd werden lassen. Es ist wich-

le 29 juillet 1953

Mon Jeannot

enfin j'arrive au Cap et je trouve ta lettre si belle et si émouvante, Sois certain qu'elle se trouve dans mon cœur.

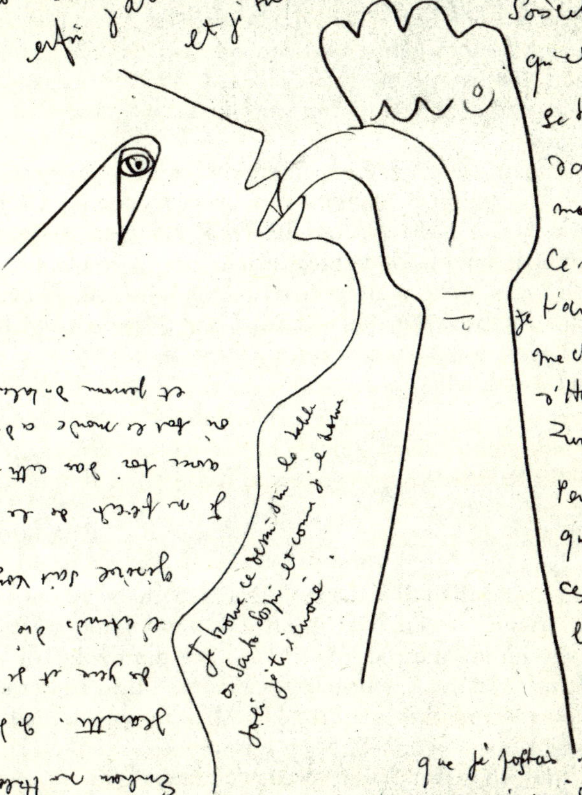

Santo Sospir

Je trouve ce dessin de la belle de Santo Sospir et comme je le trouve joli je te l'envoie.

Ce matin je t'écrivais de ma chambre d'Hôtel à Zurich – Peut être que tu recevras ces 3 lignes avant les autres que je postais par Marcus – mille et mille tendresses Jean

Embrasse ma Halet et Jeanette. Je ferme les yeux et je l'entends dire « Le génie sait voyager ».

Je me félicite de le savoir avec toi dans cette époque où tout le monde a du génie et personne du talent.

tig, die Dinge zu regeln. *Ach, ich habe die Grenze zur Jugend hinter mir gelassen und zerfalle.* Ich brauche einen Winkel, wo ich meinen letzten Akt aufführen kann. Ich hätte nicht mehr die Kraft, einen neuen zu finden. Ich bin also entschlossen, mit Dir über die Rücknahme Millys zu verhandeln. Ich bitte Dich um einen kleinen Spielraum, um die Summe zusammenzubekommen und vielleicht darum, daß ich sie Dir in zwei Raten zahle. Es heißt, daß Peyraud sich in St. Jean eingemietet hat. Wenn das stimmt, werde ich zu ihm gehen und alles vor September in Ordnung bringen. Ich hatte die Arbeiten vorangetrieben wegen der Arbeiter, die zu dem Termin frei waren, und wegen des trockenen Geländes.

Jedesmal, wenn ich eine außergewöhnliche Aufführung gesehen habe (hauptsächlich in Andalusien), habe ich Dich sehnlichst in meine Nähe gewünscht. Die Fülle meiner Erinnerungen an Spanien, die Gedichte, die ich Dir geschrieben habe und dieser fürchterliche Schnupfen hindern mich daran, Dir ausführlich zu schreiben. Mir dreht sich der Kopf. Sowie mein Kopf in Ordnung ist, werde ich Dir einen langen Brief schreiben.

Ich küsse Dich.

Jean

9. August 1953

Mein Jeannot,
ich bin untröstlich über Deinen Brief. Ich habe all das mit viel Liebe machen lassen. Die Bouffes–Kombination wäre ausgezeichnet (nimm Marguerite nicht an). Ich bin völlig von Filmen überhäuft, alle mit Ehebruchsgeschichten und Priestern. Mach Dir keine sorgen um mich und die P.s. Sie wissen, daß ich es nicht gern habe, wenn Milly in unserer Abwesenheit bewohnt wird, und ich werde es Pierre noch einmal sagen.

Das hier ist das Gegenteil des Refugiums von Santo Sospir. Faruk ist da und die Moineau–Göre. Zwei Beleidigungen für die Menschheit.

Ich küsse Dich.

Jean

Montag, den 9. August 1953

Mein Jeannot,
ich bekomme Deinen ersten Brief aus Barcelona. Das alles bringt mich wirklich zur Verzweiflung. Aber wie könnte es zwischen uns einen anderen Schatten geben als den eines unseren Herzen fremden Kuddelmuddels. Es ist das Einfachste, diese ganze Angelegenheit in Milly in die Hände von fähigen Personen zu legen, die alles aufs Beste regeln würden.

Sowie ich mich wieder von meinem armen kranken Kopf erholt habe, werde ich meinen Bruder und Peyraud beauftragen, alles in Ordnung zu bringen. Louis hat mir geschrieben, um sich bei mir zu entschuldigen. Ich kann einfach seine Haltung nicht verstehen, die der, die ich kenne, in nichts entspricht.

Natürlich würde ich mich freuen, wenn Du Mamas Kommode behältst. Vielleicht wirst Du mir dafür den Türken[1] überlassen. Ich würde ihn der Sirene[2] vorziehen, weil er eine teure Erinnerung an unsere Arbeit darstellt.

Orphée ist sehr gut ins Spanische synchronisiert. Der Schauspieler, der Dich synchronisiert, ist bemerkenswert, und die Schauspielerin, die die Cacarès synchronisiert, hat eine Stimme, die man mit ihrer verwechseln könnte. Doudou war sehr erstaunt, sich Spanisch sprechen zu hören.

Sevilla ist überragend, und auch Granada und Jerez. Man fragt sich, wie eine solche Eleganz in unserer Epoche möglich ist. In jeder Nacht mit Flamenco von Zigeunern stellte ich Dich mir in meiner Nähe vor und dachte an die Freude, die Du und George daran haben würdet.

Schreib mir schnell und erzähle mir von dem Arzt. Bei der Rückreise im Flugzeug hatte ein Nachbar einen *Figaro*, der Deine Fotografie enthielt. Er hat mir von sich aus die Zeitung geschenkt, und ich habe die Reise mit Dir beendet.

Ich küsse Dich.

Jean

1. Es war eine der beiden Statuen, die ich für die Ausstattung von *Die Schöne und das Biest* ausgeliehen hatte.
2. Eine andere Statue, die ich ihm auch gelassen hatte.

30. August 1953

Mein Jeannot,
da die Post funktioniert, beeile ich mich, Dich zu küssen und Dir ein paar Neuigkeiten mitzuteilen. Es geht langsam bergauf. Ich ziehe mich an, ich gehe ein wenig aus, aber die Beine werden schnell müde. Ich warte ungeduldig auf Neuigkeiten von Dir, von George, von Marnes–la–Coquette. Und von den Filmen. Schreib einige Zeilen oder ruf an (ich setze voraus, daß das möglich ist). Die Ruhe am Cap hindert mich daran, mir klar zu werden, was wieder geht und was nicht.

Zärtliche Grüße.

3. September 1953

Mein Jeannot,
ich habe keine Neuigkeiten, aber Michèle Morgan hat mir gestern gesagt, daß Du ganz in Deinem Haus bist. Versuche, mir vier Zeilen zu schreiben. Man gibt mir zu verstehen, daß Hervé Mille Dir ein Angebot gemacht hat und Du es zurückgewiesen hättest. Nimm Dich gut in acht vor diesem Kreis, der nichts anderes ist als das Konsortium der Presse. *Es ist unverzichtbar, wenn man am Theater arbeitet, sich nicht gegen sie zu stellen.* Du wirst mir sagen, daß ich mich in etwas einmische, was mich nichts angeht. Aber es gibt kaum eine Minute am Tag, in der ich nicht an Dich und Deine Pläne denke. Das Wetter ist endlich herrlich, und ich komme langsam wie ein Invalide auf die Beine. Ich bewege mich wenig und schließe mich mit meiner Arbeit ein. Vorgestern habe ich mit Picasso zu Mittag gegessen. Es war das erste Mal, daß ich ausgegangen bin. Er befindet sich in einem Stierkampf–Tornado, einem wahrhaftigen Walzertanz von Toreros.

Ich küsse Dich. Gruß an George.

Jean

10. September 1953

Mein Jeannot,
ich habe Dir am Telefon schlecht erklären können, wofür ich Dich inständig um Dein Verständnis bitte. Mit vierundsechzig Jahren und überhäuft mit Unrichtigkeiten, Ungerechtigkeiten, hätte ich das Recht, mich zu beklagen. *Aber ich lebe zurückgezogen*, weil ich weiß, *daß wir immer unrecht haben.*

Das, was der weltabgewandte Blick des Dichters gerade noch zuläßt, ist nicht zulässig für einen Schauspieler, der mit seiner Arbeit vor den Augen der Welt bestehen muß. Eine Frau zu ohrfeigen,[1] selbst wenn sie eine Idiotin ist, heißt, sich unmöglich zu machen, in Frankreich und anderswo noch mehr. Denn die Journalisten werden eine Mords–Geschichte daraus machen. Man muß über diese Dummheiten lachen können. Ich werde Dir niemals raten, Dich dem Diktat der Presse zu unterwerfen, aber Dich zu arrangieren, wie Vilar und Gérard Philipe es taten, so daß die Presse nicht systematisch die Arbeit kaputtmacht. Nun bewundert Dich die Gruppe aber, Du weißt, welche ich meine, und baut Dir goldene Brücken. Sie zu beschreiten bedeutet bei weitem nicht, sich zu ergeben. Green hat mir gesagt, daß sie nach einer katastrophalen Generalprobe sein (so schönes) Stück gerettet hätten. Wenn Du schon zum Theater zurückkehrst, mach keine dummen Fehler, die das Publikum nicht begreifen kann und niemals Deinem Herzensadel zurechnen wird. Du hast mich wegen Claudel um Rat gebeten, und ich glaube uns einen schrecklichen Ärger erspart zu haben. Ich bitte Dich, mir zu glauben, da Du nun einmal Vertrauen in mich hast, wie Dein letzter Brief mir beweist, der mir die Tränen in die Augen getrieben hat.

Im übrigen vergiß nicht, daß ich die Bilder von Doudou noch versteckt halte, damit er nicht die Nachwirkungen dessen erleiden muß, was man mich erleiden läßt. Man würde sich nicht damit begnügen, Dich zu schlagen, man schlüge George. Erinnere Dich an Laubraux und das Mordsglück, das wir bei der Befreiung gehabt haben. Diesmal gibt es weder Laubraux

1. Ich hatte sicher den Wunsch, eine Frau zu ohrfeigen, aber ich kann mich nicht daran erinnern.

noch Befreiung. Einigermaßen anständige Kerle voll des guten Willens und vorher ohne Gehässigkeit. C.T. ähnelt dieser Journalistin, die mich sagen läßt: «Ich habe aus Spanien nur eine Bronchitis mitgebracht.» Ich habe darüber gelacht.

Ich umarme Dich mit aller Kraft.

Jean

25. Oktober 1953

Mein guter Engel,
Du bist wunderbar als Japaner, und dieses Bild schmückt meine Wand. Ich bemühe mich, vor meiner Rückkehr in diese Stadt, die mir noch immer Angst macht, meine ganze Arbeit in Ordnung zu bringen. Ich war mit Michel und Bertroux (sehr gerührt ob Deiner Freundlichkeit, weil Du ihm gesagt hattest, Dir sei bewußt, daß er wegen *Die Schöne und das Biest* seine Stellung hat sausen lassen) in Villefranche ein Gläschen trinken. Netter Kerl.

Gib mir die genauen Daten für die Arbeit an *Die Maschine* an, deren Inszenierung noch ein wenig ungenau ist. Sie muß zu einer gewissen Vollkommenheit geführt werden. Hast Du Flon und die Stücke von Antoine gesehen? Ich mache Dich darauf aufmerksam, daß Antoine Tag und Nacht schreibt, daß er immer Stücke liegen hat, und daß er Dich sehr liebt. Ich küsse Dich und George.

Dein Jean

Ich habe einen Geistesblitz für die letzten Gedichte gehabt. Wenn ich "imitierte", würde ich mich selbst imitieren. Ich werde also vollkommen frei sein und mich in den Wartezustand für ein Stück versetzen. *Ich habe bereits den Samen und das Treibmittel.* Aber das ist auch alles. Hilf mir durch Deine Gedanken.

1. Februar 1954

Mein guter Engel,
unnötig, Dir zu sagen, mit welcher Freude ich Deinen Brief gelesen habe und dann von Zimmer zu Zimmer gegangen bin, um ihn zu lesen. Nicht wegen des Erfolges, von dem er berichtet, sondern Deinetwegen, der Du strahlst, und ohne den diese *Maschine* ohne Benzin liegenbleiben würde. Dein "Benzin" speist alles, und Hubert R. schreibt mir, daß Du unter anderem in Grenoble großartig warst. In meiner Erinnerung bewahre ich Dein so klares, so junges Gesicht, das Du bei dem Mittagessen bei Morateur hattest. Du mußt viel schlafen und das Vermögen von Monte-Cristo[1] für alles ausgeben, was Dir Spaß macht. Nimm nichts mehr an, was Dich belastet. Um Dein Herz herum wird es immer Wunder geben.

Ich liebe Dich. Grüße die Truppe.

Jean

Schreibe unterwegs kleine Zettel. Reisetagebuch. Denn *ich reise in jeder Minute mit Euch.*

2. Februar 1954

Mein Jeannot,
wir haben strahlend schönes Wetter, aber leider hat Francine einen kleinen Rückfall – daher Penizillin und beklagenswerte

1. Marais' Film *Der Graf von Monte Christo* (d.Ü.).

Müdigkeit. Man teilt seine Zeit zwischen seinem Zimmer und der Sonne, die im übrigen in Kitzbühel früh hinter den Bergen untergeht. Heute morgen fahre ich mit der Drahtseilbahn und werde oben zu Mittag essen, um mir ein wenig die Lungen zu reinigen. Doudou humpelt fast gar nicht mehr, aber er verzichtet bis auf weiteres auf den Sport.

Wir sollten Montag abfahren. Der Arzt wird entscheiden, ob das möglich ist und ob Francine transportfähig ist. Ihretwegen fürchte ich diese lange Reise und die Schlafwagenabteile, die wahre Brutkästen für Mikroben sind. Ich war ganz bestürzt, als ich von Iokaste hörte, daß Du Grippe hast.

Ich küsse Dich.

Jean

Februar 1954

Mein guter Engel,
wie glücklich ich gestern morgen war, Dir zu schreiben, und wie unglücklich ich heute abend darüber bin. Madame Voltera wagte nicht einmal, Francine die Neuigkeit beizubringen. Aber Yvonne *ruht.*[1] Sie erspart sich, was sie bedrohte. Sie *schlief*, als Jany Holt sie entdeckt hat. Ich denke nur noch an Dich und an meine Verzweiflung darüber, daß wir so weit voneinander entfernt sind, diesen Schlag nicht gemeinsam tragen können.

Ich werde heute abend den Zug nach Paris nehmen und morgen zurückkehren. Ich werde uns alle beide bei diesen scheußlichen Trauerfeierlichkeiten vertreten.

Unsere Yvonne wird uns immer mit ihren Ratschlägen umgeben, und ihre Stimme ist nicht dazu gemacht, zu verlöschen. Ich kann mich nicht über die Art hinwegtrösten, auf die Du dieses Entsetzliche erfahren mußtest.

Ich küsse Dich.

Jean

1. Yvonne de Bray ist gerade gestorben.

4. Februar 1954

Mein guter Engel,
ich kehre sehr müde, sehr verfroren, sehr traurig heim. Es ist besser, diesem lächerlichen Kasten nicht zu folgen. Denn Yvonne war nicht darin, weil sie in unseren Herzen war. Überall hörte ich ihr dröhnendes Lachen, und ich lief wie im Traum. Ich wußte, daß ich Dir einen Gefallen tat, das hat mich während dieser grauenhaften Reise aufrechterhalten. Die arme Blanche[1] hatte alle Kräfte der Jugend mobilisiert, um zu leiden. *Sie fragte nur nach Deiner Mama und Deinen Blumen.*

Samstag werde ich nach Österreich fahren. Vielleicht wird der Schnee meine alten kranken Knochen wieder zusammenflicken.

Ich küsse Dich von ganzer Seele.

Jean

A Yvonne pour Jeannot

Le malheur que tu nous assènes
Ne doit être que d'un moment
Comme tu mourais sur la scène
Tu mourus merveilleusement.

Tu faisais par tes artifices
Pleurer tant de monstres soumis
Qu'il était juste que tu fisses
Pleurer ta mère et tes amis

Sauras-tu n'être pas morte
(c'est le moindre de tes tours)
Et que de cette ombre sorte
Ton grand rire de velours.

. Blanche de Bray, Yvonnes Mutter.

Kitzbühel

9. Februar 1954

Mein Jeannot,
endlich Papier und ein bißchen Ruhe, um Dir zu schreiben. Es sieht so aus, als würde Francine diese miese Talsohle langsam überwinden. Ich hatte solche Angst, sie im Schnee allein zu lassen, und habe unsere Abreise bis zum Freitag verschoben. Ich muß am 15. in Cannes sein. Aber wenn ich am 16. oder 17. komme, ist das nicht schlimm. Ich werde die Filme später sehen, zusammen mit dem Publikum.

Ich glaubte fest an diesen Mythos vom heilkräftigen Berg. In Wirklichkeit ist Kitzbühel ein reizendes Städtchen, sehr feucht und sehr gefährlich, wenn die Sonne sich versteckt hält.

Ich hoffe, daß in Brüssel alles gut läuft, und daß Ihr *Die Maschine* auch weiterhin den Tauben und Blinden zugänglich macht. Es ist Dein Wunder und das Eurer Truppe, daß Ihr mit Eurem Feuer das Leblose entzündet. Deine Grippe und Deine Erschöpfung aber beunruhigen mich. Nimm Dich gut vor diesen heimtückischen Garderoben und Kulissen in acht.

Ich wache über Dich und küsse Dich.

Jean

Montag

Mein Jeannot,
es war ein wahres Wunder, Dich am Flughafen zu sehen. Leider haben die Journalisten uns keine Möglichkeit gelassen, miteinander zu sprechen. Du sahst schön gesund aus, und Genf–Zürich verging wie im Traum, weil ich bei Dir blieb. Ich freue mich, daß die Schweiz uns feiert, aber ich bin traurig in dem Wissen, daß Louise[1] krank und die kleine Goléa ausgesprochen unwürdig des Glückes ist, das ihr durch dieses Unglück zufällt

1. Louise Conte.

Sie hatte alles zu gewinnen, indem sie sich bei Dir und der Truppe beliebt machte.

Ich hoffe, daß Louise bald wieder zu Euch stoßen wird. Grüße sie und unsere Iokaste und alle. Und daß der Hütehund der Herde sich ja schont. Erzähle mir, ob alles läuft. Ins Grand-Hotel in Kitzbühel, Österreich. Ich kann mir einfach nicht vorstellen, daß ich mich von Zürich wegbewege, während Du ihm näherkommst.

Tausend und abertausend zärtliche Wünsche.

Jean

Schick ein Telegramm, wenn Louise spielt.

Grand-Hotel
Kitzbühel

10. Februar 1954

Mein Jeannot,
jedesmal, wenn Du mich anrufst, ist es dieselbe Überraschung und dieselbe süße Wonne, Dich zu hören. Weil ich das Schauspiel der Berge vor mir habe, bilde ich mir ein, sehr, sehr weit weg zu sein, und darum stelle ich dumme Fragen über Eure Reiseroute. Ich fürchte, meine Briefe sind langsamer als Ihr. Aber ich sehe, daß morgen keine Vorstellung ist und daß Ihr am 12. spielt und daß Du diesen 11. nutzt, um Louise zu holen. Ich werde Dir auch nach Straßburg schreiben, und wenn mein Brief nicht auf Skiern dahinfliegt, wird es immer wieder einen anderen geben. Es ist schon wahr, daß die interessanten Geschichten auf Deiner Seite passieren. Auf unserer, Schlittenfahrten und Sonne, die sich versteckt.

Ich hätte nicht geglaubt, daß unsere Iokaste entgleisen würde. Versuche, sie wieder auf ihre Gleise zu stellen. Sie ist es wert, daß man mit ihr schimpft. Die junge Goléa dagegen scheint mir unverbesserlich und von ihrem Vater zu sehr verdorben.

Zärtliche Grüße an den Hauptmann[1] und an die Soldaten und an Jeanne und an die wackere Matrone, die wohl in ihrem eigenen Saft schmoren wird. Ich verlasse Dich fast nie.

Jean

Grand-Hotel
Kitzbühel

11. Februar 1954

Mein Jeannot,
ich gebe Dir die genaue Schreibweise unseres Dorfes mit den Chalets mit Hirschköpfen und bemalten Balkons. Doudou stürzt tapfer auf den Pisten. Francine und ich haben uns für den von den Sportlern verachteten Schlitten entschieden. Ich kann einfach nicht verstehen, daß Euer Bus qualmt. Es ist indiskutabel, die Truppe mit einer Heizung reisen zu lassen, die nicht richtig funktioniert, was einfach nicht vorkommen darf. Das nenne ich abscheuliches Ungeschick und ebensolche Sparsamkeit, schließlich muß die Truppe abends gut in Form sein. Verlange, daß die Heizung repariert wird. Im Departement Moselle ist es sehr kalt. Wahrscheinlich wird sich Dubois in Metz bei Dir melden. Grüße ihn. Und vor allem erzähle, ob das Publikum mitgeht und Euch gibt, was Euch zusteht. Der Erfolg dieses um den zweiten Akt gekürzten Stückes macht mich nachdenklich. Vielleicht ist das Stück zu lang. Aber ohne die Geschichte mit dem falschen Rätsel ist der Rest schwer verständlich. Es stimmt schon ...!

daß ...!

Aber ich ähnele Dir insofern, als wir für uns spielen, was letzten Endes nur eine Art ist, die anderen zu überzeugen.

Ich liebe und küsse Dich.

Jean

1. Figur aus *Die Höllenmaschine*.

Wenn Louise zurück ist, gib ihr einen dicken Kuß und pflege sie. Sie war von Anfang an nicht sehr robust, und es steht zu befürchten, daß diese Erschöpfung der Organe sie von neuem befällt. Sie soll sich ihre Kehle für die großen Gelegenheiten aufsparen und sich nicht überanstrengen. Hat Iokaste zu ihren tiefen Tönen und ihren Gleisen zurückgefunden? Die Soldaten und der Hauptmann sollen gut aufpassen. Sag ihnen, daß ich es Euch dringend ans Herz lege.

Jean

Kitzbühel

13. Februar 1954

Mein Jeannot,
ich habe große Lust, ein wenig mit Dir zu plaudern, um so mehr als der Ort vom Nebel bedeckt ist und nur die unerschrockenen Skifahrer aus dem Haus gehen. Andererseits schäme ich mich, in der (seltenen) Sonne spazieren zu gehen, während sich die ganze Truppe mit Grippe herumschleppt. Ich möchte wissen, ob Du Louise mit zurückgebracht hast und ob du auch keine Scherereien an der Grenze hattest (Doudou ist, ohne es zu wissen, mit einem abgelaufenen Pass gereist. In der Schweiz hat man sich liebenswürdig verhalten). *Und außerdem bist Du eben Du.* Egal, ich werde erst ruhig sein, wenn gute Neuigkeiten eintreffen und wenn ich sicher bin, daß Louise wieder spielt und daß Du keine Opfer bringst, aus Angst, die junge Person an die Wand zu spielen. Hubert erzählt mir, mit welcher unglaublichen Güte du ihm diesen Dienst erwiesen und das ganze Stück bis zum letzten Akt auf Deinen Schultern getragen hast.

Wie die Sévigné ihrer Tochter, könnte ich Dir stundenlang von meiner Zärtlichkeit erzählen und von meinen Wünschen, daß das Bouffes Dir all die Chancen und Rollen einbringen wird, die Du verdienst. Ich hoffte, daß der Schnee mich inspirieren würde und daß ich würde arbeiten können. Aber eine fürchterliche Dummheit setzt ihr Werk fort, und ich kann meine

Gedanken nur schlecht in den Griff bekommen. Wie gerne hätte ich Picassos Motor, der nicht aufhört zu funktionieren. Es ist schon wahr, daß die Gedichte eine große Leere um sich beanspruchen und daß ich dem wohl zum Opfer falle. Ich habe den Eindruck, daß ich frei sein werde, wenn die Probeabzüge korrigiert und das Buch erschienen ist, und daß ich bis dahin unfähig sein werde, mich den Befehlen zu unterwerfen, die mich leiten. Ich hoffe es, ohne allzusehr daran zu glauben, und manchmal frage ich mich, ob meine Spule nicht ihren ganzen Faden abgerollt hat. Wenn dem so ist, werden wir versuchen, ein altes Stück neu zu gestalten, wie es mit *Die Höllenmaschine* geschieht.

Mein Jeannot, ich küsse Dich. Paß auf Deine Gesundheit auf. Ich fürchte den Luftzug der Bühnen und die Unbequemlichkeit der Garderoben. Es vergeht keine Minute, in der ich nicht an Dich denke und mir darüber Gedanken mache.

Dein Jean

Grand–Hotel
Kitzbühel

13. Februar 1954

Mein Jeannot,
ich habe sehr schöne Briefe von unserem Hauptmann über Dein Spiel und Deinen Mut. Ich wünschte mir sehnlichst, daß Du Louise auf den Schultern mit zurückbringst und daß ihr neue Flügel wachsen. Der Himmel möge uns zu Hilfe kommen. Hier verwandelt das Tauwetter den Schnee in Matsch, und wenn kein Schnee fällt, werden wir keine Sonne mehr haben. Es ist egal, ich laufe und fahre im glockenläutenden Schlitten umher. Ich versuche wieder zu Kräften zu kommen und Deiner und derer, die mich lieben, würdig zu sein. Diese Mattigkeit widert mich an. Jeden Abend sehe ich auf die Pendeluhr und begleite Euch alle im Stück und seinen Kulissen. Mein lieber Engel, gib bald Nachricht von Louise.

Ich küsse Dich.

Jean

Kitzbühel

15. Februar 1954

Mein guter Engel,
ich habe durch einen Brief von Iokaste (Straßburg) endlich Neuigkeiten von Louise, – und ich führe Dein Schweigen auf Eure Post und Deine Arbeit zurück. Wenn ich gute Neuigkeiten von Euch habe, bin ich von einem Augenblick zum anderen glücklich.

Hier laufen die Dinge soso, lala. Francine hütet mit einer Bronchitis das Bett. Ich selbst huste, und da ich keinen Sport treibe, vermeide ich es, zu viel im Tauwetter herumzupatschen. Es ist wahrscheinlich, daß dieses unerwartete Tauwetter mit dem richtigen zusammentreffen wird, und es wird uns an trockener Kälte und Sonne fehlen. Nur Doudou gleitet über die Abhänge und stellt sich dabei sehr geschickt an.

Ich werde diesen Brief nach Amiens schicken, um sicherzugehen, daß er Dich auch erreicht. Ich bekomme Briefe, die mit der Postkutsche gebracht zu werden scheinen.

Schnell, einige Zeilen. Grüße Louise, Iokaste und den Rest der Truppe, nicht zu vergessen Euren Mentor, dem es, wie ich hoffe, besser geht. Zärtliche Grüße.

Jean

Grand-Hotel
Kitzbühel

15. Februar 1954

Mein Jeannot,
es ist möglich, daß meine Briefe Dich in einem gewissen Durcheinander erreichen und Dich erwarten, wo Du noch gar nicht bist. Ich schicke sie ein wenig wie Brieftauben, weil unsere Post langwierig und sprunghaft ist. Sie muß die Schneeberge erklimmen. Dieses Durcheinander ist der einzige Weg für mich, um sicherzugehen, daß ich in den Logen (der Pförtner) auf Dich warten werde und daß Du mit mir in Deine eigene Garderobe hochsteigen kannst.

Ich weiß noch nichts von Louise und dennoch bin ich überzeugt, daß Du mir Nachricht gegeben hast. Es ist traurig, daß das Stück hinkt und Du lauter Glanzleistungen vollbringen mußt, damit es läuft. Hat sie in Colmar wieder gespielt? Wenn sie wieder spielt, bitte sie, Ihre Kehle zu schonen und nicht zu schreien. Ihre Intensität wird dieselbe bleiben.

Picasso sagte mir: «Wenn man in unserem Alter krank ist, ist es hinterher nie mehr wie zuvor.» Das stimmt. Seit Madrid verspüre ich tausend kleine Beschwerden. Eine davon ist, daß meine Nase links anschwillt. Darauf hätte sie auch verzichten können. Ansonsten behandelt mich ein sehr netter hiesiger Arzt.

Mein lieber Engel, pflege Dich und *erzähle*. Es ist eine große Freude zu hören, daß die Dinge laufen, wie Du es Dir wünschst.

Dein Jean

Donnerstag

Mein Jeannot,
ich schreibe Dir jeden Tag und oft zweimal täglich, aber ich frage mich, ob meine Briefe Dich erreichen. Ich habe keinen einzigen von Dir.

Wir waren so naiv zu glauben, daß wir in der Lage sein würden, dem Schnee zu trotzen. Francine ist sehr krank. Bei mir ist es ein Schnupfen, aber in einer ziemlich scheußlichen Ausführung – ein wahres Tauwetter von Rotz.

Da verwandelt sich dieses Hotel also in ein Krankenhaus. Göring ist darin verhaftet worden. Vielleicht hat er in den Zimmern prächtige Mikroben hinterlassen.

Gib mir Nachricht über Deine Gesundheit. Hast Du Dubois in Metz gesehen? Und Louise und die Truppe? Und die Grippen aus dem Bus? Und die Fechtkunst Eurer Direktrice? Der Brief von der Königin Iokaste ist der einzige, in dem ich ein paar aufmunternde Einzelheiten finde.

Ich küsse Dich von Weitem, um Dir meinen Schnupfen nicht zu übertragen.

Jean

Kitzbühel

19. Februar 1954

Mein guter Engel,
ich bin ohne Nachricht und frage mich, ob meine Briefe Dich erreichen. Ich habe dir jeden Tag geschrieben und manchmal zweimal täglich. Seit dem Brief, als Du losfuhrst, Louise abzuholen, habe ich nichts von Dir erhalten. Es stimmt schon, daß Du wohl nicht viel Zeit zum Schreiben hast. Wenn es unmöglich ist – eine Zeile – eine Karte – eine Depesche, und ich wäre sehr glücklich.

Francine ist in einem unglaublich schwachen Zustand. Ihre Temperatur ist von 39 auf 36,3° gefallen. Und der Arzt meint, daß dieser Temperaturabfall zu plötzlich ist. Ich schwimme nur so im Schnupfen herum. Heute muntert uns die Sonne auf (nicht Francine), und Skifahrer machen sich ins Hochgebirge auf. Ich begnüge mich mit einem kleinen Spaziergang. Ich habe mächtig viel Arbeit mit den Probeabzügen der Gedichte gehabt. Der Abstand verleiht ein sehr strenges Auge und zwingt mich, zu überarbeiten und zu streichen. Ich lebe in Deiner Nähe und küsse Dich.

Jean

Kitzbühel

19. Februar 1954

Mein Jeannot,
das ist das Lächerliche an der Schneepost. Ich hatte kaum mein Telegramm abgeschickt, als ich auch schon Deinen lieben Brief bekam. Und darüber hinaus hören wir, daß *Julietta* in São Paulo beträchtlichen Erfolg hat. Aber zu was für einer Anstrengung Dich das zwingt, diese Mischung aus Film und Theater.

Ich freue mich ganz besonders über das, was Ihr alle in Baden-Baden für mich getan habt, wo man *Die Maschine* in einer abscheulichen deutschen Version mit sehr prätentiösen Bühnenbildern gegeben hatte. Kurz, Ihr seid meine Truppe – meine bewaffnete Truppe, und Du bist der Heerführer mit dem weißen Helmbusch. Hier hat uns der Schneemensch aus der Legende wenig verwöhnt, indem er Plage über Plage aus seiner Kiepe hervorgeholt hat. Francine ist extrem geschwächt. Ich habe eben Deinen Brief unterbrochen wegen des Arztes, der sich Sorgen macht und nicht wagt, bei einem zu zarten Organismus zum äußersten Mittel zu greifen. Meine Nase läuft wie ein schmutziger Springbrunnen. Doudou, Alec und Carole sind auf den Gipfeln. Eine herrliche Sonne beleidigt unsere lächerlichen Kadaver. Ich liebe und ich küsse Dich.

Jean

Kitzbühel

Sonntag

Mein Jeannot,
da haben wir nun ein herrliches Wetter, das die arme Francine durchs Fenster ihres Zimmers sieht. Doudou steigt auf die Gipfel. Ich gehe im Unterland spazieren.

Ich denke vor allem daran, daß Sonntag ist, was Mehrarbeit für Dich mit sich bringt.

Leni R. versteift sich auf die wunderliche Idee, daß ich die Rolle von Kaiser Friedrich und Voltaire spielen soll. Ich beschwichtige sie, indem ich ihr rate, sich intensiv auf den Film über die *Diables rouges* zu konzentrieren. Sie ißt heute mit mir zu Mittag.

Was habt Ihr für Wetter? Und der Hauptmann, hat sich seine Wut auf das belgische Publikum aufgelöst? Ich bin übrigens vor allen Dingen sehr gerührt, daß er sich auch die geringste Kritik derart zu Herzen nimmt.

Ich habe an Louise geschrieben. Ich wünschte mir eine Wunderpost, die mich mit Euch verbinden würde, ohne daß die Briefe in Säcken reisen.

Von nichts anderem kann ich Dir erzählen, als von meiner Zärtlichkeit und meiner Hoffung, Freitag den Zug nach Zürich zu nehmen. Und die Grippe? *Pflege Dich.*

Jean

Kitzbühel

22. Februar 1954

Mein Jeannot,
ich habe Dir recht wenig zu erzählen, außer, daß ich an Dich und Deine Eskorte denke. Francine scheint wieder auf die Beine zu kommen, aber sie hütet das Zimmer und wird mit Medikamenten vollgestopft. Mein Schnupfen trocknet aus. Ich könnte ausgehen, ohne daß die Nase läuft und der Rotz unterwegs einfriert. Unser Aufenthalt in den Bergen vergeht mit Arztbesuchen, Spritzen und Pillen. Ich wage nicht, mit Carole und Doudou aufzusteigen, aus Angst, daß der Schnupfen wieder auflebt, und außerdem, um Francine nicht allein zu lassen. Orengo hat mir gerade die Probeabzüge des Stückes von Green geschickt. Ich werde es lesen. Ich habe einen Blick hineingeworfen. Der Stil kam mir sehr schön vor.

Mein Jeannot, gestern war ich in Deiner Nähe in Lille, und heute abend werde ich mich wie die Yogis in Deine Garderobe in Namur versetzen. Ich schicke diesen Brief nach Lièges, um sicherzugehen, daß Du ihn erhältst. Ich schließe all meine Zärtlichkeit mit ein.

Jean

23. Februar 1954

Mein Jeannot,
Leni R. hofft immer noch, Dich für *Les Diables rouges* zu bekommen. Sie hat endlich ihren spanischen Film beendet. Er wird in Deutschland gezeigt.

Seit gestern geht es Francine besser. Sie steht auf und ißt sitzend auf ihrem Zimmer zu Mittag. Doudou steht um 9 Uhr auf – zum Skifahren – einfach unglaublich.

Ich spaziere im flachen Schnee, und der Schnupfen geht seinem Ende zu.

Soweit die Neuigkeiten aus Kitzbühel.

Man läuft überall Bauern über den Weg, die den Walzer

von Georges Auric pfeifen. Ich führe immer noch ein Doppelleben, da ich doch mit Dir und der Truppe auf Reisen bin. Der Hauptmann schreibt mir Wunderdinge über Louise.

Grüße alle und erzähle Einzelheiten, wenn Du eine freie Minute findest. Ich fürchte, daß Francines Zustand mich zwingt, eine Woche länger zu bleiben. Auf jeden Fall werde ich in Nizza und in Cannes sein.

Tausend zärtliche Grüße.

Jean

Kitzbühel

Februar 1954

Mein guter Engel,
nun bin ich also Krankenwärter. In dem einen Zimmer wiegt Francine dreißig Kilo. Im anderen hüpft Doudou nach einem bösen Sturz auf einem Bein. (Glücklicherweise nichts gebrochen.) Und unglücklicherweise ist das Wetter wunderbar und macht sich am Fenster über sie lustig. Doudou ist sich auf dem großen Abhang, den er großartig und mit einer Kühnheit herunterfuhr, die der Deinen vergleichbar ist, zweihundert Meter vor dem Ziel über die eigenen Skier gefahren.

Ich mache mir meinen Schnupfen zunutze, um zwischen den Kranken in einem Strom von Rotz hin und her zu schwimmen. Aber der Schnupfen wird besser, und ich gehe raus. Die Herzen befinden sich wohl und lieben Dich.

Jean

27. Februar 1954

Mein Jeannot,
unsere zwei Zimmer sind ein abwechselndes Hustenkonzert – aber im ganzen ist es besser.

Francine geht morgens ein paar Minuten raus. Doudou läuft ohne Stock, und ich scheine ganz gesund auszusehen. Carole aber fährt auf den Abhängen umher. Weil es hier Herren und Damen mit Elefantenfüßen und Krücken gibt, machen wir keine allzu schlechte Figur. Meine eigentlichen Beine sind die Deinen, die Euren, und meine Abhänge jene, denen Ihr von Stadt zu Stadt folgt. Das ist mein "Höllen"-Ski. Diesem Schnee, der so weit entfernt und leer scheint, entsteigen nach und nach Leute, Radiosendungen, Telefonanrufe, die mich stören – aber das ist weniger schlimm als die Autogrammjäger. Wahrscheinlich wird Francine in einer Woche reisefähig sein, und Doudou wird noch ein paar vorsichtige Rutschpartien gemacht haben können.

Ich trage Deine Briefe wie ein Dieb in mein Zimmer hinauf und mache es mir bequem, um sie zu lesen und wieder zu lesen, es sei denn, ich bin zu ungeduldig und beginne sie schon auf der Treppe. Kurzum, keine Geschichte, nur die Neuigkeiten von der Truppe. Hast Du welche von George? Sind sie gut? Und von Marnes? Ich war sehr traurig über den Tod von Pagnols Enkelin. Sie war wunderschön. Es ist einfach nicht zu begreifen.

Ich küsse Dich aus tiefstem Herzen.

Jean

Kitzbühel

28. Februar 1954

Mein Jeannot,
ich hoffe, daß Eure Rundreise weiterhin unter einem guten Stern verläuft. Hier geht Francine ein wenig raus, und Doudou spaziert in seinem Zimmer mit einem Stock umher. Jeden Mor-

gen mache ich einen großen Spaziergang in Schnee und Sonne. Ich lüfte meinen Kopf. Vielleicht wird eines Tages die Arbeit zuückkehren. Ich frage es mich. Mein armer Kopf kommt nicht weiter als bis zu Ansätzen von Ideen, die ebenso flüchtig sind wie ein Traum.

Deine Briefe sind das einzige, was mich über diese Verschwommenheit, in der ich treibe, hinwegtrösten kann. Ich hatte große Hoffnungen in diese belebende Luft gesetzt.

Erzähle. Erzähle. Die Artikel, die mir unsere "Verehrer" schicken, sind absurd.

Zärtliche Grüße.

Jean

Sonntag

Mein Jeannot,
da höre ich durch Iokaste, daß Du an Grippe erkrankt und überanstrengt bist. Pflege Dich und bleib in Brüssel zwischen den Vorführungen im Bett.

Hier gibt es eine Bank am Berghang, die den ganzen Schnee überblickt. Jeden Morgen steige ich hoch, um mich dort hinzusetzen, schließe meine Augen zur Sonne hin und denke an Eure Arbeit, an Eure Mühe, und ich schäme mich, daß ich mit meinen Latschen durch diesen weißen Dreck schlurfe.

Francine hat schon wieder ein bißchen Fieber. Doudou läuft ohne Stock und begegnet Behinderten, die das Wunder des sportlichen Snobismus rettet wie Lourdes. Erzähle von Brüssel – diesem so seltsamen Publikum und diesen nicht weniger seltsamen Journalisten. Aber vielleicht werdet Ihr all das zu besiegen wissen und Baudelaire widerlegen.

Ich küsse Dich aus tiefstem Herzen.

Jean

Donnerstag, 4.

Mein Jeannot,
wir machen so einige Ängste durch. Die arme kleine Francine ist durch den tapferen Kampf, den sie gegen die Krankheit führt, völlig ausgelaugt. Der Arzt (der ein junger und sehr guter Arzt ist) ist bestürzt über diesen Rückfall. Ich befürchte sehr, daß die Kranke Mittwoch nicht abfahren kann – und ich muß abfahren. Doudou wird mich begleiten und danach nach Kitzbühel zurückkommen. Wahrscheinlich werden Carole und ihre Schweizerin bleiben, anstatt zum Unterricht zurückzukehren. Kurz, dieser Aufenthalt ist eine Art Katastrophe, und ich flüchte mich ununterbrochen in Deine Nähe und die der Truppe. Francine hatte einen sicheren Instinkt. Sie fürchtete die Berge, verbarg es aber aufgrund ihres unglaublichen Altruismus, weil sie dachte, daß es mir, Doudou und ihrer Tochter guttun würde. Es tut mir sehr leid, daß ich Dir solche Neuigkeiten schicke, aber andererseits ist es mir unmöglich, Dir nicht anzuvertrauen, was ich auf dem Herzen habe.

Auf jeden Fall werde ich bis Mittwoch bleiben. Francine ist immer noch zuversichtlich, daß wir alle zusammen abreisen werden. Nach dem Gesicht des Arztes zu schließen, ist das ein Wunschtraum, und ich glaube, sie kann die Reise nur riskieren, wenn der Arzt versichert, daß keine Gefahr mehr besteht.

So steht es also mit uns. Gebe der Himmel, daß es Dir gutgeht und daß es allen bei Euch gutgeht. Ich habe das Stück von Green gelesen. Du hattest recht. Es gibt darin nichts, was überzeugen könnte. Nichts spricht zum Herzen oder zum Verstand. Es ist ausgesprochen seltsam.

Ich umarme Dich, mein Jeannot, mit aller Kraft.

Jean

5. März 1954

Das ist das einzige Stück Papier, das mir bleibt, um Dir einen Gruß zu schicken und Dich zu Deiner Grubenlampe zu beglückwünschen. Denk für das Bouffes ja daran, das eher hinderliche "intellektuelle" Publikum zu umgehen und dafür das eigentliche Publikum zusammenzubringen, denn die Brieftasche verstellt einem den Blick auf das, was sich an es richtet. Alles beweist mir, daß das Theater unter diesem Bruch mit den Jugendlichen und den einfachen Gemütern leidet.

Heute morgen geht es Francine besser. Es fällt viel Schnee. Was Du mir von Iokaste sagst, ist traurig. Sie hat das Zeug, und wir werden schwerlich eine finden, die so gut ist wie sie.

Ich werde dem Schnee trotzen, um Papier zu kaufen, damit ich Dir jeden Tag meine Zärtlichkeit zuschicken kann. Vor allem, pflege Dich.

Jean

6. März 1954

Mein Jeannot,
unsere Briefe haben sich gekreuzt – mit einem Brief vom Hauptmann. Sag ihm, daß er mich in meinem ohnehin entmutigenden Schnee nicht zu sehr entmutigen soll. Ich kenne das Publikum von Brüssel – aber in Deinem einzigartigen Liebreiz erzählst Du mir nur das Gute. Aus mir spricht nicht der Hochmut. Nur mein Wunsch zu wissen, daß Ihr von ein wenig Wärme umhüllt seid und nicht diesen Schwachköpfen zum Opfer fallt. Schimpfe nicht mit ihm – denn seine Briefe sind reizend. Erkläre ihm diese erzwungene Rast in Kitzbühel und das Bedürfnis, das ich danach habe, Euch mir wie im Traum vorzustellen.

Ich küsse Dich.

Jean

10. März 1954

Mein Jeannot,
möge dieser Brief Dich in Marseille begrüßen können, und möge das Publikum nicht zu sehr Marseille–typisch sein. Kitzbühel trauert um drei junge Leute (unter ihnen der Sohn eines Arztes), die von einer Lawine verschüttet worden sind. Man hat sie erst am nächsten Tag gefunden. Dieser Schnee ist schön, aber schrecklich, und ich bin mir dessen gestern während einer Schlittenfahrt durch die Berge bewußt geworden. Der neue Schnee rutscht auf dem alten, und wenn man nicht auf den richtigen Pisten fährt, ist der Sport gefährlich.

Du erzählst mir gar nichts von Deiner Grippe. Hier wird Francine behandelt und behandelt, damit sie Freitag mit dem Zug fahren kann. Im Grunde habe ich die Nase voll vom Hotel, von dem Hotel–Eßsaal – dieser ewig gleichen Ausstattung, wie die in den Wartezimmern von Zahnärzten.

Ich werde genug Zeit übrig haben, mir die Haare schneiden zu lassen und mich in Cannes häuslich einzurichten. Noch ein Hotel! (Carlton) aber Du kommst näher, und das ist überwältigend.

In Zärtlichkeit.

Jean

Kitzbühel

10. März 1954

Mein guter Engel,
man ist in Francines Zimmer gerade dabei, eine Röntgenaufnahme von ihr zu machen. Es sind seltsame Apparate dort hochgetragen worden. Die Sonne hält sich versteckt. Doudou ist schon auf den Hängen. Ich zähle die Minuten wie beim Militär, und die Hoffnung auf die Côte liegt zur Hälfte in Francines Händen. Der Anblick der Reisetruhen und Koffer siegt über das Panorama des Schnees und der Berge.

Ich rechne damit, daß ich Samstag in der Villa ankomme,

Sonntag die Probeabzüge meiner Gedichte korrigiere, Montag zum Friseur gehe und mich Dienstag in Cannes einrichte, wo meine Jury bereits die Arbeit aufgenommen haben wird. Das Festival beginnt erst am 16., vom 16. oder 17. bis zum 26. werde ich Filme über Filme sehen müssen. Das stört mich nicht besonders, weil ich mich in mich selbst *zurückgezogen* habe, und ich werde da sein, ohne wirklich da zu sein. Inmitten von aktiven Leuten, die nichts von meinem *Fernsein* ahnen können. Fern von allem. Außer von denen, die ich liebe.

Ich küsse Dich.

Jean

Donnerstag (Tag vor der Abreise)

Mein Jeannot,

es schneit, und das macht mir sehr zu schaffen, denn ich hatte mich auf die Sonne dieser letzten Tage verlassen, um Francine von einem Bahnhof zum anderen zu schleppen. Die (reizenden) Briefe vom Hauptmann und von Atlas, die mir mitteilen, daß Euer Publikum oft nur "auf die Sitze gemalt" ist, lassen mich einmal mehr Deine ausgesuchte Liebenswürdigkeit ermessen, Du, der mir niemals irgend etwas schreibt, was mich entmutigen könnte. Wenn es wahr ist, und es gibt keinen Grund, warum sie es erfinden sollten (denn in ihren Äußerungen sind sie ebenso mit dem Herzen dabei, wie beim Spielen und Verteidigen des Stückes, erweisen sich meine Befürchtungen für die Pariser Wiederaufnahme als gerechtfertigt, und das beunruhigt mich *für Dich*, denn ich kenne Deine Entschlossenheit, sowie Gerechtigkeit und Ungerechtigkeit im Spiel sind. Marseille, die lachende Stadt, wird die Stimmung auch nicht gerade gebessert haben. Erzähle es mir ganz offen (in Santo Sospir). Wenn alles gutgeht, werden wir Samstag nach unserer Zwischenstation in Zürich dort sein. Ich habe vor, mich am 16. im Carlton in Cannes niederzulassen.

Freitag

Mein Jeannot,
ich bin immer sehr glücklich, wenn ich Dich am Telefon gehört habe. Der Schnee machte mich traurig. Deiner Stimme wegen werde ich glücklich abfahren. Der Arzt meint, daß die Kranke kräftig genug ist, um die Reise zu überstehen. Sie hat diese Kraft eines Pferdes, das den Stall riecht.

Ich habe vergessen, Dich zu fragen, wer das Gespenst macht – denn die ganze Truppe ist auf der Bühne. Das läßt mir keine Ruhe.

Kopf hoch in Marseille! Ich küsse Dich.

Dein Jean

Santo Sospir

Sonntag

Mein guter Engel,
anscheinend hast Du heute morgen freundlicherweise angerufen. Wir schliefen alle wie die Steine nach der Reise, die Francine sehr gut überstanden hat. Sie geht und ißt – was schon in den Bereich des Wunderbaren gehört.

Ich habe Le Pench angerufen, um zu erfahren, wie es Deinem Ohr geht. Ich zittere ununterbrochen um die, die ich liebe, vor allem seit ich glaubte, daß Francine in Kitzbühel ihr Leben aushauchen würde. Es war entsetzlich.

Mein lieber Engel, trotz der Fehler hat mir *Paris–Théâtre* große Freude bereitet. Es sind sehr gute Artikel drin, und ich sah Dich.

Ich küsse dich.

Jean

18. März 1954

Mein Jeannot,
da bin ich nun in diesem Cannes und schon bei der Arbeit. Stell Dir vor, ich war völlig perplex über das Cinemascope-Verfahren. Ich hatte den gleichen Eindruck der Frische, des Unnachahmlichen wie an diesem Morgen an der Madeleine, wo man mir früher einmal *Ombres Blanches* (die Frauen, die lachten und dem Wasser dankten) gezeigt hat. Ich habe mich gefragt, ob meine augenblickliche Zurückhaltung dem Kino gegenüber nicht instinktiv ist – ein Reflex, um sich nicht zwischen die Stühle zu setzen.

Geht Ihr nur nach Nizza oder spielt Ihr in Cannes? Werdet Ihr nach Monte-Carlo gehen? Ich weiß darüber gar keine Details.

Ich bin immer bei Dir, und ein Film muß schon sehr außergewöhnlich sein, um mich Eurem Schauspiel zu entreißen.

Dein Jean

19. März 1954

Mein Jeannot,
Gruß ohne Sonne. Ich küsse Dich. Leider bin ich eingeschnürt in zwei Kilometer Filmstreifen. Aber auf Dein Zeichen hin werde ich mich freimachen. Gib es mir im voraus, gleich wenn Du ankommst, damit ich den Kollegen vorher Bescheid sagen kann. Der Regen in Nizza ist katastrophal für die Vorführungen, aber während ich Dir schreibe, scheint sich mir der Himmel ein wenig aufzuklären. Und dann ist da ja *Deine* Sonne.

Kurz, ich warte ungeduldig auf Deinen Anruf. Ich arbeite von 10.30 bis 12.30 und von 3 bis 7 Uhr. Danach von 9 bis 11.30 (*sic*). Und es gibt Filme, die fünf Stunden zu dauern scheinen.

Zärtlichkeiten über Zärtlichkeiten.

Jean

Cannes

Samstag, 3. April

Mein guter Engel,
das fürchterliche Leben, daß man mich zu führen zwingt, hindert mich am Schreiben – aber während ich die Filme sehe, die man uns vorführt, denke ich ununterbrochen an die Wirkung, die Du ausstrahlst und die andere nicht ausstrahlen.

Von 9 Uhr morgens bis 2 Uhr nachts habe ich nicht eine einzige ruhige Minute, und ich habe mich heute abend auf mein Zimmer geflüchtet, um Dir zu schreiben und Dich meiner gleichbleibenden Zärtlichkeiten zu versichern.

Ich habe Paulette getroffen, die mir erzählte, wie erschöpft Du bist. Ich habe um Deine Ohren gefürchtet. Beruhige mich schnell, ich bitte Dich inständig darum, und wenn möglich durch ein Telegramm.

Mein Herz ist immer bei Dir.

Jean

7. April 1954

Mein guter Engel,
ich bin halb tot vor Müdigkeit. Es heißt, daß die Comédie-Française Louise zurückfordert. Das wäre fürchterlich für uns. Entspricht das den Tatsachen? Ich bin sehr beunruhigt – informiere mich wenn möglich per Telegramm.

Ich vermute, daß die Liste der Preisträger weniger Anklang finden wird als letztes Jahr, und für René Clément konnte ich nicht mehr als fünf Stimmen erzielen.

Kurz, ich schwimme in Schwierigkeiten aller Arten und würde am liebsten nach Tunis davonfliegen.

Ich küsse Dich.

Dein Jean

12. April 1954

Mein guter Engel,
ich konnte in dem schrecklichen abschließenden Tohuwabohu keine freie Minute finden, um Dir zu schreiben. (Ich habe den Film von René Clément um 11.30 gerettet, während Cinemascope vorgeführt wurde.) (In dieser Minute erhalte ich Deinen lieben Brief aus Tunis, und es ist mir klar, daß Euer Leben auch nicht ruhiger ist, als es das meine war.)

Die Erschöpfung hat sich mir auf die Stimme gelegt, die der ähnlich ist, die Du Dir früher einmal mit Hilfe von Zugluft und Zigaretten zulegen wolltest. Weder Dein Brief noch der von Iokaste sagen mir, ob die Aufführung[1] gut läuft – aber ich freue mich für Louise. Gib ihr und überhaupt allen einen Kuß von mir.

Hier Freude und Tränen. Francine und Doudou lassen Dich zärtlich grüßen. Außer dem Fernsehen, das einige fehlende Filme drehen möchte, verflüchtigt sich die Grundidee des Festivals. Steve Passeur bezichtigt unsere Preisträger, Kommunisten zu sein. Ebensogut könnte er sie bezichtigen, von den Amerikanern bezahlt zu sein. Komisches Zeitalter, in dem die Politik sich in alles und jedes einmischt.

Ich liebe Dich und küsse Dich aus tiefstem Herzen.

Jean

Santo Sospir

12. April 1954

Mein Jeannot,
nach diesem Festival–Drunter–und–Drüber, in dem ich mich, dumm wie ich bin, halb umgebracht habe, um ihm ein festliches und harmonisches Flair zu verleihen, will es mir kaum gelingen, mein inneres Gleichgewicht zurückzugewinnen. Inmitten der Autogrammtumulte dachte ich an Dich, an meine Ratschläge,

1. *Die Höllenmaschine.*

und um mich zu bestrafen, habe ich auch noch die winzigste Briefmarke signiert.

Ich schreibe Dir im Atelier, mit Blick auf ein malvenfarbenes Meer und einen ebensolchen Himmel mit einer riesigen, halb hinter den Bergen versteckten Sonne. Doudou malt. Francine ruht sich aus, nach befriedigend ausgefallenen Röntgenaufnahmen. Cannes "dem nackten Auge unsichtbar". Daran sollten diejenigen einmal denken, die dort aufgeregt herumrennen und sich selbst so wichtig nehmen. Aber Euer Tunis und Euer Algier, die unsichtbar sind, nehmen in meinem Kopf und in meinem Herzen den größten Platz ein. Abends spuke ich in Garderoben und Kulissen. Schweigen vom Hauptmann. Vielleicht schmollt er mit mir – das wäre der Beweis, daß wir, Du und ich, eine Einheit bilden.

Überanstreng Dich nicht, wenn du mir schreibst – bring eine Karte zur Post.

Ich küsse Dich.

Jean

St. Jean Cap–Ferrat

15. April 1954

Mein Jeannot,
ich habe Dir nicht viel Neues zu sagen, da meine Zärtlichkeit für Dich ja so alt ist wie die Welt.

Einer meiner Juroren (Parlamentsabgeordneter) bezeichnet uns im *Figaro* als Mietlinge. Das entspricht ganz dem Stil dieser Schlaumeier aus dem Abgeordnetenhaus. *La Dame à la Licorne* hat in Berlin großen Erfolg gehabt, und Babilée teilt mir mit, daß er *Le Jeune Homme et la Mort* neunmal in London tanzen wird. Woche des Tanzes. Ich werde wieder rundlicher werden müssen, denn ich habe durch das Festival zwei Kilo abgenommen.

Und Du? Deine Gesundheit? Es gibt Abende, an denen mir diese Anstrengung, der Du Dich für mich unterziehst, Scham einflößt. Es stimmt allerdings schon, daß das Theater, auch wenn es nicht von tausend anderen Vollkommenheiten begleitet wäre, die Lichtbatterie wieder auflädt.

Gib eine Karte für mich auf, um mir zu sagen, ob alles nach Herzenswunsch verläuft. Zärtliche Grüße an die Truppe.

Ich küsse Dich.

Jean

April 1954

Mein Jeannot,
die Osterfeiertage haben das Cap von der Post abgeschnitten. Sei vorsichtig in Marokko und wage Dich nicht in die Medina, die schon ohne die momentanen Unruhen gefährlich genug ist. Da ich durch eine Art Nabelschnur des Herzens mit Dir verbunden lebe, zittere ich jeden Tag, daß Dir auch ja nicht das Geringste passiert, und sicher wird Dich mein Brief zum Lachen bringen, so wie gute Ratschläge von der Familie. Hier ist das Wetter ziemlich kalt und hindert einen am Baden, aber das Größte ist, daß ich Tennis gespielt habe. *Match* wird wahrscheinlich kommen, um einen ausführlichen Dokumentarbericht über die Villa zu machen, und ich warte auf den Telefonanruf. Worauf ich aber vor allem voller Ungeduld warte, das ist eine Karte von Dir und die Versicherung, daß Eure Rundreise weiterhin gut verläuft. Möglicherweise bringt mir die Post nachher diese gute Überraschung. Ich kann mir denken, wie schwer es ist zu schreiben, und ich weiß, daß Du ebensoviel an mich denkst wie ich an Dich.

Ich küsse Dich.

Jean

18. April 1954

Mein Jeannot,
habt Ihr schönes Wetter an Euren Küsten, und kannst Du das Meer und die Sonne ausnutzen? Am Cap ist es noch zu kalt zum Baden. Ich kann es kaum erwarten, Euch in Deutschland zu wissen, wo man extrem neugierig auf jede Inszenierung ist, und außerdem, weil Dich das einer Entspannung näherbringen wird. Doudou verausgabt sich beim Tennis. Francine wirkt gesund und kräftig. Vielleicht werden wir nächste Woche nach Sevilla fahren. Es wird davon abhängen, was der Arzt entscheidet.

Ich bin sehr beunruhigt über unsere *Maschine*, die Darcante inszeniert hat. Es ist einigermaßen komisch, daß er die Notwendigkeit zu Kürzungen genau da verspürt hat, wo wir sie gemacht haben. Ich frage mich, ob Herbert sie hat. Nichts kommt mir seltsamer vor, als *Die Maschine* vor Jugoslawen zu spielen.

Ich kann Dir nur immer wieder sagen, wie innig ich Dich liebe.

Jean

Herzlichen Gruß an die Truppe.

23. April 1954

Mein Jeannot,
ich habe gerade Deinen Brief bekommen. *Natürlich bin ich einverstanden wegen Milly,* und sowie wir uns sehen, werden wir die Sache erledigen. Ich habe schon immer vorgehabt, die Einkünfte von *Die Maschine* zu verwenden (das, was der Fiskus nicht verschlingt).

Die Haltung des Hauptmanns (und seines Juan, der dem Hauptmann folgt) ist nicht zu verstehen, denn er besitzt Herzensklugheit, und dürfte nicht wie ein Kleingeist handeln. Solche Dinge bestürzen mich. Sie sind des Festivals von Cannes würdig, Claude Mauriacs, aber nicht eines in die Dichtung verliebten Künstlers.

Gib mir die genaue Reiseroute im Anschluß an Marokko. Wenn Herbert Euch nur nicht in die Theater schickt, über die sich Jean Marchat beklagt hat. Was Du mir erzählst, ist einfach schändlich. Ihr, die Ihr Euch verausgabt, ohne zu zählen! Sollte Karsenty der einzige sein?

Ich küsse Dich aus tiefstem Herzen.

Jean

April 1954

Mein guter Engel,
wir haben hier schöne Sonne und die Kinder (die Brüder und Schwestern Dermit), die mit Carole spielen. Das ist eine Abwechslung für mich. Die Müdigkeit ähnelt der Faulheit und die Faulheit der Müdigkeit. Eines Tages wird Dir dieses Haus, für das Du Dich abschuftest, doch auch mal zum Ausruhen dienen müssen und Dir nicht nur einen Zwang zu fortwährender Arbeit auferlegen. Das Drunter und Drüber beim Film widert mich an, vielmehr hat es mich die zum Schreiben unerläßliche Ausgeglichenheit verlieren lassen. Kurz, ich stehe aufrecht zwischen mehreren Stühlen und schleppe meinen Kadaver in die Sonne. Aber um Deine Gesundheit mache ich mir Sorgen. Erzähle mir davon und sag mir, ob Dir Deine Ohren auch nicht mehr wehtun und ob der Rest die Höllenmaschine dieser Reise verträgt.

Mein lieber Engel, ich bin fast immer bei Dir, und ich küsse Dich aus tiefstem Herzen.

Jean

25. April 1954

Mein guter Engel,
stell Dir vor, daß ich Tennis spiele, und ich würde Dich zum Lachen bringen. Wie kommt es, daß der Hauptmann, der ein anständiger Kerl ist, sich nicht beeilt hat, Dich in Deiner Garderobe zu umarmen. Die Sache ist nicht zu verstehen. Gibt es etwas Neues?

Sag Louise, sie soll sich die Ohren vollerzählen lassen mit den Berichten dieser Damen und Herren (Rue de Richelieu) nach ihrem russischen Triumph.

Weder Bovy noch Bretty haben jemals an einem solchen Fest teilgenommen. Da sind sie nun, leuchtend rot.

Das französische Fernsehen will *Die Höllenmaschine* zeigen. *Sie werden in Paris deswegen auf Dich zukommen.* Ich habe ihnen gesagt, daß ich auf gar nichts eingehen würde, ohne es mit Dir zu besprechen, und daß eine solche Arbeit zu große Anstrengung erfordert. Wenn sie Dir schreiben, antworte ihnen in welchem Sinn Du willst.

In inniger Liebe.

Jean

Wir reisen Mittwoch ab nach Sevilla (Hôtel de Madrid).

Die Sevrac-Angelegenheit in Clichy wird zum Abschluß kommen. Auf die eine oder andere Weise wird sich Milly Deinen Vorstellungen entsprechend regeln.

Vor allem vergiß nicht, mir die genaue Reiseroute für Deutschland und die Termine nach Sevilla (Hôtel de Madrid) zu schicken.

Dienstag

Mein Jeannot,
wir werden morgen in Madrid sein, übermorgen in Sevilla, Hôtel de Madrid.

Schick mir die Reiseroute für Deutschland, damit ich Dir schreiben kann. Und erzähle mir von Marokko.

Ich küsse Dich.

Jean

1. Mai 1954

Mein guter Engel,

ich habe gestern abend die Popesco gesehen. Abgesehen davon, daß sie das Theater zu klein und zu sehr auf Komik ausgerichtet findet, scheint sie entschlossen, Iokaste zu spielen. Aber nur, wenn es eine wirkliche Aufführung ist und nicht eine gewisse Anzahl von Vorstellungen vor *Pygmalion*. Sie hat in dieser Hinsicht nicht unrecht, weil *Die Maschine* mit Dir und ihr nicht den Vorbereitungen für ein festes Stück geopfert werden kann. Warum nicht einfach, wenn sie sich mit dem Sarah–Bernhardt arrangiert, wo sie einen Lückenfüller vor dem Stück von Miller (*La Cousine de Varsovie*), das sie dort herausbringt, versprochen hatte, *Die Maschine* geben und Shaw für Deine zweite und zukünftige Aufführung zurückbehalten, was den doppelten Vorteil bieten würde, Deine Arbeit zu vereinfachen und die für uns so wichtige *Maschine* nicht in die gleiche Situation zu bringen wie den auf der Höhe des Erfolges abgesetzten *Adler*, den dreißigmal gespielten *Bacchus* usw. Sowie Du ankommst, spring zu Elvire Popesco hinüber, die mit der üblichen Unaufrichtigkeit der Stars unter den Damen behauptet, daß sie frei war und glücklich wäre, wenn Du sie gebeten hättest, die Tournee mitzumachen. Sie geht so weit zu sagen, daß es vor allem Deine Tournee sei. Kurz, ich glaube, daß Ihr mit ihr zusätzlich zu allem andern einen ungeheuren Trumpf in der Hand hättet und daß *Die Maschine* auf diese Weise leben könnte, anstatt dahinzuvegetieren. Da Du mir ja in Deiner Liebenswürdigkeit immer sagst, daß Du tun wirst, was mir gefällt, gestehe ich Dir, daß ich mich davor fürchte, einmal mehr ein Stück unterbrochen zu sehen, um ein anderes seinen normalen Lauf nehmen zu lassen. Bedenke all das und schreib uns schnell. Alle sind traurig, wenn keine Nachricht von Dir da ist.

Jean

7. Mai 1954

Mein guter Engel,
ich habe in letzter Zeit ganz unbegreifliche Krisen durchgemacht, in denen furchtbare Krämpfe meinen Brustkorb und meine Schultern folterten. Vielleicht war es *Enfants de Paris*, was mich so mitgenommen hat. Seit heute morgen habe ich keine Schmerzen. Das nutze ich, Dir zu schreiben. Ich habe Jeanne Moreau getroffen, die ich außerordentlich reizend finde und von großer Intelligenz. Sie fürchtet wie ich die Athmosphäre bei Willemetz, die der unseren ganz entgegengesetzt ist, und die das Bouffes beherrscht ohne das geringste Gespür für das Wertvolle und die neuen Richtlinien, die die Theater für sich annehmen sollten. Sei sehr *standhaft* und *hart* in diesem Haus im Fifi–Stil. Wenn man diesen Stil nicht ändert, wird es dir dort auch nicht bessergehen als in einem anderen Theater – wo man Dir wenig Freiheiten ließe.

Wären die Willemetz' nicht so unentschlossen, würde die Popesco mitmachen. Sie braucht Druck und präzise Termine – Direktoren, wie sie sogar das Theater Sarah–Bernhardt zu überzeugen wüßten. Aber sowie ich ihren Ankleideraum verlassen habe, gibt es dort keinen verläßlichen Menschen mehr.

Was meine Meinung über *Die Maschine* geändert hat, war der Widerhall dieser Fernsehaufführung, die so großen Erfolg hatte, obwohl sie (abgesehen von der Montéro) schlecht gespielt war, und das sogar in den bescheidensten Kreisen.

Denke Dir, daß wir das ganze Theater hätten, um *Die Maschine* zu spielen. Es wäre grandios, von nichts eingeengt zu sein als einem Theater, *wo man uns zu verstehen gegeben hat, daß wir dort zu Hause sind.*

(Es ist komisch, daß gerade während ich Dir schreibe *Nina*[1] im Radio gespielt wird und daß die Popesco spricht). Meiner Ansicht nach wird Deine Rückkehr die Dinge ändern, und sie profitieren nur von Deiner Abwesenheit, um sich in ihren alten Gewohnheiten zu aalen. Ich werde Dich bitten, sowie Du zurück bist, die Popesco zu treffen (gehe in ihre Garderobe). Der

Arzt wollte, daß ich diese Woche abreise, aber ich werde erst am Sonnabend fahren.

Unter anderem hat Willemetz mir von unüberwindlichen Schwierigkeiten mit Lumbroso erzahlt – während Lumbroso mich am Sonntag angerufen hat, daß er Dir für Paris alles umsonst geben wolle.

Es steht fest, daß die Familie Willemetz (im übrigen charmant und voller Bewunderung) *Die Maschine* als ein "außergewöhnliches und lohnendes" Stück betrachtet.

Dies steht so sehr im Widerspruch mit Deinen und meinen Ideen, daß ich Dich warnen mußte. Ohne daß ich sie darauf hätte aufmerksam machen müssen, hat Jeanne Moreau das alles gewittert. Sie wird es Dir zweifellos erzählen.

Verzeih, wenn ich Dich während Deiner Reise belästige, aber mit wem sollte ich über meine Sorgen sprechen, wenn nicht mit Dir?

Mein lieber Engel, ich küsse Dich aus tiefstem Herzen. Grüße George.

Jean

8. Mai 1954

Mein Jeannot,
ich komme, wie Du auf der Rückseite feststellen kannst, in dieser Minute aus Spanien zurück.

Ich hoffte, einen Brief von Dir und Eure Reiseroute in Sevilla vorzufinden. Die Adresse, die ich habe, stammt von einem Telegramm von Louise. Doudou hat im Flugzeug gelesen, daß Du in Hitlers Bett geschlafen hättest, aber mir fehlen die Einzelheiten und vor allem das Wissen, ob es Dir gutgeht und ob Du in Deutschland ein gutes Publikum vorgefunden hast. Die Feria von Sevilla hat mich im Innersten aufgerüttelt wie eine Flasche beim Transport, und ich verspüre so etwas wie Müdigkeit. Ich werde abwarten bis der Wein genügend "geruht" hat.

Ich küsse Dich und bin immer bei Dir.

Jean

22. Mai 1954

Mein Jeannot,
wie bist Du doch gegenwärtig auf dieser kleinen Erde. Ich habe die Popesco gesehen (voller weiblicher Komplexe), aber ich habe das Gefühl, daß sie trotz der Hindernisse, sie sie vorschützt, Iokaste spielen wird. Ich soll sie Dienstag zu dieser Fernsehprobe fahren. Sie will sich über ihre stimmlichen Möglichkeiten (*sic*) klarwerden.

Unsere Sphinx[1] wird wahrscheinlich am Donnerstag zu uns nach Hause kommen, um über die Rolle zu sprechen.

Die Popesco macht Dir den Vorwurf, daß Du ihr nicht angeboten hast, an der Tournee teilzunehmen, was verrückt ist, wo sie doch spielte und eine so gewichtige Besetzung unmöglich war. Sie ist außerdem davon überzeugt, daß ich das Stück für sie geschrieben habe und Marthe Régné ihr die Rolle vor der Nase weggeschnappt hat. Und ... Unwichtig. Unter ihrer von Komplexen bestimmten Oberfläche ist sie sehr nett und sehr anständig.

Erzähl mir in vier Zeilen von Deiner Reise.

Jean

Samstag

Mein guter Engel,
versuche herauszufinden, was die (ein wenig alte und dicke) Popesco zu tun gedenkt. Alida Valli würde durch ein Nadelöhr gehen, um die Rolle zu spielen. *Sie ist Iokaste*. Sie hat in Amerika gerade einen irrsinnigen Erfolg gehabt. Sie ist die Klugheit selbst. Außerdem bittet man mich in einem Telegramm um *Die Maschine* für das Fenice in Venedig, Ende September. Vielleicht könnte man das Stück zum ersten Mal außerhalb von Frankreich inszenieren und hinterher nach Belgien geben. Sprich mit unseren Direktoren oder ruf an.

1. Jeanne Moreau.

Wegen des Fenice muß man sich an Madame Violette Gath im Hotel Prince–de–Galles, Paris, Balzac 39.90, wenden.

Was denkst Du von alldem? Wenn man einmal annimmt, mein neues Stück wäre geschrieben, würde uns das Zeit lassen, darüber nachzudenken, die Rollen zu besetzen usw., abzuwarten, bis Sartre und Delannoy das lutherische Terrain[1] sondiert haben.

Ich küsse Dich.

Dein Jean

Die Maschine gehört Dir. Es ist an Dir, über ihr Schicksal zu entscheiden.

St. Jean Cap–Ferrat

Sonntag, den 18. Juli 1954

Alles in Ordnung, mein Jeannot,[2]
ich habe mich nach der Reise sogar weniger matt gefühlt als im Krankenzimmer. Es ist, als hätte es meinen *Körper auf andere Gedanken gebracht.* Das einzig Traurige daran ist, dein liebes Gesicht nicht über dem Paravent auftauchen zu sehen – aber, das weißt Du ja, ich denke in jeder Minute an Dich, und am heutigen Sonntagmorgen spricht mir dieser Gavote–Artikel von Dir.

Ich küsse Dich.

Jean

1. Anspielung auf das Stück von J.–P. Sartre: *Le Diable et le Bon Dieu.*
2. Jean Cocteau wurde infolge seines ersten Herzinfarkts im Stadthaus Alec Weisweillers behandelt. Ich erfuhr in Los Angeles davon und bin sofort zurückgefahren.

23. Juli 1954

Mein Jeannot,
ich bin immer noch recht schwach – diese Arznei verwandelt mein Blut in Mineralwasser. Und Dein lieber Besuch fehlt mir. Er würde mich zum Weinen bringen.

Jean

Santo Sospir

Sonntag, den 25. Juli 1954

Mein Jeannot,
seit vorgestern scheint es mir so, als käme ich wieder ein wenig zu Kräften, und außerdem habe ich die Einnahme meines Mittels nicht richtig verteilt.

Das Seltsamste ist, daß es mich keine Überwindung kostet, die Zigaretten wegzulassen. Das sind die Neuigkeiten von Deinem Kranken. Teile welche von Dir mit, vom Haus, vom Theater. Dich nicht in dieses Zimmer hereinkommen zu sehen, kostet mich Überwindung. Aber ich gebe zu, daß ich auch einige Vorteile habe und finde mich mit den Bedingungen einer langen Rekonvaleszenz ab.

Es ist mir noch nicht möglich, wieder an die Arbeit zu gehen. Ich kreise auf der Stelle.

In inniger Liebe.

Jean

29. Juli 1954

Mein Jeannot,
ich war nicht zu Hause, als Du angerufen hast. Ich habe im Garten ein winziges Schwimmbecken, eine Dusche usw. entdeckt, die von der früheren Besitzerin angelegt worden sind. Das er-

setzt mir Strand und Sonne, klares Wasser, das mich stärkt. Als Du angerufen hast, muß ich wohl in diesem geheimnisvollen Schlupfwinkel gewesen sein. Danach warst Du nicht mehr auf dem Hausboot. Aber das ist nicht so wichtig. *Es scheint mir doch ganz so zu sein, als wären wir immer beieinander.*

Immer Dein.

Jean

12. August 1954

Mein Jeannot,
nachdem ich Dir geschrieben habe, gehe ich hoch zum Mittagessen und finde Deinen Brief.

Mein armes krankes Herz ist glücklich, weil ich sehr wohl wußte, daß dieser Brief dem meinen gleichen würde. Das sind Dinge, die die vielzitierten "Geschäftsleute" nicht verstehen können.

Ich küsse Dich.

Dein Jean

PS Niemals hätte ich irgend etwas in Milly geändert, wenn Du mir nicht gesagt hättest, daß Du nicht dorthin zurückkommen wolltest.

Montag

Mein Jeannot,
man hat mir heute morgen eine Blutprobe abgenommen, um zu sehen, ob das Mittel, das mir meine Beschwerden verursacht, reduziert werden kann. Ich werde Dir morgen sagen, was dabei herauskommt. Ich glaube, daß Marlene[1] Dich am Schlafen

1. Marlene Dietrich.

hindert und daß sie Dich nach den Proben zwingt, zu unmöglichen Zeiten ins Bett zu gehen. Ich denke ununterbrochen an Dich, Deine Ratschläge, die zu befolgen ich mich sehr bemühe, an diesem Montag, an dem Elvire anfängt. *Grüße sie und Jeanne Moreau* und erzähle ihnen, wie traurig es mich macht, daß ich fern von ihnen und der Arbeit bin, die mir viel Freude verschaffen würde. Ich habe versucht zu malen. Ich wage noch nicht zu schreiben. Außer diesen wenigen Zeilen, in die ich mein ganzes armes dummes Herz einflechte.

Dein Jean

25. August 1954

Mein Jeannot,
ich bin nach der Blutuntersuchung und vor dem Elektrokardiogramm auf Befehl des Arztes im Bett geblieben. Und wenn ich daran denke, daß Du für mich arbeitest, widert mich dieses Bett noch mehr an.

Was den Artikel von Colette im Programm betrifft, schlage ich vor: «Die Wiederaufnahme von *Die Höllenmaschine* ist in gewisser Weise eine Huldigung für Louis Jouvet und Christian Bérard. Wir fügen dem, zu Ehren von Colette, den wunderbaren Artikel bei, den sie am Tage nach der ersten Aufführung in der Comédie des Champs-Élysées, 19.. (ich habe das genaue Jahr[1] in diesem Bett nicht bei der Hand) veröffentlichte.»

Bitte Marlene, Dir den erstaunlichen, schwindelerregenden Brief von dem Monegassen namens Morella nachzuerzählen, der sich bei mir dafür bedankt, daß ich ihn in unserem Grußwort zitiert habe.

Francine sagt mir, daß Du angerufen hast und daß die Proben laufen.

Erzähle mir von der Popesco und Jeanne. Ich werde morgen aufsein und, so hoffe ich wenigstens, in Form.

1. 1934.

Meine Stimmung ist so lala, aber ich gebe mir Mühe, unser aller weniger unwürdig zu sein.

Ich küsse Dich tausend und abertausend Male.

Jean

2. September 1954

Lieber Jeannot,
wie glücklich bin ich über das, was Du mir über Elvire sagst. Versuchen wir, mit Jeanne, der Sphinx, die gleiche Überraschung zu erleben.

Ich habe die Anweisung, Dir die erste Summe auszuzahlen, dreimal erteilt. Nichts ist so langweilig, kompliziert, lästig, inkompetent wie Geschäftsleute. Orengo hat mich heute morgen angerufen, daß er anrufen würde. Und warum meinen Bruder um einen Vorschuß bitten (was mir eine Schuld einbringt), wenn man nur die Summe von der Société des auteurs überweisen muß.

All das macht mich nervös und strengt mich an. Aber es tröstet mich, daß Du schon ganz richtig verstanden hast, daß es nicht mein Fehler war.

Ich bräuchte mal eine Teufelsaustreibung. Dein lieber Brief von heute morgen hat sie mir ersetzt.

Küsse George, so wie ich Dich küsse. Und einen zärtlichen Gruß an Elvire.

Jean

Donnerstag

Mein guter Engel,
wir werden aufs Meer fahren, und während die anderen sich vorbereiten, nutze ich die Zeit, um Dich zu küssen und Dir zu

sagen, daß mein Doppelgänger (mein wahrer) während Deiner Theaterarbeit immer bei Dir ist. Wenn eingeladen wird, vergiß auf gar keinen Fall die Feen, die Kutschen in Kürbisse verwandeln und Diener in Ratten: Valentine Hugo – Lise Deharme – Marie-Laure – Léonor Fini – usw. und die Peyrauds – denn Andrée verwandelt Katzen in Katastrophen, wenn man sie vernachlässigt.

Sag jemandem vom Theater, daß er mir in dieser Angelegenheit schreiben soll, und ich werde die Adressen weitergeben.

Mein lieber Engel, ich liebe Dich, und der Gedanke an Dich hilft mir, die lächerlichen Qualen dieser Rekonvaleszenz zu ertragen.

Dein Jean

Grüße George und erzähle, wie weit das Holzhaus gediehen ist.

September 1954

Mein Jeannot,
der erste Teil des *Grafen*[1] hat mir sehr gut gefallen (weil Du da warst) – oft schlecht aufgenommen, aber trotzdem da für mein Herz, dem es einfach ein Bedürfnis ist, Dich zu sehen.

Ich hoffe, den zweiten Teil in Monte-Carlo mitzukriegen, denn gestern abend (Samstag) sind überraschend die Spanier gekommen und haben uns daran gehindert, nach Nizza zu fahren.

Was ich über *Die Maschine* sagen höre, richtet mich auf, und ich denke daran, daß ich es dir verdanke, Deiner Entschlossenheit und Deiner Unerschrockenheit bei der Arbeit.

Wenn Du zwischen Marnes und *Oedipus* fünf Minuten Zeit findest, teile mir die Einzelheiten mit und erzähle mir, ob der Erfolg sich festigt.

1. *Der Graf von Monte Christo.*

Ich beauftrage Roth (den Ersten unter den amerikanischen Fotografen), sich im Bouffes einzufinden, da er ohnehin durch Paris fährt. Erleichtere ihm die Arbeit als Fotograf, die immer so schwierig ist, wenn ein Stück einmal läuft.

Roth ist es wert, daß man sich um seinetwillen und wegen des Bühnenbildes der Aufführung Umstände macht.

Ich küsse Dich aus tiefstem Herzen.

Jean

8. September 1954

Mein guter Engel,
am Telefon bin ich so doof, daß ich Dir nicht einmal geantwortet habe, als Du mir sagtest: «Das Haus gehört Dir.» *Zwischen uns gibt es weder Dein noch mein.* Es hat mich wütend gemacht, daß durch geschäftliche Schikane ein Dienst hinausgezögert wurde, den ich Dir erweisen konnte.

Die Avenue Jean Marais führt zu den Toren von Milly wie die Avenue Jean Cocteau nach Marnes.

Ich liebe und ich küsse Dich.

Jean

15. September 1954

Mein Jeannot,
mit mir geschieht etwas sehr Unangenehmes. Stell Dir vor, daß mein Organismus sich an das Tronecane gewöhnt (was sehr selten ist) und man die Dosen eines Mittels erhöht, das mir, wie Du weißt, den Geist verwirrt und mich seelisch durcheinanderbringt.

Unglücklicherweise ist Soulié noch auf dem Kongreß in Amerika. Im günstigsten Fall kann die allmähliche Reduzierung erst im Oktober vor sich gehen. Meine einzige Hoffnung ist, daß Soulié meine Behandlung übernehmen und dieser Besuch mich zwingen wird, nach Paris, also in Eure Mitte, zu kommen. Ich erzähle Dir das, weil ich Dir alles erzähle. Sag niemandem etwas, weil die Armen immer alles dramatisieren, und unser Präfekt war "verzweifelt" über ein paar harmlose Bemerkungen des *Figaro littéraire*. Ruf mich an und laß mich ein paar gute Neuigkeiten von der Arbeit hören. Ich habe den Text an Willemetz zurückgeschickt.

Ich küsse Dich.

Dein Jean

Oktober 1954

Mein Jeannot,
ich schicke Dir Roth – den größten Fotografen von Amerika. Ich hätte gern Fotos von Dir, den Schauspielern, den Kulissen.

Hilf ihm und erlaube ihm, zu tun, was er zu tun beliebt.

Dein Jean

5. Oktober

Mein Jeannot,
wir waren gestern abend in Nizza, wo der zweite Teil[1] noch gezeigt wurde. Wir fanden Dich großartig, und der Film wäre nichts ohne Dich. Man betrachtet ihn durch Deinen Adel, Deine Schönheit, Deine Eleganz, Deine Autorität hindurch. Hätten sie nicht ein hübsches Mädchen finden können anstelle dieser dicken Minna? Nach dem Film erinnert man sich nur an

1. des Films *Der Graf von Monte Christo*.

Dich, weil Du die Figur verkörperst, der Film aber nicht das Buch.

Ich warte auf Professor Souliés Antwort auf die Radiocardiographie. Die Reduzierung des Medikaments muß sehr langsam vor sich gehen, und ich muß sie sicher am Cap in Angriff nehmen. Ich hatte mich sehr darauf gefreut, nach Paris zu fahren, ins Bouffes. Es stimmt schon, daß ich ja hinterher fahren werde, aber ich verliere ein wenig den Mut.

Ich bin entzückt, daß das Palais–Royal Dich wieder in seinen Mauern findet und aufnimmt. Tausend Grüße an die Siamesinnen und Madeleine.

Dich und George küsse ich.

Jean

23. Oktober 1954

Mein guter Engel,
ein zärtlicher und schneller Gruß in Deine Ländereien. Und viel *Glück*, weil es der erste Brief ist, den ich nach Marnes adressiere.

Jean

Samstag

Mein Jeannot,
gebe der Himmel, daß Du weiterhin so vom Glück verfolgt wirst. Ich verdanke es Dir – Deinem Verstand, Deinem Herzen. Ich habe das Programm (*auf dem Ihr Antigone vergessen habt*). *Wer spielt das*?

Unnötig, Dir zu sagen, daß ich immer bei Euch bin, daß ich von Garderobe zu Garderobe gehe und vom Saal in die Kulissen. Das Elektrokardiogramm von gestern ist günstig. Mein Blut ist, so scheint es, wieder im Gleichgewicht. Es wäre mein sehnlichster Wunsch, daß dieses verhängnisvolle Mittel verschwindet.

Dein Brief hat mich zu Tränen gerührt.

Ich küsse Dich.

Jean

Mein Jeannot,
ich kann mich einfach nicht zurückhalten, Dich zu küssen. Die Sänfte von Véfour war geweiht und magisch, denn sie führte Dich zu mir.

René Clair hat mir einen charmanten Brief geschrieben.

Ich träume davon, *von meinem Heilmittel zu genesen*, und ich küsse Euch alle.

Dein Jean

Ich freue mich von Herzen, Dich im Palais–Royal zu wissen.

Mittwoch, den 27. Oktober 1954

Mein Jeannot,
als ich heute morgen aufwachte, dachte ich, ich hätte schlecht geträumt. Von wegen. Gestern habe ich den Hörer aufgelegt, und – Deinetwegen, wegen der wunderbaren Arbeit, wegen der Künstler liefen mir die Tränen herunter. Doudou hat mich zur Vernunft gebracht, indem er die wahren Gründe für diesen neuerlichen Zwischenfall suchte, den ich ja leider vorausgesagt hatte – eine Weissagung und Befürchtung, die der große Erfolg der Generalprobe mich hatte vergessen lassen.

Die Willemetz sind Spießer und verstehen sich nicht darauf, sich in einer Epoche weiterzuentwickeln, die gefährlich und neu ist. Im Jahre 1954 kann man mit einem anspruchsvollen Werk

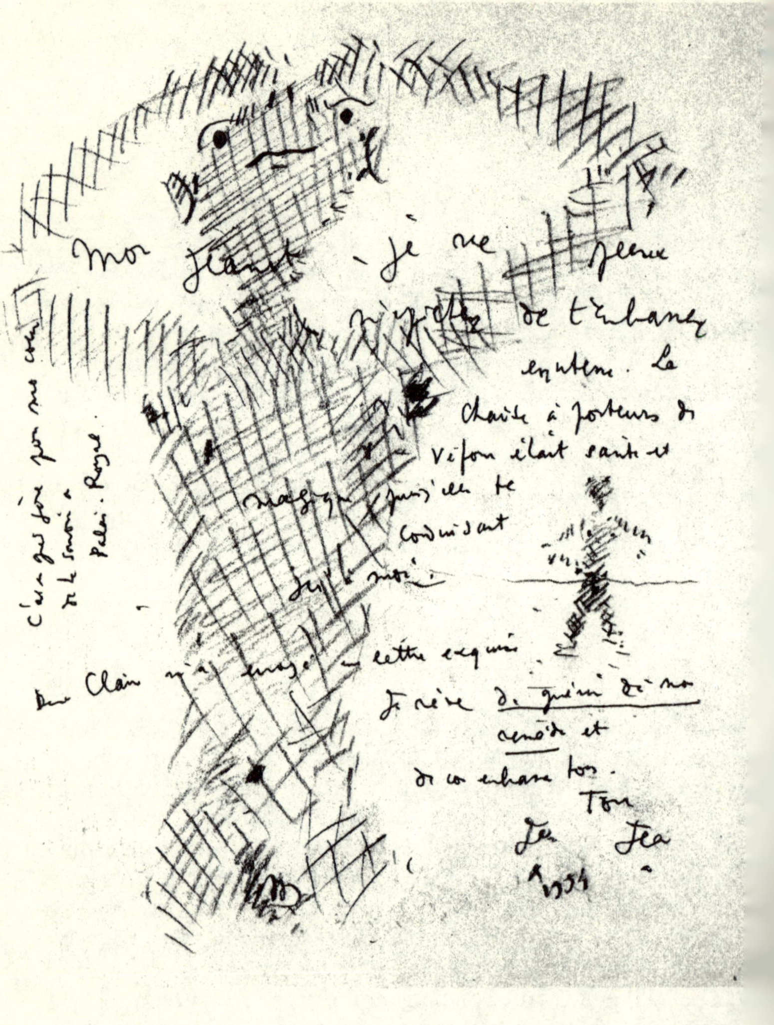
Mon Jeannot — je ne
de t'embrasser
Le
chaise à porteurs de
était sainte et
magique puisqu'elle te
conduisait
jusqu'à moi.
Claire m'a envoyé une lettre exquise.
Je rêve de guérir de mon
et
de vous embrasser tous.
Ton
Jean
Jean
1954
Palais-Royal.

nur durch eine Werbung Bestand haben, wie sie die Gruppe Mille–Lazareff machen würde, oder durch die Methode von Vilar, der sein Publikum gewechselt hat. Die Kreise, die mehr als tausend Francs für ihre Plätze bezahlen, wollen "ihren Spaß haben". Zur Not gingen sie noch in *Nein, diese Eltern* oder *Der Doppeladler*. *Die Maschine*, die ihnen exotisch vorkommt, sehen sie sich nicht an. Ein anderes, bescheideneres Publikum, das nur davon träumen würde, ins Theater zu gehen, begnügt sich damit, Dich auf der Leinwand zu bewundern. Vielleicht spart es sein Geld auch auf, um die Popesco in einem komischen Stück zu sehen. In diesem Sinn ist das Publikum von Vilar das einzige, das richtig mitmacht. Er war so genial, die billigen Plätze auf die teuren zu verlegen und die Galerie zum Parkett und in die Logen herunterzuholen. Im Augenblick ist das Theater einfach ruinös. Mit *Bacchus* habe ich die gleiche Schlappe erlebt, nur gab es da die billigen Plätze.

Wenn ich es wage, mit dir davon zu sprechen, dann aus Liebe. Denn das gleiche wird mit *Pygmalion* oder Molière passieren. Ach, kann man *Orphée* überhaupt noch ins Auge fassen? Ich bezweifle es. Ich hatte es Jeanne Moreau gesagt, und bei Francine hatte ich es Dir gesagt. Das Willemetz–System ist tot. Gerade wenn ein Stück einen starken Anfang nimmt, muß man Werbung betreiben. Es ist ein Irrtum, sich darauf zu verlassen, daß es von alleine läuft. Nach einem Monat fällt es um, und danach ist es zu spät. Unsere Theaterkurve wird nicht um ein Grad höherklettern, außer wenn Du bis zu den Feiertagen durchhältst. Und trotz unseres Erfolges wird man in Theaterkreisen von *Die Maschine* das gleiche sagen wie nach der Jouvetkurve, die ganz genauso wieder anfängt. Abgesehen von dem Feuer von Saint Jean Marais und Cocteau, an den ersten Abenden. (Jouvet erklärte: «Giraudoux läuft, aber nicht Jean C.»). Es wird Dir leider nie gelingen, die W.s und Touchard von ihrer Dummheit zu überzeugen und davon, daß sie in der Epoche von Rip und Bernstein leben.

Hättest Du noch ein Wandertheater und würdest *Die Maschine* in den Vororten rund um Paris spazierenführen, würdest Du Deine Säle bis zum Rand füllen und Triumphe feiern. Brächtest Du es in die Häuser in Deutschland, wo Du noch nicht gewesen bist, und nach New York und Südamerika, hättest Du den Erfolg, der Barrault wieder aufgerichtet hat. In Paris ist die Methode des Bouffes *unmöglich*. Denke darüber nach und mach alle möglichen Winkelzüge, um Dich nicht an etwas träge Fortbestehendes zu binden, das längst der Vergangenheit angehört. Nur Mendès–France hat begriffen, daß die französischen Methoden umgestürzt und Frankreich von Lächerlichkeit befreit werden mußte.

Mein lieber Engel, verzeih mir, daß ich ausgerechnet Dir all dies sage.

Donnerstag

Mein Jeannot,
Du hast mich am Telefon wahrscheinlich komisch gefunden. Ich war, aus Angst, daß wir wieder getrennt werden könnten, ein bißchen gerannt, und ich komme schnell aus der Puste. Ich fürchtete, daß Du mit mir schimpfen würdest, weil ich gelaufen war. Ich schließe nämlich abends die Augen und versuche, mit Dir in Verbindung zu treten, an Deiner Arbeit teilzuhaben. Auf diesen Anruf hatte ich gewartet, und ich fragte mich, ob Dein erster Anruf ein Traum war oder ob dieser Traum nur reale Formen annahm.

Obwohl Du das Haus in Marnes liebst, wirst Du traurig sein, das Hausboot, auf dem Du gelebt hast, zu verlassen. Man durchtrennt jedesmal innere Bande, und ich wage nicht, an Dein leeres Zimmer in Milly zu denken. Ich habe auch vergessen, Dich zu fragen, wie unsere Matrone spielt und wer die Antigone ist, die man nicht aufs Programm gesetzt hat. Ich habe Antigone aufs Blumenpapier geschrieben. Entschuldige mich bei der Schauspielerin.

Ich treffe mich diese Woche mit Madame Guynet vom Musée Masséna, das meine Bilder aufbewahrt, und werde sie wegschicken lassen. Mit dem kleinen blauen Neger[1] wird ein Teil von mir in Marnes einziehen.

Mein Engel, ich küsse Dich sowie George.

Dein Jean

Sonntag

Mein geliebter Jeannot,
an diesem Sonntag, an dem Du unter Einsatz Deines ganzen Herzens für mich arbeitest, während ich in der Sonne faulenze, komme ich, um Dich zu küssen und Dir zu sagen, daß ich nur selten nicht meine "Untertasse" nehme, um zu Eurer Aufführung und dem Palais–Royal zukommen.

Hier gelingt es mir noch nicht zu schreiben. Um wieder damit anzufangen, gehe ich nach meiner gewohnten Methode vor. Tausend und abertausend Zeichnungen in Schwarz und in Farbe, die sich anhäufen und den Boden bedecken. Es sind sehr hübsche Harlekine (Millionen von Harlekinen) dabei.

Dein liebes Gesicht und die Freude, die auf einigen schlechten Fotos im *Journal de cinéma* zum Ausdruck kommt, gefallen mir sehr. Daß sie schlecht sind, ist nicht so wichtig, ich sah sie und stellte fest, daß Du glücklich warst. Vor allem auf dem, wo Lulu Dich küßt.

Ich liebe Dich und bin diesen ganzen Sonntag hindurch bei Dir.

Jean

. Gemälde mit den Titel *La Leçon d'anesthésie*, das Jean Cocteau mir geschenkt hat.

2. November 1954

Mein Jeannot,
ich habe telegraphiert und im übrigen habe ich, als ich das hörte, zugesehen, daß alles ins Lot kommt (ich wußte von nichts).

Was *Die Maschine* angeht, mußte, koste es, was es wolle (ich habe auf meine Rechte verzichtet), bis nach den Feiertagen durchgehalten werden. Vor den Feiertagen aufzuhören, macht Euren Erfolg zunichte.

Für mich ist es *eine Katastrophe*.

Daran bin ich leider schon gewöhnt.

Ich liebe und ich küsse Dich.

Jean

Nur Willemetz nehme ich es übel, dem ich nie verzeihen werde, daß er mich nicht unterstützt. Ihre Methode wird *Dein Niveau* immer herunterziehen. Sie haben keinen blassen Schimmer von dieser Art von Gesinnung.

Wer hat mir so viel Kraft und Vertrauen verliehen? Leider widersprechen mein Lebensrhythmus und sogar mein Horoskop den Hoffnungen, die ich manchmal mit Händen greifen kann. Dieses mal habe ich Francine und Doudou gesagt: Jeannots Sonne ist stärker als die Gestirne. Gestern war ich noch kilometerweit entfernt davon zu ahnen, daß ich diese Neuigkeit erfahren würde, die die Direktoren und Stars, die nicht Deine schöne Seele haben, endgültig zu entmutigen droht. Ich bin tieftraurig, mein Engel, und ich küsse Dich aus tiefstem Herzen.

Jean

PS Ich hatte auch eine Möglichkeit, vor dem Ruin gerettet zu werden. Adieu, Du Kalb, Du Kuh, Du Schwein, Du Küken.[1] Es ist der Milchtopf der Perrette.

Mittwoch, der 3.

Mein guter Engel,
ich habe gerade einen langen Brief an Willemetz geschrieben. – im Stil: "Manifest für die kommenden Jahre" und ohne jeden Hauch von Mißmut, das kannst Du mir glauben. Ich biete ihm an, von dem Termin an, wo Ihr aufhören wolltet, meine Autorenrechte abzutreten – damit wir gemeinsam über das beträchtliche Hindernis durch die Feiertage springen können. Ein Sturz vor diesem Hindernis (um das sich alle Theater bemühen, weil es das Gegenteil eines Hindernisses ist) bedeutet für mich die Verpflichtung, dem Theater zu entsagen. Paulvé hat mich dazu gebracht, dem Film zu entsagen. Es wäre absurd, wenn Willemetz mich dazu bringen würde, dem Theater zu entsagen.

Für die Pariser Theaterwelt ist ein Mißerfolg bei den Einnahmen nach einem Triumph schlimmer als der schlimmste Reinfall. Diese Welt steht im glatten Gegensatz zu Deiner Seele, die sich nur nach oben orientiert, Du wirst nur Werke mit "klassischer" Substanz inszenieren, und die Kurve jener Werke bleibt immer gleich, es sei denn – und auch das ändert nicht viel – man setzt eine geradezu höllische Werbung und die amerikanische Methode ein, die darin besteht, (weniger als einen Tag vor der Premiere) dieses Opfer von den Schauspielern zu verlangen. Sie sind einverstanden, oder die Aufführung wird gestoppt. Auf diese Weise hat man *La Folle de Chaillot* gerettet, die nach prächtigen Artikeln nachzulassen begann. Sie haben durchgehalten und das Spiel gewonnen.

Das ist aber nicht das, worum ich in bezug auf *Die Maschine* bitte. Ich bitte um eine Gnadenfrist von *fünf oder sechs Tagen*, damit mir diese Feiertage einen guten Abgang verschaffen. Direkt

1. Zitat aus einer Fabel von Jean de la Fontaine (1621–1695): *La Laitière et le Pot au lait* (d.Ü.).

vor den Feiertagen aufzuhören, heißt nicht nur, jeden Vorteil aus dem "Triumph" zu verlieren, sondern Deinen ganzen Arbeitsstil aufs Spiel zu setzen.

Außerdem war mir Willemetz nach der Wiedereröffnung, die wir ihm verschafft haben, diesen Liebesdienst schuldig. *Dir* wäre er es schuldig gewesen, Elvire und Jeanne, ohne Dein Wissen, freundlich ein Opfer von 5 Tagen anzubieten. Sie wären sofort darauf eingegangen, aus Liebe zu Dir – oder zum Stück – und zu ihrem "Ruhm", wie Racine sagen würde.

Ich bete Dich an, und ich leide.

Jean

Entschuldige die Schrift, ich schreibe ausgestreckt, wegen des fürchterlichen Schwächeanfalls, den dieser Schlag mir eingebracht hat.

Doudou hat sich nicht die Spur eines Urteils erlaubt. Ich konnte es Dir am Telefon nicht erklären. Er hätte mich hören können. Er hat nur gesagt: «Das kommt nicht von Jeannot. Das ist unmöglich. Das kommt von Willemetz.»

12. November 1954

Mein Jeannot,
ich bin recht traurig, aus einem Brief von Willemetz die Wahrheit zu erfahren, daß Dich nämlich ein Film[1] davon abhält, Deine Bahn beim Theater zu verfolgen.

Ich weiß, daß Marnes eine schwere Belastung ist, und ich hatte Dich gewarnt. Aber es macht doch traurig, wenn die Dinge so liegen, daß sie den Milles Recht geben, die doch *niemals* gegen uns im Recht sein dürfen.

Ich küsse Dich.

Dein Jean

1. Es handelt sich um *Reif auf junge Blüten*, einen Film, den ich nicht drehen wollte.

Willemetz sagt zu mir: «Inzwischen müssen Sie doch Bescheid wissen» – nein, ich wußte von nichts.

Dienstag

Mein Jeannot,
ich denke nicht an mich, sondern an diese ganze Arbeit, und im allgemeinen mische ich mich nicht ein, wenn es um das Niveau der Werke geht, die Du zu inszenieren gedenkst, und ich denke daran, *wie schwierig im Augenblick eine Verbindung zwischen diesem Niveau und jenem ist, zu dem man das Publikum verleitet.* Indem ich Euch geraten habe, koste es, was es wolle, auszuhalten, und wenn es auch dieselben Opfer erfordert wie man das in New York unter entsprechenden Umständen tut, habe ich mich, in dem alleinigen Wunsch, *eine gewisse Wärme* zu verbreiten, weit über mein persönliches Interesse hinweggesetzt und über meinen Ruhm, der mir völlig egal ist. Gestern haben wir Matisse beerdigt. Es gab ein wenig Sonne und zuviele Reden. Um nicht nachzudenken, arbeite ich mich an Pastellen müde, die ich vielleicht in der Rue Bonaparte ausstellen werde. Ich werde Dir den kleinen Neger mitbringen. Für die Ausstellung in Rom wirst Du ihn mir leihen.

Ehrlich gesagt, hat mich dieser Herzanfall stärker erschüttert, als ich es vorausgesehen habe, und innerlich gestikuliere ich auf lächerliche und unkoordinierte Weise, um auf dem Drahtseil die Balance wiederzufinden.

Mein Jeannot, ich küsse Dich und George und das ganze Haus.

Jean

PS Wiederaufnahme? Sicherlich. Aber man findet nicht eine Schauspielerin, die so ab und zu mal Iokaste spielt.

15. Dezember 1954

Mein Jeannot,
gestern abend (oder heute morgen) habe ich George, nachdem ich Dich umarmt hatte, in diesem Tohuwabohu im Lido nicht wiedergefunden. Ich wollte ihn auch umarmen, mit ihm von seiner Aufführung sprechen und ihm für den schönen Mantel danken, der in Villefranche, wenn die Kapelle zu kalt ist, meine Rettung ist. Willst Du ihm bitte einen Kuß von mir geben und ihm sagen, daß ich ihm für seine Tanzvorhaben zur Verfügung stehe.

Ich habe eben im Hotel angerufen, aber Du wirst geweckt, wenn ich längst unterwegs sein werde. Ich soll mit Chaplin zu Mittag essen. Deine herrlichen Bilder sind zu Hause, und ich klaue Dir eins davon. Wenn Dir dafür eins von meinen gefällt (selbst als Fotograf), unnötig, Dir zu sagen: alles, was mein ist, ist auch Dein.

Dein Jean

Auf jeden Fall werde ich Dich von Milly aus anrufen. Oder ruf mich unter Nr. 28 an, wenn Du aufwachst.

Milly

Mittwoch

Danke, mein Jeannot,
dieses Herz ist zugleich ein Symbol für meine Krise und für den Nichtraucher. Ich lege die Asche meines Raucherlebens hinein. Ich arbeite an meinen Pastellen. Und ich mache mir Sorgen über Deine dreifache Arbeit.

Ich küsse Dich.

Dein Jean

St. Jean Cap–Ferrat

24. Dezember 1954

Mein guter Engel,
all mein Herz in Deinen Weihnachtsstrümpfen. Alle Bösewichter an Deinem Weihnachtsbaum aufgehängt.

Mein Stern über Deinem Haus.

Jean

Weihnachten 1954

Mein Jeannot,
ich ärgere mich seit heute morgen schwarz, weil ich Deine Nummer in Marnes vergessen habe. Es tröstet mich, daß der kleine Neger an seinem Platz ist und Dich ausruht, wenn du müde wirst.

Dein Jean

In Zärtlichkeit – mit allen Wünschen für Dein Glück.

PS Ich höre gerade, daß Madeleine ans Telefon geht. Vielleicht hat sie die Nummer, die in meiner Brieftasche im Palais–Royal zurückgeblieben ist.

Grüße an die ganze Truppe.

Weihnachten 1954

Und Du hast angerufen.

Es tut mir so leid für uns alle, daß die letzten Vorstellungen nicht angekündigt werden. Ihr würdet ein *ausverkauftes Haus* haben.

Ich habe die Nummer bekommen, aber bei Dir meldete sich niemand.

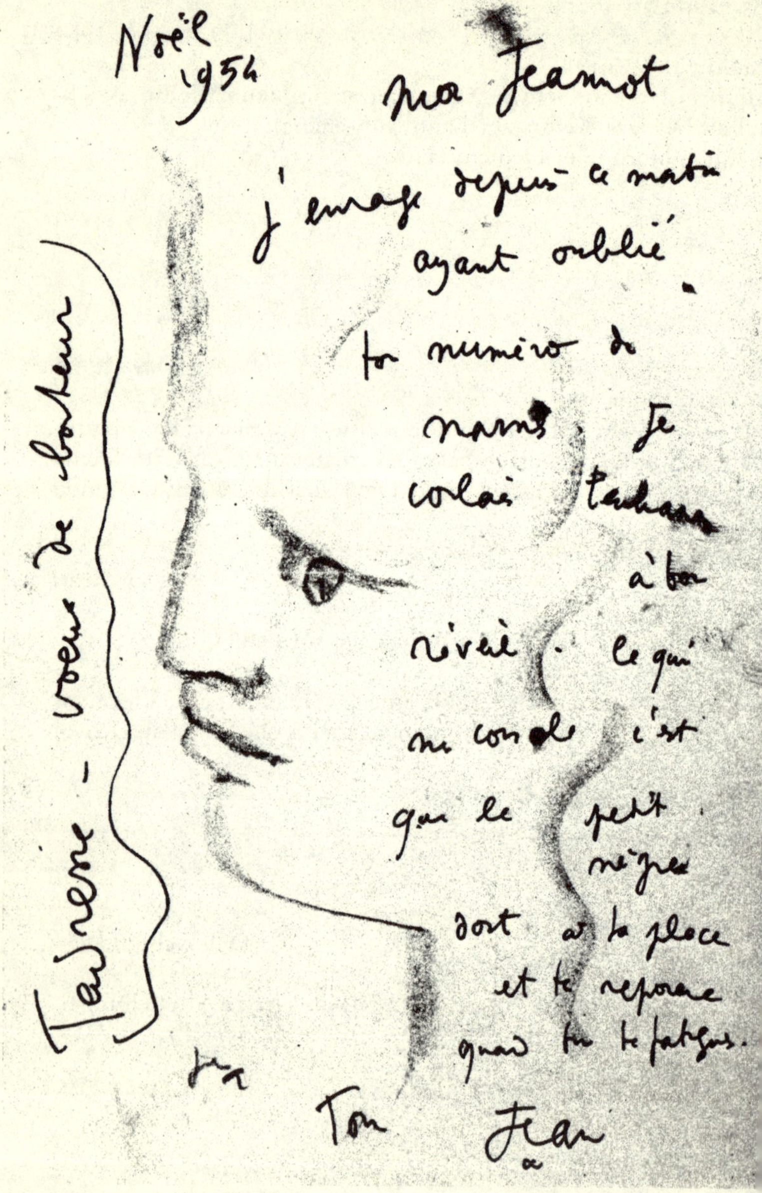
Noël 1954

Mon Jeannot

j'enrage depuis ce matin ayant oublié ton numéro de Marnes. Je voulais t'embrasser à ton réveil. Ce qui me console c'est que le petit nègre dort à ta place et te repose quand tu te fatigues.

Je t'

Ton Jean

Tendresse – voeux de bonheur

P.S.

j'attends Madeleine qui
répond au téléphone.
Peut-être a-t-elle
le numéro
qui est resté à P. Royal
dans mon portefeuille

Embrasse toute
la troupe

1955

5. Januar 1955

Mein Jeannot,
Du kennst Denis Marion. Er ist Filmkritiker, und ich hielt ihn für kritisch auch sich selbst gegenüber. Ach du meine Güte, sein Stück ist kindisch und hohl. Ich habe versprochen, es Dir zu übermitteln, ... lies es nicht, aber sag ihm in zwei Sätzen, daß die Rolle zum Ende hin abfällt und eintönig ist. Die Figur, eine miese Ausführung von Vasco da Gama, verbringt dreißig Jahre auf einer geheimnisvollen Insel, ohne zu merken, wie die Zeit vergeht.

Am Ende des Stückes ist er fünfzig Jahre alt und wirkt wie hundert (undenkbar).

Wenn ich Dich überhaupt behellige, dann nur, weil Marion Dich immer für Deine Filme gepriesen hat und man ihm einen Gefallen tun würde, wenn man ihn aufklärt – füge hinzu, daß die wechselnden Bühnenbilder wirr, unübersichtlich in ihrer Zahl und viel zu kostspielig sind.

Ich komme Anfang nächster Woche zurück und werde George ein Geschenk bringen. Dieses Geschenk befindet sich bei Francine, wo nur ich selbst es finden kann.

Ich küsse Dich. Lulu und ich haben uns eben ein wenig am Telefon angeschrien: Sie meint, daß das Bouffes ein wunderbares Geschäft ist (*sic*) und daß Du mit *Die Maschine* ein Vermögen verdient hast. Wie kommt es nur, daß sie nicht versteht, daß Du es gern hast, von der Kombination Hervé–Mille–*Match* getragen, verwöhnt, verhätschelt, verherrlicht zu werden, die sich immer noch sehnlichst wünschen, Dich bei sich zu haben, und die das beste Theater ausfindig machen können.

Lulu will einfach nicht verstehen, was das Bistro neben dem

Theater bedeutet. Bouffes bleibt eben Bouffes, und Willemetz hat dieses Theater zugrunde gerichtet. Wenn er auf Dich zählt, um es wieder aufzurichten, baut er auf eine ganz seltsame Dankbarkeitsmasche.

Dein Jean

Ich habe schöne Pastelle gemacht. Ich denke, daß sie Dir gefallen werden. Ich arbeite Tag und Nacht in *Deinem* Zimmer in Milly. *Allein dies Zimmer* hilft und spendet mir die Kraft zum Atmen.

PS Ich bitte Dich inständig, Puget mit einer kleinen Geste (Anruf oder Brief) entgegenzukommen. Er ist nicht verärgert. *Er leidet sehr.*

Milly

6. Januar 1955

Mein geliebter Jeannot,
ich ertrinke fast im Schnupfen, bin vom Rotz und der Bronchitis wie betäubt – denn dieser Schnupfen hat sich mir nun auch noch auf die Brust gelegt. Es ist also gut möglich, daß ich bis nächste Woche im Bett bleibe. Ich komme um in Telefonanrufen, weil die Königliche Akademie von Belgien mich auf Colettes Sitz berufen will und die französischen Akademiemitglieder mich gebeten haben, mein Bewerbungsschreiben zu verfassen. Die Journalisten haben den undefinierbaren Wunsch, ein Heidenspektakel um mich zu veranstalten und diese Kandidatur unmöglich und zu einem Skandal werden zu lassen.

Stell Dir vor, daß Willemetz mir in seiner herzigen Art schreibt, daß er durch mich drei Millionen verloren hätte. Er hat nichts zu befürchten. Die Sache wird sich nicht wiederholen.

Daß ich mich aber auch nicht auf das Schloß Deiner Wandmalerei zurückziehen kann. Nie schlafe ich ein, ohne von diesem Refugium zu träumen.

Jean

20. Januar 1955

Mein Jeannot,
ich komme aus Brüssel zurück und erfahre, daß Du wieder einen Erfolg[1] davongetragen hast. *Welch ein Glück*. Dieses Schauspiel ist ein Wunderwerk bis in die kleinsten Einzelheiten. Ich küsse Dich.

Jean

Am Boden zerstört von Bronchitis und Akademiebesuchen.

4. Februar 1955

Mein Jeannot,
sei so gut und empfange für eine Minute Monsieur Renato Attanasio, der im April eine große Ausstellung in Rom organisiert. Ich habe ihm gesagt, daß Du so freundlich sein würdest, *La Leçon* auszuleihen, und er würde sich gern mit Dir über die Termine und die Modalitäten der Verschickung einigen.

Ich küsse Dich.

Jean

1. *Pygmalion.*

Milly

6\. Februar 1955

Mein Jeannot,
ich konnte Dir neulich nichts sagen, weil wir nicht allein waren. *Aber ich würde es um nichts in der Welt hinnehmen, daß Dir ein Werk von mir auch nur einen Sou aus der Tasche ziehen könnte.* Der Preis der Pastelle liegt unter dem normalen Preis, weil ich nicht wollte, daß sie auf denselben Preis kommen wie die Bilder, die ich werde zum Verkauf freigeben müssen, wenn ich sie weder in der Münchner Pinakothek noch bei Ponchettes in Nizza, sondern leider bei Händlern ausstelle, die von ihren Prozenten leben. Was nichts daran ändert (und ich habe mich auch ein bißchen gegen Francine gesträubt), daß diese Preise für Freunde, die noch mehr sind als nur Freunde, indiskutabel sind. Ich werde Dir immer geben, wonach es Dich verlangt, so wie Du mir die Bäume und die Hütte gegeben hast und wie ich Dir den Neger gegeben habe und George *Die Ritter der Tafelrunde*. Von diesem Augenblick an hören diese Bilder auf, eine Million zu kosten und kosten nur noch den Preis der Liebe, die der eine und der andere ihnen zollt.

Attanasio wird für Rom wahrscheinlich den Neger von Dir haben wollen. Sei ein Engel und leih ihn aus (er wird mit einem Brief kommen, um ihn sich anzusehen), so wie ich Francine gebeten habe, meine Manuskripte auszuleihen, und P.L. Weiler wegen *Marlene*. Mein lieber Engel, ich liebe und ich küsse Dich, und ich möchte Dich für nichts auf der Welt dabei überraschen, wie Du in irgendeiner Ecke mit Leuten über einen Preis verhandelst, die nicht wissen, daß es zwischen uns "Dein" und "mein" nicht gibt.

Jean

Und vor allem mach nicht den gleichen Fehler wie Bébé. Es hat ihn ruiniert. Wenn Du eines Tages verkaufen mußt, verkaufe nicht aufs Geratewohl. Stell einen Preis auf und bleibe standhaft. Deines Namens und Deines Ruhmes würdig.

PS M. Cuttoli hat mit Kahnweiler für Picasso und Braque die

Preise festgesetzt. Ich habe mich ein bißchen mit ihr gestritten, weil ich mich weigerte, die Pastelle für vierhunderttausend Francs zu verkaufen. Das ist, man kann es kaum glauben, der Preis, zu dem der kleine Nal, ein unbekannter Maler, eins seiner Portraits verkauft. Wenn Du also eines Tages verkaufst, sei vorsichtig. Denn wie ich würdest Du bereitwillig umsonst weggeben, was Du Deiner Seele und Deinem Herzen entrissen hast. Mit dieser Masche hat Paulvé uns zu seinen Opfern gemacht.

Hôtel Suvrettes
Saint-Moritz

21. Februar 1955

Mein Jeannot,
ich habe Dir nicht sofort geschrieben, weil dieser Schnee allen Dingen ihre Geschichte nimmt und sogar die Daten durcheinanderbringt. Wir sind in einer einzigen Schneeböe gelandet, und die Sonne kommt nicht zum Vorschein, was sowohl für die Sportler als auch für Müßiggänger wie mich traurig ist. Es bleiben nur die Luft und die Höhe und diese absurden Hotels mit ihren zahllosen Familien, die ohne jede Seele zu sein scheinen und nichts von dem kennen, was für uns Grundlage und Leidenschaft unserer Existenz bildet.

Doudou läuft ein wenig Ski, und ich werde mich freuen, wenn Francine eintrifft, weil ich dann weniger allein sein werde und mit ihr im Schlitten spazierenfahren kann.

Mit Deinen Bäumen, Deinen Rasenflächen und dem Beruf, den Du liebst und der Dich liebt, hast Du den wahren Ausgleich gefunden. Seit meinem Herzanfall hänge ich ein bißchen in der Luft, und ich gebe mir Mühe, es mir nicht anmerken zu lassen, um den Rhythmus der anderen nicht zu stören. Du kennst diese meinem Wesen eigene Neigung, alles als Traum zu betrachten und als Fixpunkte nur die drei oder vier Freunde zu haben. Der Schnee trägt zu diesem Wachtraum bei.

Mein lieber Engel, ich küsse Dich und bin glücklich, wenn Du glücklich bist.

Jean

St. Jean Cap-Ferrat

2. April 1955

Mein Jeannot,
ich wollte, bevor ich Dir schreibe, erst wieder ein wenig zu meinem inneren Gleichgewicht zurückfinden – es ist ungerecht, daß ich Dir immer nur mit den Klagen über meine Leiden in den Ohren liege.

Hier kommt die Sonne kaum zum Vorschein. Aber man fühlt, daß sie ganz nah ist, und im Garten wachsen die Blumen. Die Zitronen werden von den Bäumen gepflückt. Ich mache mir Notizen für meine Rede vor der Akademie. Übrigens wird sie wie die belgische erst im Oktober tagen. Die Akademie findet, daß der 15. Juni als Termin zu spät angesetzt worden ist.

Ich bin immer noch bei schwacher Gesundheit, und wenn ich nicht wieder das Fieber von Malta habe, so leide ich doch an einer nervösen Erschöpfung, die ihm gleicht. Mach Dir keine sorgen. Ich schlafe. Ich ruhe mich aus und die einzige Hetze, die mir bevorsteht, ist die Ausstellung in Rom. Erzähle mir, wie es um Georges Ensemble steht und von dem wundervollen Haus. Ich schäme mich nicht mehr so dafür, daß ich keine Blumen habe, seit ich weiß, daß Du Dich in einem zweiten irdischen Paradies befindest.

Mein lieber Engel, ich küsse Dich aus tiefstem Herzen.

Dein Jean

14. April 1955

Mein Jeannot,
der Schläfer ruht auf einer Staffelei, allein, im rechten Winkel erleuchtet, wenn man eintritt. Er nimmt alle Huldigungen entgegen.

Ich bin dagegen, Dich in Amerika in *Chéri* zum ersten Mal zu zeigen.

Du mußt in New York als großer Schauspieler erscheinen wie Laurence Olivier und nicht als zweifelhafter jugendlicher Held.

14 Avr 1955

Mon Jeannot

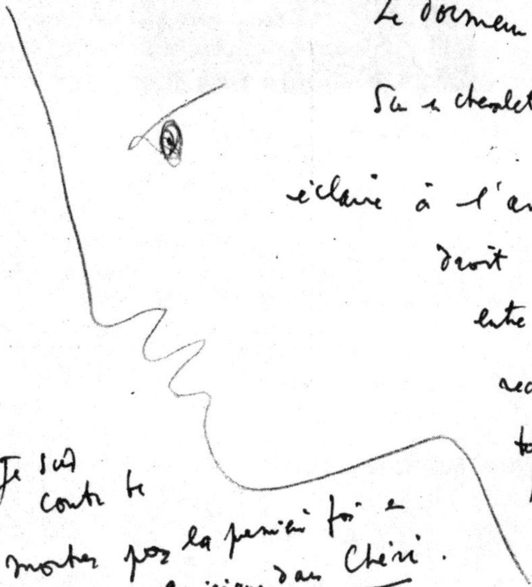

Le dormeur est sur le chevalet, salle, et éclairé à l'angle droit long à entier. Il reçoit tous les hommages.

Je suis contre te montrer pour la première fois en Amérique dans Chéri.

Tu dois apparaître à New York en grand acteur comme Laurence Olivier et pas en jeune premier louche. Refuse quelle que soit la somme qu'on t'offre.

Donne des nouvelles de notre sphinx et de ta jambe et de ta gorge et de tes gelures.

Je serai à Paris dans peu de jours de juin. Donne des détails et toutes nos

Je t'embrasse de tout mon cœur ton Jean

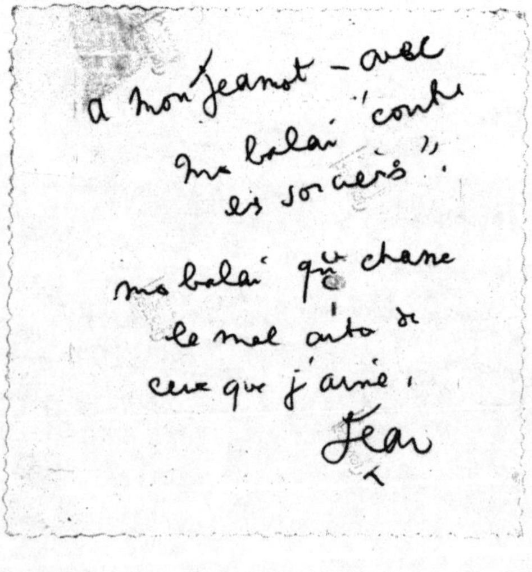

A mon Jeanot – avec
mon balai "contre
les sorciers".

mon balai qui chasse
le mal autour de
ceux que j'aime.

Jean

Lehne ab. Wie groß auch die Summe sein mag, die man Dir bietet.

Laß Neuigkeiten von unserer Sphinx hören und von Deinem Bein und George und dem Rasen.

Ich werde in den ersten Tagen des Juni in Paris sein. Doudou ist sehr stolz, daß Du in seinem wahren Garten drehst.

Ich küsse Dich aus tiefstem Herzen.

Dein Jean

A mon Jeannot – avec
mon balai "contre
les sorciers".

Mon balai
qui chasse
le mal autour de
ceux que j'aime.

Jean

St. Jean Cap-Ferrat

22. April 1955

Mein Jeannot,
was für eine Ruhezone! Ich war buchstäblich (und bin es noch immer) von einem Meer von Notizen, Papierkram, wirren Ideen überflutet, die alle dazu bestimmt waren, zu einer Rede zu werden. Ich frage mich, ob ich mit dieser Akademieunternehmung noch einmal zu Ende kommen werde.

Diese Arbeit, die von Verzweiflungsanfällen unterbrochen wird, während derer ich mich bäuchlings in die Sonne lege, hindert mich nicht daran, ununterbrochen an Milly zu denken und mich auf den Schwingen des Herzens dorthin zu versetzen.

Erzähl ein wenig, was so passiert. Ich ahne, daß Du auf andere Weise ebenso überlastet sein mußt wie ich. Stimmt es, daß Du *Michel Strogoff* drehen sollst? Gebe der Himmel, daß man diese herrliche Geschichte nicht ein weiteres Mal verunstaltet. Bestehe darauf, daß man Dir freie Hand läßt.

Ich küsse Dich.

Jean

Sonntag fahre ich nach Rom, wo meine Ausstellung stattfindet.

Grand-Hotel
Rom

1. Mai 1955

Mein geliebter Jeannot,
ich schicke Dir alle Herzensmaiglöckchen aus dieser erstaunlichen Stadt, in der die Ruinen sich zusehends verjüngen. Dein Neger thront einsam auf einer Staffelei, und da diese Ausstellung in einen Tumult umschlägt, ist es ungefähr das einzige Bild, das man zu sehen bekommt.

Den ganzen Tag über haben wir auf einem Dach stehend der Segenszeremonie an die arbeitenden Klassen beigewohnt. Der Papst ist ein ganz großer Schauspieler.

Mittwoch komme ich zurück nach diesem Aufenthalt voll Sonne und extremer Herzlichkeit.

Ich küsse Dich und George und die schöne Dame in Beige und das Haus natürlich, wo jetzt wohl alle Blumen aus dem Gras hervorsprießen.

Jean

10. Mai 1955

Mein Jeannot,
traurig ohne Nachricht von Dir. Schon Dein Umschlag gibt mir Sonne, die richtige, nicht die alte Lampe, die die Côte d'Azur verzaubert. Gestern war ich für einen Besuch im Stil "tristesse d'Olympio"[1] in Cannes. Es war melancholisch und sehr freundschaftlich. Man scheint mich zu vermissen. Die neuen Juroren denken nur an die holde Weiblichkeit und ausgesprochen wenig an die Filme. Ich arbeite an meiner Rede. Picasso hat ein riesiges Haus gekauft, das aussieht wie Rumpel Meyer, und einen Garten hat, der dem botanischen Garten gleichkommt. Das ganze prachtvoll unterstrichen durch seine Statuen und Gemälde. Schreib mir vier Zeilen, die mich wieder Kraft schöpfen lassen.

Ich küsse Dich und die große Welt von Marnes.

Dein Jean

Mein Jeannot,
am Morgen habe ich den Angestellten von Cartier spazierengeführt, der das Modell für mein Schwert brachte (ein anderes wird von Picasso ausgeführt).

Abends war ich in Monte–Carlo. Man schnitt mir die Haare. Das nenne ich Pech. Es ist, als ob ich Deinen Besuch verpaßt hätte – ich hatte Dich leibhaftig verpaßt.

Heute, Sonntag, verbringen wir den Tag auf dem Meer, und morgen trägt uns das Flugzeug nach Rom.

Ich habe nicht mehr solche Angst, weil meine Rede Form anzunehmen fängt (eine seltsame Form, ganz unter uns).

Ich würde sie Dir gern vorlesen und Dich um Deinen Rat bitten. Übrigens habe ich vor, nach der Ausstellung in Rom nach Paris zu fahren. Das Protokoll der Akademie verlangt, daß ihr

1. *tristesse d'Olympio* – Gedicht aus der Sammlung *Les rayons et les ombres* von Victor Hugo (d.Ü.).

Leiter die neu gewählten Mitglieder dem König vorstellt – ach, was sage ich, dem Präsidenten der Republik.

Ich küsse Dich und George und die schöne Dame in Beige.

Jean

17. Juni 1955

Geliebter Jeannot,
kannst Du mir einen großen Gefallen tun. Ich habe soeben bemerkt, daß Dein Monolog oder Sprechgesang *Le Menteur* nicht im *Théâtre de Poche (Taschentheater)* veröffentlicht ist.

Da gibt es nur einen "Lügner" in Prosa.

Kannst Du ihn mir kopieren und so schnell wie möglich zuschicken?

Danke.

Dein Jean

5. Juli 1955

Mein guter Engel,
heute habe ich das akademische Alter. Ich habe mich nicht gerührt, um Dich zu sehen, weil ich zum Präfekten ging (an der Seine) und mir sicher war, daß er Dir *Bescheid gegeben* hatte. *Aber seit* Carmen *ist er so seltsam* (er war es schon immer ein bißchen), daß ich mich richtig über diesen letzten Dienstag gräme, den ich nicht mir Dir verbringen werde. Wenn die Dinge nicht wieder richtig in Ordnung kommen, werde ich an irgendeinem Abend in Deine Garderobe eilen, um Dich zu umarmen. Auf Weisung des Arztes muß ich mich ganz schnell in die Berge verziehen (Saint-Moritz).

Jean

15 Juillet 1955
Mon bon ange
Carmen
Picasso
Jean

Suvrettes
Saint–Moritz

18. Juli 1955

Mein Jeannot,
Flasche ins Meer. Flasche in den See, Flasche voller Edelweiß und Steinbockhörner, die gezwirbelt sind wie der wunderbare Schnurrbart von Nietzsche.

Es regnete – aber heute morgen machen die Sonne und der Schnee alles wieder gut und überzeugen mich schließlich doch noch davon, daß man, auch wenn das, was man liebt, weit verstreut ist, leben kann.

Wo bist Du? Ach *da* – in meinem Herzen.

Jean

30. Juli 1955
Morgen in St. Jean

Mein Jeannot,
wo Dich sehen? Du bist wirklich sehr weit entfernt auf dieser Erde, die unbewohnbar ist, weil sie von Bergen und Flüssen aufgeteilt und durchbrochen wird. Ich habe in Saint–Moritz immer auf eine Karte von Dir gehofft – aber Du wirst wahrscheinlich vor Arbeit und Unbequemlichkeit nicht mehr wissen, wo Dir der Kopf steht. Im Suvrettes hat der Komfort etwas Gräßliches. All diese Damen und Herren aus der Hotelhalle wollten uns das Verbrechen teuer bezahlen lassen, daß wir anders sind als sie. Zum Glück scheint ein wenig die Sonne, und ich ging mitten unter den Blumen in den Alpen meiner Kindheit spazieren. Ich dachte an Dich und dieses schwere, so lange und doch so kurze Leben. Ich habe gebetet, daß Dein Geist mich nicht verläßt und daß ich noch für Dich schreiben kann.

Mein lieber Engel. Ich küsse Dich – Francine und Doudou lassen ihre zärtlichen Grüße ausrichten.

Jean

PS Ich schreibe Dir aus Zürich, wo ich bei meiner Rückkehr durchkomme.

August 1955

Mein guter Engel,
endlich fliegt etwas aus Deiner Feder zu mir her, und ich habe auch einen lieben Brief von Madame Hubert. Es ist sehr tröstlich zu wissen, daß die Huberts in Deiner Nähe sind und daß Du in den unvermeidbaren Augenblicken der Einsamkeit in einer liebevollen Atmosphäre Zuflucht suchen kannst.

Stell Dir vor, gestern (vorgestern), Sonntag, hatten wir uns nach Korsika eingeschifft, eingeladen vom Meereszentrum, mit Blaskapelle vorneweg. Nach sechs Stunden Fahrt war die See so rauh, daß Doudou und ich nichts anderes mehr hätten übergeben können als unsere Seele ...

Die standfestere Francine (*sic*) hat die Umkehr befohlen, und um 4 Uhr morgens waren wir zurück am Cap, mit ebenso grünlichen Köpfen wie bei der Beerdigung des Grafen d'Orgaz. Abgesehen davon, Sonne und Arbeit. Ich habe meine Rede über Colette fertiggeschrieben und muß die beiden nächste Woche mit Kiriloff in Nizza aufzeichnen. Teile mir *Einzelheiten* über den Film mit und darüber, was bei Dir für Wetter herrscht. Ich würde es gerne sehen, daß Du mit Renoir arbeitest, der ein wahrer Freund ist und der an den *Cinémonde*-Methoden vorbeidenkt. Delannoy bittet mich offiziell, gemeinsam mit ihm Hugos *Notre-Dame-de-Paris* mit der Lollobrigida zu machen. Ich lehne ab. Das ist wieder mal ein waghalsiges Unternehmen allerersten Ranges. Ich habe gesehen, daß George an der Côte Triumphe feiert.

Und ich küsse Dich aus tiefstem Herzen.

Jean

29. August 1955

Mein Jeannot,
es bestürzt mich, Dich in dieser reizenden Mülltonne zu wissen – aber nach allem, was ich von Dir höre, ist das die gleiche Sparte wie die Herbergen, in denen Poligny mich während der Außenaufnahmen zum *Baron Fantôme* untergebracht hat. Mach Dir keine Gedanken über die Folgen unseres Seeabenteuers. Am übernächsten Tag war nichts mehr davon zu merken, und im ganzen ist meine Gesundheit nicht schlecht. Von einem gewissen Alter an tauscht man uns unseren Wagen nicht mehr ein, man repariert ihn – und das muß eben hingenommen werden. Picasso ist unglaublich. Er macht mit Clouzot einen Film aus Zeichnungen in Cinemascope – er hat La Victorine entdeckt und nistet sich schon morgens darin ein. Da ihm diese Arbeit Spaß macht, ist er um zehn Jahre jünger geworden. Faneau hat mich angerufen. Ich werde ihn gleich nach meiner Rückkehr nach Paris treffen, oder er kommt auf einen Sprung an die Côte. Ich habe Angst vor einer wirklichen Arbeit beim Film und Angst vor einer halben Arbeit (Dialoge), kurz, ich frage mich, ob ich nicht schon meine Spule ganz abgewickelt habe und mit einem Fuß im großen endgültigen Schweigen stehe.

Mein lieber Engel – danke Jeannette für ihren Brief. Grüße an alle Haushaltungsmitglieder. Ich liebe Dich und denke an Dich in jeder Minute.

Jean

PS Wir werden per Schiff an Italiens Küsten entlangfahren. In der Nähe der Küsten ist das Meer ruhig.

23. Oktober 1955

Mein Jeannot,
Du sprachst gestern von Francines und Doudous Liebenswürdigkeit, aber könntest Du Dir denn vorstellen, daß ich Freunde lieben würde, die Dir nicht die erste Stelle in meiner innigen Zuneigung einräumen würden.

Mon Jeannot
Jean Cocteau
Jean

Dieses Bild könnte als Untertitel tragen: *werde ich* dieses Hindernis aus Schädeln und Bärten *überwinden*. Ich habe es nur überwunden, weil ich am Ende Deine Sonne sah.

Jean

Milly

3. Dezember 1955

Mein guter Engel,
ich war glücklich, daß ich Dich nicht gesehen habe. Das heißt, sicher zu sein, daß Du um 7 Uhr schlafen gehen würdest. Wenn man so richtig innig liebt, liebt man es auch, diejenigen nicht zu sehen, die nach vielen Terminen von Müdigkeit überwältigt werden. Leider sind wir die einzigen, die das verstehen, und die Pariser Flöhe springen weiter vom Palais–Royal nach Milly und von Milly zum Palais–Royal.

Mein Jeannot, *einer der Gründe für mein Schweigen im Theater ist, daß ich mir geschworen habe, zu warten, bis* Bacchus *Gerechtigkeit widerfahren sein wird*. Je älter ich werde, desto sicherer bin ich, daß sich ein mysteriöser trüber Film über einen gewissen Teil meiner Unternehmungen legt und daß es, wenn er denn geschmolzen ist, *zu spät zu sein scheint*. Darf ich Dich *inständig bitten*, diese Wiederaufnahme zu erwägen, Du hast dabei mein Versprechen, daß ich das Klima wieder herstellen und Mauriac und Gabriel Marcel überzeugen werde. (Der Vatikan hat es abgelehnt, mich auf den Index zu setzen, und sowohl Kardinal Grat als auch der R.P. Carré werden mir helfen). Es ist eine so große Ungerechtigkeit, daß ich nicht die Kraft habe, mich darüber hinwegzusetzen. Selbst ein Mann aus den Kreisen Lazareff–Mille (und noch schlimmeren), Alec, der Mann von Francine, sagte gestern zu mir: «Mach doch einfach *Bacchus* noch mal.» Ich kenne alles, was Willemetz Dir entgegenhalten wird, dessen Rede bei Arthurs Beisetzung ein einziges Gebilde menschlicher Torheit war, aber von Dir, von Deinem Herzen, erwarte ich jede Zärtlichkeit und jede Gerechtigkeit.

Dein Jean

Freitag, den 13. Januar 1956

Mein Jeannot,
infolge einer kleinen Operation bei Moreau war ich so krank (und bin es noch), daß ich mich frage, ob ich auch wirklich noch meinen eigenen Kopf habe oder ob es nicht vielleicht ein anderer ist, der das ganze System außer Kraft setzt.

Wirst Du Dienstag zu *Cyrano* ins Sarah-Bernhardt gehen – *das verspricht kurios zu werden* – und möge Frankreich Edmond Rostand entdecken – "wir sind gerettet" wie nach Fachoda.

Ich küsse Dich.

Jean

Ich hoffe, daß es mir wieder besser gehen wird. Ich glaubte, ich würde dabei umkommen.

Suvretta House
Saint-Moritz

8. Februar 1956

Mein Jeannot,
dieser ganze Schnee und die Sportler lassen mich die Mißgeschicke des Alters erst so richtig empfinden. Aber wer erleichtert mich denn dann? Es ist

weder der Schnee
noch die Sonne.

Du bist es. Allein schon der Gedanke daran, daß Du in Deiner mit Einfachheit, Herzlichkeit, Glanz angefüllten Garderobe an Deinen Dich liebenden Jean denkst. Kennst Du Madame F. Mortier? Sie ist es wert, daß man sie kennenlernt. Du bist auch ihre Sonne. Ich kenne von ihr nur einen Brief, aber der ist bewegend.

Doudou fliegt auf den Abhängen dahin. Francine zögert wegen einer Bronchitis mit einer Antwort, und ich sichere meinen eigenen Untergang.

Und ich küsse Dich.

Jean

Suvretta
Saint-Moritz

Sonntag

Mein geliebter Jeannot,
diese Geschichte mit Descaves macht mir ordentlich zu schaffen. Er hat mit mir telefoniert, als ob ich nicht existieren würde – als ob es beschlossene Sache wäre. Ich habe ihm geantwortet, daß ich nur annehmen würde, wenn du einverstanden bist (was ich vorausgesetzt habe, da die Doppelrolle nichts mehr für Dich ist, denn Du hast Dich gerade schon geweigert, Deine Rolle aus *Nein, diese Eltern* zu spielen) und wenn es sich um die Originalfassung handelt.

Heute morgen hat Descaves mich angerufen, er wolle das Stück[1] sofort inszenieren und es im März in Brüssel einstudieren. (Ich nehme an mit dem hauseigenen Trupp, allen voran Meyer.) Ich habe mir überlegt, daß dieses Stück immer kümmerlich dahinleben, unsere Arbeit sowieso *Bacchus*, *Orphée* usw. gelten würde, und daß es mir selbst, wenn es mir in moralischer Hinsicht nicht viel einbringt, keinerlei Schaden zufügen würde, fall sie die Originalversion herausbrächten. Ich warte auf einen weiteren Telefonanruf, denn wenn sie die Version inszenieren

1. *Die Schreibmaschine.*

wollen, die bei Hébertot gespielt worden ist, lehne ich ab. Das würde mich um die Möglichkeit bringen, jemals die Version zu spielen, die ich in Perpignan geschrieben habe und die Du ihnen freundlicherweise übergeben hast. Versuche, etwas zu erfahren – und ich werde Dir schreiben oder Dich anrufen, was es bei mir Neues gibt. Hab keine Hemmungen, nach der Aufführung anzurufen. Ich lese immer bis 2 Uhr morgens. Carole hat vierzig Fieber. Francine, selbst krank, ist sehr besorgt. Alec ist gerade abgefahren. Die Sonne versteckt sich. Das ist alles an Neuigkeiten.

Ich küsse Dich.

Dein Jean

Suvretta House
Saint-Moritz

16. Februar 1956

Mein Jeannot,
ich kenne diesen Kinski. Er ist ein komischer Vogel, jung, aber trotzdem aus der großen expressionistischen Epoche nach 1914. Er hat es verstanden, das von einer Mutter zu erben, die Schauspielerin war. Bovy beginnt mit *Die geliebte Stimme* auf Langspielplatte bei *His Master's Voice*. Ich habe gestern den Text für die Plattenhülle geschrieben.

Die Kälte sticht immer noch mit Messern, aber ich nehme an, daß die Schweiz besser auf solche Übungen eingerichtet ist als Paris. Ich gehe wenig aus und Francine gar nicht. Sie schleppt immer noch eine Bronchitis mit sich herum. Doudou ist ein Doudousky. Ich strecke mich am Rande der Eisbahn aus und wundere mich über diese ganzen Engel, die unseren erbärmlichen Gesetzen der Trägheit und Schwerkraft entgleiten.

Teile mir näheres über Deine Gesundheit mit, über den Film usw. Deine Schrift erwärmt mir das Herz – aber ich möchte mehr wissen.

Ich küsse Dich und George und das ganze schöne Haus.

Jean

Suvretta House
Saint-Moritz

28. Februar 1956

Mein Jeannot,
ich hatte bis vor kurzem sehr unangenehme Halsschmerzen, und Spuren davon sind mir noch geblieben. Aber die Sonne auf den Schneeflächen entschädigt für vieles. Georges Auric ist bei uns, und er sah schon nach einem einzigen Morgen so aus. Ach, warum kannst Du nicht hier sein? Wir würden zusammen Schlittschuhlaufen lernen, und abgesehen von den Halsschmerzen wäre ich nicht so unglücklich wie ich mich immer fühle und fühlen werde, wenn ich fern von Dir bin.

Ich frage mich, ob ich eines Tages noch einmal schreiben werde, oder ob ich meine Fadenrolle schon ganz abgespult habe. Ein Glück, daß uns noch viele Stücke zu inszenieren bleiben, und da das augenblickliche Publikum von absolut nichts etwas versteht, wird das Alte mit einer gewissen Grundlage und etwas Abstand wie neu wirken. Meyer hatte mir angekündigt, daß er mir diesen berühmten dritten Akt schicken würde, und nun trifft das Paket nicht ein. Im Grunde wäre ich neugierig darauf, ein Stück zu sehen, von dem die meisten Szenen meinem jämmerlichen Gedächtnis entfallen sind. An dem Tag, an dem wir *Bacchus* und *Die Ritter* inszenieren, werde ich ein wahrhaft junger, glücklicher Mensch sein.

Ich küsse Dich.

Jean

10. März 1956

Werde morgen, Sonntag, in Milly sein.

Mein Jeannot,
hier bin ich. Kannst Du Dienstag zu Abend essen?

Ich habe am anderen Ende der Leitung niemanden erreicht.

Aber die andere Leitung (die eigentliche) führt von Deinem zu meinem Herzen.

Jean

Donnerstag, den 22. März

Mein Jeannot,
ich bin recht traurig, daß es mir nicht gelungen ist, Dir zu gefallen. Nach meiner Depesche aus Brüssel kannst Du Dir denken, was für eine Freude wir an dieser Arbeit haben, wie groß unser Enthusiasmus ist, und was für einen zarten Knoten ich zwischen meinen Erinnerungen an unsere *Maschine* und der vom Français knüpfte.

Und das arme Ding hatte Augen und Ohren *nur für Dich*. Du weißt genau, was es bedeutet, ganz plötzlich seinen ersten Auftritt in einer großen Rolle zu haben. Man tritt aus dem Schatten ins Licht ... Die Hand auszustrecken ist wenig, aber wenn es die Hand von Jean Marais ist, ist es viel.

Mein Jeannot, Sonntag werde ich mich auf den Straßen in Richtung Süden davonmachen. Denk an *Cendrillon* (Du kannst mit Paul darüber sprechen) und daran, daß man Dich in Japan haben will, ein wahres Wunder.

Ich liebe Dich und küsse Dich, weil ich Dich liebe.

Dieser Arme: Jean

Santo Sospir

24. April 1956

Wie Du Dir denken kannst,
schließen Francine und Doudou
sich mir an.

Mein guter Engel,
ich dachte schon, daß Ihr wohl unter den Pfirsichblüten und Paravents und auch unter den Windungen des Drachenschwanzes ersticken würdet und daß Ihr Gefangene der schönen Damen wäret, die oftmals knien und einem gebackene Garnelen in den Mund stecken. Aber es gibt in Japan[1] einen bewunderns-

1. Ich drehte in Japan *Typhon sur Nagasaki*.

werten Seelenadel und viel von jenem Traum, den die moderne Welt ablehnt und hartnäckig mit dem Schlaf verwechselt.

Gestern waren wir in Cannes, um *Marie Antoinette* zu sehen, den Film von Delannoy. Wenn man es genau bedenkt, entspricht es dem Realismus der Bilder von Meissonnier und der mit Katzen spielenden Kardinäle bei Tisch – aber es kommt nur eine noch schrecklichere Geschichte dabei heraus, und am Ende des Films hatte der ganze Saal ein schlechtes Gewissen und wagte nicht zu applaudieren. Vor lauter "Realismus" sieht Michèle nachher so aus wie die Zeichnung von David.

Die allgemeine Atmosphäre von Cannes ist der Gipfel des Mittelmäßigen und wird noch trauriger durch diese Revolution, die uns zu einem armseligen Minister führt, der eine dreiviertel Stunde zu spät kommt, und in die Loge von Berchols.

Ich bin sicher, daß Japan Dir frischen Wind verschaffen, Dir kräftig zufächeln wird. Versuche, den Japanern zu sagen, wie sehr ich sie liebe und wie gerührt ich über ihre Freundlichkeit bin.

Ich denke in jeder Minute an Dich und küsse Dich.

Jean

18. Mai 1956

Mein Jeannot,
erster Tag am Cap, in der Sonne – und natürlich in Deiner Nähe. Ich habe Paris erschöpft und angewidert von der Art und Weise verlassen, wie man sich meiner Person bedient und mit welcher Versessenheit die Presse darauf bedacht ist, meinem Ruf zu schaden. Ich verspüre den Drang, Hals über Kopf zu flüchten, und zum Glück vereint sich die Sonne mit einem Brief von Dir. Im Augenblick meiner Abreise kam ein Anruf von Dir zu Hause, daß George mir aus England einen kurzen Mantel mitgebracht hätte. Ich hatte keine Zeit mehr, ihn abzuholen, und werde es tun, wenn ich auf dem Weg nach Oxford (wo ich die rot–gelbe Robe tragen werde) durch Paris komme. Mein lie-

ber Engel. Ich wußte schon, daß Du Dich mit dem Gedanken an einen Hund trägst. Sei vorsichtig. Man muß sich nicht unbedingt neuen Kummer mit den Tieren einhandeln. Was Du mir über Japan sagst, ist traurig. Es war eine Insel, die sich gegen jede Vulgarität zur Wehr setzte.

Erzähle, erzähle und grüße die japanischen und französischen Freunde.

Dein Jean

St. Jean

4. Juni 1956

Mein Jeannot,
langes Schweigen wegen meiner reinigenden (vorbereitenden) Arbeit. Morgen begebe ich mich auf die Reise nach Oxford, die Reise der roten Robe, des viereckigen Hutes, der Ansprache an die Studenten. Danach werde ich auf die Leitern von Menton[1] und Villefranche klettern.

Laß bald etwas von Dir hören.

Ich erhalte einen Brief von G. Rouquier, der den Film über Honegger gemacht hat und mich bittet, Dir gegenüber seiner Bitte, Dich als Interpret in dem Spielfilm zu bekommen, den er vorbereitet, Nachdruck zu verleihen. Das habe ich hiermit getan.

Ich bitte Dich, die unwürdige Huldigung meiner Zärtlichkeit entgegenzunehmen (hier einige Grüße). Komm schnell zu uns zurück.

Jean

Deine Adresse habe ich über diesen Kerl. Das bringt ihm meine Dankbarkeit und meine Hilfe ein.

1. Jean Cocteau wird die Ausschmückung des Trauungssaales im Rathaus von Menton übernehmen.

18 Juin 1956
Mon Jeannot
Je rentre d'Oxford où l'Angleterre m'a décerné le titre de docteur Honoris Causa
Je pensai à toi chaque minute dans cet admirable cérémonial du Moyen âge.
Je portais une coiffure presque japonaise.
et comme toujours je me disais : si Jeannot était là
aimé les larmes aux yeux.

18. Juni 1956

Mein Jeannot,
ich komme gerade aus Oxford zurück, wo England mir den Titel eines Doktor *honoris causa* verliehen hat.

Ich dachte die ganze Zeit während dieser wunderbaren mittelalterlichen Zeremonie an Dich. Ich trug eine beinahe japanische Kopfbedeckung, und wie immer sagte ich mir: wenn Jeannot hier wäre, hätte er Tränen in den Augen.

Ich bin bei meiner Rückkehr mehr krank als Doktor. *Ermüdet* durch diese Stadt Paris, wo das Wasser den Schwimmer nicht trägt – wo jeder hofft, daß er ertrinkt.

Ich werde versuchen, George zu sehen, der mir freundlicherweise den Mantel mitgebracht hat.

Ich liebe Dich, mein lieber Engel.

Jean

2. Juli 1956

Mein Jeannot,
ich schreibe Dir ganz betrübt über ein Mißverständnis, das mich vorgestern abend darum gebracht hat, George zu umarmen und ihn nach Deiner neuesten Adresse zu fragen (und meinen schönen Mantel zu bekommen). Francine hatte völlig übereilt ein Hirsch and Co.–Festival ohne schriftliche Einladungen organisiert. Da Francine in dem Glauben war, daß ich in Marnes angerufen hätte, und ich wiederum dachte, sie hätte einen Rohrpostbrief dorthin geschrieben, erwarteten wir George, und hat von dem Durcheinander erst durch seine Kameradin erfahren, die, mitgebracht von wem auch immer, gekommen war.

Georges Beaume war da, der Deine Adresse auch nicht hatte und sie mir morgen schicken soll. Denn nachdem er geglaubt hatte, daß Du mitten beim Drehen von *Die Höllenmaschine* in Baalbek (im Libanon) sein würdest, hatte er sich mit einem *Œdipe* als Lückenbüßer abgefunden, worüber ich, Jeanne und die Mon téro fassungslos waren. Ganz plötzlich scheint er gemerkt zu haben, daß Du zu diesem Termin vielleicht frei von Deinen Film- und Theatergeschäften sein würdest. Selbst bei einer Chance von eins zu tausend. Denke daran, was für ein Gedicht das wäre, alle zusammen in diesen wundervollen Ruinen des Libanon zu sein. Hast Du den Brief von Beaume bekommen? Er bittet mich, Dir zu schreiben. Nur, ich wage kaum, es zu tun und mich einem Wunsch anzuschließen, der Dir eine zusätzliche Anstrengung auferlegt. Wenn es Dir lästig ist, sprechen wir nicht mehr davon. Wenn es auch nur eine kleine Chance gibt, sag uns schnell Bescheid, damit diese Reise eine Freude wird, "sehr fern davon, eine Pflicht zu sein" (tatsächlich habe ich Jeannes wegen zugesagt, die ohne, daß ich mitkomme, und ohne die Hoffnung, daß Du frei sein würdest, nicht unterschrieben hätte). Ich ahme also die geheimnisvollen Beschwörungstechniken meiner Jugend nach, wo ich mir sagte: Das und das wird nicht sein, damit es so sei, und andere Zaubersprüche.

Diese Woche hat mich mitgenommen. Ich hatte tausend kleine Arbeiten in letzter Minute aufgehäuft (versprochene Radiosendungen und Vorworte). Gleich gehen wir in einen medizinischen Film, bei dem Nicole Regie geführt hat, und bei dem ich nur mit einem Auge hinsehen werde (Trepanation).

Morgen abend nehmen wir den Zug und werden ein bißchen am Cap bleiben wegen Carole, die wir für ihre Ferien und ihre Preise mit nach Venedig nehmen. Nach Venedig werde ich mich an die Wandarbeit im Rathaus von Menton und in der Kapelle von Villefranche machen. Mach Dir keine Sorgen. Ich werde mir von Brunet helfen lassen, der die Zeichnungen auf die Wände des Bœuf vergrößert hat. Er ist sehr geschickt und sehr verständig.

Ich kann mich nicht darüber hinwegtrösten, daß ich abfahre, ohne George wiedergesehen zu haben (abgesehen von einer Minute bei Babilées erbärmlichem Programm). Babilée, der *ohne meine Hilfe* erfolgreich zu sein hoffte, steht nun bis zum Hals im Wasser und ruft mich zu Hilfe. Ich muß also morgen – Abreisetag – auch noch die Zeichnungen am Bühnenbild des *Jeune Homme* ausführen, den ich höchst ungern in der Rolle des Rettungsringes sehe. Das jammervolle Gesicht des besiegten Babilée hat mir leidgetan, und ich habe es nicht übers Herz gebracht mich dieser verspäteten Wiederaufnahme zu widersetzen. D schwatze ich nun und falle dir mit meinen kleinen Miseren au den Wecker, anstatt mir über Deine körperliche und seelisch Gesundheit Gedanken zu machen. Deinen Briefen nach zu ur teilen, scheint alles gutzugehen, nur bin ich bestürzt zu hören daß bei einer Reise nach Japan kein Deiner würdiger Film her auskommt. Die Filmwelt ist unverbesserlich.

Ich liebe Dich und ich küsse Dich.

Jea

Entschuldige meine Schrift. Das liegt nicht zuletzt an meine Müdigkeit.

St. Jean Cap–Ferrat

25. Juli 195

Mein Jeannot,
ich komme aus Venedig zurück und finde Deinen Brief ers nach meiner Depesche. *Wahnsinn.* Niemand auf der Welt wir jemals *Die Maschine* oder auch *Der Adler* so spielen wie Du. Ic habe Edwige nur gelassen, weil die Königin von den junge Schauspielerinnen nicht gespielt werden kann und weil es fü sie bald zu spät sein wird. Und weil Du mir gesagt hast, daß Di die Rolle nicht gefällt. Du hast meine Haltung dem Bouffe gegenüber überhaupt nicht verstanden. *Du mußt Erfolg haben* – wie mit Bernhard Shaw. Ich (abgesehen von *Diese Eltern*, di Du nicht mehr spielen willst – und Du irrst Dich) fülle nur a ungefähr dreißig Abenden die Säle und falle dann wieder au Null zurück. Nur zu gerne hätte ich es erlebt, daß Du *Bacchu* wieder aufnimmst, aber leider interessiert er Dich ja nicht. E ist mit *Die Maschine* mein wichtigstes Stück.

Was das Bouffes angeht, weiß ich, daß Willemetz keinen Wer darauf legt, daß Du meine Stücke wieder aufnimmst, was de Traum an sich wäre. Vor allem *Die Ritter*, die vielleicht Erfol hätten – aber begrenzt, wie *Die Maschine*.

Es macht mir nicht das geringste aus. Man hat eine Sache oder eine andere. Und es wäre mir zuwider, Dich in kostspielige und außerplanmäßige Aufführungen hineinzuziehen.

Du sollst aber – *ein für allemal* – wissen, daß ich, wenn Du mir sagtest: «Ich will dieses oder jenes Stück wiederaufnehmen» jeden andern zum Teufel schicken würde – *allen voran Edwige*. Du allein existierst für mich, und wenn ich Dich in den Kulissen von *Die Maschine* nicht wie die anderen gelobt habe, dann nur weil zwischen uns selbstverständlich anerkannt ist, daß Deine Interpretation unvergleichbar ist. Ich bitte Dich inständig, mich richtig zu verstehen, und das, was ich von *Dir* und den anderen denke, nicht miteinander zu verwechseln. *Da besteht kein Zusammenhang.*

Entschuldige diesen wirren Brief. Ich komme erschlagen vor Müdigkeit mit einer Luftkutsche zurück. Übrigens habe ich fast geweint, als ich hörte, daß Du in Cannes gewesen bist, während ich nicht in Cap war.

Mein Engel, ich küsse Dich sehr bekümmert über Deinen Brief, aber sicher, daß Du meinen Kummer verstehen wirst.

Jean

1. August 1956

Geliebter Jeannot,
gestern und vorgestern habe ich versucht, Dich ans Telefon zu bekommen, aber es ist mir nicht gelungen. Das Telefon in St. Jean sieht aus wie die, die man früher den Kindern gab, um von einem Zimmer zum anderen damit zu spielen. Darüber hinaus besitzen sie auch noch die Lächerlichkeit zu behaupten, da sei "kein Anschluß unter dieser Nummer", und dann geben sie eine Wartezeit an. Und dann rufen sie nicht zurück. Kurz, ich hatte das Gefühl, als sei da zwischen Marnes und dem Cap ein Berg aus Dummheit. Versuche Du doch, mich gegen 1 oder 3 Uhr zu erreichen und gegen 8 Uhr abends, wenn die Leitungen nicht so belegt sind. Ich wollte Dich wegen des Libanon um Rat

bitten und wissen, ob Jeanne M. es vernünftig findet, Franzosen in die Höhle des Löwen zu schaffen und sich einem Haufen Ärger mit der Fremdenfeindlichkeit auszusetzen, ganz zu schweigen von einem möglichen Ausfall der Fortbewegungsmittel, der uns fern von Frankreich bewegungsunfähig machen würde.

Das sagen jedenfalls die Leute, die ich befragt habe, und ich muß es mir noch einmal gründlich überlegen. Ich verwickele Francine (die auf den Papieren angeben mußte, daß sie Jüdin ist) in ein unangenehmes und gefährliches Abenteuer. Besonders, wo mir meine Gesundheit zu schaffen macht und ich morgens beim Aufstehen sehr quälende Nierenschmerzen habe. Ich bin inzwischen froh darüber, daß Dein Film Dich daran gehindert hat, Dich uns anzuschließen, und es erscheint mir als ein weiteres Zeichen für das Glück, das Du hast.

Andererseits wäre es mir, wenn das Festival stattfindet – was mich trotz der französischen Kultur des Libanon wundern sollte –, zuwider, wenn es so aussähe als würde ich die anderen ins Messer laufen lassen, während ich mich selbst aus der Affäre ziehe.

Darum hatte ich Deinen Rat und Dich zu hören so sehr nötig. Wenn die Verbindung durchs Telefon einmal abgeschnitten ist, ist man schnell weit entfernt und steht im Leeren.

Ich bin so entzückt von der kleinen Kapelle von Villefranche (die ich für eine alte, unter den Fischernetzen schlafende Clocharde gehalten habe und die sich beim Beseitigen des Gerümpels als eine bezaubernde romanische, junge Dame entpuppt), daß ich jetzt eine Heidenangst davor habe, ihr ein Kleid aus Zeichnungen anzuziehen. Ich habe eine Hilfskraft kommen lassen (den Kerl, der meine Zeichnungen im Bœuf vergrößert hat), und heute habe ich ihn nach Menton mitgenommen.

Das wär's. Vielleicht muß man ausschmücken und bauen, wenn alles in Trümmer zu gehen droht.

Mein Engel, versuche mich anzurufen und mich mit Deiner schönen Sonnenstimme aufzurichten. Ich küsse Dich.

Jean

Hôtel Palmyra
Baalbek

Mein Jeannot,
die Ruinen hier sind die schönsten Sachen der Welt, und das Tempeltheater eine Art märchenhafte Oper.

Ohne Dich gräbt sich ein schwarzes Loch in dieses fahlgelbe Gold – ein Loch der Leere, das durch nichts aufgefüllt wird.

Wie schade! Mein einziger Trost ist, daß ich mich geschämt hätte, Dich in diese Anstrengung mit hineinzuziehen und Dich zu nötigen, noch einmal alle Fehler durchzuspielen, zu denen Marchats Laschheit eine gute Truppe verleitet.

Bevor ich das Cap verlassen habe, fand ich einen Brief von Edwige, die mich inständig bittet, mich bei Dir dafür einzusetzen, daß Du mir ihr *Der Adler* im Sarah-Bernhardt wieder aufnimmst. Und sogar dort zittere ich davor, daß die Notwendigkeit, im Bouffes ein Schauspiel mit Jeanne zu spielen, das für Berg zu bedeutend ist, mich um das bringt, was für mich das Glück und der Triumph meines armen lahmenden Alters wäre.

Auf jeden Fall wäre es eine freundliche Art, ihr auf den Brief zu antworten, den sie mir geschrieben hat, wenn Du sie zum Mittagessen in Marnes einladen und selbst mit ihr reden würdest.

Die Luft hier ist so rein, daß meine Zähne mir nicht mehr wehtun. Ich glaube, es waren nur die benachbarten Nerven, die sich beschwert und an die Wand geklopft haben.

Mein lieber Engel, morgen wird auf Teufel komm raus gespielt, mit einem Ödipus, der wegen einer Dame, die ihm wohl auf dem Zimmer Szenen macht, ständig schlecht gelaunt ist. Jeanne verehrt Dich glühend, und was mich betrifft, so gibt es wie Du weißt keine Worte, um Dir meine innige Liebe richtig auszudrücken.

Francine und Doudou lassen Dich und George herzlich grüßen. Ich hätte den Mantel mitbringen sollen. Abends ist es beinahe kalt.

Jean

21. August 1956

Mein guter Engel,
all die Zeit, die mir noch zum Leben bleibt, werde ich es bedauern, daß Du in dieser seltsamen Herrlichkeit der Ruinen von Baalbek nicht mit dabei warst. Stell Dir vor (vielleicht liegt es an der anstrengenden Reise), daß ich gestern abend einen Schwindelanfall hatte, einen Zusammenbruch, ein "Loch", wie Varennes gesagt hat. "Der Flügel der Torheit", von dem Baudelaire spricht, hat mich gestreift. In dem jämmerlichen Zustand meines armen Herzens hätte ich Dich fast um Hilfe gerufen.

Heute morgen funktioniert mein Gedächtnis nicht gut, aber die Leere füllt sich ein wenig. Mir scheint, daß ich, wenn mir die Tragödie wiederführe, der totalen Leere gegenüberzustehen, Dich noch immer wiedererkennen würde und Dir zulächeln könnte. Aber entschuldige mein Gejammer.

Mein lieber Engel, ich küsse Dich. Verbrenne diesen Brief. Ich schäme mich ein bißchen.

Dein Jean

Ein blonder Riese der Ruinen hatte das Schauspiel in der Hand. Aber Du wärest seiner Hand entsprungen und wärest *sein* Schauspiel geworden.

Ich werde mich in Villefranche und Menton an die Arbeit begeben müssen. Ich habe ein bißchen Angst. Ich habe Brunet kommen lassen, der mir hilft. Er hat meine Zeichnungen im Bœuf vergrößert.

29. August 1956

Mein Jeannot,
es war mir diese Woche nicht möglich, Dich anzurufen, weil wegen der Stürme und des Mistrals unser Telefon gestört war. Mich selbst hatten sie auch verstört, und nachdem ich Krämpfe in der Brust hatte, hat der Arzt mir Blutproben entnommen und ein Elektrocardiogramm gemacht. Ich weiß nicht, wie diese

Kontrolle ausgefallen ist – aber ich denke, daß ich nun für die Anstrengungen der Reise nach Baalbek bezahlen muß, Anstrengungen, derer ich mir gar nicht bewußt war. Mein armer Kopf ist sehr verwirrt, und ich kann nichts anderes als zeichnen, und dabei befürchte ich noch, daß ich für meine Arbeiten in der Kapelle und im Rathaus nicht in Form sein könnte.

Die Arbeiter bereiten die Kapelle vor und warten dann auf mich. Trotz der Herzenswärme, mit der Francine und Doudou mich umgeben, empfinde ich ein Gefühl schrecklicher Einsamkeit, das daher rührt, daß Du weit weg bist und daß ich von einem Leben geträumt habe, in dem alle Freunde zusammen leben wie zur Zeit des Hôtel Welcome. Leider führt das Leben die Menschen auseinander, und es will mir nicht gelingen, mich damit abzufinden. Ich habe weiß Gott kein Recht, mich zu beklagen – aber wem, wenn nicht Dir, sollte ich mich anvertrauen. Wenn ich mich bei Francine und Doudou über Einsamkeit beklagte, würden sie das zurecht seltsam finden und falsch verstehen.

Manchmal spreche ich mit Dir, bevor ich einschlafe, und erzähle Dir, was ich niemandem sonst erzähle.

Und ich bin sicher, daß Du auch manchmal ganz leise von Weitem mit mir sprichst.

Mein Jeannot – mach Dir nicht zu viel Sorgen über meine Schatten. Die Kleinen sind ganz verzaubert aus Deinem Film zurückgekommen, und ich gehe übermorgen rein (mit den Kindern).

PS Ich warte immer noch auf Neuigkeiten über den Film und darauf, ob sie nach Beaulieu kommen, um ihn mir zu zeigen. Renoir hat mir einen entzückenden Brief geschrieben. Aber er glaubte auch, daß ich den Film[1] persönlich vorstellen würde – was aus meiner Sicht sehr selbstgefällig und lächerlich wäre. Natürlich werde ich alles schreiben, was ihm und Dir stellvertretend für die Truppe Freude machen kann.

J.

1. *Héléna et les hommes.*

Santo Sospir
St. Jean Cap-Ferrat

Mein Jeannot,
da bin ich nun allein (mit Dir) an der Côte. Francine und Doudou werden Dich in Fleisch und Blut sehen dürfen. Ich aber werde behandelt. Vom Zahnarzt und vom Heilpraktiker. Und seit gestern abend habe ich auch noch Schnupfen. Ich möchte, daß Du meine Brüsseler Rede über die Dichtkunst liest – kaufe Dir *Les Lettres françaises*. Ich hatte ihnen gesagt: Ich würde sie Euch geben, wenn Ihr beim Referendum unterliegt (ich hatte – ganz in Deinem Stil – Angst, opportunistisch zu wirken). Die andere Mitteilung ist in *Arts* erschienen, allerdings auf Parinaudsche Weise zubereitet, gekürzt und voller Fehler. Da erzähle ich Dir schon wieder nur von mir, dabei brenne ich doch darauf zu hören, wie die Proben mit Annie[1] laufen. Ich habe den Text über Luchino weggeschickt, aber ohne irgendeine Antwort vom Theater zu erhalten.

Sag mir, ob sie ihn auch wirklich bekommen haben.

Ich küsse Dich.

Jean

Samstag

Ganz schön eifersüchtig auf Francine und ohne Brief von Dir.

Laß mich bald Neuigkeiten wissen und erzähle von der Arbeit und dem Hotel und Korsika und von Deinem Herzen, das ich ununterbrochen an meines gepreßt fühle.

Jean

1. Annie Girardot in *Die Schreibmaschine* an der Comédie-Française.

Donnnerstag

Mein Jeannot,
ich war so glücklich, Deine Stimme zu hören, daß ich Dir ziemlich dumm vorgekommen sein muß und so, als ob ich neben mir stünde. Mach Dir keine Sorgen, wenn Du den Brief bekommst, der der Depesche vorausgegangen ist. Der Arzt ist seiner Sache ganz sicher – es war nicht schlimm –, aber ich darf mich nicht zu viel bewegen. Nach Deinem Telefonanruf und einem Brief von Renoir zu schließen, sieht es mir ganz so aus, als würde man mir freundlicherweise eine Kopie des Films in Beaulieu vorführen.

Ich küsse Dich.

Jean

Ich glaube, es ist diese Folge von diesem zwölfstündigen Flug in fünftausend Metern Höhe.

Mein Jeannot,
Die Ritter, und mit Dir als König! Was für ein Traum. Nach meiner Kapelle wird das (ob man sie mag oder nicht) eine Apotheose des armen Poeten sein.

Ich werde das Ende überarbeiten. Es zieht sich endlos hin. Wir dürfen nicht riskieren, daß der letzte Akt weniger gut durchgearbeitet und weniger lebendig ist als die beiden anderen.

Aber das ändert nichts am Gesamteindruck Deiner Inszenierung.

Francine ist mit einer Bronchitis in Paris. Ich wohne halb am Cap und halb in Villefranche. Ich komme heute morgen aus den Bergen, wo die Keramiker nach meinen Modellen Objekte herstellen, die ebenso seltsam sind wie die Köpfe von der Osterinsel.

Ich liebe Dich.

Dein Jean

St. Jean Cap–Ferrat

1. September 1956

Mein Jeannot,
Du kannst Dir meine Freude nicht vorstellen, nicht die *Heilung* meiner Beschwerden von der Minute an, in der ich Deine Stimme gehört habe, die so froh war, die meine zu hören und mir sagte, daß Du an meinem armen verletzten Gesicht arbeitest. Seit diesem Telefonanruf fühle ich mich enorm erleichtert und habe Flügel anstelle von Gerüsten.

Du hast meine Batterie wieder aufgeladen, und dank dieses Telefonanrufs habe ich eine komplette Dekoration neu gemacht.

Morgen fahre ich mit Picasso zum Stierkampf in Nîmes.

Ich werde Dienstag zurückkommen.

Santo Sospir

21. September 1956

Mein Jeannot,
ich habe fünf Tage Urlaub von der Kapelle, während die Maler die Schichten ausgleichen und Brunet mit dem Kohlestift Linien für das Motiv am Gewölbe zieht. Dadurch kann ich ein wenig flanieren, Briefe beantworten und meine Druckfahnen korrigieren.

Willst Du, daß ich das Ende der *Ritter ernsthaft* und *endgültig* überarbeite? Es scheint mir, daß dieses Ende mit seinen eingeschobenen Szenen dem Stück einen Teil seiner Kraft und seiner Komik nimmt. *Antworte mir schnell.*

Dein Brief heute morgen war das eigentliche Tromexane und hat mein Blut wieder flüssig und lebendig gemacht. Gestern abend schleppte es sich in seinem lackartigen Zustand auf allen Vieren dahin. Das passiert mir manchmal, und Du bist mein einziges Heilmittel.

Dein Kameramann wird Dir sicher erzählen, wie Melville arbeitet. Frag ihn danach. Er ist ein sehr anständiger und angenehmer Kerl.

Ich bete Dich an.

Jean

30. September 1956

Mein geliebter Jeannot,
ich habe die ganze Nacht mit dem Wolf der Formen gerungen, und um die Wolfsfalle der Linien. Es handelte sich darum, Christus mit Hilfe der vielen Wölbungen von weitem unsichtbar zu machen, und daß er erst sichtbar wird, wenn man sich ihm nähert. Dieses Problem hätte mich beinahe zum Wahnsinn getrieben vor lauter Kletterei und Hin– und Hersteigen zwischen zwei Welten, die nicht dieselbe Sprache sprechen (oben und unten).

Ich bin fast immer bei Dir, selbst auf den Stegen und den Gerüsten, und in jedem Augenblick frage ich mich, ob ich auch Deines Blickes würdig bleibe.

Laß von Dir hören. Ich küsse Dich.

Jean

Vergiß unseren teuren Kameramann nicht.

4. Oktober 1956

Mein Jeannot,
da bin ich also auf festem Boden zwischen zwei Leitern. Die Apsis beginnt, eine schöne (heilige) Geschichte zu werden, die ich Dir erzähle. Denn während ich meine geraden und krummen Linien anordne, *frage ich Dich oft um Rat*.

Ich habe drei Tage frei, während Brunet aufräumt, und nutze die Zeit, um meine Keramiker in den Bergen zu überwachen, wo sie meinen Christus und meine Ritter auf dem Holzfeuer brennen.

Erzähle Du auch mal etwas. Und die Engel meines Himmels mögen Dich beschützen.

Jean

11. Oktober 1956

Mein Jeannot,
ich bin dadurch, daß ich in einer Tour wie ein Affe oder ein Spielzeug-Männchen meine Gerüste rauf- und runterklettere, völlig benommen. Ich habe mir gedacht, daß diese Tragödie bei dem Film[1] Dich wahrscheinlich sehr erschüttern würde und daß sie einfach zu sehr dem Ertrinken unseres armen Fréchet ähnelt. Ich habe bei dem Gedanken gezittert, daß Du Dich geweigert hast, Dich doubeln zu lassen, und daß Du anstelle des anderen hättest im Meer sein können. Nimm Dich gut in acht vor diesem gefährlichen Mittelmeer mit seinen heimtückischen und zahllosen Fallen. Hier geht die Arbeit voran, aber ich bin immer noch erst bei ausladenden Kohleskizzen, während die Steinmetze den Altar schon fertig haben. Ich werde an eine Arbeit gehen, die Deiner und der Kapelle würdig ist. Schreib vier Zeilen.

Ich küsse Dich.

Jean

20. Oktober 1956

Mein Jeannot,
mir kommt es so vor, als seinen viele Jahre vergangen, seit ich Dir zum letztenmal geschrieben habe. Morgen werde ich die Vorzeichnungen für die Kapelle beendet haben.

Danach kommt das Anilin und dann Malen und Trocknen und das Setzen der endgültigen Striche.

Da ich diese Kapelle für Dich ausmale, erzähle ich Dir den Fortgang.

Erzähl Du mir vom Fortgang des Films. Und schließe die Augen. Komm in Gedanken (sie sind schneller als das Licht) hierher und setz Dich zu mir auf mein Gerüst.

1. Es handelt sich um den auf Korsika gedrehten Film *S.O.S. Noronhia* von Georges Rouquier. Einer unserer Kameraden, ein Froschmann, ertrank bei den Dreharbeiten.

Gestern haben wir von 9 Uhr morgens bis 8 Uhr abends fotografiert. Gebe der Himmel meiner Gewölbe, daß meine Arbeit Dir gefällt.

Ich küsse Dich.

Jean

1. November 1956

Mein geliebter Jeannot,
ich habe endlich die richtige Fassung für die *Ritter* (letzter Akt) gefunden. Ich werde es ins Reine schreiben und Dir schicken.

Ich lebe nicht mehr, seit ich weiß, daß man Dich morgen wieder ins Wasser runterläßt.

Ich warte ungeduldig auf Deinen Anruf.

Gruß an die Königinmutter.

Ich küsse und behüte Dich.

Jean

24. November 1956

Mein Jeannot,
ich hätte gerne Neuigkeiten von Dir. Hast Du das *Ritter*–Buch erhalten?

Ich habe großen Ärger mit Brunet, der sich für den Schöpfer meiner Werke hält, mich brieflich beschimpft und dreihunderttausend Francs dafür von mir verlangt, daß er sich auf Kosten der Prinzessin vollgestopft und meine Kohlestriche mit Anilin überarbeitet hat (*sic*).

Ich bete Dich an. Alle anderen sind den Strick zum Hängen nicht wert, abgesehen von unserer kleinen Familie, versteht sich.

Jean

24. Dezember
25. Dezember 1956

Mitternacht, mein guter Engel.
Unter dem Mistelzweig
küsse ich Dich und wünsche
Dir alles nur Mögliche
und Unmögliche für Dein
Glück und Deinen Ruhm.
Küsse George und denke
an Deinen Turner, der weniger
ehrgeizig als Du
aber voller Furcht ist, innerlich
auf die Klappe zu fallen.
Gib Nachricht von Deinen Stühlen
und Deiner Gaslaterne.
Ich bete Dich an.

Jean

1957

Santo Sospir
St. Jean Cap–Ferrat

15. Januar 1957

Mein guter Engel,
ich schrieb Dir nicht, weil ich wie Julien – der nicht einmal wagt, mit Dir über die Wiederaufnahme von *Der Adler* zu sprechen – fürchtete, Dich bei Deinen Bemühungen zu stören. Nichts von Deinen oberflächlichen Privilegien kommt Dir zu Hilfe, und es bleiben Dir nur Deine inneren Reserven. Hier gibt die Kapelle die Befehle und wird böse, wenn ich mich mal irre. Der Arzt möchte, daß ich ins Engadin in die Berge fahre, aber im Augenblick ist die Höhe die meiner Gerüste.

Schreib zwei Zeilen oder, wenn Dir das lästig ist, ein Telegramm, oder das Telefon (ich bin abends gegen 9 Uhr zu Hause).

Ich denke in jeder Minute an Dich und küsse Dich.

Jean

Zärtlichen Gruß an George.

Donnerstag, den 17. Januar 1957

Mein guter Engel,
ich bin im Himmel inmitten meiner Engel, die *Dich beschützen*. Und plötzlich hat mir dieses schöne Abenteuer die Augen über etwas ganz *Offensichtliches* geöffnet, das nur durch Gewohnheit

und die Vorstellung von einer für Dich im Alter verfälschten Rolle verdeckt gewesen war. Du weißt, was mein Traum ist: die wirkliche Premiere von *Bacchus* (mit dem Dein deutsches Double Oskar Werner durch ganz Deutschland ziehen wird) – aber mit wem? Mit einem wunderbaren Künstler, Werner Krauss, der allerdings wiederum durch sein Alter die Rolle verfälscht. Wer ist denn eigentlich dieser Kardinal, der den Tanz anführt? Ein junger Kardinal von vierzig Jahren, der auf dem Portrait von Raphael wie dreißig aussieht.

Wenn ich eines Tages die innige Freude erlebe, daß dieses Stück Dir gehört, wäre es dann nicht außerordentlich, wenn man einen sehr jungen Bacchus fände (trotz des Alters, das ich ihm gegeben habe und das von der Wahrheit abweicht), und wenn Du den Kardinal spielen würdest, der aus meiner Sicht die Hauptrolle in diesem Werk ist (wenn Du Dich unglücklicherweise scheuen solltest, Hans zu spielen).

Denk darüber nach und verzeih mir, wenn ich wie diese Bühnenautoren wirke, die Réjane und Guitry am Tag nach ihrem großen Erfolg mit Briefen überschüttet haben. «Es enthält eine Rolle für Sie», usw. «Ich halte eine Überraschung für Sie bereit.»

Meine Euphorie nach Deinem Anruf diktiert mir diese Zeilen.

Was *Adler* betrifft, brauche ich Dir nicht zu sagen, daß ich wie damals als Kind, wenn ich Angst hatte, das Glück zu stören, die Augen zumache und mir die Ohren verstopfe. Ich hätte gedacht: Wenn Jean Marais nur nicht annimmt, damit Du annimmst, und sogar: Wenn Jean Marais nur annimmt, um das Glück zu verwirren und irrezuführen, so wie ich es im *Potomak* erzähle.

Kurz, denk an mich und entdecke in diesem Brief nur das Echo meiner, ich sage es Dir noch einmal, *innigen Freude*.

Dein Jean

Vater Bernardet, der gerade hereinkommt, läßt Dich freundlich grüßen.

In Düsseldorf war die Rolle des Kardinals, gespielt von

Gründgens, *das Stück*. Der junge Bauer, den er für die Rolle des Hans entdeckt hatte, ging als Komparse durch. Du wirst mir sagen, daß es mit jedem Star so geht und daß auch de Max sich auf die Rolle des Kardinals gestürzt hätte – selbst wenn er nur die große Szene im zweiten Akt gehabt hätte. Aber dennoch hat mir die Tatsache, daß ich an Dich gedacht habe, als ich den Hans schrieb, einen Schleier über den Verstand gelegt. Es würde genügen, wie Gründgens es auch gemacht hat, wieder ein Alter von zwanzig Jahren einzusetzen. Es war mir darum zu tun, einen jungen Kardinal von außergewöhnlicher Eleganz zu haben – und selbst Gründgens hat nicht das richtige Alter – *Du wärest die ideale Besetzung.*

19. Januar 1957

Mein Jeannot,
meinen Traum sehen (im voraus verwirklicht). Ich muß am 15. in Saint-Moritz sein – am 14. werde ich nach Paris kommen, um Dich im Theater zu sehen, ich werde glücklich in die Schneeberge aufbrechen.

Dein Jean

Mein Jeannot,
endlich habe ich die Kapelle beendet. Heute abend um 7 Uhr habe ich den Christus auf einem aus zwei Lanzen gebildeten Kreuz zwischen dem Altar und der Apsis aufgestellt – man könnte ihn für eine kleine Flamme über der kupfernen Taube des heiligen Geistes halten.

Der einzige Mensch, dem ich diesen Schlußpunkt hätte zeigen mögen, bist Du, und ich habe wie jede Nacht für Dich gebetet.

Am morgigen Sonntag wird zur Übergabe des Abendmahlskelches die Messe gelesen. Dorffest – Admiral und alle Fischer im Sonntagsstaat.

Ich esse die Mokkaschokoladenbohnen aus Deinem Granatapfel und frage mich, wann wir uns wiedersehen werden. Ich war sehr traurig, als ich vom Tod des bezaubernden menschlichen Tieres hörte.

Ich laufe die Avenue Jean Cocteau[1] entlang und küsse Dich.

Jean

Suvretta House
Saint–Moritz
Engadin

18. Februar 1957

Mein guter Engel,
der Übergang von der Kapelle in den Schnee von Saint–Moritz war vielleicht zu plötzlich, und ich fühle mich ein wenig verloren, ein wenig leer. Das einzige, was mich tröstet, ist Deine Aufführung zwischen den beiden. Es hat mich so sehr frappiert (Deinetwegen), daß ich tagsüber sehr oft daran denke und Dich sehe und Dir zuhöre. Ich sehe und höre diesen anderen, der ohne den geringsten karikaturistischen Trick Du ist, ohne es wirklich zu sein. Ich ahne, daß er einiges Vergnügen daran hat, dieses Phänomen hervorzurufen und daß Merlin Dir den Vorwand dazu liefert. Natürlich müßte man, wenn Du Merlin spieltest, nicht nur die letzte Szene wieder aufnehmen, sondern sogar einiges über das schlimme Erwachen nach dem Trick und seinen Zaubereien hinzufügen. Sieh Dir das genau an. Ich war auch glücklich, Dich von einer Bande von Jungs, denen das Theater im Blut liegt, geliebt, umhegt und respektiert zu sehen. Ich hoffe, daß Georges Muskel wieder in Ordnung kommt und

1. Es handelt sich um eine Allee an meinem Haus in Marnes–la–Coquette, auf die ich ein Schild mit der Aufschrift "Avenue Jean Cocteau" gestellt hatte.

daß Cäsars Alter nicht zu viele Ermüdungserscheinungen bei Dir hervorruft (jene, die ich zu spüren bekomme).

Ich küsse Dich.

Jean

26. Februar 1957

Mein Jeannot,
gerade hat Lulu mich wegen dieser Amerikageschichte angerufen. Du weißt sehr gut, daß ich sonstwas tun würde, wenn es Dir nur Freude bereitet – aber in diesem Fall stehe ich vor einer Wand der Ohnmacht – bestehend aus meiner Unkenntnis der Geschichte und der Angst vor Schnitten. Darüber hinaus haben diese fünf Monate in der Kapelle mir das Hirn leergefegt, und ich konnte kaum und nur mit hängender Zunge die paar Zeilen für den Bambi[1] in Berlin schreiben (ich hätte gern eine Zeile von Dir, die mir bestätigt, daß der Text sich in Deinen Händen befindet und daß die schöne Sprache Sieburgs nicht zu schwer zu lesen und zu verstehen war).

Ich erzähle mir, daß Du *César* mit einem Triumph abgeschlossen hast. Ich treffe nur auf Leute, die des Lobes voll sind über Deinen Adel und Dein Schauspielergenie inmitten von all diesen Belanglosigkeiten, die man uns als Theater und dramatische Dichtung verkaufen will.

Da stecke ich also in meinem Schnee und habe keine Nachricht von Dir und dieser Nummer,[2] *die mich ganz krank macht.* Kannst Du mir schwören, daß ich ein Telegramm bekomme – auch wenn die Dinge dadurch erschwert werden, daß es ein Sonntag ist. Mein Jeannot, ich küsse Dich wie ich Dich liebe.

Dein Jean

1. Cocteau hatte für mich eine Danksagung geschrieben, die ich an die Deutschen richten wollte, die mir den Bambi verliehen hatten.
2. Zirkusnummer, die ich bei der Gala der Künstlervereinigung (Union des artistes) vorgeführt habe.

Hast Du meine Texte an Claoué weitergegeben?

Ich zittere davor, daß die Willemetz Jeanne Moreau als Vorwand benutzen könnten, um unsere Wiederaufnahme,[1] die ich mir sehnlichst wünsche, zu verhindern.

Suvretta
Saint-Moritz

4. März 1957

Mein Jeannot,
entschuldige, daß ich am Apparat ein bißchen traurig war. Aber Du kannst Dir vorstellen, *was für ein Glück diese Wiederaufnahme für mich bedeutet hat.* Ich weiß wohl, daß diese Art von Wiederaufnahme sehr schwierig ist und sehr teuer für eine begrenzte Anzahl von Vorstellungen. Die Willemetz werden Dich niemals freigeben, und Dein Angebot, alle meine Stücke wieder aufzunehmen, wird ins Wasser fallen. Wie sehr würde ich mir wünschen, daß ein Wunder mich aus dieser lähmenden Benommenheit befreit, und wie gerne würde ich ein neues Stück für Dich schreiben! Du kannst Dir ja denken, daß mein Traum, diese wirkliche "Schöpfung", *Bacchus*, im Bouffes niemals zur Aufführung kommen wird und daß meine Hoffnung auf unsere Revanche mich immer daran hindern wird, das Stück anderswo spielen zu lassen. Wiege all dies gegeneinander ab und sag mir, was Du denkst. Müssen wir endgültig auf unsere großen Wiederaufnahmen (unter anderem von *Orphée*) verzichten, oder siehst Du einen Weg, diesen Traum möglich zu machen. Heute morgen hatte man mich nicht über Deinen Anruf benachrichtigt. Als ich gerade durch die Halle ging, sagte man mir, daß Du an der Strippe warst. Ich hatte nur eine Depesche erwartet.

Du kannst Dir meine Freude darüber vorstellen zu wissen, daß Du als Sieger aus der Gefahr hervorgegangen bist.

Ich küsse Dich, *sehr glücklich und sehr unglücklich.*

Dein Jean

1. *Die Schreibmaschine.*

Saint-Moritz

6. März 1957

Mein Jeannot,
ich habe gerade nach Deinem Telefonanruf eingehend nachgedacht (er hat mich getroffen wie ein Schlag auf den Kopf mit dem Eispickel). Ich habe immer, und ich tue es noch jetzt, alle meine Stücke verweigert, weil Du mir sagtest: «Ich nehme das Bouffes, um alle Deine Stücke dort zu spielen», und weil Du meinem Geist und meinem Herzen wichtiger bist als irgend jemand oder irgend etwas anderes. *Aber mit Willemetz ist das etwas anderes.* Ich weiß, daß Willemetz von nun an unsere wunderbaren Vorhaben verhindern wird und daß er sich, wenn ich ein fremdes Angebot annehme, so einrichten wird, Dich glauben zu machen, ich würde meine Versprechungen nicht halten. In Wirklichkeit hat Willemetz keinerlei Sinn für Größe, und unter dem Vorwand, daß die Kurve von *Die Maschine* eine schlechte Überraschung gewesen sei, wird er Deine Karriere so weit wie möglich von dem edlen Ziel wegführen, das Du Dir gesetzt hast.

Wie könnte er verstehen, daß *Die Ritter, Bacchus, Orphée* keine "Wiederaufnahmen" sind, sondern Schöpfungen, mit denen man Triumphe feiern kann, wenn sie durch eine Werbung unterstützt werden, wie sein Geiz sie Dir verweigert.

Ich wünschte mir, unsere Zusammenarbeit würde auseinanderbrechen, und wir hätten die Hände frei, erstens für die Wiederaufnahmen, zweitens für ein neues Stück – denn wenn der Himmel es mir schickt, dieses Stück, *werde ich warten. Niemals werde ich eine Aufführung an Willemetz und unter seine Kontrolle geben.* Im übrigen habe ich ihm geschrieben und ihn in aller Deutlichkeit zur Rede gestellt. Ich werde ja sehen, ob er es wagt, zu antworten.

Ich küsse Dich.

Jean

Durch die Schuld dieses Mannes wird man mich für einen Bühnendichter halten, dessen Stücke *tot* sind. Für mich ist er ein Krimineller.

PS Wie stellst Du Dir das vor, daß eine Inszenierung, die unter dem Gesichtspunkt des Besonderen betrachtet wird, sich jemals einer langandauernden Inszenierung anschließen sollte. Doch nur, wenn die Inszenierung mit dem langen Atem bleibt, was aus unserer besonderen einen Lückenbüßer machen würde.

Und selbst, wenn man hofft, daß die Sonderaufführung sich hält und ihr nicht der Atem ausgeht, würde das die für ihre Nachfolge vorbereitete verdammen.

6. März 1957

Als einziges Deinem Format angemessen wäre ein Unternehmen analog (wenn auch eigenständig) zum T.N.P., wo Du für die Jugend die ganzen Klassiker und meine Werke spielen könntest. Alles andere wird nie ganz das Richtige und Deines Genies und Deines Ruhmes unwürdig sein.

11. März 1957

Ich komme (gestern morgen)
völlig erledigt durch den
Höhenunterschied hier an.

Mein Jeannot,
natürlich zittere ich in jeder einzelnen Minute um Dich, und darum halte ich es für unbedingt notwendig, Dich eine Arbeit verrichten zu sehen, die der Qualität der Übung bei der Künstlergala gleichkommt, und darum bin ich sehr bekümmert, wenn ich Dich Vorstellungen geben sehe, die *keinen bedeutenden Einschnitt in Deinem Leben darstellen*. Diese Wiederaufnahme ist ein *Fehler*. Die anderen Theater bitten mich um *Die Ritter* als neues Stück und regelmäßige Aufführungen, weil sie nie wie *Die Maschine*

wieder aufgenommen worden sind, und es ist ein *noch nicht dagewesenes* Stück. Wenn man es wieder aufnimmt, muß das geschehen, wie Du es mit *Pygmalion* gemacht hast oder wie Jouvet es mit den Stücken von Giraudoux tat.

Dienstag

Mein vielgeliebter Jeannot,
meine Zahngeschichten werden immer komplizierter. Mit dem Protoxyte geht es nicht mehr (anscheinend wegen des Herzens), und Moreau weiß nicht mehr weiter. Wahrscheinlich wird er die Arbeit im Amerikanischen Krankenhaus wieder aufnehmen müssen. Darum hast Du in letzter Zeit nichts Neues von mir erfahren.

Wie sind wir traurig gewesen, daß weder Du noch George am Sonntag bei uns waren. *Es war fantastisch.* Hirsch und Le Poulin haben eine Oper von Menotti improvisiert, *Madame la Putain*, die eine Art Meisterwerk ist.

Ohne den Zahnarzt und *mit* Dir wäre das Leben schön. Würde ich unseren Moreau weniger sehen und Dich dafür mehr, wäre es ein Traum.

Versuche zum Himmel zu beten, daß er für einen solchen Rhythmus sorgt.

Jean

Carlton Hotel
Cannes

3. Mai 1957

Mein guter Engel,
Georges Beaume hat mir gerade gesagt, daß Du sehr nervös und sehr deprimiert warst, als er Dich bei Deiner Rückkehr aus Amerika gesehen hat, und daß George das Bein in Gips hat. Das

war eine schreckliche kalte Dusche für mein Herz, und ich konnte nicht schlafen. Nach Deinem letzten Brief dachte ich, Du würdest so inmitten von Freunden und in der Nähe unserer Marlene von Erfolg zu Erfolg getragen.

Heute abend habe ich *Le Tour du monde* gesehen, ein prätentiöser und abscheulicher Film – und plötzlich habe ich mich gefragt, ob nicht, auch wenn New York uns feiert, eine zersetzende Atmosphäre davon ausgeht.

Mein Jeannot, es ist zu entsetzlich, daß Du Dich in einem Zustand befindest, dem ab und zu zu verfallen für mich ganz normal ist, in den Du aber nie verfallen solltest. Ich bitte Dich inständig, mir ein paar Zeilen zu schreiben und mir zu sagen, daß Du Dein inneres Gleichgewicht wiedergefunden hast. Ich spüre doch, daß Dein goldenes Herz sich (notwendigerweise) unwohl fühlt in einer Epoche, die so wenig für uns gemacht ist, daß ich mich manchmal frage, ob ich nicht eigentlich tot bin und nur so tue, als ob ich lebte. Nur, mit Dir ist das etwas anderes. Du sendest Strahlen aus und wärmst diejenigen, die Dir nahe kommen. Wenn diese Ausstrahlung sich verringern und abkühlen würde, wäre das das Ende der Welt.

Mein lieber Engel, ich umarme Dich mit aller Kraft und werde voller Hoffnung auf bessere Neuigkeiten warten.

Dein Jean

Santo Sospir
St. Jean Cap–Ferrat

14. Mai 1957

Mein guter Engel,
ich bin blöderweise vier Tage vor dem Ende zusammengebrochen und muß zwischen den Vorführungen das Zimmer hüten (Laryngitis).

Du hast vollkommen recht, daß Du Dich aus diesem Wirrwarr heraushältst. Ich werde ununterbrochen gefragt, ob Du für die Tschechoslowakei frei bist. Ich habe geantwortet, daß Du in Jugoslawien drehst.

Deine Gestalt ist eine Statue aus Gold, die diesen ganzen Dreck überragt. Deine Memoiren[1] und Dein Adel finden überall Gefallen.

Ich küsse Dich.

Jean

Santo Sospir
St. Jean Cap–Ferrat

3. Juni 1957

Mein Jeannot,
ich bin all diesen Arbeiten gegenüber, die ich unternommen habe und die mir tausend unvorhergesehene Hindernisse in den Weg stellen, von unglaublicher Erschöpfung überwältigt. Meine einzige Entspannung bestand darin, daß ich Deinen Film aus Korsika gesehen habe, in dem Du so gegenwärtig bist, daß ich um Dich gezittert habe, als ob es sich um einen Dokumentarfilm gehandelt hätte.

Ich habe eine entzückende Depesche von Deiner Mama erhalten. Ich werde am 11. für die Oper in Paris sein.

Ich liebe Dich.

Jean

15. Juni 1957

Mein Jeannot,
der Picasso[2] ist eine Schablonenmalerei ohne jeden Wert, und das Relief der Niveauunterschiede von den Gouaschen schlecht

1. Anspielung auf *Mes Quatre vérités* bei Calmann–Lévy.
2. Ein Geschenk von Roland Toutain, der mir als Ersatz ein chinesisches Bett schenken wollte, mit dem ich nichts anzufangen gewußt hätte.

ausgeführt. Es gehörte zu einem Karton, der ein Dutzend billige Reproduktionen enthielt. Nachgemachte Signatur (der P.-Test), Du hattest ganz recht. Ich halte Roland nicht für schuldig, ich halte ihn für vollkommen ungebildet und blind.

Trotzdem, wenn er Picasso dazu gebracht hat zu signieren, dann auf der Gouache – denn Picasso signiert Drucke nie am Rand (Mourlot *dixit*).

Auf jeden Fall ist eine Schablone weniger schlimm als ein chinesisches Bett mit den Ausmaßen einer Küche. Ich habe mit dem Rosen von *La Dame*[1] in New York gesprochen. Er hat mich an den Brief erinnert, in dem er mir gesagt hat, wie verzweifelt er war, daß alles schon fertig war, als er ankam, wie *Der Doppeladler* mit Tallulah Bankhead. Es war zu spät, um noch einzugreifen. Meine einzige Hoffnung ist, daß man in Amerika von der Gewerkschaft aus den Namen des Bühnenbildners, und sei er noch so berühmt, nicht angeben kann, wenn er nicht der Gewerkschaft angehört. Mit den Balletten von Babilée ist es auch so gewesen. Du weißt, daß ich in allem, was meine Arbeit angeht, krankhaft streng bin und daß ich Lifars Choreographie zu *Phèdre* durch und durch mißbillige. Wenn ich Dir sage, daß die von *La Dame* geradezu ein Meisterwerk ist, das ich nur mit gewissen Unternehmungen von Robbins vergleichen kann, dann tue ich das, weil ich mir dessen ganz sicher bin (frag Francine, die den unglaublichen Erfolg in München miterlebt hat. Wie der ganze Saal bei diesem Ballett *weinte*). Hier das Drama mit der inkompetenten Pfuscherei in New York, sei es nun *Le Tour du monde* von Jules Verne oder *Les Mains sales* von Sartre.

Ich war so glücklich bei Dir, daß ich immer daran denke, sowie das Gedränge mir fünf Minuten Zeit läßt, die Augen zu schließen und mir den Luxus dieser Zuflucht zu gönnen.

Dein Jean

Hat Georges Beaume Dir gesagt, daß ich mich freuen würde wenn Du in Deinem Erinnerungsbuch in zwei Zeilen die Lektüre seines Buches über Dich auf dem Hausboot anfügtest?

2. *La Dame à la Licorne*, Ballett von Jean Cocteau.

Mein Jeannot,
ich weiß zu Deinem Namenstag nicht, was ich machen soll. Du überhäufst mich immer. Laß mich Dir das Manuskript von *Die Schwierigkeit, zu sein* schenken. Das ist wenigstens ein uns angemessenes Geschenk.

Ich küsse Dich aus tiefstem Herzen.

Jean

Santo Sospir
St. Jean Cap–Ferrat

Samstag

Mein Überaus–Zärtlich–Geliebter,
ich denke an Dich und an das, was Du in Deiner heldenmütigen Seelenanmut soeben durchgemacht hast. Ich denke an uns und an die Schönheit unserer Freundschaft inmitten eines achtlosen und vulgären Zeitalters. Als ich dem blöden Radio zuhörte, das Doudous chinesische Malerei begleitete (Doudou beim Malen nach chinesischer Manier), hat mir die furchtbare Albernheit dessen, was sich aus diesem Schwatzkasten über meinen Tisch ergoß, plastisch und mit fast medialer Gewalt "gezeigt", was es für ein Glück für mich ist, daß ich Dein Herz habe, um dem meinen schlagen und leben zu helfen. Bestimmt verdanke ich es zum großen Teil diesem Phänomen eines doppelten Herzens, daß ich diese Krisen überstehe, die andere alte Knacker wie mich niederstrecken.

Letzten Montag in Nîmes hat Cordobez, als der Toro getroffen war, diese Tötung wahrgenommen und mir ein furchterregendes Vieh gewidmet, das über die Absperrungen sprang. In dem Moment jedenfalls, als ich ihm die Montera zurückgab (warf), *sah* ich ihn als Nero und mit Deinem Gesicht (ein mit Ödipus vermischter Nero, wie es in Träumen vorkommt). Wenn ich diese Vision gehabt hätte, als er mir seine Kappe zuwarf, hätte ich Angst gehabt, daß Dir etwas passiert.

Ich wollte es Dir von Nîmes aus schreiben, wo wir mit Picasso und Coco Chanel waren, aber einen Augenblick lang hatte ich Angst, es könnte so aussehen, als stünde ich unter dem Einfluß dieser Weltberühmtheiten, die voller Zärtlichkeit von Dir gesprochen und mich heute morgen gefragt hatten, warum Du nicht mit dem Malen weitermachst.

Das Merkwürdige bei dieser Varietémusik (während in diesem Augenblick des Stierkampfs nie irgend etwas gespielt wird) ist, daß ich in meiner Tasche eine Karte mit einer Abbildung der jungen Mistinguette hatte, die mir gerade von Deinem Nachbarn, Maurice,[1] geschickt worden war und die ich Clergue zeigen wollte.

Schreib mir in vier Zeilen, was es Neues bei Dir gibt, und sag mir, ob George sich bei seiner Tanzerei[2] auch nicht zu sehr überanstrengt.

Santo Sospir

9. Juli 1957

Mein Jeannot,
bei meiner Rückkehr aus Arles stoße ich auf diese Geschichte, der zufolge Du in Cannes bist, aber man versichert mir, daß Du nicht angerufen hast.

Laß schnell von Dir hören.

Ich war wegen der Ausstellung in Arles.

Santo Sospir
St. Jean Cap–Ferrat

14. August 1957

Mein Jeannot,
da bin ich nun wieder auf Leitern und auf dem Gipfel der Be

1. Maurice Chevalier.

2. *La Dame dans la Glace*, Ballett von Roland Petit.

sorgnis darum, ob meine Arbeit auch die Mühe wert ist, die ich mir damit gebe. Stell Dir vor, ich habe solche Gedächtnislücken, daß ich mich den ganzen Tag herumgequält habe, weil ich mich nicht an den Namen unseres Kameramannes bei *Der ewige Bann* erinnern konnte (er ist mir immer noch nicht eingefallen). Dieses Übel hat sich sehr verstärkt durch den Kummer und die Enttäuschung, die mir die Fischer von Villefranche bereiten, die sich an der Kapelle, die ich ihnen geschenkt habe, bereichern (fünfundzwanzigtausend Besucher), mich aber, ohne daß ich verstehen könnte warum, wie ihren schlimmsten Feind behandeln, wobei sie so weit gehen, daß sie sogar die Tür mit einem Vorhängeschloß versperren, damit ich in ihrer Abwesenheit niemand hineinführen kann.

Kurz, ich stelle mehr und mehr fest, daß die Menschheit mich, abgesehen von Dir, Francine und Doudou und einigen wenigen Kameraden, anwidert und mich zur Einsamkeit zwingt. Und wenn man bedenkt, daß unsere Aufgaben uns ununterbrochen voneinander entfernen und daß ich in dem Bewußtsein werde sterben müssen, kostbare Zeit verloren zu haben, die ich in Deiner Nähe hätte verbringen können. Wenn ich mich nach dem Rathaus noch auf den Beinen halten kann, werde ich eine Pause machen und versuchen, mich geistig auf ein Stück oder einen Film einzustellen, der uns wieder in gemeinsamer Arbeit vereint, da ja das Theater nicht gewillt scheint, die Stücke zu produzieren, die ich immer zu früh und manchmal zu hastig weggegeben habe! (Warum war ich nur nicht so vernünftig, *Bacchus* in einer Schublade aufzubewahren und Dir den Kardinal zu übertragen, wenn Du Dich schon vor einer zu jungen Rolle scheutest!) Was ist das bloß für ein Teufel, der mich reitet und mich immer gegen den Strom schwimmen läßt.

Denk an mich, mein lieber Engel, dort, wo Du bist, und schicke mir die schönen Wellen aus Gold, die Deiner Seele entspringen.

Ich küsse Dich.

Jean

Santo Sospir
St. Jean Cap–Ferrat

18. August 1957

Mein guter Engel,
ich habe Gewissensbisse, weil ich Dir so lächerliche Klagen dorthin geschickt habe. Daran ist eine Überanstrengung meiner Nerven schuld, die von den Gerüsten herrührt und von der Angst, ich könnte des Vertrauens, das man in mich setzt, nicht würdig sein.

Erzähle schnell von Deinem Film,[1] und ob das Majestic nicht zu unkomfortabel ist. Ich habe mir vier Tage frei genommen, weil ich dabei war, mir Auge und Seele zu verschleiern. Morgen fange ich wieder an, und dann werde ich, mit Dir, meinen kommunalen Alpinismus wieder aufnehmen.

Ich küsse Dich.

Jean

Santo Sospir

28. August 1957

Mein Jeannot,
ich nutze die Gelegenheit, daß ich in diesem Irrenhaus (mit sehr ruhigen Irren) endlich mal allein bin, um Dir zu schreiben und Dich zu küssen. Stell Dir vor, Santo Sospir ist ganz voll mit schrecklichen Apparaten und Maschinen – denn das Fernsehen widmet mir heute abend um 9 Uhr eine Direktübertragung halb über die Villa, halb über die Kapelle – diese Orte verbunden durch Antennen auf den Bergen. Ich hatte alle nur möglichen Schwierigkeiten, vier Millionen für die Kapelle aufzutreiben, und diese Veranstaltung (bei der ich gesprochen habe) kostet vierzig Millionen. Komisches Zeitalter! Und rate mal, wer das Orchester dirigiert: Nicolas Hayer. Kurz, diese ganze

1. *Nuit blanche* von Luchino Visconti.

Gesellschaft (ungefähr fünfzig Leutchen) ißt zu Mittag, badet und kommt um 3 Uhr zurück, um die Einstellungen zu proben.

Francine ist am Strand. Doudou "erhebt sich", und so bin ich allein, *also mit Dir*. Dein lieber Brief hat in meinem Tagebuch Platz gefunden. Erzähl mir, wie Euer Streifen abläuft, und ob Du nicht zu sehr unter dem Mangel an Komfort leidest.

Ich küsse Dich.

Jean

(Top secret)

19. Oktober 1957

Mein Jeannot,
ich habe die ganze Nacht wie ein Schwachsinniger geweint, weil ich gesehen habe, wie erschöpft und hilflos Du inmitten dieser Anstrengungen warst, in die Dich Dein Herz hineinzieht, *ohne daß es auch nur andeutungsweise mit dem in Beziehung stünde, was sein sollte.*[1] Als Du mich im Wagen mitgenommen hast, ging es mir wie einem Feigling, der das, was er auf der Welt am meisten liebt, an einem Stück Treibgut befestigt zurückläßt. Mir war richtig schlecht. Mein Jeannot, ich beschwöre Dich, an Dich zu denken, Dich selbst nicht um der anderen willen zu vergessen, Deinem Seelenadel nicht durch zweifelhafte Unterfangen zu schaden. Wenn ich mir erlaube, Dir dies zu schreiben, liegt das an Deinem entzückenden und vertrauensvollen Verhalten von gestern abend.

Ich verlasse Dich auch nicht für eine Minute.

Jean

1. Ich inszenierte für George Reich *L'Apprenti fakir*, wofür ich Text, Kostüme und Dekorationen gemacht und Regie geführt hatte.

Milly

2. Dezember 1957

Mein guter Engel,
da bin ich nun in diesem großen Haus, das ganz von Dir erfüllt ist, und denke an Deinen Anruf, bei dem Du mir in Deiner üblichen Herzlichkeit sagtest, was mich nur noch glücklicher machen konnte. *Es wäre die größte Freude, die Du mir überhaupt machen kannst, mich einer Eurer Proben beiwohnen zu lassen.* Ich wäre zu traurig, wenn ich von Deinen Bühnenbildern und Deinen Kostümen reden hörte, ohne sie mit eigenen Augen zu sehen. Ich hatte daran gedacht, Palméro zu telegraphieren und meine Reise zu verschieben. Aber es ist schwierig, Villefranche mitten im Weihnachtsschauspiel im Stich zu lassen, ohne ihnen ein bißchen Hilfestellung zu geben. Außerdem habe ich darüber nachgedacht, daß dieses schreckliche Pariser Publikum auf die eine oder andere Weise versuchen würde, uns zu schaden und gewiß auch, mir Dinge in den Mund zu legen, die ich nie gesagt habe. Auf diese Weise können sie nun nichts ausrichten, und wenn Du mir erlaubst, Deine Arbeit zu sehen, werde ich sie besser sehen als zusammen mit dieser ungeliebten Gesellschaft und diesen Richtern. Wenn Francine nicht wäre, die eben eine Frau ist und "ihr Kleid bestellt" hat, würde ich am Abend vor meiner Abreise – ich war drauf und dran, "vor meiner Flucht" zu schreiben – nicht im Lido erscheinen. Je älter ich werde, desto mehr entferne ich mich von dieser Presse, mit der man mich gewaltsam zusammenbringt, mit der ich aber nichts gemein habe, und die sich auch noch – und das ist der Gipfel – einbildet, mich zu kennen.

Du allein kennst mich und Doudou, und ohne Euch wäre mir das Leben eine Belastung.

Ich küsse Dich.

Jean

13. Dezember 1957

Mein Jeannot,
ich hatte es nicht für möglich gehalten, daß es einen Wettlauf der Umstände geben würde, der sich all dem entgegensetzt, wonach mein Herz sich sehnt. Es geht so weit, daß ich mich frage, ob nicht vielleicht unser Schutzengel, der sich zwischen uns beiden aufteilt, die Maschinerie bedient und es einen geheimen Grund für die Ursachen meines Kummers gibt. Möglicherweise hatten mir böse Zungen Worte in den Mund gelegt, die dazu geeignet waren, George zu kränken, der sich ja sogar schon gekränkt fühlt, wenn Du ihm etwas sagst.

Das wenige, was ich gestern flüchtig gesehen habe, bestätigt mich in meiner Überzeugung: Was Deine Hände berühren, strahlt in einem Nimbus aus Wundern, Adel und einer Art Heiligkeit. Da sind keine Stoffe mehr, sondern Formen und Metamorphosen, die in gerader Linie Deinem Herzen entspringen.

Was den Rest angeht, bin ich vollkommen inkompetent, und ich frage mich immer, warum man den Tanzstil nicht grundlegend ändert, so wie der Choreograph von *Rose–Marie* es mit dem *Totem*–Tanz gemacht hat.

Aber das ist – im übrigen – nicht so wichtig, Deine innere Sonne wird dem Ganzen "Gloire" verleihen, wie man unter Ludwig XIV. sagte.

Ich liebe Dich.

Jean

PS Die Art, wie Lulu Dich sieht – der Bereich, in den sie einzuordnen ist –, macht mich ganz krank.

Weihnachten 1957

Ich habe Dich gerade am Telefon gehört.

Ich bin glücklich.

Genau in der Sekunde, als ich den Hörer auflegte, kam Francine angelaufen.

Jean

Santo Sospir
St. Jean Cap–Ferrat

Weihnachten 1957

Weihnachten werde ich mit Dir verbringen, mein Jeannot, und heute abend werde ich, Dir nahe, die Fischer an der Pforte von Saint–Pierre in Empfang nehmen. Verzeih mir, daß ich Dir mitten in Deiner Arbeit auf die Nerven falle. Tu es oder tu es nicht. J. Jacques Kihm bereitet ein dickes Buch über mich vor[1] und hätte gerne zwanzig (oder zehn) Zeilen von Deiner Hand. Was die Fotografie betrifft, so gibt es welche in Milly und andere, die ich zurückbehalte, aus Angst, daß man sie mir nicht zurückgeben könnte. Falls Du eine gute haben solltest, auf der wir gemeinsam zu sehen sind, leih sie ihm, wenn er verspricht, sie zurückzugeben.

Ich küsse Dich unter unserem Baum.

Jean

1. Eine Biographie über Jean Cocteau.

1957

Zärtlicher Weihnachtsgruß an Rosalie.

Jean Cocteau

Santo Sospir
St. Jean Cap–Ferrat

1957

Mein guter Engel,
ich habe geweint, als ich Deinen Text las, und wage kaum zu glauben, daß ich auch nur ein Komma davon verdiene – aber das ist nicht so wichtig, es ist Dein Herz, das dort spricht, und dieses Herz ist so weit, daß es von Echos widerhallt.
Ich liebe Dich.

Jean

PS Ich habe Deinen letzten Satz geändert.

4. Januar 1958

Mein Jeannot,
ich weiß, daß Deine Arbeit Dir kaum genug Zeit zum Schreiben läßt. Aber ich bin über Dein Schweigen beunruhigt, und seit ich Dich gehört habe, verspüre ich ein Gefühl der Beklemmung.

Was soll das heißen, auf Deine Träume und Deine Vormachtstellung verzichten. Schreib mir ein oder zwei Zeilen zu meiner Beruhigung. Ich werde Dich um einen riesigen Gefallen (nur ein Gefallen des Herzens) bitten müssen. Ich werde um den 12. herum in Paris sein. Ich küsse Dich.

Dein Jean

Santo Sospir
St. Jean Cap–Ferrat

26. Januar 1958

Mein geliebter Jeannot,
da ich es verabscheue, "recht" zu haben, und ebenso die Leute, die verkünden "ich hab's ja gesagt", macht mich die Tragödie um den *Fakir* ganz krank. Viel war nicht erforderlich, um die Situation umzukehren, aber weder George noch der Musiker hätten mir geglaubt (vor allem der Musiker, der mir barsch erwiderte, ich sei im Unrecht, als ich ihm gegenüber in aller Freundlichkeit bemerkte, das Orchester sei zu laut). Versuche, eine Tournee in Deutschland durchzusetzen. Nehmt die Lieder

auf Band auf und streicht einige zu lange Tänze. Ich bin sicher, daß Ihr das Spiel gewinnen und andere Engagements erhalten werdet, die geeignet sind, den Verlust zu verringern. *Ich konnte darüber nicht schlafen* – vor allem, da Deine Seelenanmut und Deine anbetungswürdige Tapferkeit Dich zutiefst betrübt machen und Dich dazu bringen, Worte zu sagen, die Deinen Träumen und Deinen Gebeten nicht entsprechen. Du, die Sonne, der phosphoreszierende und von Ruhm umgebene Schauspieler, Du solltest Dich besiegen lassen und nur noch versuchen, Geld zu verdienen? *Das ist unmöglich.* Zum Glück (ich kenne Dich doch) scheint schon die kleinste Freude Deine Seele wieder Oberwasser gewinnen zu lassen und Dich dazu anzustacheln, den Sieg zurückzuerobern.

Ich werde mir über diese Aufführung Gedanken machen und versuchen, ein Thema zu finden. Heute abend hat das Ballett *Le Bel Indifférent (Der Schöne Teilnahmslose)* in Nizza durchschlagenden Erfolg gehabt. Ich frage mich, was wohl Serges Anteil daran ist und welcher der der beiden vortrefflichen jungen Darsteller (Bessy und Bozon). Jedenfalls ist es zu meiner großen Überraschung eine Art Meisterwerk. Leider hat der Erfolg von Lyon Daydé ganz krank gemacht, und sie läßt das Ballett vom Programm der Oper streichen. Ich gehe nun schlafen und küsse Dich.

Jean

Santo Sospir
St. Jean Cap-Ferrat

31. Januar 1958

Mein Jeannot,
wenn Delannoy einen *Tristan* dreht, übernimm unter *gar keinen Umständen* eine andere Rolle als den Tristan. Ich flehe Dich an, mir zu glauben. Du kannst nicht Deine Legende zerstören. Die Rolle des Vaters in *Nein, diese Eltern* ist eine "Kuriosität" – die Rolle des König Marke zu spielen, ist ein irreparabler Fehler.

Ich küsse Dich.

Dein Jean

Santo Sospir
St. Jean Cap–Ferrat

12. März 1958

Mein Jeannot,
wie freue ich mich, von Bataille zu hören, daß Du Dich im Schnee erholen wirst. Bei uns ist wohl kein erholsamer Schnee zu erwarten, und ich sitze weiter in der Patsche. Aber um ehrlich zu sein geht es mir besser, und ich habe zwei gute Neuigkeiten! Die Ausstellung in Menton ist ein Erfolg, und Madame Cuttoli teilt mir mit, daß der Wandteppich (nach 4einhalb Jahren) ein wahres Wunderwerk ist.

Nur sind wir fern voneinander, und meine einzige Hoffnung ist unser kleines Treffen in Baux, wo Du ohne weiteres zwei Tage Zeit finden wirst, damit wir gemeinsam in diesem entzückenden Hotel wohnen können.

Ich hätte Dich gerne von mythologischen Rittern eskortiert gesehen. Du sollst herrlich gewesen sein.

Ich küsse Dich.

Jean

21. März 1958

Mein vielgeliebter Jeannot,
ich weiß wohl, was für Opfer ein wirklich gutes Aussehen verlangt. Aber mir wäre es lieber, ich wüßte Dich in der Sonne (hier ist es halb Sonne, halb Dunst). Francine hustet und verliert die Zuversicht. Es macht mir Angst. Sie hat alle Fröhlichkeit verloren. Sie glaubt, daß alles durch Reisen wieder besser werden würde, diese Reisen würden aber überhaupt nichts bessern — und wenn ich ihre Spanienpläne ablehne, glaubt sie, daß ich das aus Egoismus tue und weil es meine Arbeit stören würde. Diese Haltung ist so weit von dem entfernt, was man von ihr kennt, daß ich darin die Symptome für ein ernstzunehmendes Übel sehe.

Wir kommen vom Rathaus zurück, wo Palméro meine Arbeit der Presse vorgestellt hat. Es war schlicht und freundschaftlich.

Deine persönliche Sonne fehlte – die einzige, die mir die Seele erwärmt.

Mein lieber Engel, ich küsse Dich.

Jean

Santo Sospir
St. Jean Cap–Ferrat

31. März 1958

Mein Jeannot,
mein Herz hat eine schwere Enttäuschung erlitten. Denise Tual hielt ihre Träume für gesicherte Wirklichkeit, und ich glaubte bis zur letzten Minute an eine Summe, die sie zu haben behauptete, die aber nur aus im Entwicklungsstadium steckengebliebenen Krediten bestand. Sie hat unter Tränen das Cap verlassen, und jetzt bemühen sich Gérard Worms und der junge Périer (Autor des Films über Buffet), die Trümmer meines Traumes wieder aufzurichten. Du weißt ja, daß man für etwas wirklich Lohnenswertes immer keinen Centime auftreiben kann und daß es weniger schwierig ist, Millionen zusammenzubringen als eine bescheidene Summe.

Morgen werde ich Zeuge der ersten Hochzeit in meinem Rathaussaal sein. Es regnet. Francine schleppt sich herum und hustet. Es wäre eine Wohltat für mich, in Deiner Nähe zu sein – selbst wenn es schneit.

Ich bete Dich an.

Dein Papa
Jean

Santo Sospir
St. Jean Cap–Ferrat

2. April 1958

Mein Jeannot,
auf *Knien* flehe ich Dich an, der Wiederaufnahme von *Der Adler* mit Edwige zuzustimmen. Sie hat mich heute abend angerufen, und es war der einzige Grund, der sie noch daran hinderte, das Stück wiederaufzunehmen. Sie kann sich, *und da pflichte ich ihr bei*, keine Ausstrahlungskraft vorstellen, die auch nur schemenhaft der Deinen gleichen könnte.

Wenn Du ihr und Lumbroso absagst, bin ich ein verlorener Mann, von dessen Stücken auch nicht ein einziges noch mal wieder aufgeführt werden wird. Weder *Der Adler* noch *Die Ritter*, wo doch all die anderen Stücke von anderen Autoren wiederaufgenommen werden und darüber hinaus *Der Adler* durch unseren Film auf der Höhe des Erfolges festgehalten worden ist.

Mein Jeannot, ich weiß, daß man Dir von allem abrät, was mein Glück ausmachen würde (ich rede von den Damen Cimura). Aber ich weiß auch, daß Dein Herz sich über solche Dinge hinwegsetzt und Du mich nicht alleinlassen wirst mit meinem Kummer.

Jean

2. April 1958

Mein Jeannot,
wundere Dich nicht über meinen Brief von gestern. Er kam vom tiefsten Grund meiner Traurigkeit über die Hindernisse bei dem Film[1] – und von einem Telefonanruf von Edwige, die mir sagte, daß Du in Paris und London zugesagt hättest und daß sie sich nicht dazu entschließen könnte, *Der Adler* ohne Deine Schönheit, Deine Autorität und Dein Genie zu spielen.

1. *Le Testament d'Orphée (Das Testament des Orpheus).*

Sie ist in den Händen von Lumbroso, der ebenso denkt, und da beide mich inständig gebeten hatten, mich einzuschalten, habe ich mich aufs Briefpapier gestürzt.

Ich liebe Dich.

Jean

Hôtel des Bergues
Genève

20. April 1958

Mein Jeannot,
um Dir zu sagen, daß ich, ob nah, ob fern, bei Dir und in Deiner Nähe bin. Doudou war ganz gerührt über Deine Freundlichkeit und die von George. Das gibt ihm den Mut, den wir alle brauchen, um diesem Zeitalter die Stirn zu bieten. Im übrigen habe ich nicht den Eindruck, daß unsere Richter ihm abweisend begegnen, was zu befürchten war, und zwar meinetwegen. Aber, ich sage es Dir noch einmal, für mich zählte nur eine einzige Meinung, Deine.

Ich küsse Dich unter Schneeflocken.

Jean

Ein kleiner Gruß vor der Abfahrt (fahren mit Picasso nach Nîmes zum Stierkampf).
Ich küsse Dich.

Jean

Der Adler ist in Menton.

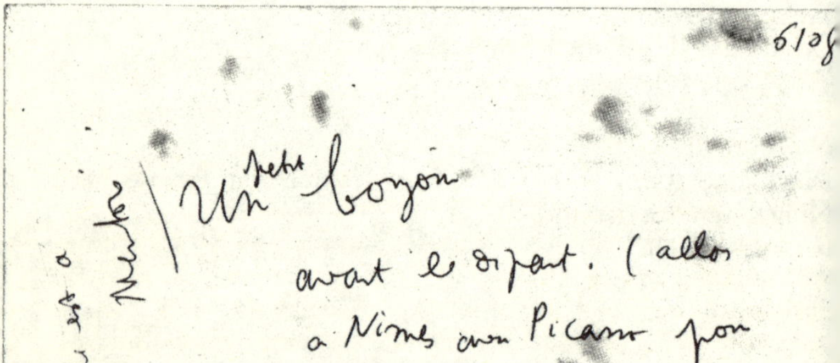

6108

Un petit bonjour
avant le départ. (allons
à Nîmes avec Picasso pour
la corrida)
je t'embrasse Jean

DT

Santo Sospir
St. Jean Cap–Ferrat

23. April 1958

Mein guter Engel,
ich habe ernstliche Schwierigkeiten wegen meines Films gehabt. Die arme Denise Tual hielt ihre Träume für Wirklichkeit. Noch dazu bettelte sie, anstatt zu beeindrucken, indem sie mir die Rolle des armen Kerls gab, der mühsam versucht, über die Runden zu kommen. Ich mußte mich von ihr trennen und die Angelegenheit in seriöse Hände legen. Diese Hindernisse zwingen mich, den Film auf September zu verschieben. Weil es keine Jahreszeiten mehr gibt, ist das, was die Außenaufnahmen betrifft, nicht gefährlich. Du wirst bestimmt ein oder zwei Tage Zeit finden, um mein Herz zu erfreuen. Ich weiß nicht, ob Du noch im Schnee bist. Um sicherzugehen, schicke ich meinen Brief nach Marnes. Ich bedaure dieses unerwartete Hemmnis nicht, denn ich fühle mich sehr erschöpft und hoffe, daß ich im September mehr Kraft haben werde.

Jean

Santo Sospir
St. Jean Cap–Ferrat

30. Juni 1958

Mein Jeannot,
ich habe Dir nicht sofort geschrieben, weil ich zwischen Müdigkeit und den hundert Töpferarbeiten, die ich am 11. oberhalb der Kapelle ausstelle, hin und her gerissen bin.

Ich bin sicher, daß Dein Kamerad mich gerettet hat. Sterling hat vielleicht dessen Arbeit unterstützt, indem er den Knochen zurechtgerückt hat, aber meine Schmerzen haben nach dem Handauflegen aufgehört.

Ich warte noch auf Gewißheit wegen meines Films. Ein Reinfall wäre sehr schlimm für mich. Ich habe mir diesen Film zu sehr erträumt, als daß er scheitern dürfte.

Das Murchinger–Konzert in meinem Saal in Menton war sehr schön. Du allein fehltest auf dem Programm. Fern von Dir fühle ich mich immer ein wenig um die wahre Sonne gebracht.

Ich küsse Dich.

Jean

PS Lulu organisiert eine Tournee mit *Nein, diese Eltern*. Ich habe verlangt, daß Du den jungen Mann aussuchst und seine Proben leitest. DANKE.

16. Juli 1958

Du mußt in Berlin
"vom Erfolg verwöhnt"
worden sein. Erzähle.

Mein Jeannot,
eine kleine bronchitische Angina mit Fieber, die nach der Vernissage für die Töpferarbeiten ausgebrochen ist, hat mich daran gehindert, nach Venedig zu fahren. (Francine hatte selbst auch einen Rückfall.) Wir werden sicher Samstag abfahren. Ich habe ziemlichen Kummer mit meinem Film gehabt. Gerade dachte ich, alles sei in Ordnung, als Louran, der seine Hilfe versprochen hatte, Thuillier und Daven erklärt hat, daß er von dem Projekt zurücktritt. Du ahnst, daß dieser Film mehr für mich war als ein Film – eine Art *Notwendigkeit* – an der Schwelle zu jenem Alter, wo es mir unmöglich wird, persönlich aufzutreten. Ich weiß sehr wohl, daß das, was sich in der Welt ereignet, viele Vorhaben auf dem Gebiet der Kunst zunichte macht, aber selbst wenn ich dieses Werk in einem Tresor aufbewahrt hätte, hätte ich es machen müssen. Wenn man bedenkt, daß für einen Film von mir nicht soviel zusammenzubringen ist, wie die Vorbereitungen zu den Probeaufnahmen für egal welchen anderen normalen Film kosten würden! Es ist einfach zum Lachen, wenn die Jungen sagen: «Oh! Cocteau, für den ist das einfach. Der kann machen, was er will!»

Was die Tournee von *Nein, diese Eltern* betrifft, bin ich gerade von Marguerite Jamois angerufen worden. Ich habe darum gebeten, daß sie sich wegen der Auswahl des Schauspielers statt an mich an Dich wendet, da unser Protégé[1] zu rasch aufsteigt, wie Lulu sich ausdrückt, um eine Rolle zu interpretieren, für die er extra ans Cap gekommen war, um mich zu bitten, sie ihm zu überlassen (mit Beaume). Natürlich bleibt es dabei, daß die Engagements Paris nicht betreffen. Mir scheint, Marguerite würde gern einen jungen Mann auftun, der ihrer weiblichen Entdeckung für Anne Frank entspricht. Aber es gibt auf der Welt keinen zweiten Jeannot, noch eine zweite Yvonne. Das muß man sich von vornherein klar machen und vergessen, daß der Film von Halbgöttern gespielt wurde. Darum rate ich ihr, nicht nach einem bestimmten Äußeren zu suchen, sondern nach deinem Herzen und einem Talent, denen Du als Vorbild dienen könntest.

Laß schnell von Dir hören. Wenn es nach Samstag ist: ans Hotel Bauer. Venedig. Ich küsse Dich und George.

Dein Jean

Hotel Bauer
Venedig

21. Juli 1958

Mein Jeannot,
unsere Briefe haben sich wie unsere Herzen gekreuzt. Da bin ich nun in dieser vernünftigen und verrückten, lärmenden und stillen Stadt. Ich habe mir gedacht, daß es eine Abwechslung sein würde nach diesem bösen Schlag mit dem Film und den Bronchien.

Ich brauche Dir nicht zu sagen, daß ich mit Dir in der Gondel spazierenfahre und um die Plätze herumschleiche, an denen Ruy Blas und Don César den Tanz angeführt haben.

1. Alain Delon.

Es ist feucht, aber das Jod und das Grün der Adria machen diese Feuchtigkeit weniger ungesund als die Côte d'Azur!

Schreib mir drei Zeilen ans Bauer.

Dein Jean

Hotel Bauer
Venedig

29. Juli 1958

Mein Jeannot,
meine Gesundheit fährt Achterbahn. Einen Tag oben, den nächsten unten. Sicher hat mir die Vorsehung einen Dienst erwiesen, als sie mich dazu gezwungen hat, den Film zu verschieben. Möglicherweise drehe ich ihn nächsten April, vermutlich unter Lourans Fittichen.

Laß bald von Dir hören. Tortorelle[1] wirft sich in die Taubenbrust, läßt das Auge leuchten und grüßt Dich. Und ich, ich bete Dich an und küsse Dich.

Dein Jean

Ich habe schone Strandzeichnungen gemacht.

Santo Sospir
St. Jean Cap–Ferrat

6. August 1958

Mein Jeannot,
da bin ich nun zurück von diesem warmen Wasser auf dem ich in der Gondel unseren Erinnerungen einen Besuch abgestattet habe. Ich habe ziemlich viele Unannehmlichkeiten und körper-

1. Portier des Hotel Bauer.

liche Beschwerden gehabt. Vielleicht habe ich nun meine Strafe dafür, daß ich zu viele Dinge gemacht habe und muß dafür bezahlen, indem ich ein wenig innehalte und mich pflege. *Ich hätte gerne Neuigkeiten von Dir* – denn jedes mal, wenn Deine Schrift auf den Umschlägen fehlt, zieht sich mir das Herz zusammen, und ich mache mir Sorgen.

Schick mir vier Zeilen auf einer Karte.

Dein Jean

10. August 1958

Mein Jeannot,
wie glücklich war ich, Deine Stimme zu hören! Zu fühlen, daß Du weit weg bist, ist immer eine Leere, eine "Strafe" des Schicksals für ich weiß nicht welchen geheimnisvollen Fehler. Als Thérèse mich im Atelier angerufen hat, war ich gerade dabei, mein Buch über Dich noch einmal zu lesen, *und ich war ein wenig stolz darauf*. Weißt Du, daß Beaume mir das Buch mit Deinen Erinnerungen nie geschickt hat. Kannst Du es mir geben, wenn Du eins davon in Marnes hast? Bei den Buchhändlern bekommt man nur die Sagan und Minou Drouet.

Ich liebe Dich.

Jean

Valberg, Freitag

Mein vielgeliebter Jeannot,
ch war bei der Szene mit der Hütte[1] nicht bei Euch. Darum erinnerte ich mich nicht an Valberg, und jetzt wird mir dieses eigenartige Elendsviertel wert und teuer, und ich kann keinen

. Szene aus *Der ewige Bann*.

dieser schönen Abhänge mehr sehen, ohne mir vorzustellen, daß das der Platz ist, wo Moulouk "sich umwandte" und Du riefst, mit Deinen Paketen unter dem Arm. Vorhin hat man mir Deinen Brief gegeben, und da niemand meine Adresse hat, war es der einzige, der mich in Valberg erreicht hat. Ich habe sogleich Doudou gebeten, den Wagen zu nehmen und sämtliche Straßen abzufahren und mich vor diesen ganzen Hütten mit ihren Bretterdächern träumen zu lassen (sie werden jetzt durch Wellblech ersetzt).

Morgen werde ich meinen *discours sur la poésie* fertighaben – das Pendant zu *Message de la France (armes secrètes de la France)* für die Ausstellung in Brüssel. Dieses Auditorium lockt mich wenig. Aber die beiden Abhandlungen enthalten ziemlich viel Neues, und ich muß darüber sprechen, auch zu tauben Ohren. Bereite Dich gut vor. Cimura müßte Dich mit Gold überschütten. Das denkt jedenfalls Yul Brynner. Der charmante Yul Brynner, er hielt Dich für eine Art von Krösus.

Er würde es für eine Schande halten, diesen Film nicht zu machen. Also, ein kleines Licht am Horizont. Ich hoffe, daß es nicht aus dem Haus des Menschenfressers leuchtet.

Ja, wenn Du aufräumst, wirst Du mich wohl an allen Ecken und Enden in der Unordnung finden, und immer mit der gleichen treuen Zärtlichkeit in den Augen.

Jean

23. September 1958

Mein geliebter Jeannot,
ich bin zurück. Die Reise war eine Anstrengung, aber ein wahrer Triumph. Du kennst unsere Kurve. Man mag unsere Erfolge nicht anerkennen. Aber in Belgien, unmöglich sich hinzusetzen. Am 19. haben dreitausend Personen der Botschaft lebhaften Beifall gespendet, und die Ausländer hörten sie mit Hilfe von drahtlosen Kästen in ihre Sprache übersetzt. Am 20. habe ich im französischen Pavillon vor der Königin gesprochen –

kleiner Saal für nur 200 Personen. Lautsprecher verteilten meine Worte über eine unüberschaubare Menge, die in Massen auf Fußgängerbrücken, Leitern, Rolltreppen, Klappstühlen im Freien auf Plätzen versammelt waren, ein einziges Auf und Ab. Es war ein unglaubliches Schauspiel. Die Ausstellung gleicht einer alten, futuristischen Stadt, die in Italien von Archäologen entdeckt worden ist.

Es gab Diners, Mittagessen, zusätzliche Reden im Haus der Künste und für das Radio, das Fernsehen.

Dank des Heilpraktikers von Gourdon (Gebirge) habe ich dieses Spektakel ohne allzu große Schmerzen überstanden, und abgesehen davon, daß mein Gedächtnis während der Rede am 20. einmal ganz kurz ausgesetzt hat, habe ich mich unbeschadet aus der Affäre gezogen. Der Bruder von De Gaulle ist ein sehr netter Kerl. Er hat mir erzählt, daß man ihm den Spitznamen "der kleine Bruder unserer Sorgen" gegeben hat. Was die Volksabstimmung betrifft, so wird mir Dr. Ricœur ein Attest ausschreiben, damit ich Briefwahl machen kann. Er fürchtet, eine sehr schnell aufeinanderfolgende Hin- und Rückreise könnte ein zu großer Schock sein. Doudou wird nach Paris gehen, wo ich einen Händler und eine Galerie für ihn gefunden habe. Er ist dabei, ein sehr schönes, ausladendes Gemälde zu beenden.

Verzeih mir, daß ich Dir meine ganzen kleinen Geschichten erzähle, aber was sonst sollte ich Dir erzählen. Und ich liebe und ich küsse Dich.

Jean

Milly

16. Oktober 1958

Mein Jeannot,
unser Erfolg in Deutschland übersteigt alles, was Du Dir vorstellen kannst. Wenn Du dagewesen wärst, hätte es noch viel mehr Ordnungsdienst gegeben. In jeder Vorstellung hat das Publikum den Film bejubelt und wollte nicht dem Publi-

kum weichen, das noch draußen auf der Straße wartete und uns beim Herauskommen zujubelte. Berlin, das ist Shanghai, gesehen mit den Augen von Hubert Robert, etwas gewaltiges und so intensives, daß wir nach Paris als in eine arme kleine Provinzstadt zurückkehrten. 1958 sind die Besiegten Sieger. Jeder pflegt und verhätschelt sie. Weder Sieger noch Besiegte, verrecken die Franzosen in ihrem Egoismus. Wie glücklich wäre ich gewesen, Dich bei der Studentenvorstellung zu sehen. Sie vergöttern Dich. Dein Portrait erschien jeden Morgen auf der ersten Seite der Zeitungen, ohne daß irgend jemandem auch nur ein Centime abverlangt wurde. Alle Kinos waren mit blau–weiß–roten Blumen geschmückt. Die Presse verfolgte uns überall hin. Das Radio ebenso. Ich war tot vor Erschöpfung, aber es hat sich gelohnt.

Du mußt auf jeden Fall Karsenty bitten, die Tournee durch Deutschland zu machen. Stell Dir mal vor, was das bedeutet. Der General und der Konsul haben mich beauftragt, Dich um diesen Gefallen zu bitten.

Bei allen Vorstellungen weinte das Publikum am Ende des Films (und in Berlin kommt das Volk von der Straße herein). Es ist mir leider klar geworden, daß Frankreich tot ist. In Paris tanzt man in den Kellern. In Deutschland lebt man dort. Und die Gesichter sind offen, fröhlich, euphorisierend. Deutschland ist ein Verwundeter, den jeder pflegt und verhätschelt. Unvergeßliches Schauspiel. Sag es Yves. Und auf daß unser Film dorthin geht.

Ich küsse Dich aus tiefstem Herzen.

Jean

Santo Sospir
St. Jean Cap–Ferrat

Allerheiligen 1958

Mein Jeannot,
es heißt, Du willst bei der Künstlergala Dompteur spielen. Ich

weiß wohl, daß es zwecklos ist, sich Deinen Heldentaten in den Weg zu stellen. Nur dieses mal bitte ich Dich auf Knien darum. In einer Sekunde kann das Schlimmste passieren, und der Schwiegersohn von Strawinsky wurde von einer Löwin (durch die Stäbe des Käfigs hindurch) skalpiert, die einfach nur freundlich zu ihm war. Diese Pariser verdienen es nicht, daß man sein Leben riskiert, und sie selbst sind Bestien, die davon träumen, uns zu entstellen und unserer Hypnose zu entgehen. Wenn Du eine solche Nummer vorbereitetest (und ich werde beten, daß man sie Dir nicht überläßt), würde ich nicht mehr leben und darüber krank werden. Ich glaube, das ist der einzige Grund, der Dich davon abhalten könnte, und darum wage ich, es Dir zu sagen.

Ich küsse Dich.

Jean

24. November 1958

Mein Jeannot,
mit viel Liebe habe ich den Text gemacht, und ich schicke ihn Dir mit der Adresse eines perfekten Übersetzers meines Stils (Hagen, 19, Avenue Payret–Bortail, Robinson, (Seine). Tel.: Rob. 29. 21). Ich bin nicht weiter ins Einzelne gegangen, weil es sich, wenn ich mich nicht irre, darum handelte, Bilder zu unterstreichen, die für sich selbst sprechen.

Sag mir schnell, ob ich Dir eine Freude gemacht habe.

Ich küsse Dich.

Jean

Santo Sospir
St. Jean Cap–Ferrat

7. Januar 1959

Mein Jeannot,
dem Arzt nicht gehorchen, das ist mein äußeres Zeichen des Reichtums. Und Dir zu sagen, daß ich auf meinem Lager, wo ich den toten Mann markiere, an Dich denke – im Grunde ist es ein Glück – denn dieser Sturz konnte mir auch im März passieren und den Film verhindern. Und jetzt, wo Raoul Lévy sich darum kümmert, wäre das eine Katastrophe.

Ich habe gerade ein Buch von James Hadley Chase gelesen (Schwarze Serie–N.R.F.[1]), das ein Meisterwerk für einen Film mit Dir ist (von einem Ende zum andern ein Meisterwerk), die Figur geht in Deine Träume ein: ein Lügner, den fürchterliche Umstände dazu bringen, das zu sein, was er vorgibt.

Alle Rollen großartig, und darüber hinaus kann man über die Bilder des ausgeprägt mythomanischen Kerls – die Augen im Leeren und seine Katze streichelnd – seine Stimme legen, die ausspricht, was er erfindet. *Lies es sofort.* Ich fürchte nur, daß alle Chase–Rechte den Amerikanern gehören. Ich verstecke mich, um Dir zu schreiben, und küsse Dich. Mach Dir keine Sorgen. Ich bin ein ganz Braver und lasse mich pflegen. Ich will nicht abtreten, bevor ich Dich gesehen und mein Testament des Orpheus gemacht habe.

Jean

1. Nouvelle Revue Française (d.Ü.).

Der Arzt möchte, daß ich *mich nicht bewege.*

PS Geliebter Jeannot. Ich glaube, in meiner Müdigkeit habe ich vergessen, Dir den französischen Titel des Buches zu geben, er lautet *Elles attigent*, ein Titel ohne die geringste Beziehung zum Buch.

Dein Jean

Bei der N.R.F. haben sie es sich angewöhnt, irgendwelche Titel zu geben, um die Leserschaft anzuziehen. Eigentlich müßte der Titel "Der Lügner" sein.

Santo Sospir
St. Jean Cap–Ferrat

24. Januar 1959

Mein Jeannot,
Francine hat das Buch für Dich losgeschickt: *Elles attigent*. Ich habe noch ein anderes davon gefunden. [1]

Ein *wunderbarer Film* mit einer *wunderbaren* Rolle für Dich. Eine erstaunliche Rolle für ein junges Mädchen (im Stil der Girardot).

Der Augenblick ist gekommen, wo Du Dich gegen die Dummheiten des Kinos auflehnen und große unanfechtbare Filme vorlegen mußt. (Um so mehr, als sich der Ertrag nach der neuen Regelung nur noch nach dem Prozentsatz richtet, das heißt, nur aufsehenerregende Filme spielen etwas ein.)

Was mich dabei ärgert, ist, daß Amerika Hand auf alle Rechte der amerikanischen Bücher gelegt hat.

1. Jean Cocteau war ein großer Leser von Kriminalromanen. Wenn er einen ganz besonders schätzte, schickte er ihn mir (ich denke zum Beispiel an *L'Œil trouvé* und *La Sirène du Mississippi* von William Irish.)

Du mußt also meinen heißgeliebten Bruce kennenlernen und sein Hubert werden.

Ich fühle mich sehr schwach, aber sehr stark, wenn ich an Dich denke.

Jean

Suvretta House
Saint–Moritz

10. März 1959

Mein Jeannot,
ich bin beunruhigt, wenn ich so gar kein Zeichen von Dir habe. Eine einfache Karte würde mir Freude machen. Zwischen uns gibt es eine Art Membran oder "Nabelschnur", und wenn sie hin und her zerrt, kann ich es nur schwer ertragen.

Nach sieben strahlenden Wochen, von denen wir nur drei Tage auskosten konnten, haben wir leider schlechtes Wetter.

Ich küsse Dich.

Jean

Doudou stellt am 18. aus. Er kehrt ein wenig früher als ich zurück. Wenn du ihm beim Aufhängen helfen könntest, wäre das wundervoll.

11. März 1959

Mein Jeannot,
Dein Brief hat mich buchstäblich erschüttert.[1] Was für einen Freund hättest Du in diesem Phantommenschen gehabt, der im

1. Dieser Brief kündigte den Tod meines Vaters an, den ich acht Tage vor seinem Hinscheiden kennengelernt hatte.

Augenblick des Todes zu leben beginnt. Alles ist entsetzlich und von einer Art mysteriöser Schönheit. Haben wir Vertrauen.

Ich liebe Dich und bin nun Dein einziger Vater.

Jean

Telegramm
Saint-Moritz

Dein Brief erschüttert mich – stop – Bin von nun an Dein einziger Vater – stop – Mein Herz ganz bei Dir und den Deinen.[1]

Jean

Santo Sospir
St. Jean Cap-Ferrat

13. März 1959

Mein guter Engel,
ich höre nicht auf, an dieses schöne und schreckliche Erlebnis Deines Vaters zu denken. Wenn man bedenkt, daß er hätte sterben können, ohne Deine Sonne zu sehen – und ohne, daß Du gewußt hättest, daß er Dich mit der seinen erwärmen konnte. Es ist erbärmlich, sich sagen zu müssen, daß man durch die Schuld von sinnlosen Zerwürfnissen das Beste verpaßt hat. Und Du hast es gefühlt! Wie oft habe ich Dich diese Reise nach Cherbourg planen hören. Du wolltest Moulouk als Eintrittskarte benutzen. Und dieser Mann muß auf Dich gewartet und von Dir geträumt haben. Hast Du Fotografien von Deinem Vater? Hat man ihn auf dem Totenbett fotografieren können?

1. Telegramm, das Jean Cocteau beim Tode meines Vaters an mich geschickt hat.

Nun, da ich Dein einziger Papa bin, würde ich ihn so gerne kennen.

Mein vielgeliebter Jeannot, ich werde am 18. da sein, und ich küsse Dich.

Jean

Santo Sospir
St. Jean Cap–Ferrat

15. März 1959

Mein armer und bewundernswerter Liebling,
Deine Mutter ist eine balzacsche Figur, und Du tust Recht daran, ihr nicht böse zu sein. Aber die Rolle, die sie gespielt hat, bleibt abscheulich. Stell Dir vor, was dieser Mensch, der so etwas wie ein Heiliger war, in dem Glauben gelitten haben muß, Du seist sein Feind.

Es hat mich ganz krank gemacht, Deinen Brief zu lesen, der mich heute abend erreicht. Doudou war gerade abgefahren. Seine Ausstellung öffnet am 18. Ich werde da sein.

Du sollst wissen, daß ich immer an Deine Mutter geschrieben und telegraphiert habe, aus einer entsetzlichen Angst heraus, sie könnte eine Höllenmaschine zwischen uns konstruieren.

Ich hatte recht, und die Tragödie, die Du eben durchlebt hast, beweist es mir.

Ich hoffe, daß Dein Vater in dem *Bewußtsein* gestorben ist, wer Du bist, und daß der Brief eine Fälschung war.

Von nun an Dein einziger Papa.

Jean

Ich habe während meiner Krankheit an einem beachtlichen Strom von Worten mit dem Titel *Requiem* gearbeitet, und ich werde mit all meiner Kraft gegen die falschen Ehrenworte dieser Herren ankämpfen, damit ich meinen Film[1] machen kann. Ich bin *verpflichtet*, das zu tun.

1. *Das Testament des Orpheus.*

Santo Sospir
St. Jean Cap–Ferrat

Samstag, 6 Uhr

Mein Jeannot,
bevor ich in den Wagen zum Flughafen steige, küsse ich Dich.

Jean

Picassos Adresse: "La Californie", Avenue Costa Bella, Cannes.

Milly

20. März

Mein Jean,
ich war sehr gerührt, Doudou von Deiner "Großaufnahme" erzählen zu hören. Er hat endlich seine Steppen des Schweigens verlassen. Die Augen traten ihm aus dem Kopf. *Sein Herz wußte nicht, wie es Dich beschreiben sollte* (*idem* Bovy).

Sag ihm nicht, daß ich wegen der Azalee mit roter Krawatte gepetzt habe. Er würde es mir übel nehmen, daß ich Dir diese Überraschung nicht nach der Ausstellung mache.

Ich küsse Dich.

Jean

Santo Sospir
St. Jean Cap–Ferrat

5. April 1959

Mein Jeannot,
gib mir ein kleines Zeichen von dir, damit ich nicht weiter im Ungewissen bleibe.

Stell Dir vor, daß ich unten in einem Schrank ein Bild – Portrait von George – gefunden habe, das wir damals beiseitegeräumt haben und das eine große Ähnlichkeit angenommen hat und sehr schön geworden ist. Ich werde es Dir am 15. mitbringen.

Am Himmel und in meinem Herzen wechseln sich hier Sonne und Regen ab.

Der Film nimmt Formen an, weil ich mich von allen Versprechungen losgesagt habe und als Freischärler durchschlage.

Ich küsse Dich.

Jean

27. April 1959

Mein Jeannot,
ich habe das Problem *von allen Seiten* betrachtet. Wenn man Dir ein Portrait von Dir bringt, das einer dieser armen Kerle gezeichnet hat, die eine Fotografie schlecht wiedergeben, mit der Bitte, es zu verbessern, was würdest Du tun? Es wäre Dir unmöglich, dieser Zeichnung eine lebensvolle Linie zu geben oder ein lebendiges Auge inmitten toter Linien einzufügen. Dein Dialogautor kann kein Französisch und verläßt sich nur auf Deine "Präsenz". Er weiß schon, was er tut. Du kennst mich. Wenn die Sache möglich wäre, würde ich alle meine Arbeiten vernachlässigen, um Dir zu Hilfe zu kommen. Aber leider ist es bereits getrockneter Ton – man kann ihn nicht mehr formen.

Er (der Regisseur) kann sich nur aus der Affäre ziehen, wenn er sich der Rue Quincampoix und dem visuellen Stil der Epoche zuwendet – einem Stil, von dem die Dialoge keinerlei Eindruck vermitteln.

Verzeih mir, aber da gebe ich mich von vornherein geschlagen.

Ich küsse Dich.

Dein Jean

Santo Sospir
St. Jean Cap–Ferrat

Mai 1959

Mein Jeannot,
ich war sehr traurig, daß ich Dich am Sonntag verpaßt habe. Ich war mit Francine auf dem Meer. Nach drei Tagen Festival (ich eröffnete die Vorstellung der Filmautoren) habe ich *die Flucht ergriffen*. Am 14. gehe ich wieder hin, weil die Jury mich zum Diner einlädt (nicht wie im letzten Jahr).

Der Kleine, Jean–Pierre Léaud, der *großartig* ist in dem Film von Truffaut, hat mir viele Grüße für Dich aufgetragen. Er schien mir zu verstehen, daß Papa und Mama denen aus dem Film ähnlich waren und daß das Genie des Bengels daher kommt, daß er von sich gibt, was er auf dem Herzen hatte.

Ich finde den Film bewundernswert, und ich wäre erstaunt, wenn Du meine Meinung nicht teiltest. Dieser Film hat Clément und gewisse Kollegen, denen seine Schönheit auf die Füße tritt, außerordentlich mitgenommen.

Das sind die Neuigkeiten aus Cannes. Hier dagegen herrscht Ruhe. Ich arbeite an meiner Londoner Kapelle und einem Vorwort für einen Bildband mit ungefähr hundert Dokumenten zu Rimbaud.

Gerade herausgekommen, *Meditérranée*, das Buch von dem verrückten jungen Mädchen: Michèle Meunier. Nichts gleicht dem Genie so wie der Wahnsinn, und ich frage mich, ob dieses Buch über mich nicht meine Apotheose ist (eine vertrauliche – denn ihr Buch kann sich einfach nicht gut verkaufen) – was mich stutzig macht, ist, daß sie auf der ersten Seite als bereits veröffentlicht ankündigt: *Un acteur d'avent–garde* – Jean Marais. Ich hatte in ihren zahlreichen Briefen und Telegrammen nie von diesem Buch über Dich gehört. Denn sie glaubte, daß ich die Veröffentlichung ihres Buches verhindern und es von R. plagiieren lassen würde.

Kennst Du dieses Buch über Dich, oder ist es ein Vorhaben, das sie ankündigt? *Sag es mir*. Sie ist unfähig, eine klare Antwort zu geben.

Mein Jeannot, ich schwatze und schwatze und frage Dich nicht, was es bei Dir Neues gibt und ob Dein Heilmittel weiterhin gut anschlägt. Mir tut es sehr gut, und es scheint die gleichen Auswirkungen auf meinen Charakter zu haben wie auf Deinen.

Ich küsse Dich und George.

Jean

PS Mit dem Film scheint für September alles zu klappen.

Santo Sospir
St. Jean Cap–Ferrat

30. Mai 1959

Mein Jeannot,
ich hatte keine Ahnung, daß George Joséphines Revue verlassen hat. Und ganz plötzlich, aufgrund Deines Schweigens, habe ich Angst bekommen, daß die Erschöpfung dich krank gemacht haben könnte. Wenn es mit dem Herzen zusammenhängt, flehe ich Dich an, *mit Empfehlung von mir Professor Soulié aufzusuchen.* Heute abend hat mir ein junger Mann, der aus der Kapelle kam und fürs Radio arbeitet (Roger Pillardis), von den Ohnmachtsanfällen erzählt. Du weißt, wie sehr sich für mich alles, was Dich berührt, so aus der Distanz immer mehr ausweiten kann. Ich habe Dir heute morgen ein Telegramm geschickt. Aber ich werde erst beruhigt sein, wenn Du mir durch einen Brief erklärst, was daran wahr ist und was nicht.

Die Lügen der Presse kenne ich aus eigener Erfahrung.

Dieses Wort, "Ohnmachtsanfälle", so mitten in Deiner Erschöpfung, Deinen Kümmernissen und Deiner Arbeit am Theater, hat mich in Angst und Schrecken versetzt.

Schreib vier Zeilen.

Dein Jean

Montag

Mein Jeannot,
ich habe versucht, dich anzurufen, aber das ist ebenso wie bei mir zu Hause ein aussichtsloses Unterfangen.

Die ganzen letzten Tage mußte ich Doudou beim Wiederaufnehmen und Zusammennähen helfen. Das Ehepaar Petit legt keinen Wert darauf, ein Ballett[1] zu unterstützen, in dem Zizi nicht mehr tanzt (und ich frage mich, warum).

Hast Du Deine Karten? Wir haben nicht einmal unsere eigenen, und von mehreren Seiten beklagt man sich bei Francine darüber, nichts bekommen zu haben. Ruf bei Cravenne an. Es wäre mir lieb, wenn Du ein Ballett sehen könntest, das zwar kein Meisterwerk aber sehr reizvoll ist.

Dein Jean

Versuche, Dein Kostüm aus *Œdipe* (letzter Akt) wiederzufinden, wenn nicht, werde ich Dir ein neues machen, oder vielmehr werde ich Dich bitten, Dir ein neues zu machen.

Santo Sospir
St. Jean Cap–Ferrat

22. Juli 1959

Mein Jeannot,
ich hatte solche Angst, daß man uns mitten im Satz trennt, daß ich mich zu schnell von Dir verabschiedet habe. Francine hatte ein Gespräch nach Spanien angemeldet, wo Carole bei den Balenciagas wohnt. Sicher hat das die Telefonistinnen dazu gebracht, so zu drängen. Wir fahren morgen nach Vaison–la–Romaine, damit wir nicht in der Sonne reisen müssen. Ich werde versuchen, Dein Kostüm mitzunehmen und es in der Villa zu behalten. Wahrscheinlich werde ich ein oder zwei Groß-

1. Ballett von Roland Petit, Bühnenbild von Édouard Dermit: *La Dame dans la lune*.

aufnahmen von Deinem Gesicht machen. Also denk daran, denn niemand kennt den Unterschied zwischen Theater und Film besser als Du.

Ich werde eine Aufnahme machen, auf der zuerst die Maske erscheint, und eine andere, auf der von vorn bis hinten Du erscheinst. Du kannst Dir schon denken, daß ich im Endeffekt die letztere wählen werde.

Ich küsse Dich von ganzem Herzen.

Jean

Ich bin sehr stolz auf die Kapelle von Milly. Nur brauche ich Dein Imprimatur.

Santo Sospir
St. Jean Cap–Ferrat

1. August 1959

Mein Jeannot,
nun bin ich zurück aus Vaison–la–Romaine, und wie sollte man sich Dich in dieser nächtlichen Herrlichkeit mit dem Gesang der Kröten und der Eulen nicht vorstellen.

Ich habe Germaine Montéro gebeten, das *Œdipe*–Kostüm an sich zu nehmen und es mir im September mit an die Côte zu bringen. Wir werden einen langen weißen Stock finden müssen, da Du ihn mir im Film durch Antigone (blinder noch als Ödipus) überreichen läßt.

Laß von Dir hören.

Ich küsse Dich.

Jean

Santo Sospir
St. Jean Cap–Ferrat

9. August 1959

ich weiß wohl, daß Du mit Arbeit überlastet bist, während ich träge in der Sonne liege und es mir gutgehen lasse. Aber ohne Nachricht von Deiner Hand verspüre ich eine entsetzliche Leere. Zwei Zeilen auf einer Karte, ein Telegramm sind genug.

Die Montéro hat Dein Kostüm an sich genommen und wird es mir mit ans Cap bringen. Es ist so etwas wie die Gewißheit, daß ich Dich sehen werde, und wenn es nur für einen einzigen Septembertag ist.

Schreib mir, daß es Dir gutgeht und daß der Wunderdoktor findet, daß Du in guter Verfassung bist. Sag ihm, daß ich das Aicine weiternehme und ihm all meine Dankbarkeit zum Ausdruck bringe.

Ich küsse Dich, mein lieber Engel, und George.

Jean

Santo Sospir
St. Jean Cap–Ferrat

Sonntag

Mein Jeannot,
es war eine wahre Wonne, Dich zu hören, aber ich würde es vorziehen, Dich zu hören und zu sehen. Ich freue mich auf unsere nur allzu kurze Arbeit, und *ich möchte, daß Du daran denkst, ganz furchtbar schön zu sein (Du)*, und wenn Bart, dann einfach nur ein wenig grauer Flaum. Ich will Dein eigenes Gesicht, und wenn Du damit einverstanden bist, kann Madame Janet, die meine falschen Augen macht, Dir welche davon vorbereiten. Sie werden auf die Lider geklebt. Madame Janet ist die Fee der *Schaukästen* und wird bei uns sein wegen der Details der Masken, die auf der Leinwand zu grob sind. Die Optik ist nicht die-

"SANTO-SOSPIR"
St JEAN CAP-FERRAT
☎ 251-28

Dimanche

Mon Jeannot

C'était bien doux de t'entendre mais je préférerais t'entendre et te voir. Je me réjouis de votre bonne besogne et je voudrais que tu penses à être terriblement beau (toi) et où il y a barbe, une simple petite moustache grise. C'est ton visage à toi que je veux et si cela te convient madame Janet qui fait mes faux yeux peut t'en proposer. On les applique sur la paupière. Madame Janet est la fée des vitrines et tire pas de nom pour le détail de

selbe im Theater. Laß nur. Ich versuche, mich kräftig und nicht allzu häßlich zu machen.

Gib Nachricht von George.

Ich küsse Dich.

Jean

Santo Sospir
St. Jean Cap–Ferrat

Montag

Mein geliebter Jeannot,
wir sind hier wie im Brutkasten, und während ich, den Körper voller Schweißperlen, fürs Fernsehen drehe, denke ich an Deine Hände. Ich bin ganz ruhig, was die Schönheit Deiner Arbeit betrifft. Stell Dir vor, daß Jean–Pierre in dem Film "als Statist" auftreten möchte. Aber es handelt sich doch nun mal um kein Akkordeon, und ich kann keine Verlängerungsstücke anfügen.

Mach Dir nicht zuviel Gedanken über das Gewand. Je schmutziger es sein wird, desto schöner, nach diesen Tragödien mit der Pest und den Augen. Ich frage mich sogar, ob der Bart unbedingt notwendig ist – wo *Du* doch dieser Ödipus bist, dem ich blind begegne – (die zwei Blinden) Perücke, vielleicht, mit dem schönen roten Band von Mounet–Sully oder was auch immer Dir zusagt. Wir werden auch einen langen weißen Blindenstock brauchen. Aber darum kümmere ich mich.

Ich habe mit Crémieux das gleiche Problem wie mit Dir. Mach Dir keine Sorgen, ich werde es so einrichten, daß unser ganzer Plan zwischen Deine beiden Aufführungen paßt.

Ich werde Dir Claude Pinoteau schicken, der das arrangieren wird.

Ich küsse Dich.

Dein Jean

Die kleine Antigone aus Vaison ist bemerkenswert. Ich habe Lust, sie zu nehmen.

"SANTO-SOSPIR"
St JEAN CAP-FERRAT
℡ 251-28

Lundi

—

Mon Jeannot chéri

Nous sommes dans une étuve
et je pense à ta misère en
tournant pour la télévision
avec des fleuves de sueur sur le
corps. Je suis bien tranquille
en ce qui concerne la beauté de
ton travail. Figure toi que
Jean Pierre voudrait "figurer"
dans le film – mais [illegible] ce
n'est pas en accordéon et je ne
peux y mettre de rallonges.
Ne t'inquiète pas pour la robe

Plus elle sera sale plus elle sera belle après ce drame de la peste et des yeux.

Je me demande même si la barbe est indispensable — puisque cet orage. c'est toi qui je crois e aveugle — (Les 2 aveugles) Perruque, peut être, avec le beau ruban rose de Mounet Sully, n'importe quoi qui te convienne.

Il faudrait aussi une longue canne blanche d'aveugle. Mais je m'en charge.

J'ai le même problème que pour toi au cinéma. Je t'enjoins de t'arranger à Marais à ce que tu notes peu de temps entre tes 2 spectacles. Je t'enverrai l'adresse Pirotteau qui t'arrangera cela. Je t'embrasse ton Jean

x

Le petit autographe à Volo et Mesquelles d'ami à la presse.

12. September 1959

Mein Jeannot,
ich hatte vor, heute nachmittag bei Delannoy vorbeizukommen, aber Edwige hat mich gebeten, die Fernsehsendung mit ihr zu machen. *Wir haben die Presse geschlagen*, aber man muß *durchhalten*.

Ich küsse Dich.

Jean

Mein Jeannot,
daß Du kommst, ist mein Glück.

Picasso und Dominguin haben gestern gedreht. Picasso enttäuscht, Dich nicht zu sehen. Ich habe den allerschönsten Hintergrund für Dich.

Santo Sospir
St. Jean Cap–Ferrat

3. Oktober 1959

Mein geliebter Jeannot,
glücklicherweise finde ich deinen Brief auf einem schrecklichen Haufen von Briefen. Was ist los?[1] Ich kann es nicht ertragen zu wissen, daß Du unglücklich bist, es ist zu furchtbar. Sag mir, was Du für Kummer hast und ob Du willst, daß ich den Film aufgebe und zu Dir komme. Nichts zählt neben Deinem Kummer, und der Gedanke, daß Du leidest, ist mir unerträglich. Ich beschwöre Dich, mir alles zu erzählen, was Dich unglücklich macht, auch das Geringste. Es ist zu ungerecht!

1. Dieser Brief ist geschrieben worden, nachdem eine Freundschaft zu Bruch gegangen war.

In der Victorine komme ich zu uns zurück, zu *Der ewige Bann*, zu diesen Studios, in denen wir unseren Flug begonnen haben. Mein schöner Engel. Schreib mir unverzüglich, was Dich quält und ob ich Dir zu Hilfe kommen soll.

Ich küsse Dich.

Jean

Santo Sospir
St. Jean Cap–Ferrat

8. Oktober 1959
7 Uhr morgens

Mein Jeannot,
schnell ein Morgengruß, bevor Marcus[1] und sein Kasten eintreffen. Heute morgen werde ich dem Briefträger auflauern, der mir sicher Nachricht von Georges Gesundheit und Deinem leidenden Herzen bringen wird. Dich fern von mir und unglücklich zu wissen, wird immer unerträglicher. Und die Gründe Deines Schmerzes nicht genau zu kennen. Aber das ist nicht so wichtig. Darin bin ich wie Vater und Mutter. Dein Schmerz ist Dein Schmerz und nichts anderes. Die Gründe zählen nicht. Was zählt, ist allein Dein Kummer.

Dein Jean

Montag

Mein Jeannot,
es ist nicht möglich, daß etwas Häßliches von Dir ausgeht. Also ist es eine Schönheit, die sich unter dem äußeren Erscheinungsbild der Betrübnis und eines Mißgeschicks der Vorsehung verbirgt.

1. Maskenbildner

Sieh Dich genau um in Deiner Nacht, so wie ich mich anstrenge, es in meiner zu tun. Die Karten müssen *falsch verteilt* sein – es muß Glück geben, eine "verkehrt herum ausgelegte" Chance, und Du hast mir beigebracht, mir zu sagen, daß ich recht hatte, als ich schrieb:

"Wie häßlich das Glück, das man sich erwünscht,
Wie schön jenes Unglück, das man erhielt"

in *L'Ange Heurtebise*.

Mein Jeannot, Du hast mir niemals Kummer bereitet – ein wenig Schatten, wenn die Sonne sich wendet und untergeht – mach Dir *keinerlei* Vorwürfe. Wir sind die Diener einer Vorsehung, die ihre Befehle erteilt und der wir nicht ungehorsam sein dürfen.

Ich denke in jeder Minute an Dich.

Jean

Oktober 1959
Sonntag

Mein lieber Engel. Es ist nicht mehr möglich, mit diesem beklemmenden Wissen zu leben, daß Du unglücklich bist. Ich verfluche die Entfernungen und die Arbeit, die uns trennt. Ich bin sicher, daß ich Dich zur Ruhe wiegen und verhätscheln und Dir so viel sanfte Zufriedenheit und Wärme geben könnte, daß der Eisblock um Dein Herz schmelzen würde.

In der Victorine kann ich den Schatten gerade noch vertreiben, so wie Claude den seiner Trauer, weil mit den Künstlern, die einen aufführungsfreien Tag haben, unbedingt schnell gedreht werden muß.[1] Aber dieser leere Sonntag ist ausgefüllt mit Deinem traurigen Gesicht, und es macht mich ganz krank. Gibt es ein Heilmittel auf dieser Welt? Ich werde laufen, um es Dir zu holen.

Jean

1. Während der Dreharbeiten zu *Testament des Orpheus* geschriebener Brief.

Oktober 1959

Mein guter Engel,
verzeih mir diese Flut von Briefen und Telegrammen, ich kann nur seit Deinem Brief nicht mehr leben, und selbst Dein Schweigen macht mir Angst. Du darfst nicht unglücklich sein, weil es unerträglich ist, wie eine zu große Ungerechtigkeit – wie ein Mißklang des Schicksals. Vielleicht wird der Briefträger mir Neuigkeiten bringen. Ich drehe um 8 Uhr und werde nach seinem Fahrrad Ausschau halten. Das ganze Team fragt sich, was ich habe, was mit mir los ist. Was ich habe, das bist Du – immer.

Jean

Santo Sospir
St. Jean Cap–Ferrat

9. Oktober 1959

Mein Jean,
ich hatte es verstanden, aber ich wollte es nicht verstehen. Es ist schwer für mich zu sagen, was ich denke, weil ich der Ansicht bin, daß fast niemand auf der Welt Deiner würdig ist.

Ich schreibe Dir zwischen zwei Einstellungen. Doudou ist gerade kopfüber untergetaucht – und in fünf Minuten verziehe ich mich wieder ans Wasser.

Denke jede Minute an Dich.

Jean

Santo Sospir
St. Jean Cap–Ferrat

10. Oktober 1959

Mein guter Engel,
Du darfst Dir nicht selbst Unrecht tun und Deinen Edelmut den anderen anrechnen. Du bist eine Sonne, und die, die sich nicht daran wärmen, sollen sich zum Teufel scheren. Ich würde Dich gern inmitten einer Familie strahlen sehen – Dich mit einem netten Mädchen verheiraten und ein Kind haben. *Niemand hat das Recht, Dir weh zu tun.*

Ich liebe Dich.

Jean

Santo Sospir
St. Jean Cap–Ferrat

10. Oktober 1959

Mein Jeannot,
niemals genug der Briefe, weil ich doch nur diesen armseligen Strom von Tinte habe, um zu Dir zu gelangen. Warum habe ich Dich nicht in meiner Nähe; Du würdest mir Mut geben, und ich würde schon wissen, wie ich Dir Kraft geben kann. Es regnet, aber ein Tag ohne Wolke am Himmel – an dem Doudou sich in voller Montur ins Meer stürzt. Dieser Regen ist ein weiteres Mittel, mit dem der Film mir meine Dummheit zu verstehen gibt. (Er hat sich sechsmal dieser Methode bedient), weil ich vergaß, in der überdachten Straße in Villefranche zu drehen, die tausendmal geheimnisvoller ist als der Rundweg am Hafenbecken. Ich richte mich Montag dort ein.

Soweit meine kleinen Geschichten, während derer ich nur an Dich denke, an Deinen Schmerz, an die Mittel und Wege Dir zu helfen, diesen Teufel zu besiegen, der sich an der Schönheit vergreift.

Ich umarme Dich ganz fest.

Jean

11. Oktober 1959

Mein Jeannot,
ich bin recht erschöpft von meiner Arbeit. (Außer Dir und mir kenne ich niemanden, der sie ausführen könnte), aber nichts würde mich daran hindern, Dir zu schreiben, Dir das Wenige an freien Minuten zu weihen, die ein gräßlicher "Wirtschaftlichkeits"-Rhythmus mir läßt. Bisher schien eine Art Glück von einem Willen des Films auszugehen – aber es ist möglich, daß ich dieses Glück träume, daß es mich verläßt und der Regen mich bewegungsunfähig macht. Ich muß sogar wegen einiger Übergänge zwischen den Bildeinstellungen für zwei Tage nach Val-d'Enfer zurückkehren. Aber Val-d'Enfer – in Cap, in Villefranche – überall begleitet mich Dein liebes, trauriges Gesicht und verläßt mich nie.

Dein Jean

Oktober 1959
Ich weiß noch nicht einmal
mehr das Datum

Mein Jeannot,
da treibe ich nun den Film voran und gehe ohne allzu große Erschöpfung aus dieser Arbeit hervor. Ich habe Glück mit dem Wetter gehabt und fühlte mich von einer geheimnisvollen Macht beschützt.

Nicht eine Minute habe ich gedreht, ohne an Dich zu denken und daran, was Du mir gesagt hast, das ich tun soll. Ich kann Dir gestehen, daß wir bei dem Film gemeinsam Regie geführt haben. Ich werde heute abend im Baux sein, wo ich mit einigen verunglückten Einstellungen noch mal von vorne beginne. Dienstag kehre ich nach Cap zurück – und Donnerstag komme ich zu Dir.

Ich küsse Dich.

Jean

Le testament d'Orphée
Jean Cocteau

Mittwoch

Mein Jeannot. Ich bin in einem sintflutartigen Regen aus Val-d'Enfer zurückgekehrt. Sicher hatte der Film (der macht, was er will) das nötig, denn es wurden Wind und die Grautöne der Dämmerung gebraucht. Heute morgen wolkenloser Himmel – wenn das anhält, wird dem Film noch die nötige Zeit für Isoldes Szene und den Real-Zwischenschnitt bleiben. Es gibt da etwas Seltsames und Unbestreitbares, das immer einem Antriebswillen entspricht, der von einem anderen, sehr geheimnisvollen Willen verdrängt wird. Wenn die Sonne mir hilft, werde ich Sonntag losfliegen. Am 2. muß ich in London sein, um die Jungfrauenkapelle auszumalen – am 7. und am 9. mache ich *Ödipus Rex* mit Strawinsky – am 12. verkleide ich mich, um für Jean Rostand Pate zu spielen. Danach schneide ich den Film. Ich werde auch Montag und Dienstag mit H. Torrés drehen, den Abspann "spielen" und eine mit Rauch gefüllte Seifenblase filmen, die auf der Spitze meines Messers zerplatzt.

Ich erzähle dir meine Geschichten ... Erzähle Du mir Deine. *Nie habe ich mich Dir so nahe gefühlt wie seit Deiner Einsamkeit.* Du sollst wissen, daß ich Dich nicht verlasse und nur aus Gründen nicht in Marnes wohne, die mit den Dingen des Herzens nicht das Geringste zu tun haben.

Mein lieber Engel, bei meiner Ankunft heute nacht habe ich einen schrecklichen Berg von Briefen vorgefunden. Ich habe nachgewühlt, Deinen gefunden – und mit Deinem Brief auf meinem Herzen ruhig geschlafen.

Jean

Telegramm

Dein Lagardère hat selbst bei den schwierigsten Köpfen durchschlagenden Erfolg – stop – Aragon hat Madeleine telefonisch seine Begeisterung mitgeteilt, damit ich beim Erwachen davon weiß – stop – Ich sehe den Film Montag und küsse Dich – Jean

1960

27. Januar 1960

Mein guter Engel,
der Bucklige trägt ebensoviele Träume in seinem Buckel wie Lagardère unter seinen Locken. *Du bist doppelt bewundernswert*, und, wie damals im *Bouffes du Nord*, stößt der ganze Saal bewundernde Schreie aus.

Verloren war nicht der Enthusiasmus, sondern die Gründe dafür, überhaupt welche zu haben und auszudrücken.

Ich küsse Dich.

Dein Jean

Suvretta House
Saint–Moritz

26. Februar 1960

Mein Jeannot,
wieder einmal geht eine Flut von Unrat (die Presse) über meinem Kopf und meinem Herzen nieder. Madame du Breuil geht so weit, mich als «jämmerlichen Hanswurst» zu bezeichnen. Wenn ich sie ertrage (leider schwer), dann nur, weil ich Deine Stimme mir die Dinge habe sagen hören, die man am liebsten hört. Mein lieber Engel, zu leben? *Und vor allem, zusammen zu leben.*

Ich küsse Dich.

Jean

Suvretta House
Saint–Moritz

7. März 1960

Mein Jeannot,
das ist eine seltsame Geschichte. Da bist Du nun wie ich von Malraux mit dem Orden der schönen Künste dekoriert, während Du doch mit der Ehrenlegion gerechnet hattest. Der *Figaro* hatte Verwirrung gestiftet. Und abgesehen davon, daß ich mich freue, gemeinsam mit Dir zu etwas ernannt zu werden, ändert es nichts und trägt nicht besonders zu unserem Ansehen bei.

Was den Film betrifft, macht Thuilliez ein langes Gesicht, weil die Einnahmen nicht immer so sind, wie er hoffte, aber ich erhalte eine Flut von *wunderbaren und reizenden* Briefen, die soviel wert sind wie alle Einnahmen der Welt zusammen. Es ist normal, daß ein langwieriger Film wie *Das Blut eines Dichters* den üblichen Anforderungen nicht entspricht und den Zuschauerkreis der Müßiggänger und Sonntagsbesucher nicht anzieht. Andererseits fasziniert er die Jugend und die Schulen. Das ist die Hauptsache. Der kommerzielle Erfolg wird aus Deutschland, Amerika und Brasilien kommen.

Im übrigen ist das ganze Team, abgesehen von Thuilliez, ganz *hingerissen* und hatte nicht mit einem solchen Widerhall gerechnet.

Unsere, Deine und meine, *Art des Erfolges* ist schwer verständlich für einen Thuilliez, der mit jedem Sou rechnet, ohne selbst einen Centime in die Angelegenheit investiert zu haben.

Ich küsse Dich.

Jean

14. März 1960

Mein vielgeliebter Jeannot,
da bin ich nun zurück und völlig erschöpft davon, aus einem Fenster in zweitausend Metern Höhe in diese Autogarage gefal-

len zu sein, zu der Paris geworden ist. Wie schade ist es, nicht in Santo Sospir sein zu können und die Vorstellungen zwischen Nizza und Monte–Carlo zu verfolgen. Es stimmt allerdings, daß das Nizzaer Publikum vor sich hindämmert. Erzähle mir, ob es Euch gelingt, seinen Stumpfsinn zu besiegen. Hier bringt der Film viel Liebe ein und wenig Geld. Monroy und Thuilliez verstehen es nicht, ein langwieriges Werk richtig zu vermarkten und wundern sich über den Rhythmus, den wir längst auswendig können (den von *Die Höllenmaschine* unter anderem). Ich habe niemals ein Publikum wie Giraudoux gehabt, das zum Intelligenz–Frondienst kam ... Nach dem Andrang der Jugendlichen, begnügt sich der Rest des Publikums damit, die Artikel zu lesen. Es sind vortreffliche darunter.

Mach Dir keine Sorgen. Ich habe viel Stoff und keinerlei Eile. Ein billiger Film hat kein Geld für Werbung übrig. Egal. Er wird trotz der Menschen seinen Weg gehen.

Ich küsse Dich aus tiefstem Herzen.

Jean

Die Kinokreise bilden sich ein, daß man einen Gedichtband verkaufen kann wie *Vom Winde verweht*.

St. Jean

16. Mai 1960

Mein Jeannot,
ich mache eine miese Phase durch – Zahnärzte und Erschöpfung. Darüber hinaus habe ich bei Dir den Eindruck gehabt, daß Du Dich beherzt gegeben hast, um mir keinen Kummer zu bereiten. Der Tod des charmanten Ali Khan macht die Dinge nicht besser – und verlängert die Liste der sinnlosen Trauerfälle. Mein lieber Engel, schreib mir vier Zeilen zwischen zwei Akrobatenstücken in dem Film.

Heute morgen habe ich Deine Silhouette als Ödipus für das Filmjournal (von Pallardin) gezeichnet.

Ich kann es schlecht ertragen, fern von Dir zu leben.
Ich küsse Dich und bewundere Deine Seele.

Dein Jean

St. Jean

Mein Jeannot,
dies wird Dich mit Verspätung erreichen. Aber ich küsse Dich zu unserem Namenstag. Leider denken nur wenige Leute daran (soweit es mich betrifft).

Laß uns uns in alle Ewigkeit und auch danach noch lieben.

25. Mai 1960

Mein Jeannot,
ich denke jeden Tag an Deine Akrobatenstücke, und ich bete, daß alles gutgeht. Nächste Woche werde ich in Paris sein und nach Marnes eilen, um Dich zu umarmen und zu küssen, nachdem ich Dich in den Proben zu *Adler* "gerupft" habe. Delannoy scheint nicht zu wissen, wovon er spricht, was die Rolle der Prinzessin und von Nemours angeht. Im Moment denkt er an Grinda, einen ausgesprochen dämlichen Tennischampion von falscher, leerer Schönheit. Ich werde versuchen, dem Einhalt zu gebieten.

Du hast so oft wiederholt, Du seist "zu alt", daß die Leute Dir geglaubt haben. Das ist nicht richtig. Du bist die Jugend selbst, *die wirkliche*.

Ich küsse Dich.

Dein Jean

4. Juni 1960

Mein guter Engel,
nun bin ich zurück, um *Der Adler* zu proben. Ich wollte nicht ersetzen, was unersetzbar ist, es wäre auch lächerlich, das zu versuchen. Darum bemühe ich mich, einen jungen Unbekannten abzurichten.

Und in jeder Minute wirft Deine liebe Sonne ihren Schatten zu mir herüber. Unbeantwortet gebliebene Briefe und Anrufe lassen mich annehmen, daß Du in der "Außenwelt" drehst. Ich werde Sonntag und Montag in Milly bleiben. Wie Dich erreichen?

Dein Jean

PS In der Toulouser Zeitung beschimpft mich Cuny wie ich noch nie jemanden habe schimpfen hören. Ich frage mich nach dem Grund für diesen Haßausbruch, der so verrückt ist, daß er mir nicht das geringste ausmacht, denn man muß schon sehr unglücklich sein, um so zu handeln. Wie eigenartig ist doch das Schicksal eines Mannes, der nie Böses getan hat und dennoch beschuldigt wird, ein verlogenes und betrügerisches Ungeheuer zu sein. Allem Anschein nach ist das ein Kreuz, das mir zu tragen auferlegt ist.

Gerade sagt man mir bei Dir, daß Du heute abend zurückkommst.

24. Juni 1960

Mein vielgeliebter Jeannot,
ich sagte die Wahrheit, als ich behauptete zu wissen, daß es viele Talente und viel Geschick gibt *und keinen einzigen bedeutenden Darsteller für Hauptrollen*. Nach dem Tod von Gérard bleibst Du *der einzige*. Es ist eine Tragödie. Ich habe mit Simone darüber gesprochen, mit Vermorel, überall die gleiche Unzulänglichkeit. Die Rolle des Stanislas wird verhindern, daß das Stück wieder aufgenommen wird, so wie die Rolle der Königin in *Die*

Ritter. Was *Die Prinzessin von Clèves* angeht, hat Delannoy eine Niete im Auge, die Du einfach nicht zur Frau haben kannst. Es ist furchtbar.

Nachdem der Film und das Kartell[1] die Schauspieler auf dem Altar der Regie und des "nur nichts tun" geopfert haben, ist es unmöglich, einen Jungen zu finden, der Deine Nachfolge antreten würde. *So etwas gibt es nicht*, und mit Edwige ist es nebenbeibemerkt unmöglich (selbst wenn er es könnte), einen zu jungen Künstler zu nehmen, der sie aus dem Gleichgewicht bringen und sie älter machen würde. Du allein könntest die Rolle wiederaufnehmen, und da stehen wir nun, im Regen, weil die "Jugend" Dein Genie und Dein Feuer, die die wahre Jugend sind, nicht ersetzen kann.

Ich nehme an, daß ich Dir nicht erst zu sagen brauche, daß die Journalisten nichts von dem verstehen, was ich sage, und es verkehrt wiedergeben.

Gerade in dieser Minute und während ich Dir schreibe, werden Deine Blumen gebracht. DANKE. Ich küsse Dich aus tiefster Seele und bin traurig, weil meine Stücke ohne Dich unspielbar werden.

Jean

Mein Sankt Johannis

Mein Jeannot,
ohne Dich hat der Adler nur einen einzigen Kopf.

Und vielleicht noch nicht einmal das. Ich weine.

Dein Jean

1. Dullin, Jouvet, Baty und Pitoëff bildeten das Kartell.

Montag
Ich komme aus Milly zurück, wo ich mein Kirchenfenster gemacht habe.

Mein Jeannot,
Du weißt, was ich für ein kümmerliches Gedächtnis habe. Ich habe gestern vergessen, Dich *zu Deinem Namenstag* zu umarmen. Da es für mich bereits ein Fest ist, sowie Du mich anrufst, machte ich keinen Unterschied. Aber in diesem Durcheinander, in dem ich mich befinde (Arbeit und Zahnarzt), beschäftigte ich mich nur mit der Freude, Dich zu hören, und machte mir nicht klar, daß etwas Außergewöhnliches war.

Lieber Hauptmann Fracasse,[1] ich liebe Dich und wünsche Dir nicht weiter als das, was Dir dieses jungendliche und beherzte Antlitz verleiht.

Dein Jean

Santo Sospir
St. Jean Cap–Ferrat

7. Juli 1960

Mein guter Engel,
unmöglich, Prinz[2] geworden zu sein, ohne Dich zu küssen, der Du sie alle in Dir vereinst.

Schreib mir fünf Zeilen zwischen zwei Husarenstücken.

Dein Jean

Einundsiebzig Jahre!!!! Das fängt an, kurios zu werden, wie Picasso sagt.

1. *Capitaine Fracasse, Film mit Jean Marais (d.Ü.).*
2. Prince des poètes.

12. Juli 1960

Geliebter Jeannot,
ich will nicht nachtragend sein, was dieses Diner von gestern abend betrifft, aber ich war so niedergeschlagen, wie es so schön heißt, daß ich einfach den Mund nicht halten konnte, um so mehr als Picasso Dich liebt (was selten vorkommt) und mir von dieser falschen Vorstellung vom Alter der Rollen gesprochen hatte, die, wie er sagte, darauf hinausläuft, denselben Fehler zu begehen wie Antoine, als er wollte, daß auf der Bühne richtige Suppe gegessen wird und daß man echten Hühnern auf einem echten Baum zu fressen gibt, während eine junge Frau (Suzanne Despré) die Rolle eines sehr jungen Burschen, Poil de Carotte, spielte. Natürlich sind die Würfel gefallen, und ich muß die Konsequenzen aus einem Verstoß gegen das Schicksal tragen – denn nach *Le Bossu, Le Capitan* und der *Balançoire*, wo Du allerdings die Tänzerin getragen hast, hat Deine Rückkehr mit *Der Adler* einen Erfolg gezeitigt, bei dem man Dir all das gab, was man Dir lächerlicherweise versagt hatte. Jedesmal, wenn ich einen jungen Stanislas ausprobiere, stellt er mir die gleiche Frage: «Warum spielt nicht Jean Marais die Rolle?», und wenn ich voll Trauer sage: Weil er findet, daß es neben der der Königin keine gute Rolle ist, machen sie große Augen vor Erstaunen und sagen: «Keine schöne Rolle? Also so was ...» Eine Rolle wie die gibt es im Theater nie wieder, und bei Simon absolvieren fast alle Schüler das Vorsprechen aus *Der Adler*.

Aber wo es nun einmal so ist und man die bittere Pille schlucken muß, ohne daß es auch nur ein einziger Zuschauer oder Kritiker verstehen könnte, ist es wichtig, daß niemand auf die Idee kommen kann, der Irrtum sei auf meiner Seite, und man ihn mir nicht als schreckliche Ungerechtigkeit und Mangel an Dankbarkeit Dir gegenüber anrechnen kann. Ich bitte Dich, Dir ein wenig Zeit für den jungen Künstler zu nehmen und zu versuchen, ihm Feuer und Seele zu vermitteln. Das kannst Du mir nicht abschlagen, denn Du weißt genau, daß ich *alles, was Du von mir verlangst*, für Dich tue und immer tun werde.

Ich küsse Dich, unglücklich wie ich bin, aus meinem ganzen armen Herzen.

Jean

Hôtel du Cheval Blanc
Nîmes

28. August 1960

Mein Jeannot,
hier bin ich nun zum Stierkampf in Nîmes in einem Zimmer im Hôtel du Cheval Blanc. Francine ist mit belegter Stimme und so mager am Cap zurückgeblieben, daß ich mir große Sorgen um sie mache. Obwohl Doudou und ich daran gewöhnt sind, sie in diesem Zustand zu sehen, fällt er uns dieses Jahr mehr auf. Sie hat nicht mehr das Volumen noch die Oberfläche, um eine Bronchitis zu besiegen, und die Ärzte haben sie zu sehr an Antibiotika gewöhnt, als daß sie noch irgend eine Wirkung hätten. Ich komme am 1. September zurück, sehr glücklich, daß ich Dich sehen und mir ein Bild von Delannoys Arbeit machen werde.

Ich fürchte nur, daß Du so wunderbar bist, daß das Publikum *Die Prinzessin* nicht verstehen kann, und dieser Fehler gefährdet möglicherweise den ganzen Film. Damit wirst Du den Beweis haben, daß Dir prestigemäßig – *selbst beim Kino* – niemand auf der Welt das Wasser reichen kann.

Ich hoffe von ganzem Herzen, daß der junge B. *Adler* nicht aus dem Gleichgewicht bringen wird, denn ich habe ihn nur gewählt, weil die wirklichen Schauspieler Deine Nachfolge nicht anzutreten wagen. Da kannst Du mal sehen, was das für ein Teufelskreis ist, in dem ich mich bewege und der alle meine Wiederaufnahmen erschweren wird.

Es ist 2 Uhr, ich werde hinuntergehen, um zur Stierkampftruppe zu stoßen, und darum zittern, daß Dominguin nicht wieder so behandelt wird, wie ich es in Spanien gehört und gesehen habe.

Tausend zärtlich Grüße.

Jean

3. Dezember 1960

Mein Jeannot,
ich wurde ganz und gar nicht von Autogrammjägern erdrückt, bei meiner Rückkehr aber Opfer einer Stomatologie (es mußte sein). Ich verstecke mich mit einer gewaltigen dicken Wange und einem schiefen Mund in Milly.

Ruf mich an. Ich bin sehr entmutigt.

Ich küsse Dich.

Jean

Dein Bild herrscht im Mittelpunkt der (sehr schönen) Ausstellung.

Donnerstag

Mein Jeannot,
heute morgen habe ich von der Dame, die bei Alexandre (*sic*) meine Haare pflegt, gehört, daß Du Geburtstag hattest – mir standen die Haare zu Berge und wären beinahe weiß geworden. Dieses Leben auf dem Land mit Kriminalgeschichten macht mich blind und taub. Ich wußte von nichts und nicht einmal die Daten. Aber ich habe Dein Versprechen für nächsten Dienstag, und nehmen wir einmal an, daß das kleine Gemälde, auf dem Du malst, als Geburtstagsgeschenk gilt (da kannst du mal sehen, wie gerissen ich bin!).

Ich küsse Dich.

Jean

18. Dezember 1960

Mein Jeannot,
ich schlafe nicht mehr gut, seitdem ich weiß, daß Du in dieser Kälte bist und ohne Zufluchtsstätte. Hast Du den Wohnwagen? Ich werde morgen abend am Cap–Ferrat sein. Weil es in der Caravelle keine Plätze mehr gab, erst am Montag, dem 19. Ich werde die ganze Zeit an Dich denken und Dich mit all meiner Zärtlichkeit erwärmen.

Dein Jean

Weihnachten 1960

Mein Jeannot,
ich schreibe Dir aus der Caravelle auf dem Rückflug von Stockholm, wo *Das Testament* einen beachtlichen Erfolg davongetragen hat. Es war herrliches Wetter, und ich habe ein altes königliches Theater gesehen, in das Du ganz vernarrt sein würdest (mit vollständig intakter Maschinerie). Ich wünsche mir sehnlichst, *Le Capitan* und *Die Prinzessin* zu sehen.

Ich küsse Dich.

Dein Jean

Santo Sospir
St. Jean Cap–Ferrat

Weihnachten 1960

Mein Jeannot,
auch mit Dir habe ich Weihnachten verbracht, recht traurig darüber, daß das Leben es uns nie erlaubt, zusammenzuleben und unsere Freuden und Leiden miteinander zu teilen. Du kanntest meine miese Natur voller Schatten. Ohne Deine Sonne werden diese Schatten größer, und für 1961 will ich beschließen, daß

ich mich bezwingen und mich nicht mehr von diesen gräßlichen Mikroben überwältigen lassen werde. Die Freundschaft ist das einzige Heilmittel. Es ist geradezu kriminell von George, nicht zu verstehen, was Deine Freundschaft wert ist, aber Dein letzter Brief läßt mich ein bißchen darauf hoffen, daß Du Dich nicht mehr durch die Macht der Gefühle demütigen lassen wirst, deren Reichtum er nicht sehen kann, und er verdient es auch gar nicht, daß man sie für ihn empfindet. Du müßtest von einem Nimbus aus jeder Art von Glück und Herrlichkeit umgeben sein. Dieser Nimbus ist so stark, daß er es nicht einmal geschafft hat, ihn dir auszulöschen, und alle Welt voller Liebe von Dir spricht. Schreib mir schnell, daß Deine Grippe abklingt. Hier haben wir alle Schnupfen, und Picasso war gestern auf dem besten Wege dazu. Auch er hat mit für ihn ungewöhnlicher Zärtlichkeit von Dir gesprochen. Mein Jeannot, ruiniere Dir nicht Beutel und Nerven für die anderen. Lulu macht mir Spaß mit ihren Vorwürfen. Das Schicksal müßte Dir alles bieten.

Dein Jean

Santo Sospir
St. Jean Cap–Ferrat

31. Dezember 1960

Mein guter Engel,
laß uns zusammen von einem Jahr zum anderen springen. Francine war von Deinem Brief sehr gerührt, und gleich nachdem sie ihn mir gezeigt hatte, finde ich den Deinen auf dem Tisch im Vestibül. Trotz des Briefes in meiner Tasche wird es mein einziger Kummer sein, 1961 zu feiern, ohne Dich zu sehen und zu küssen. Ich habe eine Unmenge von Wünschen, die alle darauf hinauslaufen, nicht mehr fern voneinander zu leben.

Dein Jean

1961

Santo Sospir
St. Jean Cap–Ferrat

26. Januar 1961

Nichts Besonderes mitzuteilen, mein Jeannot – aber ich kann mich, selbst per Post, nicht lange von Dir fernhalten. Ich möchte wissen, wie weit Du mit *Fracasse* bist, und möchte, daß ein Zeichen, sei es auch noch so gering, die uns trennende Stille auflockert. Ich mache große Farbzeichnungen, die mich ermüden, weil ich Wachsstifte auf dem schwarzen Papier zerdrücke. Danach springe ich ins kalte Wasser: die Arbeit am *Requiem* (diesem endlosen, während der Zeit, als ich den toten Mann markierte (Darmblutung), so schlecht geschriebenen Text, und den ich mehr schlecht als recht entschlüsseln werde). Das bringt mir die Strophen von *La Crucifixion* ins Gedächtnis zurück, die ich Dir eine nach der anderen aus Morzine schickte.

Mein Jeannot, ich küsse Dich.

Dein Jean

Santo Sospir
St. Jean Cap–Ferrat

1. Februar 1961

Mein Jeannot,
nun bist Du Alains Vater, wie Dein Stern es wollte.

Erzähle schnell die näheren Einzelheiten. (Natürlich bist in meinen Augen Du der wahre Marco Polo[1]), aber trotzdem bin ich glücklich zu wissen, daß Du an diesem Film beteiligt bist.

Einen zärtlichen Gruß von Deinem

Jean

Hôtel San Catalina
Las Palmas
Kanarische Inseln

Mein Jeannot,
da sind wir nun, fern von allem, gelandet in einem absurden Luxushotel mit fetten, von Christoph Kolumbus entdeckten amerikanischen Damen.

Die Passatwinde, die diese Entdeckung ermöglicht haben, sind nicht gerade das, was Francine brauchte. Das macht mir sehr zu schaffen, weil ich nicht weiß, was ich tun soll.

Eine Zeile oder eine Depesche von Dir würde mir wieder Mut machen.

Ich küsse Dich.

Dein Jean

Madrid

5. April 1961

Mein Jeannot,
es war kalt auf den Kanaren, den Inseln der ewigen Wärme. Kurz, wegen der Kälte und eines wenig komfortablen Luxushotels haben wir – nicht so ganz ohne weiteres – die Flucht ergriffen und sind in Madrid.

1. Wir haben diesen Film nicht gedreht.

Morgen im Alphonse XIII. in Sevilla. Immer in Deiner Nähe und zum Himmel, in dem wir schweben, betend, daß er Dich vor jeder Überanstrengung bewahrt.

Von mehreren Seiten sagt man mir immer wieder, daß der Prinz von Clèves der Höhepunkt des Filmes ist. "La Tomate" dagegen verdient es, daß man sie mit Tomaten bewirft, und die Schauspieler sind anscheinend erbärmlich.

Ich bin ein wenig betrübt über diesen Mißerfolg.

Ich küsse Dich.

Dein Jean

Casa Ana
Marbella
Andalusien

16. April 1961

Mein Jeannot,
wir haben das Paradies auf Erden entdeckt, und wenn ein irdisches Paradies, ohne die Möglichkeit Dich dortzuhaben, ein solches sein könnte, würde ich Paris, das Cap vergessen, und abgesehen von Milly, das von der Erinnerung an Dich beherrscht wird, würde ich die ganze Welt aufgeben und den armen russischen Weltraumpiloten bedauern – denn es wäre absurd, den Ort zu fliehen, an dem wir sind. Francine möchte entweder das Bismarcksche Anwesen kaufen, oder, wenn das ein Wunschtraum bleibt, ein entsprechendes Terrain finden und darauf die gleichen Häuser errichten. Mit Deinem Zimmer selbstverständlich.

Ich küsse Dich.

Jean

Casa Ana
Marbella
Andalusien

22. April

Vielgeliebter Jeannot,
wir haben endlich eine Art *Paradies auf Erden* inmitten von Oliven– und Feigenbäumen und Blumen entdeckt, zwischen den Bergen und dem Meer, in dem ich bade (*sic*). Auf diesem Bismarckschen Anwesen gäbe es auch nicht den Schatten einer Pickelhaube, wenn Du da wärest. Leider ist es die Schönheit des Paradieses selbst, die uns daraus vertreibt, wenn wir es nicht mit jenen teilen, die uns ein Leben ohne Zweifel möglich machen. Dank der Caravelle scheint mir der Traum in diesem Sommer nicht unmöglich. Von 8 bis 9 Madrid, von 10 bis mittags Nizza. Keine Ausreden.

Ich küsse Dich, meine liebe Sonne.

Jean

Casa Ana
Marbella
(nahe Malaga)
Andalusien

Mein guter Engel,
man hatte mir zwar erzählt, es gäbe auf der Welt Orte wie Marbella, aber nach der düsteren Enttäuschung mit den Kanarischen Inseln konnte ich kaum daran glauben.

Und im übrigen finde ich das, was Claude Pinoteau am Pazifik so furchtbar liebt, für uns ein bißchen zu pittoresk. Kurz, das hier ist das Paradies auf Erden (*in besserer Ausführung, wie Madeleine sagen würde*). Heute morgen habe ich mich gefragt, was überhaupt noch "besser" sein könnte. Antwort: wenn Jeannot uns besuchen käme: eine Stunde von Malaga nach Madrid – eine Stunde von Madrid nach Nizza. Und umgekehrt.

Ich komme vom Baden in einer Mischung aus Mittelmeer und Atlantik zurück – unermeßlich weiter, leerer Strand. Ein Weg von einer Minute zwischen den Wiesenblumen, und man ist wieder bei den anmutigen weißen, mit Rosen bedeckten Häuschen, inmitten von Oliven– und Feigenbäumen. Im Hintergrund: der radioaktive Berg, bitte sehr.

Du wirst zwischen zwei Filmen kommen – denn Francine hat beim Mieten den Schlußtermin offengelassen.

Ich küsse Dich.

Jean

Casa Ana
Marbella
Andalusien

15. Mai 1961

Mein guter Engel,
ich bin sehr beunruhigt, weil ich keine Nachricht von Dir habe, und da ich immer zittere, wenn ich an Deine gefährliche Arbeit und Deine Erschöpfung denke, messe ich einem Schweigen übermäßige Bedeutung bei, das vielleicht nur am unglaublichen Durcheinander bei der spanischen Post liegt.

Vielleicht werden sich unsere Wege kreuzen, aber ich kann es einfach nicht lassen, Dir zu telegraphieren, noch Dir von meiner besorgten Zärtlichkeit zu schreiben.

Schon das kleinste Zeichen wird mir das Herz erwärmen.

Dein Jean

Marbella

17. Mai 1961

Mein Jeannot,
endlich habe ich glücklich Nachricht von Dir. Vielleicht wird es Dir möglich sein, Christus nicht zu verurteilen, noch Deine Hände darob in Unschuld zu waschen.[1] Versuche es, wo doch Vergangenheit, Gegenwart und Zukunft nicht existieren.

Ich habe heute morgen das große Monumentalgemälde *Flamenca* beendet, das seinen Platz in der Boutique von Ane de Romba finden soll.

Schreib mir Karten mit den neuesten Nachrichten von Dir. Ich kehre am 28. oder 29. zurück und werde weniger weit entfernt von Dir sein.

Mit meiner innigen Liebe.

Jean

29. Mai 1961

Mein Jeannot,
nun bin ich zurück in Santo Sospir aus diesem Marbella, das schon fast zu vollkommen ist, nämlich insofern als es träge macht. Ich habe trotzdem eine riesige Arbeit ausgeführt, ein Gemälde, in dem ich Zeichnung und Stierkampfplakate vermengt habe. Ich habe vier Plakate von Manolete zerrissen und die zerstörten Bilder davon in die Lücken geklebt. Die Wirkung ist ganz außerordentlich, aber leider ist die mondäne Gesellschaft im gleichen Maße unkultiviert und dumm wie das spanische Volk spontan und begeisterungsfähig. Hübsch – Entzückend – das sind die Art von Elogen, die man so einkassiert, nachdem man sich vierzehn Tage mit Klebstoff und Farben rumgeschlagen hat. Es ist auch egal, ich wollte Spanien ein Geschenk machen, und das habe ich getan.

1. Ich drehe *Ponce Pilate* in Italien.

Mon Jeannot

29 mai 1961

me voilà de retour à Santo Sospir après ce Marbella qui est presque trop idéal en ce sens qu'il donne de la paresse. J'ai tout de même exécuté en l'énorme travail de fresque où j'ai mélangé le dessin et les affiches de tauromachie

J'ai déchiré quatre affiches de Manolete et j'ai collé toutes les images de saints dans les vides. L'effet est extraordinaire mais hélas, autant le peuple espagnol est instinctif et enthousiaste autant le milieu mondain est inculte.

joli. Paris a dit — ce genre d'éloges qu'on ramasse après quinze jours à se battre avec le collé et la peinture. C'est égal je voulais tant ce cadeau à l'Espagne et je l'ai fait

Peux tu me dire quelle est la
dame d'Angleterre qui m'écrit des lettres
de quinze pages pour me casser
la tête avec la besogne de psychanalyste
qu'elle s'estime indispensable à ta détente
contre toi-même et contre ton
entourage. Comme elle m'avoue
que tu lui as dit au téléphone que tu
déchirais ses lettres sans les lire j'ai
entre tes exemples et mes martyres, lorsque
je reconnais les enveloppes je les déchire,
j'imagine que, déçue dans ses amours, elle
met cela sur le compte des marocains
de ta Lahilleuse, dont elle m'a l'air
jalouse, je connais trop ces folles
et ça rasseure pour ~~que~~ m'en inquiéter
outre mesure — mais j'aimerais savoir
si tu es au courant. C'est une
britannique ou argentine qui s'exprime très
bien dans notre langue, je t'embrasse
Jean

Entschuldige, daß ich Dir auf dieser alten Briefmarkenskizze schreibe. Ich habe gerade kein anderes Papier zur Hand.

Kannst Du mir sagen, wer diese ausländische Dame ist, die mir fünfzehn Seiten lange Briefe schreibt, die mir mit der psychoanalytischen Arbeit den Nerv tötet, die sie für unabdingbar hält, um Dich gegen Dich selbst und Deine Umgebung zu verteidigen. Da sie mir gegenüber zugibt, daß Du ihr am Telefon gesagt hast, Du würdest ihre Briefe zerreißen, ohne sie zu lesen, bin ich Deinem Beispiel gefolgt, und wenn ich jetzt ihre Umschläge erkenne, zerreiße ich sie. Ich denke mir, daß sie das, enttäuscht von ihrer Liebe, den Machenschaften Deiner Garderobiere anrechnen wird, auf die sie mir eifersüchtig zu sein scheint; ich kenne diese Verrückten und Nervensägen zu gut, um mich über Gebühr darüber aufzuregen – aber ich möchte wissen, ob Du auf dem laufenden bist, es ist eine Brasilianerin oder Argentinierin, die sich sehr gut in unserer Sprache ausdrückt, ich küsse Dich.

Jean

Santo Sospir
St. Jean Cap–Ferrat

5. Juni 1961

Mein Jeannot,
immer in Deiner und Pontius Pilatus' Nähe. Ich war glücklich über Deinen Satz über den griechischen Kopf[1] und Deine Vorliebe für ihn und für meinen Stern inmitten von Hörnern.

Jedes Zeichen von Dir schenkt mir große, süße Freude. Francine geht es besser. Doudou malt wieder, und ich werde mich in die Arbeit an diesem Gedicht stürzen, das so unlesbar ist, daß man es nicht entziffern kann.

Ich küsse Dich.

Dein Jean

1. Ein Kopf, den Jean Cocteau mir zum Namenstag geschenkt hat.

Santo Sospir

7. Juni 1961

Geliebter Jeannot,
der Heilige Antonius hat nichts, was er Dich wiederfinden lassen könnte, denn Du hast niemals irgend etwas von dem verloren, was zählt.

Deine südamerikanische Dame schreibt mir weiterhin Seiten über Seiten, um mir zu erklären, daß Deine Garderobiere Plastikbomben vor die Kinos legt, in denen *Fracasse* gezeigt wird. Ich glaube, sie ist verrückt[1] – aber auf diese ruhige Weise, die betroffen macht.

Ich hätte Dich gerne bei der reizenden Veranstaltung in der Präfektur von Nizza dabeigehabt, wo Ponchardin mir das rote Band um den Hals gelegt hat. Es sind doch wirklich viele "äußere Zeichen des Ruhms" notwendig, um die Dummen davon zu überzeugen, daß wir keine Kriminellen sind.

Lieber Pontius Pilatus, ich küsse Dich von ganzem Herzen.

Jean

Santo Sospir
St. Jean Cap–Ferrat

21. Juli 1961

Mein guter Engel,
ich werde Mittwoch in Spanien sein – Casa Ana Marbella (Malaga). Andalusien.

Natürlich nehme ich Dich in meinem Herzen mit und bleibe immer bei Dir.

Dein Jean

1. Sie war sicherlich verrückt. Ihre Mutter begleitete sie und ging wie eine nachsichtige Krankenschwester mit ihr um.

Santo Sospir
St. Jean Cap–Ferrat

24. Juli 1961

Hochgeschätzte Rosalie,[1]
ich freue mich sehr, gute Nachrichten von Ihnen und unserem Pontius Pilatus zu haben.

Ihr Jeannot bleibt vom Herzen und vom Verstand her meine Nummer eins.

Danke, daß Sie ihn uns geschenkt haben. Mit herzlichen Grüßen.

Jean
Cocteau

Casa Ana
Marbella

8. August 1961

Fahren heute abend, ohne je von Deiner Seite zu weichen, nach Spanien ab, wo ich das Opfer absurden Übereifers eines Beamten geworden bin, der in San Sebastian einen alten Wisch aufgetan hat, der all jenen die Einreise nach Spanien verbietet, die das Manifest der politischen Emigranten unterschrieben haben. Die Regierung wußte von nichts. In Anbetracht von Francines Gesundheit, der Entschuldigungen und der Verzweiflung der Freunde habe ich beschlossen, darüber hinwegzugehen.

Ich küsse Dich von ganzem Herzen.

Jean

1. Brief an meine Mutter.

(Top secret)

11. August

Mein Jeannot,
anbei der Brief von Pierre Benoit. Ich habe ihn zu gern, um ihn Dir nicht nachzusenden. *Aber ich habe große Zweifel an der Qualität des Films.* Das einzige, was mich berührt, ist, wenn die Freunde glauben, daß wir nicht handeln, ohne einander zu Rate zu ziehen.

In inniger Liebe.

Jean

Versuche ihm zu antworten.

Allegria
Ciboure

4. August 1961

Lieber Jean,
mit gleicher Post schreibe ich an Jean Marais, dessen Adresse Dir sicher bekannt ist: Villa San Antonio, Cecchina, Provinz Rom.

Axelle wird bestimmt gedreht, aber dies Projekt selbst ist nicht so dringlich wie seine Zusage, die Hauptrolle, die des Dumaine, zu übernehmen.

Du weißt vielleicht, daß *Axelle* zusammen mit *Kœnigsmark* und *L'Atlantide* der erfolgreichste meiner Romane ist.

Könntest Du wohl auf ihn einwirken, damit er annimmt, sicher besser als es mir selber möglich war, und schreib mir.

Wenn Francine bei Dir ist, küsse ich Euch alle beide.

Pierre Benoit

Santo Sospir
St. Jean Cap-Ferrat

29. September 1961

Mein Jeannot,
da bin ich nun zurück am Cap und habe Scherereien mit den Zähnen. Aber ich bringe das von vorn bis hinten entzifferte *Requiem* mit – und ein Buch über meine Figuren für Denise Bourdets Sammlung.

Erzähle mir von *Ponce Pilate* und dem Schwimmbad und jeder noch so geringen Begebenheit Deines Lebens. Ich weiß nicht, ob Du in Rom oder in Marnes bist. Ich hatte zum Tag der Heiligen Rosalie gratuliert, und Deine Mutter sagt mir nicht, wann Du zurückkehrst.

Ich küsse Dich und werde so gegen den 8. oder 9. in Paris sein.

Dein Jean

Milly

7. November 1961

Mein geliebter Jeannot,
da bin ich nun, allein auf dem Land eingeschlossen, wo ich versuche, eine kleine Pest auszukurieren, die ich mir in den Straßen von Paris geholt habe. Für das Beethoven-Festival in Bonn hat man Tafeln von dreißig Metern Länge bei mir bestellt (*sic*). Und jedes Mal, wenn ich einen Entwurf skizziere, greife ich auf Deine Fotografien zurück – weil *Dein Gesicht das genaue Abbild von dem Beethovens ist.*[1] Das ist die Rolle, die Du nach Hubert spielen müßtest.

Was Hubert angeht, habe ein wachsames Auge auf die Person, die die Bücher in Ordnung bringen wird – denn Bruce tendiert dazu, sich gehenzulassen, und es wird nötig sein, den

1. Es stimmt, daß ich zur damaligen Zeit Beethoven ähnlich sah.

Film zu nutzen, um die Handlungsstränge wieder fest zu verknüpfen und die junge Frau zu finden, die ihn begleitet.

Ich küsse Dich aus tiefstem Herzen.

Dein Jean

Milly

9. November 1961

Mein Jeannot,

nach Deiner Abreise habe ich *eine fürchterliche Krise des Trübsals und der Einsamkeit* durchgemacht, gegen die sogar Doudous kluges Herz machtlos war. Du hattest recht, als Du sagtest, daß diese "Besuche" nicht auszuhalten sind und daß wir alle miteinander leben müßten. Dich abreisen zu sehen, war, als ob ich in eine Leere fiele und Du in eine andere – und ich fragte mich, ob diese schwerwiegenden Probleme in einem Zeitalter des Durcheinanders und der Grausamkeit überhaupt lösbar sind. Du hattest Deine Fellhandschuhe vergessen. Ich habe sie mit hoch auf mein Zimmer genommen und küßte sie, während Tränen mir die Kehle zuschnürten.

Und darüber hinaus nimmt mir diese kleine Pest von einer Grippe den Mut und zwingt mich, so etwas wie das Verlangen danach zu überwinden, alles hinter mir zu lassen und niemandem mehr zu antworten.

Behalte diesen Brief für Dich. Ich umarme Dich mit all meinen schwachen Kräften.

Jean

Ende Dezember 1961

Ich schreibe Dir in doppelter Ausführung, nach Rom und nach Marnes, um sicherzugehen, daß Du meine Wünsche in diesem Himmel unserer Rückkehr aus Spanien auch erhältst.

Dein Jean

1962

23. Februar 1962

Mein Jeannot,
ich reise ab wie ein armer Verrückter. Ich glaubte, es sei das Flugzeug um 8 Uhr, es ist aber das um 4. Ich wage nicht, Dich am Telefon mit *Renaud et Armide* zu behelligen – ABER es wäre einfach ein Traum.

Ich bete Dich an.

Jean

Hôtel du Pilon
Auron

1. März 1962

Mein Jeannot,
da bin ich nun im Schnee und muß voller Bedauern hören, daß unser schöner Traum von Baalbek in sich zusammenfällt. Stell Dir vor, daß ich vor lauter Freude, Dich zu sehen, vergessen habe, Dir das Geschenk mitzubringen, das am Ende Deiner Reise auf Dich wartet. Ich werde es Dir also um den 25. März mitbringen, wo ich die Proben zu *L'Impromptu* an der Comédie-Française werde beaufsichtigen müssen.

Glaubst Du, daß, wenn ich das Glück eines Stückes habe, Cimure Dich freigeben wird? Ich fange langsam an, mich zu fragen, ob der Film nicht immer wieder uns und der Freude zusammenzuarbeiten ein Hindernis in den Weg stellen wird.

Francine hatte Angst vor der Kälte und ist am Cap geblieben.

Ich werde am 11. in München sein und zu *Der Adler* eine Woche bleiben.

Überanstreng Dich nicht zu sehr. Ich küsse Dich und den Zigeuner.[1]

Dein Jean

10. März 1962

Mein Jeannot,
ich durchquere Paris in aller Eile *via* München, wo der Adler ohne Dich nur einen einzigen Kopf haben wird. Ich schicke Pierre Georgel, der so freundlich ist, die ganzen Stücke der japanischen Ausstellung zu gruppieren, schnell bei Dir vorbei, um (leider) Deinen blauen Neger mitzunehmen (*La Leçon d'anesthésie*). Es macht mich ganz traurig, ihn Dir für kurze Zeit zu entziehen. Aber Japan liebt Dich und wäre noch trauriger als ich ohne eine Leinwand, die Dir gehört. Zärtliches Dankeschön für *Ödipus Rex*. In der Not frißt der T... und so wird eben Dacqmine in Baalbek derjenige welcher sein.

Ich liebe und ich küsse Dich.

Jean

11. März 1962

Mein Jeannot,
Dein Geschenk bleibt noch ein paar Tage in Milly. Ich kehre in ungefähr acht Tagen zurück. Wahrscheinlich werde ich nicht direkt nach Nizza zurückkommen. Ich werde mich bei Dir melden, damit wir zusammen zu Abend essen.

Bete Dich an.

Jean

Entschuldigung und danke für den Neger. Freundschaftlicher Gruß an Serge.

1. Jean Marais' Adoptivsohn Serge.

14. März 1962

Mein guter Engel,
die Aufführung trägt in Erlangen (in einem entzückenden Theater) einen wahren Triumph davon. Es bleibt abzuwarten, was morgen in München dabei herauskommt. Diesen Erfolg verdanke ich Wanda Rothe, einem Theatertier, das Flammen schlägt und um sich herum alles in Brand setzt. Dieses Feuer verschlingt alles Mittelmäßige des Bühnenbildes und einer "zufriedenstellenden", ein wenig provinziellen Besetzung. Stanislas gibt sich Mühe, wie Du zu fallen, aber niemand auf der Welt macht irgend etwas so wie Du.

Ich werde schnell zurückkommen. Es ist kalt, es schneit, und im Hotel kommt man um vor Hitze. Stil New York.

Aber ich treffe hier auf eine solche Hochachtung und Freundlichkeit, daß es für mich mal eine Abwechslung zu Paris ist. Man wird Dir wohl Deinen blauen Neger entführt haben. Mein Geist, der Dich ansieht und liebt, springt für ihn ein.

Jean

20. März 1962

Mein geliebter Jeannot,
ich komme aus einem alptraumhaften München und einem entzückenden Theater in Erlangen zurück. Erlangen hat mir einen Triumph bereitet. Dieses München mit seinem ts–ts–ts hat mir eine Schnute gezogen.

Aber ich bin kein Spielverderber und kann auch verlieren.

Ich würde Dich so gerne umarmen und Dir in allen Einzelheiten von den Abenteuern dieser Schauspielerin, Wanda Rothe, erzählen, einer Art Bühnentier, die Dir gefallen würde, ihre Kollegen aber den letzten Nerv kostet. Die Deutschen halten sie für hysterisch, dabei hat sie nur Feuer.

Aber ohne Dich langweilt mich *Der Adler*, und die Kritik läßt mich gleichgültig.

Ich küsse Dich und Serge.

Dein Jean

Milly

23. April 1962

Mein vielgeliebter Jeannot,
ich habe mich von Milly aus nicht bei Dir gemeldet, weil ich einfach nicht wieder gesund werde und Dir so als wahrhaftes menschliches Wrack nicht zur Last fallen möchte. Unser Fouquet hatte mir eine Diät verschrieben, die gar nichts nützt – denn diese ekelhaften Viren entziehen sich jeder Kontrolle und peinigen uns, ohne sich darüber klar zu sein, was sie damit anrichten. Ich fahre heute abend zurück, um das aus Athen zurückgekehrte Ensemble von *L'Impromptu* zu treffen.

Vielleicht könnten wir nach Deiner Arbeit einmal zusammen zu Abend essen? Das würde mir mehr wohltun als alle Pillen. Was mich bei unserem Arzt wieder aufrichtet, ist seine Präsenz und seine Freundschaft. Wenn Du Sonntag Zeit hast, könntest Du mit dem Zigeunerfilius nach Milly zum Abendessen kommen.

Ich bete Dich an.

Jean (und zwar ein ganz kranker)

1. Juni 1962

Mein vielgeliebter Jeannot,
mieses Wetter an der Côte, das meinen Beschwerden auch nicht gerade zuträglich ist. Ich kämpfe gegen sie an, indem ich mich Arbeiten widme, die ein ständiges Manövrieren zwischen Cap d'Ail[1] und Menton erfordern. Am 12. kehre ich wegen der Arbeit an *Pelléas*,[2] einigen Glasmalereien und der Veröffentlichung von *Requiem* nach Paris zurück. Die Umstände und Robert Hirschs Gürtelrose verzögern die Premiere von *L'Impromptu*, an dem ich noch einige Änderungen vorhabe, damit es zugänglicher wird.

1. Er macht ein Freilufttheater am Cap d'Ail.
2. Bühnenbild zu *Pelléas*.

Francine geht es ein bißchen besser, Doudou malt, und ich selbst registriere alle Miasmen der Epoche. Ist der Artikel erschienen?

Wenn ja, sorge dafür, daß er mir geschickt wird. Er ist ein weiterer Beweis Deiner Zärtlichkeit und Nachsicht mir gegenüber. Je älter ich werde, desto mehr stelle ich fest, wie dumm und zerstreut ich bin. Das einzig Solide, was mir bleibt, sind das Herz und die Freundschaft, die ich Dir entgegenbringe und mit denen man mich hier umgibt. Den Rest sehe ich wie durch einen Nebel.

Ich umarme Dich ganz fest.

Dein Jean

24. Oktober 1962

Mein Jeannot,
aus reiner Blödheit habe ich Dir ein anderes Buch mitgebracht und finde hier eben das, von dem ich Dir erzählt habe. Ich nehme es heute abend mit und werde es Dir morgen schicken.

Meine Bronchitis flackert immer wieder auf, aber ich habe Vertrauen in unseren Fouquet, der darin nichts Schlimmes entdeckt. Das eigentlich Schlimme ist die Gesundheit dieser Welt von Verrückten, die nicht zögert, mit knapper Not an der Katastrophe vorbeizuschlittern.

Ich küsse Dich.

Dein Jean

28. November 1962

Mein Jeannot,
ich weiß so fern von allem in Milly nicht, ob Du zurückgekommen bist und ob Du meinen Brief erhalten hattest. Wahrschein-

lich war ich schon in dieser Unruhe befangen, die Unglücksfällen vorauszugehen pflegt. Mein armer Bruder Paul ist in Tours im Krankenhaus von Vial – nach einer einigermaßen schweren Darmoperation schien er wieder zu Kräften zu kommen, aber das Herz macht nicht mehr mit, und obwohl man ihn für verloren hält, hält man ihn künstlich am Leben. Er beginnt sich darüber klar zu werden, daß die Dinge nicht so laufen, wie man ihn glauben machen will. Und jeden Tag teilt man mir per Telefon Neuigkeiten mit, die in nichts der Wahrheit entsprechen. Nach Ansicht der Ärzte ist er ein Toter, der sich einbildet, auf dem Weg der Besserung zu sein. Es gelingt mir weder zu schreiben noch an irgend etwas anderes als diese Tragödie zu denken. Vater, Mutter, Schwester, Bruder – ich bleibe allein zurück, und dann wird die Reihe an mir sein. Wem soll ich es erzählen, wenn nicht Dir? Francine und Doudou umgeben mich mit Herzlichkeit und tun so, als ob sie noch ein wenig Hoffnung bewahrten. In Wirklichkeit ist Paul zehn Jahre älter als ich, und es ist ganz normal, daß er dahingeht. Ich würde mich lächerlich machen, wenn ich das nicht begreifen wollte. Nur hasse ich Trauerfälle und das ganze absurde Zeremoniell, das sie erfordern. Wenn Du nach Marnes zurückkommst, ruf bei Nr. 28 an.

Ich brauche Deine liebe Sonne.

Jean

Ich erinnere mich an die schrecklichen Tage beim Tod Deines Bruders. Ich stecke bis zum Hals ganz genau darin, und es nützt mir nichts zu wissen, daß Dein Bruder jung war, Paul dagegen alt ist, das Resultat ist dasselbe.

Milly

2. Dezember 1962

Mein Jeannot,
ich habe der Gemeinde von Milly einen schmalen Streifen Land überlassen und kann mich für die Schenkungsurkunde nicht mehr an den Notar erinnern, der unsere aufgesetzt hat. Kannst Du Lulu bitten (ich habe ihre genaue Adresse in Vilennes nicht), daß sie es umgehend Monsieur Houdy, Bürgermeisteramt von Milly–la–Forêt, Departement Seine–Et–Oise, schriftlich mitteilen läßt.

Ich falle Dir zur Last – aber Lulu ist die einzige, die das für mich in Ordnung bringen kann.

In inniger Liebe.

Jean

1963

Milly

4. Februar 1963

Mein Jeannot,
ich habe zu Deinen israelischen Vögelchen gebetet, damit unser *Renaud* zustande kommt. *Es ist mein sehnlichster Wunsch*, und da Ihr, Du und Page, in dem Film zusammenarbeitet, könnte es durchaus klappen. Versuche, Deinen Produzenten zu überzeugen, denn die Londoner Aufführung wird mit großer Ungeduld erwartet. Dein Kostüm wird bestimmt neu hergerichtet werden müssen – aber der weiße Grund ist gut, und ich habe ein wachsames Auge auf Doudou, dessen Bühnenbild ganz wundervoll zu werden beginnt. Ich habe den ganzen Tag hindurch die Zeichnungen für die Kapelle vorbereitet und falle um vor Müdigkeit. Wenn ich allerdings an Deine Dreherei und Deine fünf Bühnenbilder denke, wage ich nicht, mich zu beklagen.

Ich küsse Dich.

Dein Jean

Hôtel du Pilon
Auron

18. Februar 1963

Mein Jeannot,
ich habe Dir noch nicht geschrieben, weil ich Angst hatte, mich so weit gehenzulassen, daß ich Dich in meinen Kummer mit hineinziehe.

Denn abgesehen von der schrecklichen seelischen Enttäuschung, die ich empfinde, hatte ich geglaubt, Doudou eines Tages in einer Familie zurückzulassen, die wie seine eigene wäre. Der Schnee hier verdeckt mir ein wenig den schmutzigen Tisch. Über alles ist eine Decke gebreitet. Am 23. kehre ich ans Cap zurück, und am 24. wird in Fréjus der erste Stein gelegt. Eine langweilige, aber unvermeidbare Zeremonie.

Du in *Renaud* in London, das wäre eine so große Freude, daß es alles andere für mich überdecken würde. Versuche, natürlich ohne ihnen lästig zu fallen, die Produzenten zu überzeugen.

Stell Dir vor, was der Umzug aus Santo Sospir bedeuten wird. Ich habe mein Leben damit verschmolzen und werde es nur auf den Wänden hinterlassen, denn ich kann dieses Haus unmöglich als ein bequemes Hotel betrachten, in dem ich mich einfinde, wenn Francine es verläßt.

Ich habe nur dort gelebt, weil ich ihr Haus auch als das meine angesehen habe.

Im übrigen ist Doudou unversöhnlich und kann Francine ihre respektlose Haltung mir gegenüber nicht verzeihen. Du würdest Dich genauso verhalten.

Zum Glück hat Fréjus mir eine kleine Villa angeboten, wo ich während der Arbeit an der Kapelle bleiben werde. Wenn es mir dort gefällt, werde ich sie zusammen mit Milly als festen Standort behalten und werde so, während Deiner Aufenthalte an der Côte, nicht weit von dir weg sein.

Das ist ein recht trauriger Brief, und ich schäme mich, daß ich Dein Herz beschwere, das doch schon so große Bürden zu tragen hat.

Ich werde um den 24. März für die Proben von *L'Impromptu* in Paris sein. Leider habe ich den Eindruck, daß man dieses Werk nach der Mexiko–Reise des Ensembles erneut verschwinden lassen wird.

Mein Jeannot, schreib mir vier Zeilen. Deine Sonne wird diejenige ersetzen, die sich hier seit einigen Tagen versteckt hält.

Ich küsse Dich.

Jean

Santo Sospir
St. Jean Cap–Ferrat

5. März 1963

Mein geliebter Jeannot,
da bete ich nun, daß ein Wunder geschieht und die Comédie–Française nicht den ganzen Zuschuß aus London verschlingt. Ich hoffe zuversichtlich auf Malraux, für den Fall, daß Erlanger einen Rückzieher macht. Es war zuviel des Glücks, und vielleicht verdiene ich es nicht. Doudou ist in Paris (für vier Tage), um den Weills seine Bilder zu bringen. Ich für meinen Teil räume am 14. hier die Stellung, da Francine (die eigentlich in die Schweiz fahren sollte) mir ihre Ankunft für den 15. ankündigt.

Im Sarah–Bernhardt nimmt der Gedanke an die Robinson in einer Wiederaufnahme von *Nein, diese Eltern* Gestalt an. Sie könnten Deine Ratschläge, was Léo und Michel betrifft, gut gebrauchen.

Wer könnte schon den Anspruch erheben, er käme Deiner Sonne gleich?

Ich küsse Dich.

Jean

Milly

21. Juli 1963

Mein Jeannot,
ich hatte gedacht, daß es meine armen kranken Zellen ein wenig aufrütteln würde, im Durcheinander in Milly und den Kisten, die aus Santo Sospir eintreffen, ein wenig Ordnung zu machen, und darüber hinaus schämte ich mich, diese ganze Arbeit den Dienstboten zu überlassen. Unterm Strich bleibt übrig, daß ich fern von Dir bin und daß diese seelische Erschöpfung und dieses Problem mit Francine, nach siebzehn Jahren voll von etwas, was ich für endgültig hielt und das nun nur Ruinen zurückläßt, mich im "tiefsten Innern" aushöhlen, mich in ein Gespenst verwandeln. Ruf an, sowie Du zurück bist. Ich möchte Dich umarmen, hören, wie Du mir vom chinesischen Festival und Neuigkeiten vom Soldaten[1] erzählst.

Ich befürchte sehr, daß ich zu abrupt (zu spät) in dieses Loch gefallen und nun unfähig bin, wieder daraus hervorzukommen. Blutabnahmen, Röntgenbilder, intravenöse Injektionen und Pillen ekeln mich an, und ich frage mich, ob diese "Rekonvaleszenz" nicht zu meinem normalen Zustand werden wird.

Mein Jeannot, Du solltest am 22. zurückkommen. Melde Dich schnell bei mir.

Dein armer Jean

1. Mein Sohn Serge.

Milly

6. September 1963

Mein Jeannot,

es macht mich glücklich zu wissen, daß Du in der Sonne bist, und Du hattest recht, Dich den Journalisten gegenüber in diesem Sinne auszusprechen. Hier besteht das Leben aus Sonne, Regen und Medikamenten. Unser Arzt behandelt mich, wie er Dich auch behandelt hat, unmerklich, und darüber hinaus habe ich einen Akupunkteur und bekomme Massagen von Madame Claoué. Du siehst, daß ich mich nicht kampflos ins Loch fallen lasse.

Die Pläne für das Haus in Fréjus gefallen mir sehr. Es wird gebaut werden, während ich in dem anderen wohne. Ich schätze, daß ich Luftveränderung brauche und außerdem in den Schnee fahren sollte. Dieses ganze Brimborium, sehr viel mehr für Dich und Doudou als für eine Welt, die keine Seele hat. Deine Sekretärin hat mich angerufen. Ich werde sie zurückrufen, sowie ich eine Besserung verspüre und meine Schwindelanfälle nicht mehr habe und meine Augen nicht mehr im Zickzack springen. Ich kenne dieses Cannes so gut, daß ich mit Euch dort umhergehe. Ich schließe gern die Augen und versetze mich dorthin, wo ich leben möchte.

Küsse den Sohn und bitte ihn, Dich für mich zu küssen.

Dein Jean

DIE FOTOS

Hunzinger Bühnenverlag

6380 Bad Homburg Tel.: 06172-2 40 19/10

JEAN COCTEAU

übersetzt von Anna Zaschke

DIE HOCHZEIT
AUF DEM EIFFELTURM
(Les mariés de la Tour Eiffel)
Stück in einem Akt (U 1921)

ANTIGONE
(Antigone)
Schauspiel in einem Akt (U 1922)
Nach Sophokles

KÖNIG ÖDIPUS
(Oedipe roi)
Schauspiel in einem Akt
(U 1937, entstanden 1925)
Nach Sophokles

DIE HÖLLENMASCHINE
(La machine infernale)
Stück in vier Akten (U 1934)

DIE RITTER DER TAFELRUNDE
(Les chevaliers de la table ronde)
Stück in drei Akten (U 1934)

HALBGÖTTER
(Les monstres sacrés)
Portrait in drei Akten (U 1940)

DIE SCHREIBMASCHINE
(La machine à écrire)
Stück in drei Akten (U 1941)

DER DOPPELADLER
(L'aigle à deux têtes)
Schauspiel in drei Akten (U 1946)

*

TASCHENTHEATER

.éâtre de Poche (Editions Paul Morihien, 1949)

HEREINSPAZIERT
(Parade)
Realistisches Ballett

DER OCHSE AUF DEM DACH
(Le boeuf sur le toit)
Schwank

DER ARME MATROSE
(Le pauvre matelot)
Moritat in drei Akten

DIE SCHULE DER WITWEN
(L'école des veuves)
Einakter nach der Erzählung von Petronius:
Die Matrone von Ephesus

DAS PHANTOM VON MARSEILLE
(Le fantôme de Marseille)
Monolog, geschrieben für Edith Piaf

DAS DIENSTMÄDCHEN ANNA
(Anna la bonne)
Monolog, geschrieben für Marianne Oswald

DER SOHN DER LUFT
(Le fils de l'air)
Monolog für einen Herrn

DER LÜGNER
(Le menteur)
Monolog, geschrieben für Jean Marais

ICH HABE SIE VERLOREN
(Je l'ai perdue)
Monolog, geschrieben für Jean Marais

LIES NUR ZEITUNG
(Lis ton journal)
Monolog über das Thema:
"Der schöne Gleichgültige"
geschrieben für Jean Marais

POSSENSPIEL IM SCHLOSS
(La farce du château)
Monolog, geschrieben für Jean Marais

DIE ZU UNRECHT
VERDÄCHTIGTE GATTIN
(L'épouse injustement soupçonnée)
Annamitisches Drama
nach dem Chuyen-Ky (Buch der Legenden)

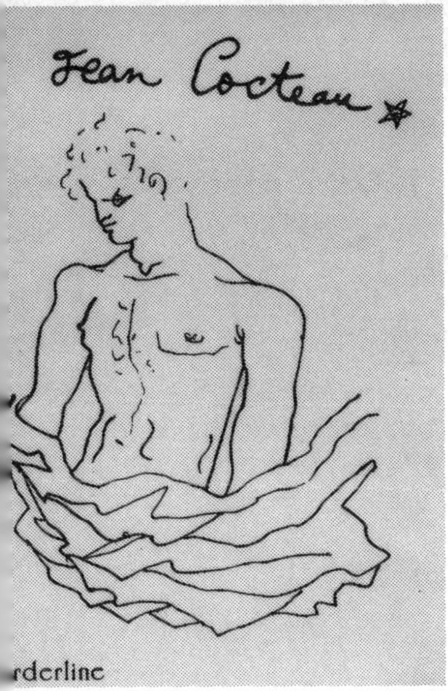

n Cocteau

Zeichner Jean Cocteau

schön gestaltete und ausgestattete Band stellt einen gen Beitrag zur Würdigung dieses Klassikers der Mo- dar. Auf das Phänomen Cocteau soll aufmerksam ge- werden: auf den Lebensgenießer und den Avantgar- nstler. Neben Porträts bekannter zeitgenössischer er sind in erster Linie Figuren und Akte berücksichtigt, m Teil sehr intimem und unverblümt erotischem Cha-

führung von Lex Spans, Zitate des Künstlers über sei- eit als Zeichner, ausführliche biographische Angaben n Werkverzeichnis runden das Buch zu einem ästheti- und informativen Werk ab.

/pp., Engl. Br./pbk., 28,0 cm x 20,0 cm,
b./plates, DM 49,80
rt von/preface by Lex Spaans
3-924040-76-1

Jean Cocteau & Man Ray

Barbette

Im Paris der 20er Jahre trat im Varieté der Amerikaner Van der Clyde als die berühmte Barbette auf; ein Faszinosum, dem die Stadt zu Füßen lag.
In seinem Essay »Le Numéro Barbette« hat Cocteau dem Künstler seine Bewunderung ausgedrückt. Im zweiten Teil des Buches illustrieren die kongenialen Aufnahmen von Man Ray, der Cocteaus Bewunderung teilte, die perfekte und atmosphärisch dichte Arbeit und die Persönlichkeit von Barbette.

48 S./pp., Engl. Br./pbk., 24,5 cm x 17,0 cm,
16 Abb./plates, DM 29,80
ISBN 3-924040-77-X

VV

Verlagsgruppe Vis-à-Vis

Postfach 3006 * D-1000 Berlin 30

Fordern Sie unseren Katalog an! / Ask for catalogue!

Jean Cocteau im Pendragon Verlag

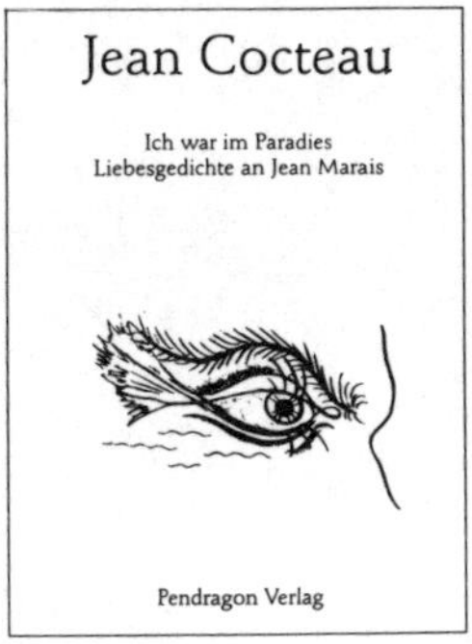

Jean Cocteau
Ich war im Paradies
Liebesgedichte an Jean Marais

Jean Marais schrieb nach dem Tode Cocteaus zur Entstehungsgeschichte dieser Gedichte: „Jean Cocteau und ich wohnten an der Place de la Madeleine, Nummer 19. Mein Zimmer lag neben seinem, wir waren nur durch eine Tür voneinander getrennt. In vielen Nächten schob er Gedichte unter ihr hindurch. Beim Erwachen sah ich als erstes nach, ob der „gute Geist“ Jean ieder ein paar Verse herübergeschoben hatte. Jean Cocteau schrieb diese Verse, ie andere Briefe schreiben. Hiermit liegen die gesammelten Gedichte Cocteaus n Jean Marais erstmals komplett als deutsche Erstveröffentlichung vor.
36 S., kat., mit 10 Zeichnungen von Jean Cocteau und einem Nachwort von Franz oseph Hall. Format 20,5 x 14,5 cm, DM 28.–, ISBN 3-923306-16-4

Thomas Plaichinger
Das Bild des Kometen
Vom Leben des Raymond Radiguet, von Cocteau, Picasso und dem Paris der 20er Jahre.

Raymond Radiguet (1903 – 1923), die Hauptfigur dieses biographischen Romans, war im Mittelpunkt der großen künstlerischen Bewegungen nach dem 1. Weltkrieg. Entdeckt von Max Jacob, gefördert von Jean Cocteau, wird er der Freund von Picasso, Brancusi, Breton und Paul Morand. Als 17jähriger schreibt Radiguet einen er berühmtesten, meistgelesenen Romane unseres Jahrhunderts. Mit 20 stirbt er s berühmter Mann; Coco Chanel schenkt ihm ein weißes Begräbnis. Plaichinger eschreibt den alltäglichen Umgang der Berühmtheiten miteinander, ihre Arbeit nd ihre unglaublichen Feste, ihre Lieben und ihre Krisen, mit einem Wort, den anzen Zirkus des Paris der 20er Jahre.
oman, 136 S., kat., DM 28.–, mit 10 Zeichnungen von Jean Cocteau, ormat 20,5 x 14,5 cm, ISBN 3-923306-32-6

Jean Cocteau

Werkausgabe

Herausgegeben von Reinhard Schmidt

Zwölf Bände in Geschenk-Kassette
mit über 320 Abbildungen, darunter zahlreiche
Zeichnungen des Autors.
Die Bände sind auch einzeln lieferbar.

Die große Kluft
Das Weißbuch
Erzählende Prosa I
Band 9201

Thomas der Schwindler
Das Phantom von Marseille
Erzählende Prosa II
Band 9202

Kinder der Nacht
Erzählende Prosa III
Band 9203

Die Hochzeit auf dem Eiffelturm
Orpheus
Die Höllenmaschine
Theater I
Band 9204

Die geliebte Stimme
Der Doppeladler
Theater II
Band 9205

Opéra
Choral
Gedichte I
Band 9206

Spiegelschriften
Gedichte II
Band 9207

Das Blut eines Dichters
Die Schöne und das Tier
Orphée
Filme
Band 9208

Das Berufsgeheimnis
Kritische Poesie I
Band 9209

Opium
Kritische Poesie II
Band 9210

Die Schwierigkeit, zu sein
Kritische Poesie III
Band 9211

Die Farben der Erinnerung
Der Lebensweg eines Dichters
Kritische Poesie IV
Band 9212

Fischer Taschenbuch Verlag

fi 1056/1

EINER DER GROSSEN DARSTELLER UNSERER ZEIT

Hollywoods letzter Gentleman erinnert sich kenntnisreich, amüsant und selbstkritisch

Joseph Cotten: "Mein unbescheidenes Leben", 311 Seiten plus 32 Seiten Bildteil, gebundene Ausgabe, Reihe lambda dossier, DM 34,--. In jeder guten Buchhandlung oder direkt beim Verlag: Lambda Edition GmbH, Postfach 30 41 71, 2000 Hamburg 36, Tel. 040/31 28 36

EIN AUFREGENDER BLICK HINTER DIE POLIT-KULISSEN

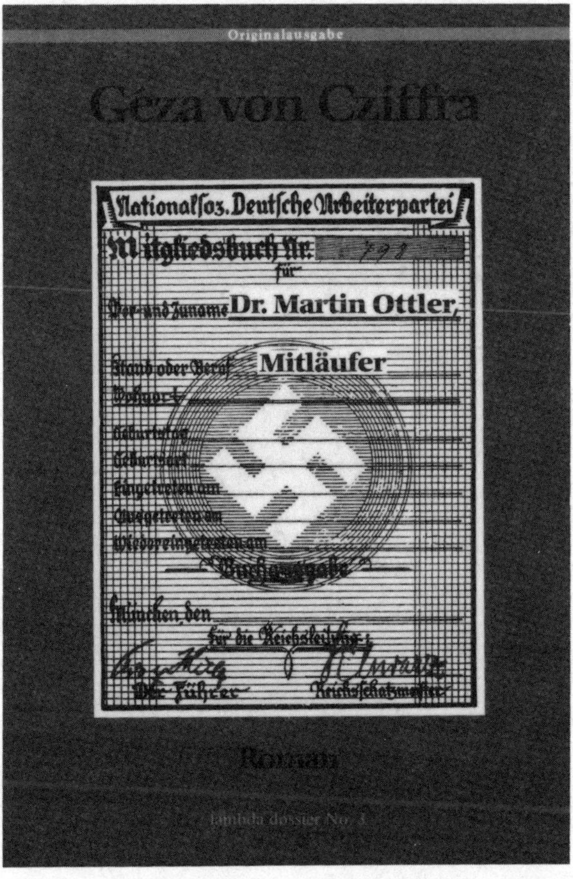

Ein zeitgeschichtlicher Roman nach Tatsachen von Deutschlands erfolgreichstem Filmregisseur

Géza von Cziffra (1900–1989): "Dr. Martin Ottler, Mitläufer", Roman nach Tatsachen, 250 Seiten, gebundene Ausgabe, Reihe lambda dossier, DM 38,--. In jeder guten Buchhandlung oder direkt beim Verlag: Lambda Edition GmbH, Postfach 30 41 71, 2000 Hamburg 36, Tel. 040/31 28 36

BÜCHER DER LAMBDA EDITION HAMBURG

lambda edition 3

ROSWITHA KÖHLER
..und plötzlich war d. Anker weg
ISBN 3-925495-02-9/249 S.
DM 12,80

lambda edition 6

MARTA FÖRSTER
Die pflegeleichte Hausfrau
ISBN 3-925495-06-1/172 S.
DM 10,80

lambda romance

EDELTRAUD WIENING
Liebe, die alles verzeiht
ISBN 3-925495-04-5/224 S.
DM 18,–

lambda classic

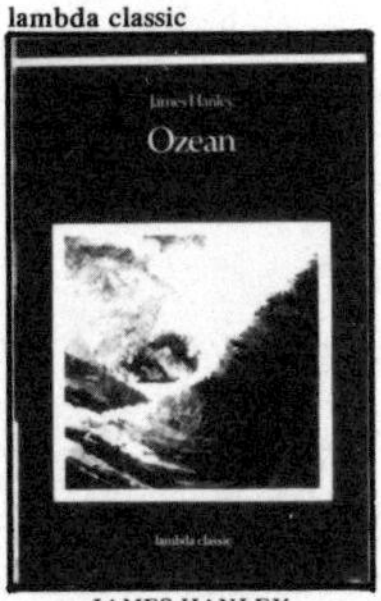

JAMES HANLEY
Ozean
ISBN 3-925495-09-6/171 S.
DM 34,–

lambda classic

JAMES HANLEY
Das Haus im Tal
ISBN 3-925495-10-X/258 S.
DM 38,–

lambda abenteuer

HORATIO ALGER
Tom Tracy–Ein böser Verdacht
ISBN 3-925495-17-7/224 S.
DM 19,80

lambda abenteuer

HORATIO ALGER
Das Mädchen Tom
ISBN 3-925495-18-5/187 S.
DM 19,80

lambda abenteuer

HORATIO ALGER
Paul kämpft sich nach oben
ISBN 3-925495-19-3/268 S.
DM 28,–

WIR MACHEN BÜCHER & ERFOLGE

BÜCHER DER LAMBDA EDITION HAMBURG

lambda edition 1

MARION ZIMMER BRADLEY
Trapez
ISBN 3-925495-00-2/704 S.
DM 16,80

lambda edition 2

WALLACE HAMILTON
Jäger der Nacht
ISBN 3-925495-01-0/224 S.
DM 10,80

lambda edition 4

FELICE PICANO
Herbststürme
ISBN 3-925495-03-7/203 S.
DM 10,80

lambda edition 5

DIMITRIS CANELLOS
Johannisnacht
ISBN 3-925495-05-3/154 S.
DM 9,80

lambda edition 7

JEFF BLACK
Extra Credit
ISBN 3-925495-07-X/192 S.
DM 12,80

lambda edition 8

GORDON MERRICK
Kannten Sie Oscar?
ISBN 3-925495-08-8/ca. 350 S.
DM 16,80

lambda edition 10

GORDON MERRICK
Sommer der Entscheidung
ISBN 3-925495-21-5/ca. 300 S.
DM 16,80

lambda dossier

JOHN LAHR
Halt die Ohren steif
ISBN 3-925495-16-9/476 S.
DM 34,–

lambda spiel

RALF KÖNIG
Comic–Kartenspiel
55 Blatt
DM 16,80

WIR MACHEN BÜCHER & ERFOLGE